HEYNE

Thomas Hüetlin, geboren 1961, wuchs in München und Rottach-Egern auf. Der Egon-Erwin-Kisch-Preisträger war für den SPIEGEL Korrespondent in New York und Berlin und ist gegenwärtig der London-Korrespondent des Magazins.
Mit Artikeln über Beckham, Scholl und »Kahnsinn« erregte er landesweites Aufsehen. Gemeinsam mit Reinhold Messner schrieb er 2004 den Bestseller *Mein Leben am Limit*.

Thomas Hüetlin

Gute Freunde

Die wahre Geschichte des
FC Bayern München

WILHELM HEYNE VERLAG
MÜNCHEN

Für Josephine, Linda, Finn,
Georg, Tom und Carl

FSC
Mix
Produktgruppe aus vorbildlich
bewirtschafteten Wäldern und
anderen kontrollierten Herkünften

Zert.-Nr. SGS-COC-1940
www.fsc.org
© 1996 Forest Stewardship Council

Verlagsgruppe Random House FSC-DEU-0100
Das für dieses Buch verwendete FSC-zertifizierte Papier
Super Snowbright liefert Hellefoss AS, Hokksund, Norwegen.

4. Auflage
Aktualisierte Taschenbucherstausgabe 08/2007

www.heyne.de
Printed in Germany 2010
Umschlaggestaltung und -abbildung: Hauptmann und Kompanie
Werbeagentur, München – Zürich, Andrea Glanegger
Satz: Uhl + Massopust, Aalen
Druck und Bindung: GGP Media GmbH, Pößneck

ISBN 978-3-453-60051-5

Inhalt

Franz Roth schläft neben dem Europapokal, 1967.

Prolog

Es war zwei Uhr früh, vier Stunden nach Abpfiff, als Franz Beckenbauer zum ersten Mal tief durchatmen durfte. Er trug ein weißes Hemd mit gestärktem Kragen, den obersten Knopf auch jetzt noch geschlossen, und dazu, logisch, eine Krawatte. Während einige Mannschaftskameraden durch die Nürnberger Nachtlokale zogen, hatten andere sich zum Kartenspielen in einer Ecke des Kurhotels Beringersdorf versammelt, angeführt vom Mittelstürmer Gerd Müller mit den Worten: »Bin I froh, dass die Gaudi vorbei ist, jetzt tu ma an Schafkopf.«

Beckenbauer wollte von all dem nichts wissen.

Er saß unten im Speisesaal des Kurhotels und blinzelte auf das, was vom Fest übrig geblieben war: ein Wappen des FC Bayern aus Marzipan, das die Fans der Mannschaft überreicht hatten, stand da, überragt von einem silber glänzenden Kelch, von dessen Seiten sich zwei Henkel abhoben wie ein Satz riesiger Segelohren – eine der begehrtesten Trophäen des Weltfußballs, der Europacup der Pokalsieger.

Der Kelch hatte in letzter Zeit einiges aushalten müssen. Die Spieler, die ihn gewannen, brüllten ihn im Siegesrausch an. Sie füllten ihn mit Sekt, sie küssten ihn, zerrten ihn unter die Dusche, und manche nahmen ihn sogar mit ins Bett. Aber jetzt saß dieser einundzwanzig Jahre alte Bursche vor dem Kelch und starrte ihn bloß an. Er hatte hart gefightet, um ihn zu gewinnen, natürlich. Er war durch den Dreck geschlittert, hatte gekeucht und geflucht, gelegentlich hatte er eines seiner Kunststückchen zelebriert, indem er, waagerecht in der Luft hängend wie eine Eisenbahnschranke, den Ball vor den anstürmenden Schotten stoppte. Franz Beckenbauer hatte gelitten.

Aber, und das war Teil seines Stils, von diesen Leiden ließ er sich nichts anmerken. Es war, als hätte die Leichtigkeit, welche ihn umgab, die Anstrengung des Spiels geschluckt. Einfach so. Ganz selbstverständlich. Wie ein Bergsee einen Stein.

Jetzt murmelte Franz Beckenbauer: »Ah so a grausliger Schloopfen, und für den hama uns so geplagt.«

Menschen, die weiter weg standen, müssen gedacht haben, er spreche ein Gebet. Dabei war es nur eine nachmitternächtliche Bestätigung jener Haltung, die sein Spiel auf dem Platz schon immer verheißen hatte. Franz Beckenbauer ließ sich nicht in die Knie zwingen. Nicht durch die Zuschauer. Nicht durch den Gegner. Und schon gar nicht durch einen Pokal. Es gab nichts, wovor er Angst haben musste.

Außer vor seinem eigenen Talent.

Wer so spielte, war zum Siegen verdammt. Alles andere hätte das Publikum ihm nicht verziehen.

Das Dumme war nur, dass sie eigentlich keine Chance gehabt hatten, dieses Mal.

Es war Ende Mai 1967, und wie das bisweilen so ist im Süden Deutschlands, hatte es seit Tagen in Strömen geregnet. Die Wiesen waren vollgesogen mit Wasser. Sie boten wenig Halt und ertränkten schon vorab die vagen Hoffnungen der Bayern, gegen die Weltklassemannschaft der Schotten bestehen zu können. Glasgow Rangers – das waren die schnellen Außenstürmer Johnston und Henderson, die an den Außenbahnen entlangzogen, unaufhaltsam wie schwere Kugeln auf einer Kegelbahn. Und hatten die Glasgow Rangers nicht mit Hynd in der Mitte ihres Sturms einen, den sie auf der Insel einen *striker* nennen und der in die Abwehr des Gegners eindringt wie ein Meißel? Stand im Zentrum ihres Spiels nicht mit Alec Smith ein Stratege, der jedes gegnerische Mannschaftsgefüge auseinander nehmen konnte? Es war kein Zufall, dass die Rangers alles besiegt hatten, was sich ihnen auf dem Weg in dieses Europacup-Endspiel in Nürnberg entgegengestellt hatte: unter anderem Sofia, Zaragoza und Borussia Dortmund.

Die Bayern dagegen hatten das Konto glücklicher Zufälle schon überzogen, böse überzogen. Es leuchtete tiefrot.

Sie hatten Glück gehabt und dann noch mehr Glück. Das Los hatte ihnen schwache Gegner zugeteilt, die sie jedoch nur mit großer Mühe überwanden. Vereine, von denen man noch nie gehört hatte, an Orten, die auf einer normalen Landkarte nicht eingezeichnet waren, Fußballplätze, die man nur finden konnte, wenn man sich vorher Spezialatlanten besorgte. Clubs wie Tatran Presov aus der Tschechoslowakei oder die Shamrock Rovers aus Irland. Bayern besiegte sie jeweils nur mit einem Tor Unterschied, die Hinspiele hatten 1:1 geendet. Später wurden die Städte größer, aber die Spiele kaum besser. Gegen Rapid Wien erzielten sie das entscheidende Tor in der Verlängerung des Rückspiels. Erst im Halbfinale gegen Standard Lüttich gab es endlich einmal ordentliche, großzügig klingende Ergebnisse. Das Problem war bloß, sie täuschten ein wenig. Erst 2:0. Dann 3:1. Was in der nüchternen Form der Zahlen wie ein Triumph aussah, war es nicht, wenn man im April 1967 zwei Abende jeweils 90 lange Minuten auf den kalten Rängen herumgestanden hatte. Die Münchner siegten, weil die Abwehr der Belgier ungefähr so gut organisiert war wie ein Bierzelt um Mitternacht. Die Anhänger spürten keine besondere Freude, ihre Mannschaft gegen solch einen Gegner siegen zu sehen. »Das Arbeitsklima ist nüchterner geworden, die Spiele wirken nicht mehr so mitreißend.« Der Mann, der das schrieb, war kein bayernhassender Schreibsöldner. Es war ein Bursche namens Helmut Stegmann vom braven, bavariatümelnden Heimatblatt *Münchner Merkur*.

»Na und wenn schon«, wird man in der Kabine der Münchner gesagt haben. »So ist Fußball, manchmal. Was zählt, ist das Weiterkommen. Alles andere kann, muss, will man ertragen.«

Wirkliche Sorgen bereitete der Mannschaft aus München etwas anderes. Es war der Umstand, dass Gerd Müller gegen die Schotten wahrscheinlich nicht würde spielen können. Müller, den sie schon damals den »Bomber«, das »Phantom« und das »Strafraumgespenst« nannten. Dieser Müller hatte sich am 3. Mai bei einem Länderspiel in Belgrad gegen Jugoslawien den rechten Unterarm gebrochen.

Ausgerechnet er.

Von den 16 Toren, die den Weg des FC Bayern ins Endspiel pflasterten, hatte er sieben erzielt. Ohne ihn würde mehr fehlen als bloß ein Mann. Es wäre, als hätte man den halben Sturm in Gips gepackt.

Es stellte sich also nicht die Frage, ob Müller spielen konnte. Er musste. Ungewiss war nur eins: Ob er es überhaupt durfte.

Eine Woche vor dem Endspiel in Nürnberg hatte es gegen den Hamburger SV einen Test gegeben. Müller war, wie er später sagte, zum ersten Mal in seinem Leben nervös auf den Rasen gegangen. Der Grund: eine Armmanschette aus Leder, welche ihn aussehen ließ wie einen Gladiator auf einem Versteigerungspodest. Sie würde den Arm vielleicht vor Regen schützen oder wilden Tieren, aber solche Gegner waren nicht wirklich Müllers Problem. Er hatte Angst vor Stürzen. Würden die gerade zusammenwachsenden Knochen nicht beim ersten Sturz sofort wieder brechen?

Er spielte, ließ sich weder durch die Manschette noch durch seinen Gegenspieler, den Hamburger Nationalstopper Willi Schulz, einschüchtern und schwebte fast, vollgesogen von neuem Selbstvertrauen, zurück in die Kabine. »Müller war gut. Müller war unser bester Stürmer. Müller spielt in Nürnberg«, sagte Trainer Zlatko Cajkovski, und sein rundes, gutmütiges Gesicht strahlte dabei wie ein Papierlampion.

Allein die europäische Fußballvereinigung war anderer Meinung. Sie wollte sich Müllers Ledergips anschauen, und das sehr genau.

Der Regen war wieder stärker geworden, als Müller zusammen mit Vereinsarzt Dr. Erich Spannbauer die Tür zum Hotel »Reichshof« in der Innenstadt von Nürnberg öffnete. Sie baten den Portier, im Zimmer 303 anzurufen. Dort nahm ein Mann namens Lo Bello den Hörer ab. Er war für den Abend als Schiedsrichter vorgesehen. Dazu war er Italiener. »*Scusi*«, sagte Lo Bello mit verschlafener Stimme. »Wir waren doch um halb elf verabredet und nicht schon um halb zehn.«

Die Herren sollten hochkommen. Signore Concetto Lo Bello öffnete ihnen im Pyjama die Zimmertür.

»Sehen Sie, ich habe den Regeln zufolge zu prüfen, ob durch diese Manschette eine Verletzungsgefahr für einen Gegner bestehen könnte.«

Schließlich verlangte er, dass der Lederarm um zwei Zentimeter gekürzt werde. Er sei sich aber immer noch nicht sicher und müsse noch einmal bei der UEFA anrufen.

Der Regen fiel weiter und mit ihm die Laune der Bayern-Mannschaft. Das Finale sollte der ganz große Durchbruch werden. Noch vor wenigen Jahren hatte sie in kleinen süddeutschen Orten wie Fürth, Hof oder Ingolstadt gespielt. Dann sich hochgearbeitet nach Dortmund, Hamburg oder Gelsenkirchen. Eine schnelle Karriere gewiss, aber überschaubar und für einen Profi nicht ungewöhnlich. Das Endspiel von Nürnberg war dagegen eine Bühne, auf die die ganze Welt schauen würde. Zum ersten Mal stand Bayern München international im Rampenlicht. Und ausgerechnet bei dieser Premiere sollte einer ihrer Besten fehlen: Müller.

Der Krieg um die Psyche und die Köpfe der Spieler war in vollem Gange, und sein Anlass war der Ledergips am linken Unterarm des Münchner Mittelstürmers. Trainer fluchten, Außenläufer pöbelten, stellvertretende Chefredakteure setzten sich an die Schreibmaschine und raunten finstere Prophezeiungen in den Regen.

»Die Rangers sind zwar keine schmutzige Mannschaft, aber

sie sind in Zweikämpfen viel härter, als es die Münchner oder die Hamburger waren. Wenn Müller nicht hundertprozentig fit ist, wäre es Selbstmord, ihn gegen die Rangers aufzustellen.«

Selbstmord. Das Wort stand da tatsächlich. Und es war nicht Besorgnis, die sich dahinter verbarg, sondern eine schlecht getarnte Drohung. Denn der Verfasser hieß John Fairgrieve von der *Scottish Daily Mail*, und er wollte, dass die Rangers den Pokal nach Hause brachten.

Das Fieber, das vor großen Spielen immer ausbricht, hatte jetzt fast alle gepackt, sogar Trainer Zlatko Cajkovski. Er, der sonst nie Lust auf taktische Besprechungen mit seiner Mannschaft hatte, rief die Münchner Spieler am Abend vor dem Spiel für eine längere Sitzung zusammen.

»Die Rangers sind kopfballstark, und sie flanken hoch und weit«, warnte er. Da mussten seine Jungs aufpassen.

Sie nickten und gingen ins Bett. Mitten in der Nacht, da konnten sie hören, wie der Ersatzspieler Hans Rigotti durch das Kurhotel Beringersdorf brüllte: »Bist du wahnsinnig?«

Was war geschehen?

Der Torwart Sepp Maier erklärt diesen Zwischenfall heute folgendermaßen. Er habe so etwas wie ein mentales Training durchgeführt, sich vor dem Einschlafen immer wieder die hohen Flanken vorgestellt, welche die Schotten vor sein Tor zirkeln würden. Er sprang, er faustete, er fing, er grabschte den Ball von den Köpfen der anstürmenden Gegner. Niemand kam an ihm vorbei. Bis er einen Schlag spürte und hörte: »Bist du wahnsinnig, willst du mir den Kopf abreißen?«

Hans Rigotti war Maiers Zimmergenosse. Der vermeintliche Ball, den Maier in den Händen hielt, war Rigottis Kopf.

Der nächtliche Zweikampf war das große Thema beim Frühstück, zu dem alle pünktlich erschienen waren, in dunkelblauen Trainingsanzügen mit weißen Streifen. Nur zwei kamen später. Die üblichen Verdächtigen, die Langschläfer, die Burschen, welchen nicht einmal die Glasgow Rangers den Schlaf stehlen konnten. Rudolf Nafziger, der erste Schönling der Bundesliga, und Franz Beckenbauer.

Cajkovski, der so etwas wie ein Lustcholeriker war, wütete schon wieder über seinen Schinkenbroten, und weil er dazu ein temperamentvoller Mann war, klang das Ganze, als plane er eher einen militärischen Feldzug als ein Fußballspiel. Er wollte die Schotten zurückdrängen, fertig machen, vernichten.

Beckenbauer kannte diese martialischen Schilderungen schon, konnte mit ihnen aber wenig anfangen. Er grinste, wohlwollend, verbindlich, auch ein wenig herablassend: »Gengas ma, Trainer, die Sie schon alle umgebracht haben wollen, leben alle noch.« Der Scherz prallte wirkungslos ab von der Anspannung ringsum.

Die Stimmung bessert sich erst gegen Abend, als Schiedsrichter Lo Bello entscheidet, dass Müller mit seiner Ledermanschette spielen darf. 71 000 Zuschauer haben ihre Plätze eingenommen, als die Mannschaften den Rasen betreten: die Schotten in blauen Hemden, weißen Hosen und blauen Stutzen. Die Münchner in weißen Hemden, roten Hosen und roten Stutzen. Das Weiß der Trikots verleiht den jungen Spielern etwas Feierliches und zugleich unschuldig Majestätisches. Es wäre eine Sensation, wenn sie hier siegen würden, gewiss. Aber gerade ihre Jugend und ihr Außenseitertum verleihen ihrem Selbstbewusstsein Flügel. Kurz bevor sie aus der Kabine trabten, hatte Cajkovski auf Müllers Ledermanschette geklopft und gerufen: »Ist gut für drei Tore.« Sogar der Schiedsrichter musste lachen.

Als wolle er die Prophezeiung seines Trainers laserstrahlgenau erfüllen, taucht Müller gleich zu Beginn des Spiels im Strafraum der Schotten auf, nimmt den Ball mit rechts an, schießt sofort, aber leider ein paar Zentimeter am linken Pfosten vorbei. Die Rangers sind geschockt, verwirrt, aber nach 20 Minuten beginnen sie das Spiel zu kontrollieren. Sie drücken von den

Flügeln in den Münchner Strafraum, umkurven die Verteidiger wie Straßenlaternen, und nur die überragenden Beckenbauer und Maier verhindern Tore. Den Rest besorgt das Glück.

Jeder im Stadion spürt: Sollten die Rangers in Führung gehen, würden sie kaum noch zu schlagen sein. Ihre Physis, ihre Erfahrung, ihre Härte, aber auch der nasse Boden – das alles spricht für sie. Für die Bayern spricht nur eins: dass sie bis jetzt ein Gegentor verhindert haben. Und kontern könnten.

Könnten.

Zwei Minuten vor Ende wird aus dem Konjunktiv Wirklichkeit. Der Münchner Stürmer Mucki Brenninger steht völlig allein im Strafraum der Schotten. Für einen Wimpernschlag herrscht Stille, dann ohrenbetäubendes Geschrei. Brenninger wirkt in seinem weißen Trikot wie ein Moorgeist, ein Gespenst in der nassen Dunkelheit. Dann schießt er. Das muss der Sieg sein. Der schottische Torwart reißt die Arme hoch, faustet den Ball in die Finsternis. Verlängerung.

Das Spiel gleicht jetzt einem von Böen zerzausten Weizenfeld. Mal wogt es hinauf, dann wieder hinunter. Wenn die Spieler in Richtung der Zuschauer laufen, um sich den Ball für einen Einwurf zu holen, scheint es, als schweife ihr Blick in die Ferne der Nacht, als würde dort in der Finsternis, jenseits der Flutlichtmasten, das Ergebnis geschrieben stehen. Aber da kommt nichts, ist nichts. Nur der Ball, der ihnen von einem Balljungen entgegengehalten wird. Weiter.

Jetzt schlägt der Münchner Olhauser von der Mittellinie den Ball weit vor das Tor der Schotten. Zwei Menschen, ineinander verhakt, springen hoch. Es sind der schottische Verteidiger McKinnon und der Münchner Halbstürmer Franz Roth, wegen seiner Allgäuer Herkunft und Konstitution kurz der »Bulle« genannt. Das Bein des Bullen wird immer länger, sein Schuh berührt den Ball, und von diesem Schuh abgelenkt, senkt er sich ins Netz. Es sieht leicht aus, zwangsläufig, einfach. So, als würde jemand eine Geldmünze schnippen.

Tor.

Die Entscheidung.

Es ist heiß und still in der Kabine. Erst als der Sekt in den Pokal gegossen wird, beginnen die Spieler zu reden, immer lauter. Jeder von ihnen nimmt einen Schluck. Dann ist der Trainer an der Reihe. Als das Tor fiel, hat er vor Freude geweint, und seine Augen glänzen immer noch wie Schokoladenpapier. Er bittet um Ruhe, dankt dem Team, dass es nie aufgegeben habe, an der Aufgabe gewachsen sei.

»Bestes Mannschaft von Welt«, beendet er seine kurze Rede beseelt. Dann hat der kleine, dicke Mann mit der weißen Trainingsjacke noch einen letzten Wunsch, der eigentlich ein Kompliment ist. »Holen nun den Titel auf Mond.«

Torjubel auf der Bayernbank im Juni 1966. Trainer Cajkovski, dritter von links.

1. Stern des Südens

Das Ende des Ruinenfußballs

Tschik Cajkovski war ein Poet, natürlich, aber Poesie war das Letzte, was Wilhelm Neudecker, der Präsident des FC Bayern, im Sinn gehabt hatte, als er den Verein im April 1962 übernahm. Neudecker wollte das, was jeder Präsident will: Erfolg, schnell und ohne Schulden. Er wollte nach oben. Nicht mehr verlieren gegen Vereine wie TSG Ulm 46 und FC Schweinfurt 05. Nicht mehr zufrieden sein mit einem Zuschauerdurchschnitt von 14 667. Nicht mehr am Ende der Saison, wenn die Leute das Schlauchboot auf den Dachträger packen, um in den Sommerurlaub zu fahren, dastehen auf Platz 8 der Oberliga Süd.

Das nämlich war die Bilanz des Clubs in der Saison 1960/61 gewesen. Und jetzt, sieben Jahre später, standen sie ganz oben. »Eine Revolution«, sagten die einen, »ein Fußballwunder«, die anderen. Da hatte es eine Mannschaft von 0 auf 100 geschafft, die aus lauter Namenlosen aus der eigenen Jugend bestand. Die meisten Spieler waren gerade mal alt genug, sich in der Öffentlichkeit ein Bier bestellen oder wählen zu dürfen. Im Jahre 1967, als sie auf den Thron des europäischen Fußballs kletterten, betrug das Durchschnittsalter des Teams 21,8 Jahre.

Als sie angefangen hatten, sich hochzuarbeiten, zu Beginn der sechziger Jahre, hatte Adalbert Wetzel, Präsident des erfolgreichen anderen Münchner Clubs, des TSV 1860, noch gehöhnt: »Passt auf, dass wir euch nicht vernichten.« Jetzt staunte dessen Trainer Max Merkel über die ehemaligen Nobodys Franz Beckenbauer und Gerd Müller. »Das ist ja, als würden Mozart und Beethoven in einer Band spielen.«

Wie konnte das passieren?

Am 28. April 1962 musste ein neuer Präsident her, weil der alte, ein Fabrikant namens Roland Endler, beim Deutschen Fußball-Bund in Verruf geraten war: Endler hatte den Spielern Schwarzgelder in Form von überhöhten Urlaubszahlungen zukommen lassen, was mit Punktabzug bestraft worden war und den Verein in die Mittelmäßigkeit versenkt hatte. Mit Endler an der Spitze, das war klar, würde dort so schnell kein Weg rausführen.

Also wurde nach einem neuen Boss gesucht. Aber es fand sich keiner, jedenfalls keiner, auf den sich die Mitglieder der Hauptversammlung wirklich einigen konnten. Keiner, der bedenkenlos vorzeigbar gewesen wäre, und so verfielen die Mitglieder auf diesen Typen, der zwar die weißen Haare zurückgekämmt trug wie der Filmstar Curd Jürgens, nie ohne Krawatte aus dem Haus kam und seine Maßkleidung beim Münchner Edelschneider Max Dietl bezog, aber trotzdem selten so wirkte, als hätte er das Zeug zu großen Auftritten, mit denen er den Verein und das Publikum mitreißen könnte. Der Mann hieß Wilhelm Neudecker, und er war ein Bauunternehmer aus der niederbayrischen Provinz, aus Straubing.

Dass er ein Aufsteiger war – geschenkt. Viel mehr zu schaffen machte dem Club die Tatsache, dass er als Autoritätsfigur wenig sympathisch war. Sein Blick war oft starr vor Misstrauen, seine Bewegungen waren steif, und er war absolut unfähig, eine Rede zu halten, die Begeisterung hervorrief. Wenn sich das Sprechen vor Publikum dennoch nicht vermeiden ließ, dann las er dürre Worte von einem Blatt Papier ab und stotterte dabei.

»Die Leute schrien, a Maurer, das geht ja ned«, erinnerte sich später der inzwischen verstorbene Hans Schiefele, damals ein junger Reporter und Vereinsmitglied beim FC Bayern dazu. Nach dem legendären Vereinschef Kurt Landauer hatte der Club stets vornehme Menschen präsentieren können, und nun das. Das Problem war nur, es gab keine echte Alternative. Also wurde Neudecker gewählt. Als so genannter »Übergangspräsident« – bis sich ein Besserer finden würde. Wie ein Hohn klang auch die für ihn vorgesehene Amtszeit: ein Jahr.

Neudecker nahm das Amt an. Die Leute, die ihn für einen stumpfsinnigen Maurer ohne Glanz hielten, würden sich schon noch wundern. Er war fest entschlossen, sich zu bewähren. »Harte Selbstdisziplin, Ausdauer, Tatkraft«, gab er als Antwort, wenn ihn einer fragte, was ihn auszeichnete als Bauunternehmer. Mit diesen Tugenden hatte er es weit gebracht. Er besaß 61 Mietwohnungen, er hatte Millionen auf dem Konto, und er war stolz auf sein Betonimperium. »Wenn ich einmal ins Grab falle«, prahlte er, »dann brauch ich ein paar Jahre, um alles abzuwickeln.«

Mit Ende vierzig hatte Neudecker ausgesorgt. Er suchte eine neue Lebensaufgabe. Geld hatte er genug. Jetzt wollte er Bedeutung, Ruhm, Aufmerksamkeit, eine Art goldenen Thron in der Öffentlichkeit. Er liebäugelte mit einem Amt am rechten Rand der SPD, bis ihm sein Friseur in Giesing riet, bei den Bayern anzuklopfen.

»Ja, aber ich mag die Sechziger viel lieber«, sagte Neudecker.

»Aber bei den Bayern sind viel weniger«, erwiderte der Friseur.

Fünf Jahre lang zahlte Neudecker, der die Mitgliedsnummer 2474 hatte, drei Mark Clubbeitrag. Dann wurde er Präsident. Er hatte fünfzehn Mark investiert.

Das war typisch Neudecker: mit wenig viel rausholen, ganz viel. Seine harsche, unsentimentale Art hatte er sich in Straubing erworben, wo sein Vater, wie er gern prahlte, »beim Bau des Zuchthauses mitgemauert hatte«. Auch der Sohn lernte Maurer, wurde aber 1931 arbeitslos. Er ging zur Landespolizei, wechselte vier Jahre später zur Luftwaffe, aber nicht in die Pilotenkanzel. Er musste am Boden bleiben, als Sanitäter arbeiten. Den Nazis widerstand er, dennoch wurde er Hauptfeldwebel des Sanitätscorps.

Seine Frau lernte Neudecker beim Bierholen kennen. Sie, ein blondes Schulmädchen namens Lenchen aus München, war zu Besuch bei ihrer Großmutter. Der Sanitäter und die Schülerin warteten am Ausschank einer billigen Brauerei mit Blech- und Tonkrügen. 1,5 Liter kosteten 22 Pfennig. Sie trafen sich wieder auf einer Straße in München, Ende der dreißiger Jahre.

Er sagte: »Ich suche ein Zimmer.«

Sie antwortete: »Wir haben eines.«

Er zog als Untermieter bei ihren Eltern ein. Wenig später wurde geheiratet. Er nannte sie jetzt »Mutti«, sie rief ihn »Vati«.

Nach dem Krieg stieg Vati vom Sanitäter zum Unternehmer auf. Die Stadt war kaputt, ein Krüppel aus Stein. Mit einem Startkapital von 1660 Mark beschloss Neudecker, München wieder heil zu machen und dabei reich zu werden.

»Jeden Morgen um fünf Uhr aufstehen«, sagte Frau Neudecker über die Aufbaujahre, »jede Woche nur 70 Mark Haushaltsgeld, immer wieder musste ich hören: ›Mutti, wir sind noch nicht über den Berg‹. Da hab' ich die Zähne zusammengebissen und Telefondienst gemacht. Aber mein Mann, der hat das Beste daraus gemacht. Mit der Regelmäßigkeit einer Uhr hat er jedes Jahr ein Grundstück gekauft und zwischendrin ein Haus nach dem anderen gebaut.«

Es ging nach oben, rasant. 1953 hatte Neudecker einen Gewinn von 2612 Mark und 50 Pfennig, ein paar Jahre später Millionen. Und dazu hatte er »Mutti«, von der er verlangte, dass sie jeden Abend, wenn er heimkam, auf ihn an der Haustür wartete. Dafür schenkte er ihr, wenn er gut gelaunt war, eine Tafel Schokolade. Kein Zweifel, Vati und Mutti hatten es geschafft. Manchmal gönnten sie sich auch was. Zum Beispiel eine Portion Leberkäs. Nur gab es dazu jetzt Champagner.

Auch im Club langte Vati gleich mal richtig hin. Obwohl er sich eigentlich das Gegenteil vorgenommen hatte und sparsam sein wollte. Aber die Versuchung war zu groß, und so kam es, dass Vati im Sommer 1962 für 50 000 Mark einen echten Nationalspieler spendierte. Er hieß Herbert Erhardt, genannt »Ertl«.

Ertl war blond und erfahren. Er war bei der WM 1954 auf der Bank gesessen und hatte bei den Weltmeisterschaften 1958 und 1962 geholfen, den deutschen Verteidigungswall zu verstärken. In der Bauunternehmenssprache war er wohl so etwas wie ein Fundament aus Eisen.

Und so spielte er auch: steif, hart, ohne einen Hauch von Witz. Das Leben hatte ihm selten einen Gefallen getan, und wenn einer von seinen Gegenspielern etwas in dieser Richtung erwartete, dann war er bei Ertl an der falschen Adresse.

Aber nicht nur gegnerische Mannschaften lehrte er das Fürchten. Es gehörte zu seinen Eigenschaften, dass er auch im eigenen Team Angst und Schrecken verbreitete.

»Er war immer grantig«, sagt Sepp Maier. »Und er hat Witze gerissen, die keiner von uns Jungen verstanden hat. Außerdem mussten wir Sie zu ihm sagen, ›Sie, Herr Erhardt‹«.

Die sechziger Jahre hatten in München begonnen. Die Röcke der Mädchen wurden kürzer, die jungen Leute frecher, sie flanierten unter den Pappeln der Leopoldstraße auf und ab, dass man an einem lauen Frühlingsabend glauben konnte, München sei Rom oder sonst eine bezaubernde Stadt in Italien, wo es nach Cappuccino roch und dem öligen Benzin auffrisierter Vespas und Lambrettas, wo die Mädchen seitlich hinten saßen, sich am Piloten festhielten und ihre langen Wimpern im Fahrtwind flattern ließen – beiläufig auf der Suche nach neuen Jungs, noch kühneren Piloten.

Manchmal spielten die Jungs auch Gitarre, unter freiem Himmel, was vielen Mädchen noch mehr imponierte als der Besitz eines blank polierten Rollers. Nur die Polizei hatte dafür überhaupt nichts übrig. Sie verbot das Gitarrespielen, stellte es unter Strafe, und als ein paar junge Leute im Sommer 1962 trotzdem weiterklampften, gab es zuerst ein paar Rempeleien, dann Prügeleien. Schon brach in Schwabing so etwas wie ein kleiner Bürgerkrieg mit 190 Verhaftungen aus: die Jungen gegen die Alten. Musik gegen nächtliche Friedhofsruhe. Italien gegen Deutschland. Die Randale dauerte vier Tage und vier Nächte, wurde bekannt unter dem Titel »Schwabinger Krawalle« und enthielt im Kern schon die ganze revolutionäre Sinnlichkeit der Sixties, samt deren Leichtigkeit.

Und beim FC Bayern spielte Herbert Erhardt, genannt »Ertl«, Vorstopper.

Er spielte ihn wie ein verrostetes Relikt von 1954, eine jämmerliche B-Version des Trümmerfußballs, mit dem die Männer um Fritz Walter sich in den Fußballhimmel hochgekämpft hatten. Damals waren die so genannten deutschen Tugenden alles gewesen: Disziplin, Einsatzwille, Ordnung. Der Einzelne zählte nichts, nur die Mannschaft galt. Die Talente und Launen des Individuums hatten sich unterzuordnen unter das System dieser Kickerarmee, die Sepp Herberger, der Trainer, eine »Opfergemeinschaft« getauft hatte.

Ertl spielte ihn weiter, diesen Ruinenfußball. Aber der Begriff Gemeinschaft war aus seinen schwerfälligen Opferritualen vollständig verschwunden. Ertl opferte ohne Talent, geschweige denn Verstand. Er opferte den Gegner, die eigenen Kameraden, und er war sofort bereit, auch den Trainer zu opfern, wenn es darauf ankam. »Halt's Maul, sonst dusch ich dir eine«, schnauzte Erhardt eines Tages Tschik Cajkovski in der Kabine an. Der Trainer hatte es gewagt, die Langsamkeit seines Vorstoppers zu kritisieren. Nach dem vierten Spiel der Aufstiegsrunde 1964. Die Mannschaft hatte verloren, bitter verloren. Das 0: 2 gegen einen Wald- und Wiesenverein namens Borussia Neunkirchen hatte München den Aufstieg in die Bundesliga gekostet.

Mit einem wie Erhardt konnte es nicht weitergehen. Erhardt, 49 Länderspiele auf dem Buckel, war die Vergangenheit. Neudecker wusste, dass er ihn aussortieren musste, wollte er selbst eine Zukunft haben.

Sollte ihm Erhardt doch gestohlen bleiben.

Trainer Tschik Cajkovski war schon lange dafür.

»Bin Trainer mit Herzen, nicht mit Peitsche.«

Mit dem Abgang des Trümmerkickers begann der Aufstieg jener goldenen Mannschaft, welche den FC Bayern München zu einer der ersten Adressen des Weltfußballs machen sollte. Endlich konnte ein Team entstehen, das jung war und wie aus einem Guss spielte. Ein Team, das keine Angst hatte und unbefangen drauflosstürmte. Ein Team, angetrieben von so ungeheurer Energie, dass den Zuschauern der Mund offen stehen blieb. Ein Team, wie es sich Tschik Cajkovski immer erträumt hatte.

Wer den jugoslawischen Trainer zum ersten Mal sah, wäre nicht darauf gekommen, dass dieser Mann irgendetwas mit Fußball zu tun haben könnte. Cajkovski sah eher aus wie ein Schankkellner zur Starkbierzeit: 90 kg polsterten seinen Körper, der gerade 1 Meter 64 maß. Obendrauf saß eine Zipfelmütze.

Aber wenn es um das Spiel ging, vergaß Cajkovski sogar seine Lieblingsbeschäftigung Nummer zwei: das Essen.

»Ohne Futball bin ich toter Mann«, pflegte er zu sagen und rannte auf den Trainingsplatz.

Das war das eine.

Das andere war, dass diesen Mensch gewordenen Gummiball noch nie jemand mit »Herr Cajkovski« angeredet hatte, strenge Zöllner und Polizisten einmal ausgenommen.

Seit er denken konnte, nannten ihn die Leute »Tschik«, und

nur in den großen Stadien Südamerikas war dieser Spitzname geringfügig verändert worden. Dort riefen die Massen ihn zärtlich »Chikkita«.

»Tschik« oder »Chikkita« war süchtig nach Applaus, und er tat alles dafür, den Beifall aus dem Publikum hervorzulocken. Wenn die Sprechchöre von den Rängen hinunter auf das Spielfeld flossen, dann ließ sich der kleine Jugoslawe davontreiben wie ein Tänzer. Dann erlebte er das absolute Glück des Augenblicks, überzeugt, das beste Spiel seines Lebens zu zelebrieren, jenen Superlativ zu erreichen. Wie jeder Süchtige war »Tschik« nie besonders lange zufrieden. Er wollte das beste Spiel seines Lebens am liebsten 50 oder 60 Mal pro Jahr. Jedes Spiel sollte das beste Spiel seines Lebens sein. Und das beste Spiel, so viel stand fest, war natürlich ein Sturmlauf, der 90 Minuten über den Rasen fegen sollte, die totale Offensive.

»Müssen spielen Ball nach vorne, nach vorne«, war sein Singsang, sein Evergreen. Aber es klang wie ein Schlachtruf.

Diese Leidenschaft hatte Tschik kreuz und quer über den Globus rasen lassen: 57 Mal spielte er in der jugoslawischen Nationalelf, er nahm 1950 an der Weltmeisterschaft in Brasilien teil und 1954 in der Schweiz, seine Mannschaft gewann bei den Olympischen Spielen 1948 in London und 1952 in Helsinki jeweils die Silbermedaille. Als seine Zeit als offensiver Außenläufer zu Ende ging, dachte Tschik keine Sekunde daran, in seinen ursprünglichen Beruf als Lederkaufmann zurückzukehren. Er wollte weiter die Musik des Beifalls hören: als Trainer.

Er studierte an der Sporthochschule in Köln, und sein Lehrer dort hieß Hennes Weisweiler. Er lauschte Theorien über die Bedeutung eines hermetischen Abwehrblocks, er sah, wie »Laufwege« auf Tafeln gezeichnet wurden, aber viel blieb davon nicht hängen. Während der Vorträge dachte Tschik vor allem an eins: Wann endlich die Tür aufging und er zu einem kleinen Trainingsspielchen hinaus durfte.

Stets spielte er in der Mannschaft gegen seinen Lehrer, gegen Weisweiler. Wenn er gewann, triumphierte er mit den Worten: »Hat Tschik wieder besiegt einen Professor.«

Wenn er verlor, tröstete er sich mit dem Satz: »Nun wird mein Professor Deutscher Meister.«

Ein paar Jahre später, 1962, wurde Tschik als Trainer mit dem 1. FC Köln Deutscher Meister. In der folgenden Saison engagierte Neudecker ihn für die Bayern. Er lockte Cajkovski mit dem Gehalt von 3000 Mark plus Prämien zum Regionalligisten. Er überbot damit ein Angebot vom FC Barcelona.

Die volkstümliche Begründung war typisch Tschik. »Zu Hause meine Frau Rada ist der Kommandant. Und Kommandant sagen: ›In Barcelona kein Rasnici, kein Cevapcici.‹«

»Hopp Jungs, wir ›playen Futball‹«, sagte Tschik, als er sein erstes Training mit den Bayern auf dem Übungsgelände an der Säbener Straße abhielt.

Playen Futball: Bei dieser taktischen Anweisung blieb es.

Tschik war glücklich.

»Das Blut in Mannschaft kann nicht jung genug sein«, verkündete er. »Jetzt haben wir Deutschlands jüngste Mannschaft.«

Endlich eine Mannschaft, die zu seinem Gemüt passte, das sich entschieden weigerte, erwachsen zu werden.

»Bin ich Trainer mit Worten, mit Herzen, nicht mit Peitsche«, sagte er.

Er dachte, er sei der Chef, aber gleichzeitig fühlte er sich wie einer von seinen Jungs, als wären diese ihm durchaus ebenbürtig.

Tschik wollte »playen Futball« bis in alle Ewigkeit.

»Manchmal ist es im Training schon dunkel geworden, aber er hat so lange weiterspielen lassen, bis er gewonnen hat«, erinnert sich Sepp Maier. »Also ist einer auf die Seite ganga, einer hat eam aufgelegt, damit er sei Tor hat macha kenna, sonst hätt mer no drei Stund gespuit. Dann war er happy, aber nur kurz.«

Tschick schöpfte Verdacht, dass man ihn habe mit Absicht gewinnen lassen.

»Habe du mit Fleiß gemacht. Ich habe genau gesehen, du Tor habe schieße lasse. Ich dir nehmen die Auge raus.«

»Ich dir nehmen die Auge raus« – das war Tschiks schlimmste Strafandrohung.

Es blieb eine Ankündigung. Ebenso wie jene andere schlimme Strafe, die der Trainer oft androhte, wenn ihm was nicht passte:

»Du putze Schuhe mit die Renn-Vater.«

Josef Renn war der Mann, welcher bei Bayern für Stollen und Laufwerk zuständig war, ein Schuster. Nie, schwört Sepp Maier, hat einer mit Renn die Kickstiefel säubern müssen.

Es gehörte zu Tschiks Charme, dass er Sachen sagte, die kein anderer sagte. Aber das war nicht alles. Der runde, kleine Jugoslawe riskierte, wenn es darauf ankam, auch eine Menge. Aber diese Menge lief zu einer Haltung zusammen: Er ließ seine Mannschaft rennen, als gäbe es auf dem ganzen Platz nur ein Tor. Das des Gegners. Die Tatsache, dass sein eigenes Team das zweite Tor auf dem Feld zu bewachen hatte, interessierte ihn nicht besonders. Jedenfalls nicht so sehr, dass er angefangen hätte, Kompromisse zu machen. Es gab ein zweites Tor auf dem Platz. Schön und gut. Das war eben so. Aber sollte er deswegen sein Denken, sein System, seine Seele ändern?

Lieber nicht. Lieber bestellte Tschik noch eine zweite Portion Spanferkel.

»Rada, Kommandant, beste Frau von Welt hat immer knuspriges Spanferkel für Tschik.«

In der ersten Saison muss sie ihm eine Menge Spanferkel zur Beruhigung vorgesetzt haben. Denn die Mannschaft schoss zwar Tor auf Tor, aber sie kassierte auch heftig.

115 Mal traf das Team in der ersten Tschik-Saison, 61 Mal waren die Gegner erfolgreich.

Die Bayern jener Tage umwehte ein Hauch von Genie und

Unberechenbarkeit. Das erste Auswärtsspiel gegen die Stuttgarter Kickers gewannen sie mit 8:1. Aber sie verloren gelegentlich hoch gegen schwache Gegner wie FSV Frankfurt oder Schweinfurt 05, welche die Bayern mit einem 4:1 blamierten. So war es kein Wunder, dass der Mannschaft in der Aufstiegsrunde die Nerven versagten. Zwei Niederlagen, daheim gegen Borussia Neunkirchen und auswärts gegen Tasmania Berlin, verriegelten Tschiks Stürmern und Drängern kurz vor dem Ziel den Weg in die Bundesliga.

»Meine Mannschaft sein wie Kuh«, kommentierte Tschik das Scheitern. »Geben zehn Liter Milch und schmeißen Kübel um.«

Zu Sepp Maier war er direkter. »Ihr habe mich gekostet Prämie von dreißigtausend Mark. Ich dir nehmen die Auge raus.«

Auch Maier ärgerte sich. Ihm waren 10 000 DM Prämie verloren gegangen.

»Klar war das für damalige Verhältnisse viel Geld«, sagt er heute.

Dann fügt er stolz hinzu: »Wir waren verreckte Hunde, wir haben vor niemandem Angst gehabt.«

»Sepp, du musst ins Tor!«

Sepp Maier war ein Meister der Improvisation; einer, der sich mit guter Laune auch die schlechtesten Verhältnisse so lange zurechtbog, bis gelacht wurde. Mit ihm oder über ihn, das war egal. Es schmeichelte Maiers Eitelkeit, dass er die Stimmung so locker machen konnte wie ein Masseur verkrampfte Waden.

1944 geboren, ein Jahr vor Kriegsende, gehörte er einer Generation an, die die Trümmer des Krieges nur aus Erzählungen kannte und das Chaos der Jahre danach als neue Freiheit erlebte. Die alten Autoritäten, der Vater, der Lehrer, der Polizist – sie waren noch da –, aber ihre Legitimation wackelte. Sie hatten noch das Recht zu strafen, aber ihre Schläge schmerzten nicht mehr.

Für die Faxen in der Schule bekam Maier, so erzählt er, auf die linke Hand Prügel mit seinem Lineal, bis dieses brach. Dann musste er nachsitzen – und zwar so regelmäßig, dass am Ende wohl »ein gesamtes Schuljahr an Nachsitzstunden zusammenkam«. Es reichte jedoch nicht aus, um seine chronisch gute Laune zu zerstören.

Als sein Vater dem Sepp und ein paar Freunden half, ein paar Balken aus einem Lagerschuppen zu tragen, damit sie Torpfosten hatten, erfolgte eine Anzeige wegen »Holzdiebstahl«. Maiers Vater verlor seinen Job in der Verwaltung der Nervenheilanstalt Haar, die Familie musste die Dienstwohnung räumen, der Vater blieb vier Jahre arbeitslos. Aber die Angst, abzugleiten in das soziale Aus, ließ Maier nicht stumm werden. Im Gegenteil. Er streckte sein vorspringendes Kinn dem Schicksal entgegen. Er wurde lauter.

Es half seinem Selbstbewusstsein, dass er sich bewegen konnte wie eine Katze – schnell, elastisch, fließend. Schon mit sechs Jahren zog er die Aufmerksamkeit als Bodenturner auf sich. Gleichzeitig entdeckte er den Ball. Der war zwar aus lauter Lumpen zusammengenäht, genügte ihm aber. Dieser Ball war ein Wunderding, eine Zauberkugel, mit der sich der Bub in eine andere Welt beamte: ein Kosmos, in dem er als Erster in Mannschaften gewählt wurde, in dem sein Wort galt, in dem er bejubelt wurde.

»Seppe, gib halt ab, spui zu mir«.

»Tor, Tor, super, Seppe. Super gemacht.«

Maier hielt eine Position als Mittelstürmer damals beim TSV Haar, er galt als torgefährlich und war ein Vorstadtstar. Aber nachmittags, wenn keiner da war zum Spielen, schoss er den Ball – inzwischen ein richtiger aus poliertem Leder; Sepp hatte ihn bei seinem Bruder zu Weihnachten gegen eine Uhr eingetauscht – gegen eine Mauer, stundenlang. Und der Junge sprang, flog, hechtete. Am liebsten dorthin, wo es am dreckigsten war.

»Aha, wieder einer aus der Anstalt«, so glaubt Maier heute, hätten die Leute wahrscheinlich gedacht.

Es waren Übungen, die sich bezahlt machen sollten, wenn auch gegen Maiers Willen, zuerst.

Der Stammtorwart der Jugendmannschaft von TSV Haar hatte sich die Hand gebrochen. Für ein Pokalspiel kamen die Bayern.

»Sepp, du musst ins Tor.«

»Aber ich komm doch kaum zur Torlatte rauf.«

»Das ist mir wurscht, gegen die Bayern verlieren wir sowieso.«

Der Trainer sollte Recht behalten. Der TSV Haar verlor 12:0. Aber nach dem Spiel kam der Jugendtrainer der Bayern, ein Mann namens Rudi Weiß, zu Maier und sagte: »Ohne dich hätten die Haarer fünfundzwanzig oder dreißig zu null verloren. Willst du nicht zum FC Bayern kommen?«

Es dauerte ein paar Monate und ein paar Spiele, ehe sich Maier entschied, seinen geliebten Mittelstürmerposten zu verlassen. Nachdem er in der Oberbayerischen Auswahl zwei Elfmeter abgewehrt hatte und ihm die jungen, arroganten Bayern-Stars auf die Schulter geklopft hatten, kaufte er sich ein Moped für 150 Mark und fuhr von dienstags bis freitags zum Training in die Säbener Straße. Er plagte sich von 18 bis 21 Uhr. Tagsüber ging er seiner Lehre als Werkschlosser nach, um 6 Uhr 45 pfiff die Sirene zum Arbeitsbeginn, und Sepp Maier war oft hundemüde.

Aber er war immer schon ein Improvisationskünstler, ein Lausbub, den die Bayern einen »Bazi« nennen, und so fand er auch hier einen Ausweg. Er schlief auf dem Werksklo, manchmal stundenlang.

Es war ein Leben, über das er sich nicht beklagte.

»Ich war darauf eingestellt, mein Leben lang an der Werkbank zu stehen, den Fußball aus Spaß und als Zubrot zu betreiben«, erzählt Maier. Nie habe er daran gedacht, dass man vom Kicken allein leben konnte – geschweige denn gut leben. Wenn es optimal lief, wenn man es in die Nationalmannschaft schaffte, dann konnte sich einer vielleicht eine Tankstelle auf Raten kaufen oder einen Zeitungskiosk samt Lotto-Annahmestelle.

Maier war der Clown der Mannschaft, und manchmal ließ er sich dafür bezahlen. Für fünf Mark sprang er in voller Montur von einem Ausflugsschiff in den Ammersee. Für eine Portion Spiegeleier mit Speck lief er im kalten Regen nackt eine Extrarunde um den Trainingsplatz. »Er war eine Show«, sagt sein ehemaliger Mannschaftskamerad Rudolf Grosser. »Niemand war Sepp Maier auf Dauer böse, nicht einmal der, auf dessen Kosten er vielleicht einen Scherz machte.«

Maier, der sich selbst als »spindeldürrer Wurzelzwerg« bezeichnete, stellte für niemanden eine Bedrohung dar.

Und doch war er bei aller Lockerheit hungrig – in jedem Sinne des Wortes. Hungrig nach Spiegeleiern, hungrig nach Erfolg, hungrig nach Anerkennung. Allerdings umgab seinen Ehrgeiz stets etwas Spielerisches, Unernstes. Als sich der Stammtorhüter Fritz Kosar verletzte und Maier ein erster Profivertrag angeboten wurde, zögerte er, diesen zu unterschreiben. Bisher hatte er für Essensmarken im Wert von 15 Mark gespielt, einzulösen im Mathäserkeller. Er wollte lieber mit der Amateurnationalmannschaft zu den Olympischen Spielen fahren, als beim FC Bayern Profi werden. Erst als ihm Bundestrainer Helmut Schön zuriet, unterzeichnete Maier das Angebot.

Der erste Baustein des späteren Dream-Teams stand. Die Welt des Spaßmachers wurde größer.

Vorher hatte er einen Ford 12 M gefahren, beige mit grünen Kotflügeln, für 150 DM erworben. Jetzt, zum Bundesligaaufstieg 1965, bestellte er sich einen Fiat Ghia für 10 000 DM und fuhr mit seiner Frau Agnes in den Urlaub nach Italien. Kein Zweifel, der Fußball, der sich von einem rein proletarischen

Kampfvergnügen zu einem Teil der Unterhaltungsindustrie zu wandeln begann, meinte es gut mit diesem Showtalent.

Und das Showtalent meinte es gut mit dem Fußball. Gegen Glasgow, zwei Jahre später, sollte Maier nicht nur mit blitzschnellen Reaktionen Tore verhindern. Er sollte sich auch nach dem Match als äußerst geschickt zeigen. Er, einer der großen Helden des Abends, krabbelte unter den Banketttischen herum und verknotete die Schuhbänder der Gäste.

Eine Art Wunderkind

Der wichtigste Teil der Achse, das Zentrum der Mannschaft, die Ein-Mann-Revolution des deutschen Fußballs, trug die schwarzen Locken glatt gebürstet, und in seinen Augen schimmerte stiller Spott. Er sah nicht aus wie ein Kicker, und die Schwerelosigkeit, mit der er den Ball über den Rasen jonglierte, machte ihn verdächtig. Sein Anblick unterschlug die Spuren des Kampfes, den Schweiß, das Blut, die Tränen – die entfesselten Emotionen, bis dahin die symbolische Währung des Fußballsports, waren nicht seine Sache. Die ebenso überragende wie ungewöhnliche Könnerschaft, mit der er sein Gewerbe ausübte, ließ ihn kühl wirken, manchmal arrogant, wie einen Hochstapler, der die Blaulichter der Polizei schon im Rückspiegel sieht.

Kein Wunder also, dass ihm die Mitspieler anfangs ebenso wenig über den Weg trauten wie die Zuschauer. Ganz zu schweigen vom Trainer.

Niemand zweifelte an seinem Talent, aber ebenso wenig sahen sie bei ihm Eigenschaften, die bisher großen Spielern ins Gesicht und in die Beine gemeißelt gewesen waren: Er jagte nicht zum Zweikampf wie ein Gladiator, die Schultern schräg, den Kopf eingezogen. Er tänzelte, das Haupt aufrecht, den Blick hinausgeschickt in die Weite der Mannschaftsbewegung, die er dirigierte und zugleich in sich aufsog. Er wirkte frech, aufreizend. Wie lange konnte er sich das noch leisten? Wann schlug die Demütigung des Gegners um, in den eigenen Fehler, in die Zerstörung seines eigenen Teams?

War er nicht der Keim des Niedergangs?

Verhöhnte sein Stil nicht die viel besungenen deutschen Tugenden, die das so genannte Fußballwunder von 1954 herbeigepeitscht hatten: Disziplin, Ordnung, Kameradschaft, Fleiß, Wille, Kraft?

Franz Beckenbauer war anders. Und er schämte sich dieser Andersartigkeit nicht. Er stellte sie ins Zentrum seines Spiels. Wenn es sein musste, direkt unter den Flutlichtscheinwerfer.

»Nun, ich habe nie ein Sondertraining eingelegt, das stimmt«, sagte Beckenbauer später rückblickend. »Und wenn wir unsere Trainingsrunden um den Platz gelaufen sind, bin ich nie vorneweg – dafür haben wir genug Wahnsinnige gehabt. Ich bin auch nie den hoffnungslosen Bällen fünfzig Meter hinterhergerannt, um sie mit einer Grätsche noch weiter ins Aus zu schlagen.«

Den Wahnsinn – den hatte er nicht nötig. Er war zu gut, um mit dem Stahlhelm in die Schlacht ziehen zu müssen.

Die Gelassenheit kannte er von Anfang an.

Lob der Herkunft

Sein Geburtsort, das Münchner Viertel Giesing, rechts der Isar flussabwärts gelegen, wird gern als Glasscherbengegend beschrieben – aber das Haus in der Zugspitzstraße, wo Beckenbauer aufwuchs, hatte auch die Aura einer guten Stube in einer zerstörten Stadt.

Die Beckenbauers lebten in einer Zweizimmerwohnung. Unten am Ende grenzte die Straße an einen romantischen, wuchernden Friedhof, gegenüber lagen zwei Fußballplätze, und der Himmel wurde nur begrenzt vom Zwiebelturm eines Krankenhauses und der Kuppel einer Aussegnungshalle.

Der Krieg war vorbei, das Viertel tastete sich in die Zukunft, vorsichtig.

»Die haben uns laufen lassen«, sagt Franz Beckenbauer heute.

Und er versichert, eine völlig unbekümmerte Kindheit genossen zu haben.

Es gibt wahrscheinlich wenig Deutsche, die im Jahr 1945 zur Welt kamen und so etwas von sich behaupten würden. Die meisten erlebten eine Welt, der man nicht trauen konnte. Die Städte in Trümmern, die Regale der Einkaufsgeschäfte leer, die Geschichte eine Abfolge von Katastrophen, deren größte Adolf Hitler hieß.

Ein Fanatiker und Massenmörder, der zum absoluten Idol des deutschen Volkes aufgestiegen war, der bereit gewesen war, dieses Volk und andere Völker in einem totalen Krieg zu opfern; der sich schließlich, nachdem sein Wahn 60 Millionen Menschen den Tod gebracht hatte, mit einer Zyankali-Kapsel in seinem Bunker in der Berliner Wilhelmstraße umbrachte und seine Leiche verbrennen ließ.

Es ist also keine Übertreibung, zu behaupten, dass den Deutschen ihr selbstverschuldeter Untergang noch in den Knochen steckte, als Franz Beckenbauer am 11. September 1945 geboren wurde. Hitler war gerade einmal 134 Tage tot.

Aber wie später ihr Sohn hatten auch die Eltern Beckenbauer nichts übrig für Wahnsinnige. Zwei Zimmer genügten ihnen als Zuhause, Berlin war weit weg, und sie waren entschlossen, nichts von dem deutschen Irrsinn an ihre gemütliche Lebensfreude heranzulassen. Schon gar nicht an ihre beiden Buben.

Die Beckenbauers waren keine Spießer. Sie leugneten die Vergangenheit nicht, aber sie hatten keine Lust, sich von deren Gespenstern und Albträumen weiter terrorisieren zu lassen. Sie waren einfach froh, dass der deutsche Irrsinn vorbei war.

Und sie leisteten sich den Luxus, sich reich zu fühlen, obwohl sie nach dem Gehaltszettel des Vaters eher arm waren: 450 DM im Monat brachte der Mann als Postobersekretär in die kleine Wohnung. Fleisch gab es nur einmal in der Woche. Aber die Mutter Antonie Beckenbauer sagte: »Wer in einer Zeit lebt, in der keine Bomben fallen, in der nicht Menschen von Männern in braunen Ledermänteln abgeholt werden, in der man nicht Nächte im Keller verbringen muss, der kann doch nicht arm sein.«

Überhaupt Antonie Beckenbauer. Sie begriff die Entbehrungen der Nachkriegszeit als Herausforderung, die sie mit genau jener Nonchalance annahm, mit der ihr Sohn später auf dem Platz Weltruhm erlangen sollte. Wo der Vater, ein Mann, der die Ordnung und die SPD liebte, streng dreinschaute, den Kopf zurücklegte und angestrengt nachdachte, handelte Mutter Antonie eher spontan. Tatendurstig und voller Neugier blickte sie auf das Leben. Sie lächelte mit Leichtigkeit und dem intuitiven Wissen, dass die Welt nicht perfekt ist und dass man sich schon etwas einfallen lassen muss, wenn man nicht untergehen will. Auf diese Frau war Verlass. Wenn die Burschen etwas angestellt hatten, fand sie immer einen Ausweg. Sie bezahlte die entzweigeschossenen Fensterscheiben, besorgte einen Sonntagsbraten auf dem Schwarzmarkt und sorgte dafür, dass die Lausbuben anständig angezogen waren. »Was wir trugen«, schrieb Franz Beckenbauer später, »war sauber, praktisch und, sofern irgendmöglich, nicht geflickt.«

Der Vater hielt Fußball für eine Zeitverschwendung, für eine Ablenkung von einem Leben, das ernst zu sein hatte und hart sowieso und das einen gegen Ende mit Bandscheibenschmerzen belohnte, die so heftig waren, dass man stundenlang kein Wort mehr herausbrachte und die Zeitung im Stehen lesen musste.

Wenn einer Glück hatte, dann konnte ihm eine Frau wie Antonie die Unerbittlichkeit des menschlichen Daseins ein wenig lindern, aber der Fußball? Der vermochte gar nichts, war zu nichts nütze.

Um das Jahr 1950 gab es selten neue Schuhe für die Beckenbauer-Buben, aber wenn es welche gab, hörte Franz immer den gleichen Spruch von seinem Vater: »Diese Schuhe sind nicht zum Fußballspielen da. Wenn ich einen dabei sehe, wie er mit den neuen Schuhen den Ball tritt, läuft er eine Woche lang barfuß, auch wenn es Winter ist.«

Widerspruch war dem Lehrernaturell des Vaters verhasst. »Den Mund habt ihr zum Essen bekommen«, pflegte er dann zu sagen, »und damit ihr eurer Mutter einen Kuss geben könnt. Die übrige Zeit müsst ihr ihn halten.«

Aber die Drohungen und Vorhaltungen schmolzen rasch dahin im Hause Beckenbauer, weil der praktische Verstand der Mutter von hehren Prinzipien wenig hielt. Sie wollte lieber, dass die Dinge funktionieren.

»So schlimm ist das ja nicht, der Schuhmacher macht das schon wieder.«

Manchmal, besonders bei der Wäsche, musste aber auch Antonie Beckenbauer mit ihrer Geduld kämpfen. »Mei, der Walter hat zweimal trainiert«, sagte sie, »und der Franzi hat auch zweimal trainiert, und am Sonntag haben beide gespielt. Das war ein Haufen Wäsche natürlich, besonders im Winter, das war furchtbar. Des hast alles mit der Hand waschen müssen, weils no koa Waschmaschine geben hat und koa Schleuder, nachts um zehne hab I's oft no in den Speicher tragn, damits a bissl abtropft. I hab aufn Fußboi a Wut ghabt, I sags wies is, na ehrlich.«

Dann schließt sie den Mund für einen Bruchteil einer Sekunde, und die braunen Augen blicken mit jener Art Giesinger Triumph, der sofort von einer angeborenen Bescheidenheit auf den Boden der Münchner Tatsachen zurückgeholt wird.

»Aber mei, das hat sich dann aber doch gelohnt, sagn mer amoi.«

Trotz seines Talents war für den kleinen Franz Fußball nicht gerade das, was man in Bayern eine »gmahte Wiesn« nennt, eine Ernte, die frisch geschnitten daliegt und bloß noch eingefahren werden muss. Sein Bruder Walter galt als der Bessere, weil er älter war, genauso alt wie seine Freunde, die die Zugspitzstraße beherrschten. Franz war der »Stumpn«, der winzige Bruder, der nervte. Manchmal, erzählt Beckenbauer, drückten ihm die Großen 10 Pfennig in die Hand – nur damit er endlich verschwand. »Da hast a Zehnerl, kaf der was.« Hätte er »aufgemuckt«, da ist sich Beckenbauer heute noch sicher, hätten die Älteren ihm »ein paar geduscht«.

Der Freund, auf den er sich am besten verlassen konnte, war der Ball.

»Ich habe immer mit dem Ball herumjongliert«, sagt Beckenbauer. Dazu schoss er ihn gegen die Mauer.

»Die Mauer war der ehrlichste Partner«, sagt Beckenbauer, »wenn du den Ball sauber hingespielt hast, dann kam er sauber zurück. Wenn du ihn unsauber gespielt hast, unsauber. Wenn du ihn also sauber hinspielst, dann brauchst du ned so viel laufen.«

Und dazu grinst Beckenbauer auf seine typische Art. Es ist ein Grinsen, selbstbewusst geworden in der Erfahrung, dass viele Dinge eher einfach sind als kompliziert, eher Giesing als Paris. Man muss sie bloß tun, konsequent, immer wieder.

An die Mauer.

Trotz solcher Bodenständigkeit blieb Beckenbauer ein Feingeist. Seine Sensibilität war immer stärker als der Zwang zur Anpassung, zum Ritual, was der Sinn jeder Sportart ist, aber oft auch deren grauenhafte Öde.

Es war ein Turnier in Neubiberg, er war zwölf Jahre alt und spielte einen pfeilschnellen Mittelstürmer für seinen Verein SC 1906. Sie liefen auf in blutroten Trikots, auf der Brust leuchteten in Gold die Initialen des Clubs. Es ging gegen den mächtigsten Verein in Oberbayern, was damals in den Vorstellungen der Heranwachsenden hieß, es ging gegen den mächtigsten Verein des Universums: die Jugendmannschaft des TSV 1860 München.

Die Jungs von SC 1906 hatten nicht nur Bewunderung und Respekt für die 60er. Sie liebten den Club, wie man als kleiner Bub einen Porsche ins Herz schließt oder einen Ferrari. Man weiß, das Ding ist jetzt noch unerreichbar, aber wenn alles gut läuft und man abends immer brav seinen Spinat isst, klappt es vielleicht eines Tages doch: in zehn, zwanzig Jahren.

»Die Besten aus unserer Mannschaft hatten sich vorgenommen, zu 1860 zu gehen, wenn sie sich stark und alt genug dafür fühlten«, erinnert sich Beckenbauer. »Auch für mich stand fest: Sechzig, das wird mein Verein.«

Vom FC Bayern sprach keiner. Der FC Bayern war ein Club aus dem Künstler- und Bohèmeviertel Schwabing. Eine dünkelhafte Vereinigung, die es tatsächlich einmal geschafft hatte, in ihre Satzungen einen Paragraphen aufzunehmen, der besagte, dass hier nur Mitglied werden durfte, wer das Abitur in der Tasche habe. Tatsächlich muss es in diesem Club Leute gegeben haben, die eine solche Forderung für klug hielten. In Wirklichkeit war dieses elitäre Gehabe ungefähr so schlau wie ein Kurs für Tischmanieren auf einem Maifest.

Nachdem sie die Schnösel von Bayern klar besiegt hatten, standen die Jungs um Beckenbauer im Endspiel gegen die Könige der Galaxis: gegen den TSV 1860.

Franz, der Mittelstürmer, blickte in das Gesicht seines Gegenspielers. Er sah Derbheit.

Dann die Begrüßung.

»Was willst du Depp hier?«

Beckenbauers Antwort bestand darin, diesen vorlauten Proleten nach allen Regeln der Kunst auf dem Spielfeld vorzuführen, mal rechts, mal links an ihm vorbeizugehen, als sei er nur eine Vogelscheuche, die allein und lächerlich in einem Gewittersturm zurückgeblieben war.

Dann schlug auch noch, symbolisch, der Blitz ein. Beckenbauer schoss ein Tor.

»Na, da schaust, du Depp«, sagte Beckenbauer.

Die Antwort des 60ers bestand in einer saftigen Watschn. Der Schiedsrichter wollte nichts gesehen haben. Das Spiel lief weiter, die Sechziger siegten. Zum Abschied spottete der Ohrfeigenmann: »Gib's auf, du Depp, geh lieber Murmeln spielen.«

Beim Umziehen sagte Beckenbauer den wohl wichtigsten Satz seiner Karriere.

»Zu dene geh i ned.« Das »dene« kam scharf und kurz und beiläufig. Trotzdem schwang im Ton die gleiche Entschiedenheit mit wie früher bei Antonie bei ungleich ernsteren Anlässen, wenn sie von Männern in braunen Ledermänteln gesprochen hatte. Diese Polit-Schläger mochten stärker sein, mächtiger sowieso, aber das änderte nichts daran, dass sie Abschaum waren, schlimmer als Dreck auf einem frisch gewaschenen Trikot.

Ein Rohdiamant wird geschliffen

Er ging zu den anderen, und jene anderen waren der FC Bayern.

Der Mann, der sein Trainer wurde in diesem Herbst, sah aus wie einer, der auch ein Segelschiff hätte befehligen können oder einen Roulettetisch. Er trug die Haare mondän zurückgekämmt, und seinen schmalen Augen entging nichts. Aber in die Schärfe des Blicks hatte sich auch ein Hauch von Traurigkeit gelegt, denn der Bursche, der auf den Namen Rudi Weiß hörte, war ein Fußballkrüppel, ein Sportinvalide.

Er war 18 gewesen, ein hoffnungsvolles Talent mit flinker Zunge, ebenso schnellen Beinen, ein Mittelstürmer, der mit beiden Füßen losdonnern konnte, bis ein Gegenspieler ihn eines Tages vom Rasen mähte. Der Typ kam angeflogen, trat ihm ins Standbein und sorgte dafür, dass Rudi Weiß nie wieder würde Fußball spielen können. Also wurde er Rechtsanwalt, baute eine Kanzlei auf, aber in seinen freien Stunden hing er immer noch auf dem Platz seiner Träume herum, der Säbener Straße Nummer 51, und machte dort keinen guten Eindruck. »Ich sah«, sagt Weiß heute, »aus wie a kranka Hund.«

Weiß erkannte schnell, dass Beckenbauer ein Riesentalent war. In der ersten Saison als C-Jugendspieler schoss der Neuling als Mittelstürmer mehr als 100 Tore. Aber Weiß fürchtete auch um ihn. Er hatte Angst, dass die Karriere des Jungen genauso schnell enden könnte wie seine eigene. »Er war zu schnell«, sagt Weiß. Viele Verteidiger hätten nicht gewusst, wie sie Beckenbauer stoppen sollten. Der Weg vom Riesentalent ins Krankenhaus sei kurz gewesen in jenen Tagen.

Deshalb ließ der Trainer ihn bald Libero spielen. Beckenbauer musste als freier Mann die Abwehr dirigieren und gleichzeitig das Spiel aufbauen. »Eine revolutionäre Taktik«, schrieben italienische Journalisten, die Weißens Einfall bei einem Jugendturnier in Cagliari auf Sardinien beobachtet hatten.

»Man musste schon mehr als drei Gramm Hirn haben, um sich auf diesem Posten zu bewähren«, sagt Weiß.

Beckenbauer begriff sofort: Libero, das war keine Strafversetzung in die Abwehr, hin zu jenen, die zu lahm waren, um im Sturm die Menge zu begeistern. Libero war etwas anderes, Neues – Libero, das war der freie Mann, der wie ein General das Spiel lenkt.

»Der Angriff beginnt am eigenen Tor«, sagte Beckenbauer später. »Von hier aus siehst du die Lücken beim Gegner, die kannst du ausnutzen, und du siehst die Fehler der eigenen Mannschaft, die kannst du abstellen. Und natürlich ist es angenehm, dass dir nicht ständig ein anderer auf den Füßen steht wie im Mittelfeld. Ich wollte Einfluss nehmen auf das gesamte Spiel, abwehren, aufbauen, Tore schießen.«

Beckenbauers Ehrgeiz brannte jetzt hell, und sein Zorn traf jene in der eigenen Mannschaft, die nicht mithalten konnten auf seinem Niveau. Wenn ihm einer den Ball nicht genau an den Fuß spielte oder beim Stoppen das runde Leder verspringen ließ, durfte er auf Nachsicht nicht hoffen. Der angehende Fußballaristokrat winkte dann nur ab, als würde er den geringer begabten Mannschaftskameraden auf den Müllhaufen der Kickergeschichte verabschieden.

»Da hat er sich scho giften kenna«, sagt Rudi Weiß. »Da hat er gschrien: ›Und mit solche Schwammerl muss ich spielen?‹«

»Ich möchte gern mal in einer Mannschaft spielen, in der alle den Ball stoppen können«, forderte Beckenbauer.

Er hatte wenig Verständnis für das Normale, den Durchschnitt, das Mittelmaß. Die mittelmäßigen Spieler machen das Spiel für die anderen noch anstrengender, schimpfte er später. »Die schlimmsten von allen Fehlern sind die, die aus Leichtsinn, aus Faulheit, aus Überheblichkeit oder aus Dummheit entstehen. Die tun weh, die versetzen dich in Wut. Wenn einer spielen will wie Pelé, obwohl er nicht einmal einen Stuhl umdribbeln kann, wenn einer zaubern will, obwohl er nicht mal sein Handwerk beherrscht, wenn einer nicht läuft, weil er denkt, ein anderer erledigt das schon für ihn, dann kannst du dich gegen den Zorn nicht wehren, dann sagst du dir: ›Der Kerl bringt dich um deinen Lohn. Alles, was du tust, ist vergeblich, denn der macht es dir kaputt.‹«

Die Mannschaft litt unter den Ansprüchen des sich mit immer mehr Selbstbewusstsein voll saugenden Wunderkindes, aber sie gedieh auch unter seinen Einfällen, seiner Brillanz. Trotzdem betrachtete Trainer Weiß mit zunehmendem Argwohn diesen Burschen, von dem er noch heute sagt, dass er »mit den Füßen sehen konnte«.

Er zerstörte allmählich das Wichtigste, was ein Team ausmache, fürchtete Weiß: die Harmonie und die Disziplin. »Mer ko doch noch stehen bleibn, wenn mer ned genau angespielt werd, und si dann umdrahn.« Die Folge solch hochmütiger Verdammnis war, dass sich viele im Team vor Beckenbauer zu fürchten begannen. »Die anderen«, erinnert sich Weiß, »hatten Angst, ihm den Ball zu geben.«

Besser zu sein, versuchte ihm der Trainer zu erklären, sei kein Privileg, sondern ein Auftrag. Aber der pubertierende Jungstar hatte wenig übrig für solche Regeln der Ritterlichkeit. Er winkte weiter ab, meckerte den Schiedsrichter an und benahm sich wie ein verwöhntes Millionärskind kurz vor dem Antritt einer großen Erbschaft. Als der Popanz dann auch noch mit 17 ein Mädchen namens Ingrid kennen lernte, sie schwängerte und schlecht gelaunt sitzen ließ, platzte Weiß der Kragen: Er strafversetzte seinen besten Spieler zurück in die B-Mannschaft. Ausflüge mit dem A-Team nach Monte Carlo oder an die jugoslawische Adria fanden jetzt ohne ihn statt. Der Gedemütigte musste mit der Ersatzmannschaft auf die Dörfer, an Plätze, welche er bereits hinter sich gelassen zu haben glaubte, Orte mit Namen wie Neubiberg, Erding, Freilassing.

Für einen anderen Spieler hätte solch eine Disziplinarmaßnahme wahrscheinlich das Ende der noch zarten Karriere bedeutet. Aber nicht für Beckenbauer. Das lag einmal daran, dass Anfang der sechziger Jahre bereits sagenhafte Geschichten über sein Talent kursierten, Legenden, die seinen Namen auf ein Podest hoben, wo die Größten des Fußballs ihr ewiges Quartier aufgeschlagen hatten. Dettmar Cramer, damals Trainer der Jugendnationalmannschaft, rief sogar Bundescoach Sepp Herberger an, den unumstrittenen Oberbefehlshaber des deutschen Fußballs, und sagte: »Der ist so gut wie Fritz Walter, wenn nicht besser.«

Außerdem war der 17-Jährige, wenn man ihm nicht den Ball falsch in den Lauf spielte, ein netter Kerl, einer, der die Bodenständigkeit und Verbindlichkeit seiner Mutter Antonie geerbt hatte. Es nutzte nichts, das ahnte sein Trainer, seine Flügel, mit denen er ein Spiel abheben lassen konnte, zu stutzen. Man musste sie nur so einstellen, dass er bei seinem Versuch, in den Himmel zu fliegen, nicht den Rest der Mannschaft rasierte und selbst bald abstürzte auf den Friedhof der ewigen Talente: Männer, die ihr Ego nur noch im Alkohol spiegeln konnten oder im Wahn, dass sie unantastbar waren, und die dann irgendwann loszogen mit einer Plastiktüte und einem Revolver und eine Tankstelle überfielen.

Dettmar Cramer löste das Problem, indem er den Verfemten in die Jugendnationalmannschaft einlud und ihn zugleich der ultimativen Kontrolle unterzog: Der Junge musste mit dem klein gewachsenen Trainer in einem Zimmer schlafen, in einem Bett, unter einer Bettdecke. Unter einem »Bauernplumeau«, wie sich Cramer erinnert.

Auf dem Zimmer zog Cramer, der nicht umsonst die Beinamen »der Fußballprofessor« und »Napoleon« erhalten hatte, ein Blatt Papier hervor. Es handelte sich um einen Brief von Trainer Weiß.

»Weiß schildert dich als großes Talent, aber auch als sehr labil. Weißt du, was labil heißt?«

Beckenbauer wusste es nicht.

»Labil heißt unausgeglichen, undiszipliniert, unberechenbar, also lauter Charaktereigenschaften, die das Mannschaftsgefüge nicht gerade stützen. Ich denke, es ist gut, wenn das rechtzeitig besprochen wird. Außerdem sollst du nicht gerade ein großer Kämpfer sein, und wenn ich dich so sehe, kann ich mir das auch vorstellen, denn du kommst mir ziemlich lasch vor.«

Beckenbauer war schockiert, aber nicht Trotz war seine Reaktion, sondern Einsicht. Er lernte zuzuhören. Am Ende des Lehrgangs bat ihn Cramer noch einmal ins Zimmer.

»Schau her, Franz, das ist der Brief von deinem Münchner Trainer. Ich werde ihn jetzt in tausend kleine Stücke zerreißen und verbrennen. Für mich ist das Thema erledigt.«

Das große Talent des deutschen Fußballs, der Mann, der einmal besser als Fritz Walter werden sollte, war noch einmal davongekommen.

Am 8. März 1964 debütierte er in der deutschen Jugendnationalmannschaft gegen die Schweiz. Beckenbauer musste bei seiner Premiere als rechter Läufer die Defensive verstärken. Vor dem Spiel plagten ihn heftige Magenschmerzen, weil Sepp Herberger, der König von 1954, auf der Tribüne saß. Deutschland gewann 2:1, der Schütze beider Tore: der vor kurzem noch Ausgestoßene.

Hatten die das alle mitgekriegt zu Hause in München? Sie hatten.

Aber es half nicht wirklich.

»Ah, Sie sind Beckenbauer, gut am Ball, aber nix Kämpfer. Sepp Herberger haben mir erzählt«, empfing Tschik Cajkovski den Heimgekehrten zum Training mit der ersten Mannschaft.

»Herr Herberger hat mich nur einmal gesehen, und da war ich sehr aufgeregt«, beschwichtigte Beckenbauer.

»Gut, gut«, wiegelte Cajkovski ab, »aber Herberger sind Fußballprofessor und sehen alles.«

Es war heiß an diesem ersten Trainingstag der Profis. Die meisten der Etablierten hielten sich im Schatten des Tribünendachs auf.

Vortreten musste der Neuling, der angeblich verwöhnte, verweichlichte Tausendsassa. Cajkovski befahl ihm, sich einen Ball zu schnappen und ihn zu umspielen.

»Sie jetzt kämpfen mit Tschik, bekommen Muskeln wie Tschik«, brüllte er, den Kopf hochrot wie einen Faschings-Luftballon.

Das Talent rannte los, mit Ball. Flog durch die Luft, ohne Ball. Die Rippen schmerzten, als er nach oben blickte und den Faschingsballon schreien sah.

»Sie aus Schlagsahne, Bundestrainer hat Recht. Sie kein Kämpfer, Sie wie Strohhalm.«

Dann bot er etwas an, was wie eine Versöhnung klang.

Wenn auch eine ziemlich ruppige.

»Tschik so lange mit Ihnen üben, bis Beckenbauer bleibt auf seinem Platz, bis nicht mehr Schlagsahne, sondern Beton.«

Der Verstoßene war endgültig heimgekehrt zum FC Bayern. Am Nachmittag feierte er seinen Einstand in der damaligen Mannschaftskantine – dem Salvatorkeller. Ein paar Wochen später, am 6. Juni 1964, folgte die Premiere auf dem Platz, mit Hilfe einer Sondergenehmigung für den damals 19-Jährigen im Aufstiegsrundenspiel gegen den FC St. Pauli. Er spielte links außen, schoss ein Tor, Endstand 4:0.

Danach raste seine Karriere nach oben. Libero, Aufstieg in die Bundesliga, Pokalsieger, Weltmeisterschaft in England – all das absolvierte der Fast-Abservierte in nur zwei Jahren.

Er war jetzt ein Star, man verglich ihn mit dem brasilianischen Wunderspieler Pelé. Der Schweiß auf seiner Stirn im Wembleystadion, glaubten viele, signalisiere, dass er nun auch ein Kämpfer geworden war.

Er spielte im Endspiel gegen den damals vielleicht besten Kicker der Welt, Bobby Charlton. Das Match endete 4:2 für England, entschieden durch ein Lattentor in der Verlängerung, von dem längst feststeht, dass es nicht regulär war. Damals verkündeten viele Deutsche an den Stammtischen, dass sie zur Strafe für die Fehlentscheidung des russischen Linienrichters bereit seien, sofort in die Sowjetunion einzumarschieren. Es war eine Riesenaufregung.

Was aber sagte der vermeintlich geläuterte Kämpfer, der, so schien es, doch noch die Ideale der Mannschaft von 1954 verinnerlicht hatte, zu diesem Skandal?

Er lehnte sich zurück und lächelte dieses Giesinger Lausbubengrinsen, das er von seiner Mutter Antonie geerbt hatte, und sagte: »Mir war's am Ende völlig wurscht, wie's ausgeht. I wollt nur no, dass endlich Schluss ist.«

»Ein kleines Würstchen aus Nördlingen«

Im Sommer 1964 betrat das letzte Glied der legendären Bayern-Achse das Trainingsgelände an der Säbener Straße. Er war ein schweigsamer, zurückhaltender Mann, der mit seinen braunen Augen eher nach innen zu blicken schien. Wahrscheinlich wäre er niemandem besonders aufgefallen, hätte er nicht über diese Oberschenkel verfügt. Sie waren rund und gewaltig, wie die Stämme einer Eiche, sie maßen jeweils 60 Zentimeter.

Als Gerd Müller erstmals vor die Mannschaft trat und sich vorstellte, sprach er mit einem Akzent, bei dem sich das Schwäbische und das Fränkische zu kreuzen schienen. Er sagte nur: »Guten Tag, ich bin der Torjäger aus Nördlingen.« Der Rest der Mannschaft, erinnert sich Sepp Maier, »schrie vor Lachen«. Bis Maier, der es gut meinte mit dem Neuen, hervortrat und sagte: »Ich bin der Torwart aus Haar.«

Weniger gut meinte es Tschik Cajkovski mit dem 1,76 m großen Menschen, der aussah wie die Karikatur eines Hammerwerfers: die Beine nicht nur dick, sondern auch kurz und krumm, der Oberkörper lang, der Nacken gewaltig, aber fast halslos, der Kopf rund, oben abgeschlossen mit ordentlichem schwarzen Scheitel. Ein menschliches Sauerkrautfass, hätte man denken können, wäre das Fass nicht von unten nach oben dreieckig zugelaufen.

Cajkovski, der selbst das absolute Gegenteil eines Modellathleten darstellte, schritt um diese merkwürdige Erscheinung, welche sich Gerhard Müller nannte, herum, schweigend, mit gespieltem Erstaunen – so als habe der FC Bayern einen Transfer vom Mars gelandet. Dann ging die Mannschaft zum Mittagessen in den Salvatorkeller.

Eine Fliege summte über dem Suppenteller von Franz Beckenbauer. Der Jungstar schaffte es nicht, sie zu vertreiben. Das Insekt ärgerte ihn weiter – bis der Torjäger aus Nördlingen zugriff. Das Summen hatte ein Ende. Müller hatte die tote

Fliege in der Hand und die Lacher auf seiner Seite. Er marschierte los, einen zweiten Teller Suppe zu holen.

Cajkovski hatte genug gesehen. Er rasselte los wie eine Alarmanlage in einem Juweliergeschäft in der Münchner Maximilianstraße. Schrill war seine Stimme, sie zischte auf jenem bedrohlichen Grad, wo Bedrohung in Panik umzuschlagen droht. Der Trainer wetterte und gewährte keine Chance auf Widerspruch.

»Sie nix essen, Sie nicht Franz Beckenbauer, Sie dickes, kleines Müller, das nicht sehen kann Ball, wenn liegt unter Bauch. Sie nix essen Suppe und Kartoffeln, Sie essen nur noch Steaks, trinken nix Milch, sondern nur Fruchtsaft, Sie schlucken, wenn Hunger, Traubenzucker, nix Nudeln oder Reis«, schrie der Trainer.

Erst war nicht klar, ob die Nachricht beim Torjäger aus Nördlingen angekommen war. Vielleicht war sie ihm zu laut, vielleicht war er nicht vertraut mit dem jugoslawisch-deutschen Kauderwelsch des Trainers, vielleicht war der eben verkündete Diätplan auch zu konfus. Das Gesicht des Gescholtenen blieb unbewegt wie das einer Puppe.

Endlich legte er den Löffel auf den Tisch.

Er hatte begriffen: keine Suppe.

Die nächsten Wochen hetzte ihn der Trainer über den Platz und feuerte ihn mit Beleidigungen an: »Sie langsam wie Kröte, Sie japsen wie Fisch am Land, Sie können nicht laufen, alles Nudeln, Kartoffeln, Mehl am Leib.«

Müller lief.

Er durfte keinen zweiten Teller Suppe mehr verschlingen, aber die Beleidigungen schluckte er wie einen süßen Kinderbrei.

Er hatte nicht gelernt zu widersprechen, und jetzt war ein schlechter Zeitpunkt, damit anzufangen.

Dort, wo Gerd Müller herkam, stand man früh auf, erledigte seine Arbeit und stellte keine unnötigen Fragen. Nicht einmal nach der Herkunft seines eigenen Spitznamens. Müller wurde »Hate« gerufen. Aber wenn man heute die Männer, welche damals seine Freunde waren, fragt, warum er so hieß, können diese keinen Grund nennen, keine dazu passende Anekdote erzählen.

Sein Vater schleppte Kohlen auf dem Buckel, Karolina, die Mutter, trug zu Hause eine Haube und führte nebenher einem Standesbeamten den Haushalt. Als der Vater starb, war Müller 17 Jahre alt. Er weinte. Aber nur kurz. Die Not zwang ihn zu arbeiten. Erst als Weber, später als Schweißer in einem Betrieb, der Teewagen herstellte. Es war seine Pflicht, die fünfköpfige Familie mit zu ernähren. Es war nicht viel, was er nach Hause brachte: 160 DM im Monat. Er wog 90 kg.

Müller war jung, aber er sah aus, als ob er die guten Zeiten schon hinter sich hätte. Ein Schicksal, welches er mit seiner Heimatstadt teilte. Zwischen Stuttgart, Nürnberg und Augsburg gelegen, blickte Nördlingen mit seinem spitzwegartigen Stadtbild auf eine glorreiche Vergangenheit als freie Reichsstadt zurück, aber die Gegenwart war alles andere als aufregend. Die Leute führten ein ruhiges Leben und gingen früh schlafen.

Abwechslung in diese an Monotonie grenzende Beschaulichkeit brachte nur der Fußball. Gerd Müller spielte überall, wo ein Ball halbwegs rollen konnte, in der Nachbarstraße, sogar in der Backstube Held. »Wir haben die Backwaren abgedeckt, die Teigwannen umgestoßen und zu Toren umfunktioniert und dann auf engstem Raum gegeneinander gespielt«, sagt Klaus Peter Kraus. Er war übrigens der Sohn jenes Standesbeamten, für den Karolina den Haushalt führte.

Ganze neun Jahre war Gerd alt, als er zum ersten Mal für den TSV Nördlingen auflief. Die anderen Jungs unterschätzten ihn von Anfang an. »Was will denn der Dicke hier?«, lautete noch eine der freundlicheren Begrüßungen, wenn er seine Position im Sturm einnahm.

Müller antwortete nie, sondern rächte sich auf seine Weise

für diese Sticheleien: Er schoss Tore. Mal eins pro Spiel, mal fünf, einmal auch 16 Stück. Es gab Zeiten, Anfang der 60er, da traf er über 100 Mal pro Saison. Als 17-Jähriger erzielte er in der 2. Amateurliga 180 von 204 Toren, die seinem Verein gelangen. Auf dem Feld jauchzte dann die aufgestaute Wut wie ein Erdbeben aus ihm heraus. Es dauerte nie lange. Sobald er sein Trikot wieder auszog und in den Mannschaftskoffer stopfte, war er wieder der brave Gerd. Der Junge, der früh aufstand, für die Mutter mit der Haube und für die Geschwister. Es war wie die endlose Verlängerung eines Spiels, das nie angepfiffen worden war. Aber Gerd klagte nie. Er war so anspruchslos wie seine Lieblingsspeise: Kartoffelsalat. Nie wäre er auf den Gedanken gekommen, über sein Schicksal zu jammern, sich zu beschweren oder gar aufzubegehren. Aber das Komahafte seiner Existenz änderte sich schlagartig, sobald er einen Strafraum sah. Eine Persönlichkeitsänderung – auf einmal war er wach, schnell, zielstrebig und brandgefährlich.

»Was will denn der Dicke hier?«

Die Antwort war einfach: Tore schießen.

Und kaum ein Abwehrspieler konnte den Dicken daran hindern, seinen Auftrag zu erfüllen.

Denn der Dicke hatte zwischen den Schlaglöchern der mittelalterlichen Straßen seines Heimatortes nicht das Gleichgewicht verloren, er hatte zwischen Rosinenschnecken und Brezeln in der Backstube Held ins Tor getroffen, und er hatte sich auch in der Fabrik nicht irremachen lassen. Er kannte sich aus in beengten Verhältnissen, wusste sich auf engstem Raum zu bewegen.

Bei diesem Torjäger kam alles zusammen. Da war einmal die Kürze von Müllers Beinen, welche seinen Schwerpunkt tiefer legte und es ihm erlaubte, sich schneller zu drehen und aus der Rotation sofort zu schießen. Dazu hatte er eine enorme Antrittsgeschwindigkeit, ein perfektes Auge und Instinkt. Er bevorzugte es, rechts zu schießen, aber zur Not stand auch sein linker Fuß am richtigen Fleck, fünf Meter vor des Gegners Tor, wo Müller dem Ball oft nur noch einen kleinen Stupser gab, damit er über die Torlinie rollte.

Das Wichtigste aber war: Er dachte nicht nach, das besorgte sein Körper, wenn er schoss.

»Wenn ich drei Sekunden Zeit zum Überlegen hätte, wäre es mit meinen Toren vorbei«, erklärte Gerd Müller später seinen Erfolg. »Ich haue halt immerzu aufs Tor.«

Typisch Müller: Nachdem er ein ganzes Jahrzehnt in der Bundesliga gespielt hatte, mehrfach mit kleinen Kanonen-Trophäen als »Torjäger des Jahres« ausgezeichnet und als »Bomber der Nation«, als »Strafraumgespenst«, als »Hexer« und als »Henker« gerühmt worden war, erläuterte er auf rührend unbeholfene Weise das Geheimnis seines Erfolges.

»Ich find vielleicht, dass der Titel Bomber ned das Richtige ist, weil I bomb meine Tore ja ned, I mach sie aus sechzehn Meter – nicht aus fünfundzwanzig.«

Damals, in Nördlingen, hatte er solche Erklärungen noch nicht abgeben müssen. Da fasste er, wenn überhaupt, sein Berufsethos in einem einzigen Satz zusammen: »Ich will ein Tor – das ist alles.«

In der Saison 1963/64 hatte er so die erste Mannschaft des TSV Nördlingen mit 44 Toren per Aufstieg in die Landesliga hineinkatapultiert. Als sich sein Ruhm mehrte, bekannte Müller schüchtern, dass der neunmalige Deutsche Meister, der 1. FC Nürnberg, ein Club mit glorreicher Vergangenheit und ungewisser Zukunft, sein Lieblingsverein sei.

»Wir haben scho zwei Müller«, ließ der Club verlauten. »A dritter tät uns grad noch fehln.«

Dem Mann, der dies sagte, ist ein ewiger Platz auf der Liste der großen Versager des Showgeschäfts sicher. Direkt neben jenem Musikmanager von der Plattenfirma Decca, der die Beatles im Januar 1962 nach Abhören ihres Probebands wieder nach Hause schickte, ohne Vertrag, weil die Zeit der Gitarrenbands vorbei sei.

Walter Fembeck und Herr Sorg vom FC Bayern waren im Frühjahr 1964 ein wenig schlauer. Sie schauten schon am Vormittag in der Wohnung der Mutter in der Bergerstraße vorbei, 5000 DM Handgeld in der Tasche. Gerd Müller dachte an diesem Morgen lange, er unterhalte sich mit den Abgesandten des Konkurrenzclubs TSV 1860 München, welche sich ebenfalls angekündigt hatten. Aber die 60er, verwöhnt von Siegen und Geld, das Portfolio voll mit Stars wie Petar Radenkovic, Fredi Heiß, Rudi Brunnenmeier und Peter Grosser, hatten es nicht besonders eilig. Sie erreichten Nördlingen erst am Nachmittag. Müller war noch da, aber seine Zusage war weg.

»Es war an einem Samstag«, sagt Müller heute, »da hab' ich noch nebenbei Überstunden gemacht, das hat ein schönes Geld gegeben. Und ich komm heim, und die reden und reden und auf einmal sagen's, sie sind von Bayern. Ich muss sagen, zu den Sechzigern wär ich nicht gegangen, da hätte ich keine Chance gehabt. Sag ich also: Okay, Bayern! Und dann ist das Theater erst losgegangen. Die sind schon um zwei hinten raus, und vorne kommen die Sechziger. Meine Mutter war schon ganz närrisch, mein Vater war ja gerade ein halbes Jahr vorher gestorben. Ich hab' denen gleich gesagt, ich geh zu Bayern. Na, dann haben's noch eine halbe Stunde geredet, und dann sind's gegangen. Dann ist der Bürgermeister gekommen und der Vereinsvorstand, mein Chef bei Bremshey. Mein Chef hat gesagt, lass dich ja nicht umstimmen. Denn die Leute waren bös. Was muss der Müller denn jetzt weggehen? Nach München.«

Er war 18 Jahre alt, als er nach München kam. Zum ersten Mal erlebte er die Großstadt, und er hatte vor der Metropole riesigen Respekt, der sich gelegentlich zur Furcht steigerte.

»Ich kam als kleines Würstchen aus Nördlingen«, bekannte er später, »hatte Angst vor der großen Stadt und keinen Führerschein. Die zehn Kilometer vom Trainingsplatz zur Wohnung am Rosenheimer Platz ging ich zu Fuß, damit ich mir den Weg merken konnte.«

Der FC Bayern zahlte dem Nobody aus der Provinz außer der Wohnung noch 160 DM Gehalt pro Monat. Dazu verschaffte er dem stämmigen Burschen einen Halbtagsjob in einem Möbelgeschäft über 400 DM. Was es mit dieser schicken Bezeichnung auf sich hatte, durfte der Journalist Hans Schiefele, von 1987 bis 2002 Vizepräsident des Clubs, ein paar Wochen später beobachten.

»Ich hab den Moorhardt, ein anderes Bayernmitglied, besucht, in der Funkerstraße im dritten Stock. Auf einmal klopft es. Draußen steht unser neuer Mittelstürmer. Er sagt: ›Grüß Gott, ich bin der Gerd Müller. Ich bring den neuen Küchenkasten. Wo soll ich den hinstellen?‹«

Schiefele war bestürzt und belustigt zugleich: »I hab unserm Neueinkauf dann fünf Mark Trinkgeld gegeben.«

Müller bedankte sich artig. Noch gab es nichts, was ihn aus seiner stillen Bescheidenheit hätte reißen können.

Daran änderte auch das ätzend-ironische Gebrüll von Tschik Cajkovski nichts, der Panik bekam, wenn er den Neuzugang nur sah und ihn vorläufig nicht für die erste Mannschaft aufstellte. Der jugoslawische Coach war in Bedrängnis. Mit dem 1. FC Köln war er 1962 Meister geworden, jetzt erwarteten die Bayern von ihm den sofortigen Aufstieg in die Bundesliga. Er musste Erfolge und Siege und Tore produzieren. Wie sollte das gehen mit einem vermeintlichen Sturmtank, der aussah wie ein Krautfass und am liebsten auf dem Sofa lag, Kartoffelsalat aß und Tom Jones hörte? Niemand wusste es, Nervosität kam auf, bloß Müller behielt die Ruhe.

Nicht einmal eine Unglückszahl konnte ihn aus seiner Nördlinger Balance bringen.

»Ich hatte mir von den nummerierten Klamotten für die neue Meisterschaftssaison etwas ausgesucht«, erinnert sich Franz Beckenbauer, »aber von den unteren Nummern war nur noch die 2, eigentlich die des Außenverteidigers, von den übrigen nur noch die 13 da. Ich nahm die Nummer 2. Gerd griff ohne zu zögern nach der Nummer 13.«

»Das macht mir nichts«, versicherte er. »Von heute an ist die 13 meine Glückszahl, basta.«

Es war nicht Müller, sondern Cajkovski, der zu seinem Glück gezwungen werden musste. Und zwar von Neudecker. Der Präsident mit dem großen Portemonnaie drohte mit persönlichem Boykott, wenn sein 5000-DM-Einkauf auf der Ersatzbank zusätzliche Kummerkilos ansetzen sollte: »Trainer«, sagte Neudecker, »wenn Sie den mit den dicken Haxen nicht aufstellen, gehe ich nie mehr auf den Fußballplatz.«

Die Drohung half.

Am 18. Oktober 1964 war es so weit. Nachdem ihn auch noch ein Armbruch in der Vorbereitungsphase zurückgeworfen hatte, hatte Gerd Müller erst im elften Punktspiel, gegen den Freiburger FC, Premiere. Bei dem glanzvollen 11:2-Sieg gelingt ihm sein erstes Tor. In den folgenden 26 Spielen schafft er 33 weitere. Die Zeitungen nennen ihn den »Uwe Seeler von München«.

Bald hieß er nur noch »Müller«.

Die Mannschaft schaffte den Aufstieg dank des »Wundersturms«, der es am Ende der Saison auf 146 Tore brachte.

Müller wurde zum Albtraum aller Abwehrspieler. 1967 wurde er mit 28 Toren zusammen mit dem Dortmunder Lothar Emmerich Torschützenkönig der Bundesliga. Diese Trophäe würde er im Laufe seiner Karriere noch sechs weitere Male erringen.

Um den Serientäter zu stoppen, begannen ihn die Gegner zu treten, zu stoßen, zu schlagen und zu würgen.

Aber wie ein Entrechteter gejagt zu werden, war für den Jungen aus Nördlingen noch lange kein Grund, seine Gutmütigkeit zu verlieren.

Auf sein schweres Leben zwischen Schienbeintritten, Trikothalten und Schwitzkasten angesprochen, verzog er keine Miene.

»Die tun nur ihre Pflicht«, sagte er.

Zu viel Nachdenken, da war sich der Torjäger sicher, bringt nichts. Schon gar nicht das Grübeln über die Zukunft. Da passiert sowieso, was passieren muss.

Fragt man ihn heute, ob er damals mit den jungen, wilden und ungestümen Bayern das Gefühl hatte, am Beginn einer neuen Ära zu stehen, zuckt er bloß mit den Schultern: »Wir hatten halt ein eingespieltes Team«, sagt er. »Den Mucki Brenninger hab ich verdrängt nach links außen. Wir mussten schauen, dass wir da mitkommen. Und in der Früh, da hast ja noch gearbeitet. Du hast gar keine Zeit gehabt für große Pläne. Schafkopf haben wir gespielt. So kam das. Sie haben mich gefragt, ob ich Schafkopf spielen kann. Und von da an war ich immer bei denen.«

Mit Maier, Beckenbauer und Müller hatte Neudecker das Gerüst der goldenen Mannschaft des FC Bayern geschaffen. Was er jetzt brauchte, war ein Mann, der das Fußballgeschäft modernisierte. Einer, der den Club nicht mehr wie einen Sportverein leitete, sondern wie eine Firma. Einer, der mit Hipphipphurra und Turnvater Jahn nichts mehr am Hut hatte, aber einen Instinkt dafür, dass ein Spektakel, welches Tausende von Zuschauern in einem Stadion in Raserei versetzte, eine großartige Geldvermehrungsmaschine sein könnte.

Dieser Mann hieß Robert Schwan. Neudecker lernte ihn kennen im Jahr 1964, als er von Angestellten der Norddeutschen Versicherungsgesellschaft eine zweifelhafte Empfehlung gehört hatte: »Wir haben da einen Chef, der führt Menschen, vielleicht ist der was für Bayern.«

Schwan und Neudecker trafen sich im unvermeidlichen Salvatorkeller. Die beiden mussten nicht viel Bier trinken, um Sympathie füreinander zu entwickeln. Beide waren Machtmenschen. Beide rochen, dass ein Zusammenschluss ihnen noch mehr Macht verleihen könnte. Beide ahnten, dass auf diesem Fundament Geld und Ruhm geerntet werden könnte. Am Ende des Abends sagte Neudecker zu Schwan: »Werden Sie Direktor bei uns.«

Schwan bat sich 14 Tage Bedenkzeit aus. Dann avancierte er zum Spielausschuss-Vorsitzenden des Clubs. Am 1. August 1966, nach dem ersten Pokalsieg, schmückte ihn schließlich der Titel, den er von Anfang an favorisiert hatte: »Hauptamtlich angestellter technischer Direktor des FC Bayern«.

Damit war Schwan der erste offizielle Manager der Bundesliga. Sein Monatsgehalt: 5000 DM.

Neudecker sah Schwan als seinen »verlängerten Arm zur Mannschaft«. »Ich will jemanden, der immer bei der Mannschaft ist«, sagte der Boss zu seinem Handlanger.

Schwan seinerseits hatte zwei Wahlsprüche. Der erste lautete: »Das Beste ist Geld, das Zweitbeste Schwan.« Der zweite hieß: »Es gibt nur zwei intelligente Menschen. Schwan am Vormittag und Schwan am Nachmittag.«

Kein Zweifel, der Mann hielt von sich selbst eine Menge. So groß war sein Selbstbewusstsein, dass es ihm bisweilen sogar Schmerzen bereitete.

»Manchmal«, verriet er, während er mit ausdruckslosem Gesicht weiße Rauchwölkchen aus seiner 250-DM-Dunhill-Pfeife aufsteigen ließ, »leide ich unter meiner Intelligenz.«

1921 in Würzburg geboren, war Robert Schwan einer der begabteren, weil rücksichtsloseren Trittbrettfahrer des deutschen Wirtschaftswunders. Nach der Währungsreform hatte er am Stand seines Schwiegervaters auf dem Münchner Viktualienmarkt Obst verkauft, danach war er ins Versicherungsgeschäft eingestiegen, wo er im Zeitraffertempo die Hürden des Aufstiegs übersprang.

Obwohl er mit seiner Pfeifensammlung, seinen Trenchcoats, Maßsakkos und Hüten und mit seinem wallenden grauen Haar den Stil eines englischen Gentleman imitierte, war Schwan stolz auf seinen Aufstieg aus den Niederungen der Gesellschaft.

»Ich war ein kleiner, erbärmlicher Vertreter«, sagte er unsentimental. »Ich bin über Land gefahren, auf die Dörfer und habe die Klinken geputzt, und ich habe mich hochgearbeitet in die Spitze der Gesellschaft«. Dann wieder eine Kunstpause – vor der Vollendung: »Ich, der Nichtakademiker.«

Der FC Bayern war für Robert Schwan nicht nur die Möglichkeit, viel Geld zu verdienen und die Weichen so zu stellen, dass in der Zukunft daraus ein großes Millionenvermögen werden würde. Dieser Club war mehr. Er bot dem Narziss und Showman eine Bühne. Schwan musste seine Geltungssucht nicht länger in den stillen Zimmern eines Versicherungsbüros verstecken. Nun stand ihm ein Stadion zur Verfügung, wo er neben dem Trainer auf der Bank Platz nahm, mitten im Kraftwerk der Emotionen.

»Vom Fußball hatte ich keine Ahnung«, sollte Schwan später zugeben. Aber er liebte das Spektakel.

Fußball verschaffte ihm, dem verhinderten Lebemann, endlich die Möglichkeit, auszubrechen aus seiner bürgerlichen Existenz, ein Schlupfloch, weg von den Bilanzen, der Ehe, den drei Töchtern. Kaum hatte der neue Mann in der *bel étage* des Clubs Platz genommen, begann er sich zu benehmen wie ein Dandy mit schlechten Manieren. Aber das diabolische Image, welches ihn nun umgab, feuerte Schwan noch mehr an. Er genoss es, gefürchtet zu werden. Wie es sich für einen machtbewussten Gentleman gehört, hatte er nicht einen Butler, sondern viele.

Junge Spieler ließ er seine Aktentasche tragen, dazu den Trenchcoat am ausgestreckten Arm, damit das gute Stück keine Falten bekam. Auch um seine Pfeife kümmerte er sich nur selten selbst. »Josef, der Masseur«, sagt Sepp Maier, sei für die Rauchutensilien zuständig gewesen: »Pfeifen, Feuerzeug, Kippen.«

»Josef, los, Pfeife ausklopfen!«

»Josef, Pfeife stopfen, zack, zack!«

»Schwan war eitel«, sagt Maier, »sehr, sehr eitel.«

Er konnte sich erst richtig groß fühlen, wenn er seine Umgebung erniedrigt hatte. Sein Zwang, allen zeigen zu müssen, was für ein Mordskerl er sei, ging so weit, dass er, wenn er an der Tankstelle zahlen musste, einen 1000-DM-Schein zum Fenster seines Porsches hinaushielt und sagte: »Junge, kannst du wechseln?«

Solchen Bubenstreichen zum Trotz verstand Schwan etwas von Geld. Vor Schwan, erinnert sich Sepp Maier, hatte Geschäftsführer Walter Fembeck die Gehälter verteilt, und es war zugegangen wie beim Bäcker. In der Geschäftsstelle des Clubs in der Landwehrstraße hatte eine Sekretärin gesessen.

»Wos wolln's denn?«

»A ja, der Fembeck hot mi herbestellt, wissn'S scho.«

»A ja.«

Dann sei man zum Fembeck hineingestapft, und der habe einem eine Tüte in die Hand gedrückt.

»Da host es.«

In der Tüte steckten Anfang der sechziger Jahre 160 DM pro Monat.

Im Sommer 1965, nachdem die Mannschaft in die Bundesliga aufgestiegen war, ließ Schwan alle antreten im Vereinsbüro an der Säbener Straße. Dann rief er die Spieler einzeln in die Küche, wo er sein Büro eingerichtet hatte.

Jeder bekam ein Vertragsformular auf den Tisch.

Schwan habe jedem Einzelnen den Füller gereicht, berichtet Sepp Maier und befohlen: »Da unterschreib.«

»Aber …«

»Kein Aber, ihr bekommt alle das gleiche Grundgehalt. Zwölfhundert DM plus weitere zweihundert für jeden gewonnenen Punkt.«

Der Jubel bei den Spielern war riesig, wenn er sich auch nur in stillem Schulterklopfen äußerte. Viele hatten ihr Gehalt über Nacht verzehnfacht. Dieser Schwan, so ging die Rede, war ein Goldesel.

Was so großzügig verteilt wurde, kam zum Teil aus schwarzen Quellen. Bei Privatspielen, welche der Club in Südamerika, den USA und ganz Europa absolvierte, legte Schwan stets Wert auf folgende Geschäftspraxis: die Auftritte des FC Bayern mussten bar bezahlt werden und vor dem Spiel. Bevor die Gage nicht eingetroffen war, durfte kein Spieler die Kabine Richtung Rasen verlassen.

Gleichzeitig mit den Gehältern begann Schwan den Lebensstil der Mannschaft zu heben. Er, der Chablis und Hummer liebte, hatte nichts übrig für Mittelklasse-Hotels und Leberkäs mit Spiegelei auf der Speisekarte. Der FC Bayern, seit Beginn ein Club für jene, die hofften, auf der Sonnenseite des Lebens dauerhaft einchecken zu können, hatte laut Schwan in derartigen Absteigen nichts verloren. »Die Umgebung formt den Menschen«, sagte Schwan trocken über das von ihm entworfene Sozialisationsmodell. »Wer vor 50 000 Menschen Höchstleistungen zeigt, den kann man nicht im Omnibus herumkutschieren und in der Jugendherberge schlafen lassen.«

Die Mannschaft sollte dahin geschoben werden, wo das Geld zu Hause ist. Nur dort, fern der proletarischen Wurzeln des Sports, so ahnte der Manager, könne das Geld sich in Zukunft ungehemmt vermehren. Der Manager legte Hartnäckigkeit an den Tag bei seinem Ringen um den Zutritt zur besseren Gesellschaft. Er veranstaltete Benimmkurse für die Spieler, engagierte Englischlehrer.

Aber bei allem Bemühen um Anpassung an den Kosmos der

Schönen und Reichen hatte Schwan auch von Anfang an ein Gespür dafür, welche Macht ein Club wie der FC Bayern darstellen konnte.

Vor dem Pokalfinale 1966 gegen den Meidericher SV bezog das Team Quartier in Ritters Parkhotel in Bad Homburg. Es waren heiße Sommertage, und die Sportler absolvierten das Mittagessen ohne Krawatte, was zur Empörung der Gäste und der Hotelleitung führte. »Gut«, sagte Schwan, »dann frühstücken wir hier nur und essen anderswo zu Mittag«. Schnell lenkte die Direktion ein. Es wäre schön, wenn die Spieler des FC Bayern bleiben und wenigstens abends einen Schlips anlegen würden.

Kein Mensch verkörperte Schwans Aufsteigerehrgeiz besser als Franz Beckenbauer. Er, der Superbegabte, Leichtfüßige, Gentleman-Profi, verfügte über alles, was nötig war, um den Kellergeruch des Arbeitersports Fußball zu beseitigen. Er war die ideale Symbolfigur einer Gesellschaft, welche ihre Grenzen in rasantem Tempo verschob, ihren Wohlstand steigerte, mit der Anti-Baby-Pille ihren Moralkodex erneuerte, der Schwerkraft trotzte und die gewillt war, auf dem Mond und draußen in der Galaxis neue Welten zu gründen.

Beckenbauer hatte bei der Weltmeisterschaft 1966 den Massen eine Ahnung davon gegeben, was für eine neue Art von Star er darstellte. Als er aus England zurückkehrte, stapelten sich die Angebote von Firmen, welche ihre Produkte mit seiner Ausstrahlung schmücken wollten. Eines davon hieß Brisk und war eine Frisiercreme: Brisk bot Beckenbauer 1000 DM.

Der 21-Jährige fand, das sei viel Geld, und wollte schon annehmen. Aber einer Ahnung folgend, ging er mit dem Angebot zu Schwan. Der las das Schreiben und wusste, dass jetzt endgültig seine Stunde gekommen war.

»Tausend Mark, spinnst du? Du bist viel mehr wert.«

»Wie viel?«

»Mindestens hunderttausend Mark.«

100 000 DM für ein wenig Posieren für eine Frisiercreme. Das war nach der Revolution der Spielweise auf dem Rasen eine Art zweite Welle des Umsturzes. Das Tor, durch das der Fußball in die milliardenschwere Sphäre der modernen Unterhaltungsindustrie gelangen konnte, stand weit offen. Und niemand an der Säbener Straße, nicht Wilhelm Neudecker, nicht Tschik Cajkovski, nicht Sepp Maier oder Gerd Müller, wollte diese Chance vorüberziehen zu lassen. Der Ball lag auf dem Elfmeterpunkt, man musste ihn nur ins Tor schießen.

Sie waren Profis in vollem Lauf.

Aber sie parierten aufs Wort.

Noch Jahre, nachdem beide schon millionenschwer waren und Robert Schwan längst als Franz Beckenbauers persönlicher Manager dessen Leben verwaltete wie eine Aktie, die von Gewinngipfel zu Gewinngipfel stürmt, musste jener den grauhaarigen Kaufmann siezen, wie ein Schüler einen Lehrer.

»Sie, Herr Schwan.«

»Ja du, Franz.«

Uli Hoeneß (links) und Paul Breitner im Sommer 1973.

2. Abiturienten oder Die wilden siebziger Jahre

Udo Latteks verlorene Wette

Der Mann, der seine blonden Locken stets mit einer Bürste bändigte, war schlecht drauf an jenem 16. Mai 1974 in Belgien. Er hatte mit den Bayern am Vorabend mit großer Mühe ein Unentschieden erreicht, aber tief drinnen in ihm wühlte das Gefühl, eine Niederlage erlitten zu haben. Nichts hatte geklappt. Und das war etwas Neues für ihn, Uli Hoeneß, dem die Zeitungen den Titel »Jungsiegfried« verliehen hatten, weil er normalerweise auftrat wie ein Drachentöter, der keine Furcht kannte. Einer, der seine Willenskraft genau zum richtigen Zeitpunkt aufrufen konnte, einer, der sich bei seinem durchtrainierten, athletischen Körper die Leistung abholen konnte – ohne Probleme, selbstverständlich, immer –, so als wäre Erfolg bestellbar wie vier Weißwürste um 11 Uhr vormittags im Franziskaner, jener Münchner Wirtschaft gegenüber der Oper, wo man wahrscheinlich auch noch fünf Tage nach dem Weltuntergang mit leuchtender Gelassenheit versorgt werden würde, einfach so.

Aber jetzt hatte Hoeneß den Blues. Am Abend vorher war er wie gelähmt gewesen. Er, ein Bursche, der die 100 Meter in 11,0 Sekunden laufen konnte und damit nur den Windhauch von neun Zehntelsekunden über dem Weltrekord lag, war seinem Gegenspieler, dem eckigen Madrilenen Adelardo, nicht entwischt. Stattdessen rannte »der schnellste lebende Stürmer Europas« – so wurde Uli Hoeneß damals tituliert – hinter dem Spanier her wie ein Schulbub hinter einem Bus.

Er »trat außer bei einigen Spurts an den Flügeln kaum in

Erscheinung«, schrieb der Münchner Journalist Bernd Hildebrandt, Bruder des Kabarettisten Dieter Hildebrandt, in der *Abendzeitung*, einem Münchner Boulevardblatt. »Wurde von Gegenspieler Adelardo mehr beschäftigt als vorher erwartet.« So konnte man es auch sehen. Das Ergebnis blieb das gleiche: Es war eine Enttäuschung. Das Versagen scheuerte an der Laune von Hoeneß, und auch das späte Bankett im Hotel, 35 Kilometer vom Heysel-Stadion in Brüssel entfernt, konnte seine Stimmung nicht aufhellen. Das Essen kurz vor Mitternacht glich eher einer Totenfeier. Der Münchner Edel-Gastronom Käfer hatte Melonen mit Schinken, Krabbencocktail, Kalbsbraten mit Bohnen, Spargel und Kartoffeln sowie eine Eisbombe mitgebracht, 130 Portionen. Aber im fast leeren Saal saßen nur die Spieler, still und in sich versunken. Die anderen, die VIP-Entourage des Clubs, waren ausgeladen worden. »Die Mannschaft braucht Ruhe«, sagte Manager Robert Schwan nach dem 1:1 im Europapokal-Finale der Landesmeister gegen Atletico Madrid. Das Spiel, welches die Entscheidung bringen musste, die Wiederholung, war auf Freitag, den 17. Mai, angesetzt worden – in zwei Tagen.

Zwei Tage Zeit, um noch einmal auf die Suche zu gehen nach jenen Kräften, die in der Saison, die hinter ihnen lag, Bayern München den dritten Meistertitel in Folge beschert hatten. Eine Saison, in der die Mannschaft mit 87 Spielen längst den Rahmen des Leistbaren überschritten hatte und jetzt noch 43 Stunden Zeit hatte, aus den sauren Muskeln die letzten Reserven zu saugen. Die Kritik des Trainers Udo Lattek war ein Echo der allgemeinen Enttäuschung: »Als Einziger brachte Franz Beckenbauer seine Bestleistung. Wenn die anderen nur annähernd in gewohnter Form gewesen wären, hätten wir mit Sicherheit gewonnen.« Aber die gute Form – sie war verschwunden wie ein Meteorit in der endlosen Schwärze des Alls, und ob sie jemals wiederkehren würde, war die große Frage.

An guten Vorsätzen mangelte es nicht. »Unsere Chancen

stehen genauso gut oder genauso schlecht wie im ersten Spiel. Ich rechne nicht damit, dass die Spanier noch geschockt sind, weil ihnen in letzter Minute noch der Sieg entrissen wurde. Nach zwei Tagen ist so etwas ausgestanden«, sagte Franz Beckenbauer.

»Man muss eben hoffen. Allerdings glaube ich, dass die Spanier nicht so viel Kraft verbraucht haben wie wir. Lange Spurts haben sie nicht gemacht«, sagte Gerd Müller.

»Wenn wir unsere Normalform erreichen würden, wären unsere Aussichten nicht schlecht. Am Mittwoch spielten bei uns viele unter Form, zum Beispiel Hoeneß, Schwarzenbeck, Müller. Aber ich darf das eigentlich gar nicht sagen, denn auch ich war schlecht«, sagte Rainer Zobel.

Sie sprachen wie Verlierer, als könnte nur ein Wunder sie noch vor der endgültigen Niederlage bewahren.

Nur einer blickte nach vorn, hatte einen Plan, wenigstens den Ansatz einer Strategie: Hoeneß. »Wir müssen das Mittelfeld schneller überbrücken als am Mittwoch, damit die Spanier keine Gelegenheit haben, sich mit acht Mann zurückzuziehen. Wir Sturmspieler müssen mehr tun«, sagte er.

Dann sagte er überhaupt nichts mehr.

Uli Hoeneß, der Drachentöter, der Willensmensch, verkroch sich in einen finsteren Tunnel der Konzentration. Niemandem gelang es, ihn dort herauszuholen. Nicht einmal seine Frau Susi hatte eine Chance.

Am Tag nach dem Unentschieden fuhr sie die 35 Kilometer aus Brüssel hinaus, um nach ihrem Mann zu schauen.

»Als ich ihn sah«, sagte sie, »spürte ich sofort, dass er total deprimiert war. Wir sagten nur ›Grüß Gott‹ zueinander und setzten uns auf eine Wiese. Es war ein herrlicher Sommertag. Ich glaube, wir saßen drei Stunden wortlos da und guckten nur in die Gegend. Ich spürte, dass es besser war, meinen Mund zu halten. Irgendwie hat ihm das Ganze gut getan. Als wir uns trennten, war er in ganz guter Stimmung.«

Am folgenden Tag stach die Sonne erbarmungslos vom Himmel, es war trocken und heiß, Hochsommer in Belgien, spanisches Wetter – ausgerechnet. Und mit dem Luftdruck schien auch die Temperatur in den Köpfen der Madrilenen zu steigen. Sie begannen pathetische Formulierungen hervorzukramen, als wären sie nicht Berufsfußballer, sondern professionelle Krieger auf dem Weg in eine Schlacht, in der es nur zwei Möglichkeiten der Entscheidung gab: den Sieg oder den Tod. Kapitän Adelardo forderte von seiner Mannschaft absolute Hingabe. »Wir werden gewinnen«, sagte er, der als Bewacher Uli Hoeneß zwei Abende zuvor wie mit einer unsichtbaren Kette über den Rasen gezogen hatte, »oder sterben für die Clubfarben von Atletico.«

Die Stimmung der Bayern war verhalten. Sie hofften, ihre Energie mit stiller Konzentration aufbauen zu können und nicht mit lauten Worten. Und sie versuchten das Unheil zu bannen, indem sie gegen die eigene Mannschaft wetteten – für den Fall, dass, wenn Fortuna ihnen schon den Sieg verweigerte, sie sich wenigstens am Ende mit ein paar Geldscheinen trösten konnten: Präsident Neudecker setzte 2000 DM auf eine Niederlage der Bayern gegen seinen Wettpartner, den Manager Schwan. Trainer Lattek ging es bescheidener an: Er schlug mit dem Masseur Josep Savic um 100 DM ein. Die Prophezeiung des Coaches hieß Niederlage. »Den Blauen zahle ich gern«, sagte er.

Kurz nach 20 Uhr liefen die Bayern ein. Von den Rängen aus wirkten sie wie gelähmt. Man gewann den Eindruck, als würde sich das Elend des vorigen Spiels wiederholen, dieselben Blicke, dieselben weiß strahlenden Trikots – die scheinbare Wiederkehr des Unheils. Mit nur einem Unterschied: dass die Hosen und Hemden einmal durch die Waschmaschine gewandert waren. Die Männer um Franz Beckenbauer wirkten wie die ängstlichen Bewohner eines Dorfes – kurz bevor es von einem Tornado heimgesucht wird. Zu Hause vor den Fernsehern gab es Leute, die darüber diskutierten, ob sie noch einmal die Kraft und Nerven haben würden, sich solch ein Drama anzutun.

Aber sofort nach dem Anpfiff des belgischen Schiedsrichters ist alles anders. Nicht die Bayern werden von einem Tornado getrieben – sie entfachen selbst einen. Sie warten nicht mehr zwanzig Meter vor dem eigenen Strafraum auf einen Fehler des Gegners, sie erobern den Ball mit überlegener Leichtigkeit und lassen ihn über das Feld schnellen wie eine magisch gesteuerte Kugel in einem Flipperautomaten. Es ist das 88. Spiel – davon 48 Pflichtspiele – in dieser Saison, der Kraftstoff-Anzeiger steht auf Null, aber kein Zweifel, die Bayern sind entschlossen, an diesem Abend Gas zu geben. Schon nach zehn Minuten hängen die rot-weiß gestreiften Fahnen der madrilenischen Zuschauer, die diese noch beim Einlaufen wild in der Luft herumgeschwenkt haben, welk in der Luft wie nasse Waschlappen, die auf der Wäscheleine vergessen worden sind. Es scheint nur eine Frage der Zeit, bis der Torwart der Spanier, Reina, den Ball aus dem eigenen Netz würde klauben müssen.

Nach 17 Minuten kracht die Kugel nach einem Kopfball von Müller gegen den Pfosten, und damit scheint auch der letzte Glücksbonus der Spanier verbraucht. Jetzt wird es ernst.

Es sind 28 Minuten gespielt, als Paul Breitner auf dem Weg zurück kurz vor dem eigenen Strafraum einem Spanier den Ball vom Fuß stiehlt, sich mit demselben Schwung nach nur vier Schritten um die eigene Achse dreht wie ein Eiskunstläufer und die Kugel nach vorne drischt. Sie fliegt und fliegt, vielleicht 50 Meter und landet dort auf der rechten Seite jenseits der Mittellinie, wo die Kombattanten Adelardo und Hoeneß warten. Der Ball hat ein ideales Timing, nicht zu schnell, nicht zu langsam, dreht er von rechts schräg nach innen.

Adelardo und Hoeneß rasen los, als hätte ein Startschuss geknallt. Sie gleiten durch die Luft, aber schnell sieht man, dass es ein ungleiches Duell ist. Hoeneß ist jetzt wieder der

»schnellste Stürmer Europas«, der mit seinen 11,0 Sekunden auf 100 Meter auch bei einem olympischen Sprintwettbewerb antreten könnte. Adelardo wirkt wie ein alter Mann, dem die Mitspieler in einem üblen Streich Klebstoff unter die Schuhsohlen geschmiert haben. Das Duell hat etwas existentiell Grausames, wie jede Lehrstunde, in der die Unerbittlichkeit der Darwinschen Lehre über die Ungleichheit der Menschen vorgeführt wird. Hoeneß stiehlt Adelardo auf dreißig Metern die kleine Ewigkeit von fünf Metern. Er lässt Breitners Pass vier Mal aufhüpfen, treibt den Ball in den Strafraum der Spanier und schießt ihn dem herausrennenden Torwart Reina zwischen den Beinen durch.

In einem Drama von vier Akten ist der erste Vorhang gefallen. Aber die Spanier wehren sich, sie schlagen mit wütenden Angriffen zurück. Zumindest versuchen sie es – so gefährlich, dass auch die Spieler in den weißen Trikots ins Schwitzen kommen.

Die Bayern halten dagegen. Woher sie die Kraft nehmen, weiß bis heute niemand. Ihnen selbst ist es unerklärlich. »Wir waren wohl auch fix und fertig, aber nach dem 1 : 0 sind wir gerannt wie in Trance«, sagte ein matt, aber beseelt strahlender Franz Beckenbauer nach dem Spiel. Aber das war nachher. Erst einmal müssen die Bayern die erste Halbzeit überstehen. Sie schaffen es – nicht mit knapper Not, sondern bravourös, weil sie das Tempo nicht einmal für einen einzigen Takt herunterschalten. Auf jeden Angriff der Spanier antworten sie mit direktem Passspiel, Zobel und Roth wechseln auf den Flügeln ständig die Positionen, Müller lässt sich oft zurückfallen. Die Spanier können einem Leid tun. Wenn es ein Seegefecht wäre, dann führen sie in schweren Segelschiffen durch die Gegend. Die Münchner dagegen tauchen auf und ab wie U-Boote, an Stellen, wo niemand sie vermutet hätte.

Als die Mannschaft zur Halbzeit in die Kabine kommt, steht dort Trainer Udo Lattek. Oder besser, er steht nicht, er bebt.

Der Coach denkt nicht mehr an die 100 DM, die er noch vor dem Spiel gegen sein eigenes Team gewettet hat. Er denkt nur noch an eins: den Sieg. Und er weiß, dass er möglich ist. »Nicht locker lassen«, brüllt Lattek. »Jetzt raus und die Entscheidung suchen.«

In der 57. Minute ist es so weit. Kapellmann rast mit einem wuchtigen Spurt die linke Außenlinie hinunter. In der Mitte des Strafraums rennen mit Hoeneß und Zobel zwei Bayern, die nur darauf lauern, die Flanke mit dem Kopf anzunehmen. Aber was tut Kapellmann? Er zieht den Ball weit über die beiden hinweg – in das scheinbare Niemandsland des rechten Strafraums der Spanier. Für einen Augenblick sieht es so aus, als befinde sich dort eine Art Loch des Spiels – als stünde dort keiner. Nicht einmal ein Spanier. Aber dann taucht das U-Boot auf, und es heißt Müller. Es ist ein U-Boot, das fliegen kann. Als er die Flugbahn des Balls mit dem rechten Fuß unterbricht, hängt Müller etwa einen Meter über dem Gras. Müller hält voll drauf, aus der Drehung, mit beiden Beinen in der Luft schwebend; es sieht aus, als würde er explodieren. Fast flehend streckt Torwart Reina beide Arme in die Luft. Es nutzt nichts. Aus einem vielleicht 30 Grad spitzen Winkel hat der Mittelstürmer der Bayern zum 2:0 eingeschossen.

Nun läuft das Spiel der Bayern nicht mehr nur, es fließt sozusagen. Und dieser Strom reißt sogar einen Mann namens Oskar Klose, den Reporter des deutschen Fernsehens, zu Gefühlsausbrüchen hin, die in den Redaktionsstatuten des öffentlich-rechtlichen Rundfunks nicht vorgesehen sind. Als Müller in der 70. Minute einen aus dem Fußgelenk geschlenzten Pass von Zobel an der Strafraumkante einmal aufspringen lässt und den Ball in hohem Bogen über den zu weit vor dem Tor stehenden Reina hinweg hebt, wird Klose für ein paar Sekunden vom Temperament eines Brasilianers geschüttelt. »Müller«, ruft Klose aufgeregt, fast erschrocken, »kein Abseits«, und dann, als sich der Ball in fast zeitlupenhaftem Tempo langsam vom nachtschwarzen Himmel in das spanische Tor hinabsenkt, hört man nur noch: »OH OH OH.« Und schließlich, als müsse sich der Reporter erst wieder einen Stuhl suchen, sich hinsetzen, um die Sensation zu begreifen, ruft er, fast seufzend: »Ein klasse Tor.«

Die Spanier haben den Angriffen der Bayern nichts mehr entgegenzusetzen. Die Hoffnungslosigkeit ihrer Situation zieht ihre Moral nach unten, Kräfte, die jetzt nur noch vom Kopf her mobilisiert werden könnten, sind nicht mehr vorhanden. Dass sie es aufgegeben haben, sich gegen ihr Schicksal aufzulehnen an diesem Abend, wird am sinnfälligsten, als sich Kapitän Adelardo müde vom Feld schleppt, Richtung Auswechselbank. Ausgerechnet Adelardo, der Kapitän und Gegenspieler von Hoeneß – jener Mann, der noch vor dem Spiel gefordert hat, zu siegen oder zu sterben für die Farben von Athletico.

Adelardo muss einen sechsten Sinn gehabt haben, denn durch sein Aufgeben erspart er sich wenigstens die direkte Beteiligung an der vielleicht schlimmsten und finalen Demütigung seines Teams. Es ist die 82. Minute. Breitner schlägt einen artistischen Pass aus dem eigenen Strafraum ins Mittelfeld, Müller zielt den Kopfball auf den rechten Flügel, und ein Spanier stolpert den Ball Richtung Hoeneß, der an der Mittellinie Fahrt aufnimmt, unaufhaltsam, als würde er von einem starken Magneten über das Gras gezogen. Er durchquert die Hälfte der Spanier, und als er in deren Strafraum noch eine Art vergessenen, völlig verlorenen Wachposten antrifft, umkurvt er ihn. Torwart Reina rennt aus seinem Tor. Hoeneß umkurvt auch ihn. Dann zieht er den Ball zum 4:0 unter die Latte. Es ist ein Showdown nach Western-Manier, und Oskar Klose findet die richtigen Worte: »Hoeneß, jetzt legen sie ihn um«, kommentiert er den wütenden Sturmlauf des Münchners, und dann als der Ball ins leere Tor fliegt, ruft er: »Nein, er macht sie alle fertig, was für eine klasse Leistung.«

Klose sagt diese Worte nicht mehr, er schreit sie. Es ist

nicht nur Euphorie in seiner Stimme, es ist der bebende Überschwang, der die Stimme von Reportern beflügelt, wenn sie einer Sensation beiwohnen. Es ist die Stimme von 1954, der Sound des Reporters Zimmermann, der 20 Jahre zuvor im Weltmeisterschaftsfinale von Bern gerufen hat: »Toni, du bist ein Fußballgott.« Nun, genau so war auch die Stimmung an diesem Abend – Uli, du bist ein Fußballgott.

Als der Jubel nach dem Schlusspfiff verklungen war, kühlte sich das Gemüt des 22-jährigen Helden schnell ab. Sein unerhörtes Selbstbewusstsein setzte einen Haken unter den Sieg. Analytisch und erfolgsgewohnt gab er vor, den Triumph früh erkannt zu haben. »Schon nach zehn Minuten«, diktierte Hoeneß einem Reporter der Münchner *Abendzeitung* in den Block, »wusste ich, dass die Spanier nicht mehr in der Lage waren, Gerd Müller und mich so hautnah zu decken wie im ersten Finale. Ich hätte allerdings vorher nie zu träumen gewagt, dass ich im Europacup nach Dresden noch einmal zwei so wichtige Tore schießen würde, die stilistisch so viel Ähnlichkeit aufweisen. Nämlich Tore im direkten Duell mit dem Torwart. Man sagt mir nach, dass ich in diesen Situationen einen kühlen Kopf und ein waches Auge hätte. Das muss wohl stimmen.«

Es war die Routine des Siegers, die aus solchen Worten sprach, nicht Begeisterung. Als Sepp Maier bei der Siegerehrung den silberglänzenden Pokal an Hoeneß übergab, reichte der Günstling des Abends die Trophäe schnell weiter, als sei sie nichts weiter als eine alte Zeitung, eine Nachricht von gestern.

Es war jetzt ein anderer FC Bayern als noch in den sechziger Jahren. Das zeigte sich nun auf dem Höhepunkt der bisherigen Vereinsgeschichte. Der Erfolg forderte seinen Tribut, indem er immer neue Siege für die Zukunft festschrieb – so wie Gewinnerwartungen am Deutschen Aktienindex. Die Mannschaft war dreimal hintereinander Deutscher Meister geworden, sie hatte 1971 den deutschen Pokal gewonnen, sie hatte 1972, als Deutschland mit der damals besten Mannschaft der Welt Europameister wurde, sechs Spieler gestellt, und sie hatte jetzt mit einer brillanten Leistung den Europapokal der Landesmeister erobert. Aber selbst in der Nacht dieses Erfolgs, als einige Spieler so betrunken und ausgelassen waren, dass sie sich in den Brunnen vor dem Hotel stürzten und hinterher auf dem Rasen einschliefen, selbst da dachten die Chefs und jene, die bald in die *bel étage* der Bosse aufsteigen wollten, an die Zukunft.

Allen voran natürlich der große Alte, Präsident Neudecker. Als er auf dem Festbankett darauf angesprochen wurde, wie es denn mit der vom Trainer Udo Lattek gewünschten Vertragsverlängerung von zwei Jahren stehe, schaltete der Präsident auf Gefrierfachtemperatur. Er wolle mit der Unsitte aufräumen, sagte Neudecker, dass man glaube, schon neue Verträge aushandeln zu müssen, wenn die alten noch laufen. Er sehe die Situation nach dem großen Triumph »eiskalt und klar«. Dann fuhr er fort. »Herr Lattek ist für ein Jahr gesichert. Seine neuen Aufgaben kennt er. Wir müssen entweder den Europapokal verteidigen, Meister oder Pokalsieger werden.«

»Damit«, höhnte der *Münchner Merkur*, »wurde Udo '74 nur bestätigt, was er schon seit 1970 weiß. Er ist bei einem zum Erfolg verdammten Verein – und da gibt es für den Trainer schon gar kein Pardon.«

Der Zeitpunkt seines größten Triumphs war nicht wirklich Latteks Abend. Der Präsident ließ kaum eine Gelegenheit aus, dem Trainer klarzumachen, wo dessen Platz war an der Tafel des Erfolgs: am Katzentisch. Dummerweise hatte der Coach auch noch vor dem Endspiel getönt, er gehe im Falle eines Sieges zu Fuß von Nürnberg nach München. Jetzt bereitete es Neudecker Spaß, den abergläubischen Trainer beim Wort zu nehmen, vor allem weil jener sich schon als Fernsehreporter für die nahende Fußballweltmeisterschaft im Sommer in Deutschland verpflichtet hatte und der mächtige Bauunternehmer Vergnügen empfand bei der Vorstellung, dass Lattek zum Zeitpunkt des Eröffnungsspiels gerade mit abgewetzten Sohlen mutterseelenallein durchs Altmühltal marschieren würde.

Der Trainer bat um Nachsicht. »Von Nürnberg bis München – das würde fast eine Woche dauern. Man möge mir erlauben, nur die halbe Distanz zu gehen.« Als jener daher die Strecke Ingolstadt–München vorschlug, blieb Neudecker hart wie ein Stahlträger. Dann sagte er: »Wenn er sich nicht stark genug fühlt, um den Marsch zu machen, dann soll er mich bitten, dass ich einspringe. Ich werde dann mit meinen zerschlissenen Bandscheiben marschieren, um die Ehre des FC Bayern zu retten.«

Das war nach der Vertragspleite für Lattek die zweite Watschen an diesem Abend. Der Trainer durfte sich lediglich damit trösten, dass die Nicht-Nationalspieler des Clubs noch schlechter behandelt wurden. Bis zum 12. Juni, so wurde ihnen mitgeteilt, seien sie noch für elf weitere Spiele auf dem flachen Land nach Ende der offiziellen Saison verpflichtet worden.

Dieser Zwang war neben den Erfolgen und den dazugehörigen Prämien so etwas wie die andere, die zweite Abrechnung für die vermeintlichen Luxusspieler des Luxusclubs.

Einhunderteins Spiele pro Jahr.

Darauf konnte man nicht nur – darauf musste man anstoßen.

Die Mannschaft begann Risse zu zeigen. Klar, sie verdiente Geld und produzierte welches, sie war die gut geölte Maschine zur Kapitalvermehrung, von der der Baustellenkönig Neudecker immer geträumt hatte, sie planierte konsequent diese Autobahn hin zum modernen Profisport, über der mit riesigen Lettern geschrieben stand, dass ohne Geld auf die Dauer auch keine sportlichen Erfolge erzielt werden können. Neudecker verfolgte hartnäckig jene Philosophie weiter, welche ihn groß gemacht hatte: »Rechtzeitige Investitionen, geschickte Gelegenheitskäufe, Leihverträge, Nutzung von vorhandenen Kapazitäten und rechtzeitiges Abstoßen von abgenutztem Material.«

Das Problem war nur, dass das Material Menschen waren. Der neue FC Bayern muss sich angefühlt haben wie eine gemütliche bayrische Trachtenstube, in der jemand ein Fenster weit aufgerissen hatte.

Es war kalt da draußen in der Welt der gut bezahlten Profis, in diesem Sturm der Moderne.

Zwar gab es sie noch, die Typen, die sich bescheiden und unauffällig in den Dienst der Mannschaft stellten, Burschen, die ohne großes Geschrei und Tamtam einfach ihren Job taten und die Herberger'schen und Weiß'schen Losungen von Kameradschaft und Aufopferung auf unpathetische Weise vorlebten, in jedem Training, jedem Spiel. Junge Männer, wie Georg Schwarzenbeck einer war. Es gab sie noch, aber sie wurden weniger, diese Gegenmodelle zu den modernen Ich-AGs des Profi-Sports.

Der Eisenfuß

Georg Schwarzenbeck war die anrührendste Figur des Triumphs und sein Tor zum 1:1, welches das Wiederholungsspiel und den Sieg von Brüssel erst möglich gemacht hatte, vielleicht der wichtigste Treffer in der Geschichte des Vereins. Allerdings wäre Schwarzenbeck niemals auf die Idee gekommen, diese Heldentat mit lauten Worten zu versilbern. Als er nach 120 Minuten Kampf und Drama auf sein sensationelles Tor angesprochen wurde, antwortete er: »Mensch, warum hat denn net der Gerd das Tor geschossen? Warum denn ausgerechnet ich?«

Der Sohn eines Oberwachtmeisters der Strafanstalt Stadelheim verkörperte auf leise Art die alten Fußballideale, die Werte von 1954, als Spieler noch mit einer Waschmaschine oder einem Fernseher für den Weltmeistertitel belohnt worden waren. Damals brachte man es, wenn es das Leben gut mit einem meinte, nach der Karriere als Fußballspieler vielleicht zu einer Tankstelle oder zu einem Lotto-Annahmekiosk.

Genau so einer war Schwarzenbeck, den sie in der Mannschaft nur »Katsche« nannten.

Wenn man ihn fragte, wie es zu diesem Spitznamen gekommen sei, zuckte er mit den Schultern und sagte: »Woast eh, wias is. Irgendoaner fangt amoi damit o und dann bleibst oiwei da Katsche.«

Er war nie einer gewesen, dem das Schicksal einen Logenplatz zugeteilt hatte. Eine Kindheit in Giesing, eine Buchdruckerlehre, in der Pubertät Pickel und eine Nase, die scheinbar nicht mehr aufhören wollte zu wachsen, hatten Hans Georg Schwarzenbeck Bescheidenheit gelehrt. Daran änderte sich auch nichts, als er Anfang der sechziger Jahre in die Jugend des FC Bayern kam, als 14-Jähriger. Der Katsche spielte den Ball passabel, lief zwar ein wenig eckig, aber wenn ein gegnerischer Stürmer auf ihn zurannte, blieb er stehen und schaute, dass der Bursche nicht vorbeikam. Deshalb nannten ihn die Kameraden aus der Bayernjugend bald den »Eisenfuß«. Aus dem Eisenfuß wurde schließlich des »Kaisers Putzer« – der Typ, der in der Verteidigung die Drecksarbeit zu verrichten hatte. Wenn der Kaiser in Sololäufen durch die Spielhälfte des Gegners tanzte, mit Gerd Müller dort am gegenerischen Strafraum Doppelpass spielte oder aufs Tor schoss, dann stand Katsche an der Mittellinie und hielt Wache. Der Mittelstreifen war seine Grenze. Sie zu überschreiten war verboten.

Aber an jenem Abend des 15. Mai 1974 hat Katsche keine Wahl mehr. In der 114. Minute hat er jenen Freistoß verursacht, der zum Führungstor der Madrilenen geführt hat. Die letzten Minuten der zweiten Hälfte der Verlängerung verstreichen. Jetzt ist nur noch eine Minute zu spielen. Alle Bayern rennen auf das Tor der Spanier, aber keinem will es gelingen, den Ball über die Linie zu drücken. Schwarzenbeck läuft los, mit Riesenschritten. Er bekommt ein Zuspiel von Beckenbauer, er hat Platz. Zwei Spanier, die ihn kommen sehen, wirken erschrocken, belustigt und ein wenig ratlos – so als wollten sie sagen: »Was will DER denn hier?« Sie scheinen das lange, ein wenig steif wirkende Abwehrbollwerk, nicht wirklich ernst zu nehmen. Dann schießt der Katsche. Aus 28 Metern Torentfernung. Der Ball findet einen Weg, wo normalerweise kein Weg ist, durch eine Unzahl von Füßen, Beinen der eigenen Mannschaft, des Gegners und stoppt erst, als er im linken unteren Eck des spanischen Tors liegt. Die Bayern sind gerettet. Der Katsche, ausgerechnet. Selbst der Kaiser spurtet los, macht vor Freude einen Bocksprung und klammert sich mit den Beinen fest an der Hüfte seines Vorstoppers.

Schwarzenbeck selbst hatte damals keine Erklärung für dieses Wundertor, und er hat sie bis heute nicht. Wenn man ihn besucht in seinem Schreibwarenladen, gelegen an der dröhnend lauten Ohlmüllerstraße in der Münchner Au, dann sagt er: »Nach dem Spui wolltens immer wissen, worauf I zuid hab. I hab gesagt, wenns des Tor fast zwo Stund lang sigst, na wost scha wo des steht als Spieler. Es war zwar ois zua, weil alle vor mia gstanden san, aber der Boi had durchpasst, irgendwie. Dass er da unten neigeht, war natürlich a Glücksach. Aber schiasn hab I scho kenna.«

Natürlich hatte auch der Eisenfuß Ehrgeiz. Aber sein Ego trieb ihn vor allem an, seinen jeweiligen Gegenspieler unschädlich zu machen. Nie wäre es Schwarzenbeck in den Sinn gekommen, sich in den Vordergrund zu drängen: nicht bei Vertragsverhandlungen, nicht bei Fernsehauftritten, nicht bei einem anderen Verein. Er fing 1962 an bei den Bayern und beendete seine Karriere knapp 20 Jahre und 416 Bundesligaspiele später, nach einem Achillessehnenriss, auch dort.

Es war seine schönste Zeit. Aber der Katsche wäre nicht der Katsche, wenn er ihr nachtrauern würde. An einem kalten Herbsttag steht er in seinem Schreibwarenladen, die Tür ist offen, die Heizung ausgeschaltet, und er berät seine Kunden.

Er führt Schulanfängern Buntstifte vor, verkauft Rentnerinnen *Das Goldene Blatt* und Lord Extra.

Der Retter von Brüssel.

»Wie soi mer das beschreiben, wenn man von was tramt und es geht in Erfüllung?«, sagt der Katsche und legt einen Stapel *TZ*s neben einen Stoß *AZ*s.

Der Klassenbeste

Es ist heute schwer zu sagen, wovon der andere Held von Brüssel, Uli Hoeneß, damals träumte. Aber bestimmt nicht von einem Schreibwarenladen samt Lotto-Stelle. So viel ist sicher.

Uli Hoeneß war ein Profi neuen Typs. Er war vielseitig, seine Grundausbildung fürs Leben hatte er nicht bloß auf einem Bolzplatz absolviert, aber er spielte gern Fußball – das stand fest.

Als er acht Jahre alt war, fuhr er als Ministrant mit einer Jugendgruppe über Pfingsten ins Zeltlager. Der Ausflug führte ihn an den Bodensee, gut 60 Kilometer weit von Ulm entfernt. Damals spielte er bereits in der D-Jugend des VfB Ulm, und genau zu der Zeit, als er mit seinen Pfadfindern am Bodensee festsaß, musste sein Team gegen den Lokalrivalen TSG Ulm 1846 antreten. Es ging um die Bezirksmeisterschaft, und die zu verpassen, sagte Hoeneß später, hätte ihn »todunglücklich« gemacht.

Also setzte er sich aufs Fahrrad und strampelte die 60 Kilometer nach Ulm. Er kam in der Halbzeit an, verschwitzt und zittrig. Seine Mannschaft lag 0:4 zurück.

Er lieh sich ein Paar Fußballschuhe aus, ließ sich einwechseln und schoss vier Tore. Seine Mannschaft gewann die Bezirksmeisterschaft mit 6:4 Toren.

Wenn er etwas wollte, das lehrte dieses Pfingstwochenende, dann war es schwer, ihn davon abzuhalten. Denn Hoeneß brachte nicht nur den Willen eines Feldherrn mit. Er hatte auch den Körper eines Zehnkämpfers, kräftig, zäh, vielseitig, schnell, das war Hoeneß zum Ersten.

Hoeneß zum Zweiten war die Tatsache, dass er von Kindesbeinen an Geld nicht bloß für eine sehr anständige Sache hielt. Er tat auch alles dafür, um möglichst viel davon auf die Seite zu packen. Schon als ganz Kleiner, erzählt der ehemalige Bayern-Abwehrspieler Udo Horsmann, habe Hoeneß gelegentlich hinter der Kasse in der Metzgerei seiner Eltern, einem grau verputzten Gebäude am Ulmer Eselsberg, gesessen: Wenn fünf Pfennig bei der Endabrechnung in der Kasse fehlten, dann wurde die Metzgerei von innen abgeschlossen und so lange gesucht, bis das Geld wieder da war.

Hoeneß zum Dritten war, dass er immer schon gut mit Leuten konnte und sehr schnell begriff, dass man noch besser bei seiner Umwelt ankommt, wenn man ihr etwas bietet, was einmalig und unverwechselbar ist. In Hoeneß' Fall war dieses unglaublich populäre Ding ein Fußball, und weil diese Kugel nicht braun war wie damals üblich, sondern schwarz-weiß, nannten ihn die Jungs vom Eselsberg den Flutlichtball.

Dieses Ding lag wie ein Schlüssel zu einem heiligen Gral im Schaufenster eines Geschäfts namens Sport-Sohn in Neu-Ulm. Die fünf, sechs Kilometer zu diesem Laden radelte Hoeneß oft, es war wie eine kleine Wallfahrt. Der Ball kostete 34 Mark, und hinter der Ladenkasse der Metzgerei seiner Eltern hätte Hoeneß wahrscheinlich lange dafür arbeiten müssen. Zu lange, wie er fand, so dass er dann in den Ferien stattdessen als Beifahrer schuftete. Danach kaufte er den Ball. »Als ich ihn hatte, war ich der ›König vom Eselsberg‹«, sagt Hoeneß. »Oder auch der ›Rattenfänger von Hameln‹, weil alle mit dem Flutlichtball spielen wollten. Ich durfte als Kleiner sogar bei den Großen mitspielen, und meine Freunde und ich konnten uns mit diesem Ball die Gegner aussuchen.«

Der Flutlichtball hatte den Knirps Hoeneß über Nacht in

einen Großen verwandelt. Der Flutlichtball war so eine Art Ouvertüre zu Hoeneß' Lebensmelodie: Sie hieß Aufstieg. Von der Bezirksliga in die Nationalmannschaft, von der Metzgerei am Eselsberg zu einem Fußballtycoon, vom Fahrradfahrer zu einem Burschen, der sich mit 21 den ersten Porsche vor die Tür stellte. Den Satz: »Ich bin ungeheuer, fast hoffnungslos ehrgeizig« sagte Hoeneß nicht einfach so. Es war seine zentrale Losung. Hoeneß war ein Macher, von Anfang an.

Dazu passte es natürlich, dass Hoeneß, zum Vierten, nicht verlieren konnte, absolut nicht. Seinen jüngeren Bruder Dieter wollte er bei den kleinen Übungsspielen vor der Dreizimmerwohnung der Eltern eigentlich nie so gern mitspielen lassen, weil er fürchtete, jener gefährde den Erfolg. Wenn er Dieters Teilnahme doch einmal genehmigte, so musste dieser ins Tor. »Dieter stand ganz klar im Schatten seines Bruders«, sagt Uli Reichardt, ein ehemaliger Klassenkamerad, Pfadfinder und Mitspieler beim VfB Ulm. »Ihr Verhältnis zueinander war nicht einfach. Dieter war der Jüngere und der Schwächere. Wenn er die Bude voll bekam, hat Uli ihm auch mal gesagt: ›Den hättest du halten müssen.‹ Oft genug ist Dieter in Tränen ausgebrochen oder hat die Sporttasche gepackt und ist gegangen.« Im Kinderzimmer, das sie zu Hause teilten, ging der Konkurrenzkampf weiter. Dort veranstalteten sie Weitsprungwettbewerbe von Bett zu Bett. Das war schmerzhaft für die Möbel, aber sie überstanden die Bollerei, was man von den empfindlicheren Dingen, welche die Jungs in die Hand bekamen, nicht unbedingt sagen konnte.

»Wenn wir ein Tippkick zu Weihnachten geschenkt bekamen, dann hat es Heiligabend manchmal nicht überlebt, so sehr haben wir uns gefetzt«, erzählt Dieter Hoeneß.

Hoeneß, zum Fünften, war, dass der liebe Gott anscheinend nicht nur ein paar Krümel Kickertalent über der Metzgerei am Eselsberg ausgestreut hatte, sondern Charisma, Energie und Intelligenz – und zwar sackweise. Wenn es sein musste, konnte er auch Regeln und Gesetze zu seinen Gunsten verbiegen. Er wurde Spitzensportler, aber er musste nicht zur Bundeswehr. Er war mit der Begründung untauglich geschrieben worden, dass ihm das Helmtragen Schmerzen im Knie und am Kopf verursache. Werner Maier, ein ehemaliger Klassenkamerad und heutiger Lehrer, beschwert sich noch heute darüber: »Dabei war er ein durchtrainierter Sportler. Das war ganz schön ungerecht in unseren Augen.«

Ein Musterschüler des Schubarth-Gymnasiums, ein Musterkicker des VfB Ulm (und später des Lokalrivalen TSG) und der König vom Eselsberg zu sein, das alles füllte ihn nicht einmal zur Hälfte aus. Daneben drängte es ihn, als Ministrant, Jugendführer, Laienschauspieler, Schulsprecher, Schülerzeitungschef und Anzeigensammler seine Umwelt zu beeindrucken. Er war ein »Gscheitle«, wie man in Schwaben sagt.

Mit Sätzen wie: »Ich gehöre zu den Menschen, die absolut vermeiden wollen, ohne Ziel zu sein«, trieb sich der junge Hoeneß zu immer neuen Höchstleistungen an.

Hoeneß hatte nicht ein Ziel, sondern viele Ziele. Und er muss geahnt haben, dass es ihm vergönnt sein würde, diese Vielseitigkeit später einmal zu etwas Besonderem, Neuem zu bündeln, zu einer Position, die einmalig ist in der modernen Unterhaltungsindustrie: einer der erfolgreichsten deutschen Fußballspieler aller Zeiten, gewiss, und danach der erfolgreichste Fußballmanager der Welt.

Selbstzweifel und Verzagtheit hatten keinen Platz in diesem Kosmos, in den Uli Hoeneß am 5. Januar 1952 hineingeboren wurde. Der Vater exerzierte in den fünfziger und sechziger Jahren vor, wie man aus den Trümmern des Krieges ein Geschäft aufbaut und nach Qualität strebt. Die Mutter hielt die Buben nicht davon ab, ihre Grenzen zu erproben, aber sie legte Wert darauf, dass sie ehrlich waren, redlich, mit jenem Schuss schwäbischer Schlitzohrigkeit und Tollkühnheit, die das Leben erst lustig machte.

Hoeneß begriff, dass man die Regeln zwar gelegentlich strapazieren, aber nicht schwer verletzen durfte. Als Schülersprecher war er relativ oft bei der Schulleitung, und bei einem dieser Besuche sah er die Abiturnoten der schriftlichen Prüfung bei der Sekretärin liegen. Er und einige Mitschüler lockten die Dame mit einem Anruf aus dem Zimmer: Sie sollte einen anderen Schüler, der sich gerade am einem anderen Ende des Gebäudes aufhielt, wegen einer dringenden Sache ans Telefon holen. In der Zwischenzeit kopierte man heimlich die Ergebnisse und gab sie weiter, so dass jene, die zwischen zwei Noten standen, sich schon früher auf die mündliche Prüfung vorbereiten konnten. »Hoeneß hat immer Sachen für die Allgemeinheit getan«, sagt Werner Maier. »Aber ihm war auch klar, dass er sich damit eine gewisse Position verschaffen konnte.«

Später, in seiner aktiven Zeit in der Bundesliga und Nationalmannschaft, zog Hoeneß sich auffällig selten den Zorn der Schiedsrichter zu. Zwei gelbe Karten, niemals eine rote – für den Kampfsport Fußball eine überaus liebliche Bilanz.

Sein Aufstieg als Spieler war rasant: Mit fünf Jahren zum VfB Ulm, mit dreizehn zum TSG Ulm, Württembergische Schülerauswahl, Süddeutsche Schülerauswahl, schließlich mit fünfzehn Jahren deutsche Jugendnationalmannschaft. Udo Lattek, damals Trainer dieses Teams, bestimmte Hoeneß schon bei seinem ersten Einsatz zum Kapitän. »Er war einfach der reifste aller Jungen, obwohl er der jüngste war«, lautete Latteks Begründung. Spätestens bei dem mit 6:0 gewonnenen Länderspiel gegen England konnte sich der Rest von Fußballdeutschland von Latteks Expertise überzeugen.

Dessen Kronprinz schnappt sich in der 3. und in der 25. Minute an der Mittellinie des Berliner Olympiastadions den Ball, kurvt vorbei an der halben englischen Mannschaft und schießt den Ball vorbei an deren Torhüter Cuff ins Netz. Es sind zwei Tore, die stilbildend für Hoeneß werden sollen. Das ist sein Ding: alleine, schnell, volles Risiko, kaltblütig, erfolgreicher

Abschluss. Er muss nicht lange auf ein Echo warten. Nach dem Triumph von Berlin bejubeln ihn die Zeitungen als »Haller im Westentaschenformat« – in Anspielung auf Helmut Haller, den blonden, lange Zeit in Italien tätigen Mittelfeldstrategen der DFB-Auswahl, die 1966 Vizeweltmeister wurde.

Es war ein kalter Tag kurz vor Weihnachten, der 18. Dezember 1969, als der, den sie inzwischen bei Bayern den »großen weißen Vogel« nannten, seinen Jaguar vor der Metzgerei am Eselsberg parkte.

Robert Schwan, der Manager, stieg langsam aus, um nicht gehetzt zu wirken. Aber er wusste, dass er schnell sein musste.

Hoeneß hatte in einem Akt endloser Eigenwerbung verlauten lassen, dass mindestens 15 Vereine an ihm interessiert seien. Schwan kannte das Geschäft, 15 Clubs – was für ein Unsinn. Der Junge brauchte wahrscheinlich ein paar hinter die Löffel. Aber nicht jetzt, nicht hier. Denn eins wusste Schwan sicher: Auch wenn nicht 15 Vereine an dem Burschen interessiert waren, den Jugendnationaltrainer Udo Lattek als das »vielleicht größte Talent der Nachkriegszeit« bezeichnete – er hatte genügend Angebote, die ernst zu nehmen waren. Allen voran die von Eintracht Frankfurt, Hertha BSC Berlin, dem 1. FC Nürnberg, dem VfB Stuttgart und 1860 München.

Aber Schwan wusste, dass er einen Trumpf hatte, um den ihn die anderen beneideten: Er kam als Abgesandter des Wunderteams, des FC Bayern, jener Mannschaft, die in diesem Jahr Meister und Pokalsieger geworden war – zum ersten Mal in seiner Vereinsgeschichte. Außerdem, so ließ er durchblicken, würde Udo Lattek, der Hoeneß als Coach schon bestens kannte, in der nächsten Saison als Trainer verpflichtet.

»Wir bauen um Franz Beckenbauer und Gerd Müller und Sepp Maier eine junge Mannschaft auf, und da haben Sie eine Chance«, sagte Schwan lachend. Dann fuhr er drohend fort: »Aber durchbeißen, das müssen Sie sich selbst.«

Das mit dem Durchbeißen war das geringste Problem. Noch Jahre später würden selbst robuste Kollegen die Köpfe schütteln über das schier »unfassbare Selbstbewusstsein« von Uli Hoeneß.

Wie gesagt, die Konkurrenz, die Großen, die Champions, die Beckenbauer, Müller, Maier waren nicht das Problem dieses schwäbischen Tausendsassas. Das Merkwürdige an diesem kalten Wintertag im Dezember war, dass dieses 18-jährige Greenhorn sehr genaue und sehr konkrete Vorstellungen hatte, was es vom Leben erwartete.

Er war der Prototyp einer neuen Spielergeneration. Fußball, das war für ihn eine offiziell anerkannte Karrieremöglichkeit, nicht mehr ein proletarischer Zeitvertreib, dem man sich im Dunkel der Gesellschaft hingibt, weil man es nicht besser weiß oder sonst keine Chance hat, nach oben zu kommen. Sein ehemaliger Klassenkamerad Werner Maier erzählt, dass der Unterricht unterbrochen wurde, wenn Hoeneß vormittags in der Jugendnationalmannschaft spielte, damit die ganze Klasse sich das Spiel anschauen konnte. Wenn er eine Prüfung verpasste, fragten die Lehrer: »Na, Uli, wann willst du die Arbeit nachholen?« Der Status des Stars auf dem Rasen strahlte bis ins Klassenzimmer aus. – Dennoch:

Er wollte studieren, eine Universität besuchen.

Und er wollte Amateur bleiben, kein Profi werden.

Das Erste, sagte er, brauchte er, um sein Gehirn am Leben zu erhalten. Das Zweite, um an den Olympischen Spielen in München 1972 teilnehmen zu können. Außerdem »brauche ich das Studium als Stimulans. Als nur Fußball-Profi würde meine Leistung leiden.«

Über das Zweite hatte er ebenfalls konkrete Vorstellungen: »Ich habe mich entschieden, Amateur zu bleiben, weil ich ins Stadion einmarschieren will, weil ich im olympischen Dorf wohnen und dort berühmte Sportler kennen lernen will, die ich sonst nie mehr im Leben zu Gesicht bekommen werde. Das klingt etwas idealistisch, aber für mich ist das Grund genug«, sagte Hoeneß.

Und später in der *Welt am Sonntag* konkretisierte der inzwischen als »Klassenbester des DFB« gehänselte Himmelsstürmer auch, warum er so hohe Ideale hatte.

»Als ich mich verpflichtete, bis zur Olympiade Amateur zu bleiben, tat ich es spontan, weil mich die Kameradschaft in der Amateur-Nationalmannschaft für die Sache freut. Ich hoffe, dass mir mein Entschluss Popularität eingebracht hat und noch mehr einbringen wird. Ich hoffe, dass er sich nach den Spielen auch auszahlen wird.« Mit anderen Worten, er hatte kalkuliert, ein armer Amateur zu bleiben, nur um noch reicher zu werden. Auf Geld zu verzichten, um später noch mehr Geld zu machen.

Wie auch immer – man einigte sich. Der TSG Ulm 1846 kassierte eine Ablösesumme von 40 000 DM. Hoeneß hatte eine Zusage über ein Gehalt von 2000 DM im Monat. Präsident Neudecker rechtfertigte dieses Salär mit der Begründung, dass Hoeneß bei uns »für die Frankiermaschine verantwortlich ist«. Eine Sportillustrierte, die sich mit dieser windigen Begründung nicht abfinden wollte, höhnte von einem Amateur »Honoris Cassa«.

»Ich bin ein ebenso guter Amateur wie viele andere und ein besserer als die alpinen Skifahrer, denn ich mache für keine Firma Reklame«, rechtfertigte sich der Abiturient eifrig.

Einen weiteren Beweis seiner Beflissenheit trat Hoeneß nicht an. Um die Tatsache seiner Vertragsunterzeichnung zu verkünden, wollte er eine Pressekonferenz in Ulm veranstalten. Er würde den lokalen Berichterstattern die ungeheure Neuigkeit aus erster Hand anbieten.

»Das mach'scht nett, sonst glaube die, du spinnscht«, sagte sein Vater. Der Metzgermeister fürchtete Schande.

Wenige Tage nach der Vertragsunterzeichnung stand ein funkelnagelneuer BMW 2002 hinter der Metzgerei. Offensichtlich ein zusätzliches Dankeschön der Bayern an den Amateur.

Es wurde die vielleicht günstigste und folgenschwerste Investition in der Geschichte des deutschen Profifußballs. 40 000 DM und ein BMW 2002 für einen Burschen, der zwar ab und zu ein bisschen nervte, aber den FC Bayern über fast 30 Jahre zur Nummer Eins des deutschen Fußballs emporschrauben würde. Eine Deutsche Meisterschaft hatte der Club soeben ohne ihn gewonnen. Die folgenden 18 würden sie mit ihm erringen, weil er auch als Manager nicht aufhören würde zu stürmen.

Trainieren mit Caesar

Als Hoeneß im Sommer 1970 auf dem Trainingsgelände an der Säbener Straße anfing, hatte Udo Lattek bereits den strengen und unnahbaren Trainer Branco Zebec abgelöst. Zebec, ein ehemaliger jugoslawischer Nationalspieler, war von Neudecker 1968 als Nachfolger des Offensive-und-Gute-Laune-Trainers Tschik Cajkovski angeheuert worden, um mehr System, Taktik und Defensivarbeit in das Spaß-Team zu bringen. Und in der Tat, der Mann mit der finsteren Aura eines südamerikanischen Geheimdienstchefs, hatte Erfolg, anfangs.

Er quälte die Spieler mit einem Zirkeltraining, das so hart war, dass sich sogar ein zäher und geduldiger Bursche wie Georg Schwarzenbeck übergeben musste; er nahm einen Haufen Steinchen in die Hand, ließ die Mannschaft um den Platz laufen und warf nach jeder Runde ein Steinchen auf die Seite. Mit unbewegter Miene registrierte Zebec durch die Gläser seiner Sonnenbrille, wie sich seine Spieler schindeten. Ein Ergebnis dieser Trainingstorturen war, dass kein Spieler Zebec gut leiden konnte. Ein anderes war, dass die Mannschaft auf Anhieb Meister und Pokalsieger wurde. Mit nur 31 Gegentoren in der Bundesligasaison 1968/69 war das Team erwachsen geworden.

»Mir san Hund gewesen«, sagt Sepp Maier heute. Einen wie Zebec habe es gebraucht. »Aber«, fährt er fort, »Zebec war unberechenbar in seiner Art.« Die Spieler nannten ihn bald »Caesar«.

Besonders schwer auszurechnen war der Trainer, wenn er getrunken hatte, und das hatte er gerne mal, erzählt Maier. Dann sei er immer mit einer Sonnenbrille auf dem Trainingsgelände erschienen. Die Sonnenbrille entpuppte sich als untrügliches Zeichen, dass der Trainer wieder betrunken war. Der Mannschaft aber verbot der Zuchtmeister jede Form von Alkohol und Nikotin. »Aber er bleibt der einzige Mensch«, sagt Maier, »an den ich mich erinnern kann, der es geschafft hat, sich mit Sonnenbrille unter die Dusche zu stellen und dafür zu sorgen, dass die Zigarette am Brennen blieb.«

Der Mann war ein Risiko und ein Problemfall, was aber Präsident Neudecker nicht davon abhielt, immer mehr von ihm zu verlangen. Nach der Meisterschaft – der ersten nach 37 Jahren! – und dem Pokalsieg, dem Double, wollte der Bauunternehmer die nächste Stufe, den nächsten Erfolg. Er verlangte von Zebec die begehrteste Trophäe, die der europäische Fußball zu vergeben hatte: den Europapokal der Landesmeister.

Branco Zebec litt unter diesem Anspruch, und als seine Mannschaft nach einer 3:0-Niederlage beim französischen Meister AS St. Etienne im Oktober 1969 in der ersten Runde aus der Königsklasse Europas ausschied, ahnte er, dass seine Tage bei Bayern gezählt waren.

»Es war deprimierend«, erzählt Hans Eiberle, der damals aus St. Etienne für die *Süddeutsche Zeitung* berichtete. »Zebec ging vorbei an den Kohlegruben, allein zurück ins Hotel. Dort sagte er zu ein paar Journalisten: ›Bleibt bitte auf, spielt mit mir Karten. Ich zahl auch alles.‹ Wir blieben, weil wir Angst hatten, dass er sich allein in dieser Nacht zu Tode saufen würde.«

Das allmähliche Ende der kurzen Ära Zebec wurde vor

allem von Franz Beckenbauer und Manager Schwan begrüßt. Obwohl beide niemals zweifelten am scharfen fußballerischen Verstand Zebecs, hatten sie doch völlig andere Vorstellungen von den Gastspielen, die Beckenbauer bereit war, abseits des Platzes zu geben, um seine Kasse zusätzlich zu füllen. Längst hatte sich das Jahrhunderttalent aus Giesing in einen kickenden Popstar verwandelt: ein gefragter Markenartikel, der sang, in Filmen mitspielte und seinen Körper für diverse Markenartikel auslieh, solange das Geld stimmte. Beckenbauer warb für Schokoriegel, Rasierwasser, Malzbier, Fertigsuppen, nicht einmal Bügeleisen schienen vor ihm sicher. In der Anzeige stand seine Frau Brigitte hinterm Bügelbrett, hielt ein Eisen in der Hand und sagte: »Das hat mir mein Franz mitgebracht.«

Eine neue Spielergeneration

»Das sicherste, weil regelmäßigste Geschäft«, gestand Franz Beckenbauer später, »waren Autogrammstunden, aber auch das anstrengendste. Es gab dafür fast fünftausend Mark, Krämpfe im rechten Arm und Kopfschmerzen. Eine Stunde umringt von Menschen, die alle gleichzeitig auf dich einreden, alle ein Lächeln wollen und ja wohl auch erwarten dürfen, vielleicht noch ein freundliches Wort dazu. Das kostet Nerven und Kondition. Meistens war immer ein halber Tag weg, denn der Gastgeber hatte auch noch Anspruch auf eine Plauderei bei einem Imbiss, das war im Honorar wie selbstverständlich inbegriffen.« Es ist ein selbstbewusster, genervter, leicht wehleidiger Ton, der aus diesen Worten klingt. Die Haltung eines Mannes, der seinen Status als Star unter den großen Idolen der Deutschen eingenommen hat und ein wenig verächtlich auf die Massen herunterschaut, welche seinen Namen auf ein Stück Papier gekritzelt haben wollen. Fünftausend Mark verdiente Anfang der siebziger Jahre in Deutschland ein Arzt oder Anwalt im Monat. Der

Kaiser forderte es pro Stunde, bekam es und jammerte noch dazu, weil ihm danach der Arm wehtat. Der Profifußball in Deutschland begann abzuheben in eine andere Dimension.

In diesem Zirkus wirkte Branco Zebec wie ein Diktator aus einer anderen Zeit: Die Spieler, fand er, sollten schwitzen, schreien und Tore schießen, aber nicht sich in Werbestudios Make-up-Puder auflegen lassen. Er hasste dieses ganze neumodische Zeug.

Mit dieser Auffassung stand er ziemlich allein da. Alle in den rot-weißen Trikots wollten ein wenig von Beckenbauers Glanz abhaben, die Geldströme, welche in seine Richtung flossen, umwandeln in ihren *claim*. Wenigstens ein bisschen.

Der Einzige, der erwiesenermaßen absolut kein Interesse an solchen Geschäften abseits des Fußballstadions hatte, war der zweitgrößte Star der Mannschaft, der Mann, der sich inzwischen die goldenen Torschützenkanonen mehrfach ins Regal stellen konnte, der »Bomber«: Gerd Müller. Kaum hatte jener die Türe zu seinem Fünfzimmerbungalow im Münchner Vorort Straßlach hinter sich geschlossen, richtete sich bei dem Mann, der Europas Verteidiger mit seiner Kaltschnäuzigkeit zittern ließ, eine Zufriedenheit ein, die an Phlegma grenzte.

»Der Gerd, der hat schon mittags die Fias aufn Disch gestellt, an Leberkäs mit Kartoffelsalat gfressen und an Fernseher eingeschalt«, sagt sein ehemaliger Partner im Sturm, Dieter »Mucki« Brenninger, heute.

Abseits des Platzes wollte das »Strafraumgespenst« wie die meisten Deutschen seine Ruhe. »Ich kann ned in elf Zimmern wohnen«, rechtfertigte er diese Antriebslosigkeit. Als ihn jemand nach seinen Hobbys fragte, nannte der »Fußball-Henker« Tischtennis und Rasenmähen.

Er fand, er verdiene genug Geld. Das Dumme war nur, dass seine Frau Uschi zu diesem Thema eine leicht abweichende Meinung hegte.

Der Bomber hatte sie im Jahr 1965 kennen gelernt an einem Tschibo-Stehtisch am Münchner Ostbahnhof, wo er sie fragte, ob sie von seinem Hörnchen etwas abhaben wollte. Die Uschi, die als Sekretärin in einem Autohaus arbeitete, hatte erst ihre braunen Haare voller Ablehnung geschüttelt, sich dann aber überreden lassen, doch ein Stückchen zu nehmen. Zwei Jahre später folgte die Hochzeit, Uschi Ebenböck hieß jetzt Müller.

Wie ihre Kollegin unter den Spielerfrauen, Brigitte Beckenbauer, wollte Uschi den sozialen Aufstieg, sie träumte von besseren Kreisen, von einem Status, der über einen dicken Mercedes hinausging. Sie interessierte sich für modische Kleidung, erzählte, »der Gerd hat mir erlaubt, meine ganze Winterbekleidung auf Midi umzustellen, obwohl er diese neue Mode eigentlich nicht mag.«

Sie sammelte Pelzmäntel, Nerz, Ozelot, Persianer. Ihr Mann registrierte diese Hobbys mit mattem Blick. »Pelze sind Uschis Leidenschaft«, grummelte er und fügte sich in ihre Passion. »Ich gebe ihr Geld für dieses Hobby, denn Pelze sind eine Wertanlage.«

Diese Annahme war ein Irrtum. Denn Uschi Müllers entscheidende Kapitalanlage hieß Gerd, und sie war fest entschlossen, von dieser zu profitieren.

»Wir sind nicht auf die Krümel angewiesen, die von Beckenbauers Tisch fallen«, sagte Uschi Müller. Man konnte förmlich sehen, wie sie bei diesen Worten mit dem Fuß aufstampfte.

Uschi wollte jetzt einen »Wohnblock in der Schweiz«, sie tönte, als würde sie über eine Art Onassis gebieten, einen der zwar keine Meeresflotte zu seinen Füßen hatte, dafür aber nicht minder einträgliche Schraubstollen an den Schuhen.

Kompromisse waren nicht ihr Ding. Sie konnte zickig werden, wenn ein Geschäftspartner nicht sofort ihre Forderungen abnickte. »Wenn die Herren wirklich an Gerd interessiert sind«, sagte sie im schönstem Selfmade-Manager-Deutsch der Aufsteiger, »dann akzeptieren Sie. Wenn nicht, dann ist das Gespräch für mich beendet.« Auch Müllers Sänger-Karriere, welche er ein Jahr vorher mit der Single »Dann macht es Bumm« gestartet hatte, erklärte sie mit Bestimmtheit für beendet. »Der Gerd würde heute nicht mehr singen«, sagte Uschi, »weil's ein Blödsinn ist und kein Geld einbringt.«

Und was tat Müller, um seine Würde zu verteidigen? Oder wenigstens seine Ruhe? Er versteckte sich hinter Wildwest-Heftchen (Uschi: »So etwas frisst er direkt«) und warf, wenn seine Frau beim Mensch-ärgere-dich-nicht gewann, das Spielbrett durchs Haus.

Das war's dann aber auch mit dem Widerstand des »Phantoms«, das zu Hause »mein Mäusi, mein Schnuckiputz« hieß.

»Für fünfhundert Mark«, sagte Müller jetzt gebieterisch, »setze ich nicht einmal mehr einen Fuß vor die Tür.« Und manchmal fügte er unwirsch hinzu, was sein eigentliches Lebensziel sei: »Wenn ich Fünfhunderttausend im Lotto gewinne, dann höre ich sofort auf mit dem Fußballspielen und tue keinen Streich mehr.« Kein Zweifel – das, wovon Müller träumte, muss eine Art ewiger Siesta im Brotzeit-Himmel gewesen sein.

Mehr Showgeschäft, weniger Schweiß, so sah auch die Stimmung in der Mannschaft aus, als Udo Lattek im März 1970 nach München kam. Der Neue musste nicht lange forschen, um herauszufinden, wohin er geraten war. Franz Beckenbauer und Robert Schwan hatten ihm diese Bedingungen schon vor Vertragsunterzeichnung eingeflüstert.

Lattek wurde das, was man später den Kumpeltyp nannte. Der Mannschaft lag seine offene Art. Das ist einer, hieß es, mit dem man reden konnte. Einer, der ein Auge zudrückt oder auch zwei, wenn er seine Spieler abends in der Disco erwischt. Aber Lattek hatte Erfolg: 1971 Pokalsieg, 1972, 1973, 1974 die Meisterschaft, drei Mal hintereinander. Zwar brüllte er von der Bank: »Uli, ich bring dich um.« »Paul, du leichtsinniger Vogel«, »Franz, bist du wahnsinnig«, aber abseits des Spielfelds ließ er seinen Spielern freie Hand. Außerdem war er Lehrer, hatte eine Universität besucht, und dies machte es ihm leichter, eine neue Spielergeneration zu integrieren, die außer einem Fußball-Vertrag auch das Abitur in der Tasche hatte.

Eine Generation, die sich jetzt bei Bayern ausbreitete. Junge Burschen, die auch mal ein lateinisches Zitat in der Kabine fallen ließen. Sie hießen Uli Hoeneß, Paul Breitner, Rainer Zobel und Charly Mrosko, der später Rechtsanwalt wurde.

Eine Generation, für die Uli Hoeneß sprach, wenn er sagte: »Die Ära der Analphabeten ist vorbei. Fußball in der Bundesliga wird mit Köpfchen gespielt. Und Spieler, die nur rennen, kommen entweder nie über ein Mittelmaß hinaus oder verschwinden bald wieder in der Versenkung.«

So ein offenkundiges Selbstbewusstsein kam nicht gut an. Nicht einmal bei Hoeneß' großem Ziehvater Udo Lattek.

»Es gibt niemand, den ich öfter anbrülle als ihn«, sagte der Trainer. »Der Kerl ist mir oft zu selbstsicher.«

Der Neuling aus Ulm dachte aber nicht daran, sich zu verstecken. Er wollte nicht auf Gnade angewiesen sein, er forderte seinen Platz, und dazu passte es, dass er gleich eine imaginäre Position in der Mannschaftsleitung einnahm. Er hatte sein Leben lang zu den Bestimmern, den Chefs gehört. Warum sollte das jetzt anders werden – nur, weil er auf einmal mit solchen Fußballgöttern wie Gerd Müller und Franz Beckenbauer in einem Team spielte? Er ließ Respekt vermissen, sagte nach dem Abpfiff zu Journalisten in alter Schulsprecher-Manier: »Der Gerd hat ganz ordentlich gespielt.« Tönte: »Der Beckenbauer ist schon ein Garant dafür, dass es im Training nicht zu hart zur Sache geht.«

Vor allem Franz Beckenbauer gefiel die umtriebige Art des neuen Wunderkindes nicht. Als Hoeneß im Fernsehen bekannt gab, der FC Bayern würde nicht genug für ihn tun, und durchblicken ließ, dass es genug andere Vereine gäbe, welche sich für ihn interessierten, hatte der Kaiser die Nase voll.

»Bayern ist auch ohne ihn Europapokalsieger geworden und Deutscher Meister«, sagte Beckenbauer. »Es geht auch ohne Hoeneß. Soll er doch gehen.« Und: »Wenn ich mir als 20-Jähriger so viel herausgenommen hätte, dann wäre man mit mir Schlitten gefahren. Uli soll endlich mal zur Ruhe kommen.«

Für Beckenbauer war Hoeneß eine Art größenwahnsinniges Riesenbaby oder, wie er hinter vorgehaltener Hand Journalisten sagte: »Ein Hätschelkind des DFB.«

Udo Lattek war um Ausgleich bemüht, zunächst einmal. »Besonders in der ersten Zeit bei Bayern München war Hoeneß' übertriebenes Selbstbewusstsein recht unangenehm für die Umgebung«, sagte der Trainer. »Damit kompensierte er seine Sorgen. Das kam bei der Mannschaft gar nicht gut an.«

Hoeneß blieb unbekümmert – zumindest nach außen. Einer wie er brauchte keine Vorbilder. »Jemanden zu kopieren heiße, die eigenen Vorzüge zu zerstören«, dozierte er. »Man sollte so spielen, wie es einem in die Beine gegeben ist.«

Auch Manager Schwan sah es an der Zeit, Hoeneß und Breitner eines zwischen die Hörner zu geben. Seine Kosenamen für die beiden lauteten »die Wildschweine« alternierend mit »die Gürteltiere«. Sein Lieblingsbefehl auf Mannschaftsreisen lautete: »Halt, die Koffer bleiben stehen. Die tragen der Hoeneß und der Breitner.«

Aber weil Schwan die Intelligenz von Hoeneß schätzte, ließ er ihn auch seinen persönlichen Aktenkoffer tragen. So einer konnte mal etwas ganz Besonderes werden – vielleicht Manager.

Wenn die anderen Spieler Hoeneß bei seinem fieberhaften Treiben abseits des Fußballplatzes zusahen, hatten sie keinen Zweifel an dieser Einschätzung. Manager, auf jeden Fall. Fragte sich nur, für was. »Er war so ein Typ, der daherkam, als handle er mit Lederjacken aus dem Kofferraum«, sagt heute ein Kollege aus jenen Jahren.

Paul Breitner, der gleich alt war wie Hoeneß, aber nicht aus der schwäbischen, sondern aus der bayerischen Provinz, aus Freilassing, zu den Bayern gekommen war, geriet in den Sog von Hoeneß' unermüdlicher Geschäftstüchtigkeit. Auch er war neu in der Mannschaft, auch er hatte das Abitur, auch er wollte, obwohl er von sich behauptete, er sei Marxist, möglichst viel von jenem Bargeld abgreifen, welches durch diesen Werbezirkus zu fliegen schien wie Herbstlaub im November. Breitner und Hoeneß, der blonde Strahlathlet und der dunkelhaarige, mürrische Beißer, Jung-Siegfried und Hagen, es war kein Zufall, dass beide bald als »siamesische Zwillinge« bezeichnet wurden. Sie spielten zusammen, sie intrigierten zusammen, und damit dies alles noch besser funktionierte, wohnten sie auch zusammen in einer Zweizimmerwohnung in Trudering. Sie konnten sich gut leiden. Bei Trainingslagern und Auswärtsspielen schliefen sie in einem Doppelbett. Das Verhältnis war eng zwischen den beiden, aber nicht so eng, dass nicht noch Platz gewesen wäre für ein bisschen mehr – ein bisschen mehr Geld.

Breitner wusste, was er an seinem Partner hatte.

»Ohne Hoeneß«, bekannte er, »würde ich außerhalb des Fußballs keine Mark verdienen. Es ist unglaublich, welche Ideen Uli Hoeneß entwickelt, wenn man mit irgendetwas ein Geschäft machen kann.«

Hoeneß warb für so unterschiedliche Dinge wie Margarine, Eiscreme und Banken, aber natürlich stillte dies seinen Hunger nicht wirklich. Er suchte Kontakt zu den Leuten, die hinter diesen Marken standen, und es war nicht zu seinem Schaden, dass er neben seinen zahllosen Talenten eine Sache besonders gut beherrschte: Männern, die ihn an Alter und Macht überragten, nicht bloß zu gefallen. Er rief Entzücken in ihnen hervor.

Es waren Männer wie Rudolf Houdek, der Fleischmagnat, oder Franz Josef Strauß, der bayerische Ministerpräsident, die in Hoeneß den Ehrgeiz, Drive und die Rücksichtslosigkeit sahen, welche sie selbst groß gemacht hatte. Er, das ließen sie ihn spüren, war vom gleichen Stamm.

Der Auserwählte hatte kein Problem, die Zuneigung zu erwidern. »Ich wollte nach oben«, sagte er mit der geraden Umstandslosigkeit eines Karrieristen. Und da lagen in München Strauß und die CSU natürlich nahe.

Hochzeit am Tegernsee

Der Winter ließ die klare Luft am 18. November 1973 bereits klirren. Der weiße Kirchturm mit dem schwarzen Spitzdach spiegelte sich im Wasser der Egerner Bucht, als der Ton heller Glocken über den Tegernsee drang. Uli Hoeneß trug einen schwarzen Anzug mit weißen Socken, sein Hals wurde geschmückt von einer Fliege aus grauem Satin, welche die Größe einer Schiffsschraube hatte. Es war ein weiterer Festtag in diesem Leben, das mit großen Stunden nicht zu geizen schien.

Der Mann, den die Medien nun endgültig allesamt mit dem Namen »Jung-Siegfried« liebkosten, feierte Hochzeit.

An seiner Seite stand eine Frau im weißen Kleid mit einem Myrtenkranz im blonden Haar: Sie hieß Susi und war wie Uli 21 Jahre alt. Er hatte sie, die ebenfalls als Schulsprecherin nach oben gekommen war, vor fünf Jahren kennen gelernt, als sie beschlossen, gemeinsam für die Schülerzeitung Anzeigen aufzutreiben.

Susi muss damals schon beeindruckt gewesen sein, sehr beeindruckt sogar, denn sie sagte über diesen Tage: »Ihm fiel immer etwas Neues ein, wenn es darum ging, die Zeitung zu finanzieren.«

Nun standen sie vor dem Altar, beide hatten Ja gesagt, und der mitgebrachte Pfarrer aus Ulm war gerade dabei, den beiden die Erlaubnis zum Kuss zu geben, als sich mit einem Krachen die schmale Eichentür neben der Sakristei öffnete. Fünf

Minuten vor Ende der Trauung war endlich der wichtigste Gast eingetroffen: Franz Josef Strauß.

Er hielt ein buntes Bündel aus Gewürzblumen in der Hand, und als er es dem Brautpaar übergab, war das so etwas wie ein Ritterschlag. Sieben Jahre vorher war Franz Beckenbauer mit seinem Manager Schwan und dem Fußballtrainer Dettmar Cramer als Trauzeugen bei seiner Hochzeit mit Brigitte am Wörthsee über eine Dorfwiese und durch einen Bootsschuppen vor der Presse geflüchtet. Diese Hochzeit hier in Rottach-Egern am Tegernsee war etwas vollkommen anderes: Franz Beckenbauer mochte der »Kaiser« auf dem Platz sein, aber Uli Hoeneß war der Kronprinz der Mächtigen außerhalb der Stadien. Ein Profi unter Profis. Er machte eine gute Figur.

An diesem 18. November 1973 war Fußball, dieses sinnlose, gewalttätige Spiel von Proletariern, die nicht wussten, worauf es ankam im Leben, endgültig oben angekommen. Das Vergnügen der Arbeiterklasse gehörte nun zum Establishment. Es war der Anfang einer Fusion, die den FC Bayern noch reicher, noch größer und noch mächtiger machen sollte.

Als die beiden Jungvermählten am nächsten Tag nach München zurückfuhren, waren sie sehr zufrieden. »Sechs Leute haben vier Stunden lang nur ausgepackt, und es war kein Geschenk doppelt darunter«, freute sich Ehefrau Susi.

Die Bescherung war so üppig und umfassend, dass Uli sogar verschmerzen konnte, dass ihm an seinem heiligen Hochzeitstag ein Geschäft geplatzt war.

Gut drei Monate früher war im Burda-Verlag in Offenbach ein Rundschreiben eingegangen, auf dem Folgendes zu lesen war: »Ein bekannter und allseits beliebter Fußball-Nationalspieler wird im September heiraten. Wir sind beauftragt, Ihnen die Exclusivrechte für eine Reportage anzubieten. Wenn Sie interessiert sind, geben wir Einzelheiten bekannt. Für umgehende Nachricht wären wir dankbar, gezeichnet Werbeagentur Manfred Kerler.«

Die Details waren teuer und sahen so aus:

Der Exclusivpreis beträgt 25 000 DM für Interview und Exclusiv-Fotos am Hochzeitstag. Für ein Interview und Fotos vor oder nach der Hochzeit kommen 50 000 DM dazu.

Eine Hochzeit war eine Hochzeit, schien der angehende Bräutigam zu denken.

Aber eben auch ein schönes Geschäft.

Nicht einmal Franz Beckenbauer, einer, der nun wirklich versiert war in Sachen Kurz-, Steil- und Doppelpässe in der Geschäftswelt und der wenig ausließ auf dem Weg zum auszahlbaren Erfolg, kam da noch mit. Er klang zornig und ein wenig eifersüchtig, wenn er später über diesen schwäbischen Dagobert Duck in Fußballschuhen sprach.

»Ich verdiene gern Geld«, schnaubte der Kaiser. »Ich habe das auch als Zweiundzwanzigjähriger gern getan – aber nie mit dieser Verbissenheit, die man heute gerade von einigen jungen Spielern oft sieht. Ich habe zu Uli gesagt: ›Pass auf, ich glaube, du machst einen Fehler. Du spielst noch zehn Jahre Fußball. Lass dir Zeit. Du willst mit Zweiundzwanzig schon so viel verdienen wie andere mit Fünfundzwanzig. Du musst dir merken: Nur durch den Fußball bist du groß geworden, nur durch den Fußball verdienst du viel Geld, und nur durch den Fußball bist du in der Werbung gefragt, machst du zu viel nebenbei, gibst du nur noch Autogrammstunden – dann wirst du bald merken, dass der Schuss nach hinten losgeht. Es ist ganz einfach: Wenn Fußball nicht mehr die Hauptsache für dich ist, sondern Geld, dann bringst du bald eine sehr schlechte Leistung. Was ist die Folge? Du spielst nicht mehr in der Nationalmannschaft, und dann wirst du auch sehr schnell in der Werbung nicht mehr gefragt sein.‹«

»So einen Verteidiger kriegen wir nie wieder!«

Der andere, der dem Franz gehörig auf die Nerven fallen würde, hatte eine Nase spitz und lang und fein wie die von Kleopatra. Außerdem wirkte er ebenso sensibel wie die sagenumwobene ägyptische Königin. Und er konnte so wütend werden wie sie. Die Rede ist von Paul Breitner, dem Bruder in Waffen, dem siamesischen Zwilling von Uli Hoeneß.

Als der Fernsehreporter Oskar Klose 1970 in einem Interview anmerkte: »Beckenbauer spielt Libero. Sie kommen auch als Libero. Da werden Sie wohl lange zusehen müssen«, blieb Breitner die Antwort nicht lange schuldig. Er war erst 18 Jahre alt, aber er sagte: »Vielleicht werde ich am Denkmal Beckenbauer ein wenig rütteln.«

Weil Breitner die Sprache des Humors etwa so vertraut war wie die unterschiedlichen Dialekte des Kongo, musste man annehmen, dass es sich um eine Art Herausforderung handelte. Er hielt Beckenbauer für einen Schlappschwanz, für einen, der »einfach nur kuschte… zufrieden, am Monatsende so und so viel auf dem Konto zu haben«.

Die beiden trennte mehr als ein paar Meter auf der Kabinenbank. Während Beckenbauer erst einmal versuchte, Auseinandersetzungen zu vermeiden, war Breitner jemand, der den Widerstand suchte und an ihm wuchs – größer wurde, eifriger, härter. In der Erregung schienen Wärme und Menschlichkeit aus seinen blass-blauen Augen zu weichen, und eine Aura fischhafter Kälte umgab ihn. Breitner schätzte Härte – auch gegen sich selbst. Benachteiligt durch eine Rückenverletzung und eine Sehschwäche, musste er doppelt schwer arbeiten, um im Sport ein Champion zu werden.

Er war ein typisches Einzelkind, und seine Eltern Paul und Anna formten aus ihm so etwas wie ein Turbo-Einzelkind, forderten und reizten ihn, und wenn er sich entspannen wollte, reizten sie ihn noch ein bisschen mehr.

Sein Vater, ein Verwaltungsangestellter im Einwohnermeldeamt Freilassing, trainierte die Jugendmannschaft der Kleinstadt mit dem Eifer eines Laienpredigers und las alle Fußballbücher, die er in die Hand bekam, interessierte sich für Systeme und Taktik. Der Senior war immer auf dem neuesten Stand, sagt Hermann Lindner, der mit Breitner in der Jugendmannschaft des ESV Freilassing spielte.

Breitner Senior galt als »Vater des Freilassinger Fußballwunders«, er führte sein Team samt seinem Sohn zum Titel des oberbayrischen Pokalsiegers 1964, mit einem 4:1 Sieg gegen die Jugend des FC Bayern. Aber jeder Erfolg war für ihn nur eine Aufforderung, den nächsten größeren Erfolg anzuvisieren.

Als ihm nach fünfzehn Jahren Training der Jugendmannschaft und zehn Jahren Training der ersten Mannschaft von Vereinsseite geraten wurde, etwas kürzer zu treten, bekam er einen Wutanfall. »Er hat seine Sporttasche gepackt«, sagt Peter Berger, damals Spieler der Freilassinger Mannschaft, »hat sich umgedreht und ward danach nicht mehr gesehen.«

Das cholerische Temperament war ein Familienerbe – von beiden Seiten. Die Mutter Anna verpasste kein Spiel ihrer beiden Pauls. »Sie war richtig aggressiv«, sagt Herbert Plank, ein Jugendfreund von Breitner junior. »Manchmal ist sie mit dem Regenschirm auf den Platz gestürmt. Sie war in der ganzen Umgebung gefürchtet.«

Die Breitners wohnten in einem jener trostlosen pastellrosa gestrichenen Mehrfamilienhäuser der Nachkriegszeit im Norden von Freilassing. Der Vater fuhr einen Fiat 850. Aber mit dem Willen zum Aufstieg allein lässt sich der Fußballwahn der Familie nicht erklären. Sie hatten Freude an der Quälerei, oder wie Paul junior es später in Worte fasste: »Es hat mir Spaß gemacht, mich zu schinden.«

In ihrer Angst, der Hoffnungsträger ihres Fußballirrsinns könnte sich verletzen, verboten die Breitners dem Jungen, im Sommer mit seinen Freunden im Freibad zu kicken. Das war zu unprofessionell. »Der Vater hat seinen Sohn Paul immer härter angefasst als die anderen«, erinnert sich Hermann Lindner. Während die anderen zweimal pro Woche trainierten, übte der Vater jeden Tag zwei Stunden mit dem Sohn, scheuchte ihn hohe Bahndämme hinauf und wieder hinunter, ließ ihn bei 30 Grad im Sommer stundenlang Kopfbälle üben, schickte ihn auf 15 km lange Dauerläufe und fuhr zur Kontrolle mit dem Auto hinterher. »Der Sohn hat gemacht, was der Vater verlangte«, sagt Lindner. »Sie glaubten beide, dass er es schaffen könnte. Paul hat erkannt, dass es eine Chance war, und er war bereit, dafür auf Lebensqualität zu verzichten. Es ist auch nie zum Streit darüber gekommen, dass er sich täglich quälen musste.«

»Bei meinen Freunden und Mitspielern galt ich als Spinner«, bekannte Breitner später. »Fast als ein Einzelgänger. Für einen Typen wie mich hatte man kein Verständnis. Weil ich kein Interesse an Diskotheken zeigte, an irgendwelchen Tanzschuppen. Auch ins Kino ging ich selten. Ich musste schließlich trainieren.« Sein Ehrgeiz trieb ihn um 5.45 Uhr aus dem Bett, dann 30 km nach Traunstein, dann nachmittags zum Training.

Seine Ambitionen machten Breitner einsam, und das sollte er auch bleiben. »Mein Ehrgeiz hat mich frühzeitig erkennen lassen, dass man sich mit seiner Leistung nicht an der Mannschaft orientieren darf«, sagte er später. »Es ist Unsinn zu sagen: ›Ich bin besser als die anderen, und das reicht mir.‹ Wenn ich mit irgendeiner Leistung, einem Spiel zufrieden war und dachte: Das ist jetzt optimal – dann gab's für mich nur eines: Schon in den nächsten Tagen musste ich es schaffen, noch besser zu werden.«

Wenn es einen geraden Weg gab, dann nahm Breitner den Umweg und am besten einen, der steil bergauf führte. Er schnappte den Ball im eigenen Strafraum, rollte die Schultern nach vorne und marschierte quer übers Feld bis vors gegnerische Tor, er suchte das Ziel – ohne Rücksicht auf die eigene Kraft und die eigenen Knochen, mit heruntergelassenen Stutzen. Gleich einem mittelalterlichen Flagellanten schien ihm der Schmerz Lust zu bereiten.

Und, wenn man schon einmal dabei war, warum sich nur mit der gegnerischen Mannschaft anlegen, wenn man auch die ganze Gesellschaft zum Feind haben konnte? Paul Breitner beschritt auch diesen Pfad, der für ihn geleuchtet haben muss, konsequent.

Erst ließ er sich die Haare so lang wachsen, dass er mit seinem bärtigen Afrolook aussah, als wolle er Black Power in die niederbayerischen Sümpfe tragen. Dann platzierte er mit strengem Blick und in einem eng sitzenden Pullover für einen Fotografen die »Peking-Rundschau« auf seinem Schoß und behauptete von seinem Studienrats-Schaukelstuhl aus, Marxist zu sein. Und um die Sache abzurunden, erzählte Paul in Interviews, dass er Mao und Che Guevara verehre, sein größter Wunsch, diktierte er 1971 der *Bild*-Zeitung, sei »eine Niederlage der Amis in Vietnam«.

Wenn die Briefschreiber dann forderten: »Schmeißen Sie diesen langhaarigen Affen aus der Mannschaft, der ist eine Schande für die ganze Nation«, muss der linke Außenverteidiger geschrien haben, als habe er gerade ins Tor getroffen. Jetzt hatte er sich auf dem steilen Umweg auch noch Dornen in die Füße getreten. Gut so.

Weiter so. Fortan redete Breitner, als habe er auf einer AStA-Sitzung einen Zettelkasten mitgehen lassen. Mit großem Pathos knetete er sich eine bessere Welt zusammen.

Zur Meinungsfreiheit sagte er: »Man kann bei uns zwar sagen, was man will, aber man ändert dadurch nichts.«

Und weil das Aufsagen eines Standpunktes so schön sinnlos war, äußerte er sich auch zu Themen wie Mitbestimmung (»Man gibt den Arbeitern lediglich das Gefühl, ihre Kritik würde zählen. In Wirklichkeit werden ihre Interessen in der Gewerkschaft und in Aufsichtsräten von Leuten vertreten, die gar keine Arbeiter mehr sind«), den Kapitalismus im Allgemeinen und in der Bundesliga im Besonderen (»In diesem Geschäft Bundesliga, Großkapitalismus in Reinkultur, dreht sich fast alles ums Geld. Da gibt es keinen Raum für sozialkritische Ideen. Mit meinen Thesen, meiner Überzeugung kann ich nicht an die Öffentlichkeit, ich privatisiere politisch. Meine Freunde aber wissen, dass ich derselbe geblieben bin«). Nichts und niemand, nicht einmal die Bundeswehr (»nicht mehr zeitgemäß und völlig hilflos«) war vor dem selbst ernannten Revolutionär im roten Adidas-Trikot sicher.

Seine Grundhaltung aber hieß: »Solange ich gut bin, kann ich mir alles erlauben – auch eine politische Überzeugung.«

Allein vom Fußballer-Mythos der elf Freunde war bei Breitner nichts übrig geblieben. Gefragt, wer ihm nahe stehe in der Mannschaft, fiel ihm nur ein Name ein: Uli Hoeneß.

Breitner hasste die romantische Verklärung, mit der vorangegangene Epochen den Job, mit dem er sein Geld verdiente, überhöht hatten. »Wir sind wie Maschinen«, sagte Breitner, »müssen samstags um halb vier den programmierten Höhepunkt erreichen, alles andere ist unwichtig. In anderen Berufen kann man sich mal einen schwachen Tag erlauben, das Versäumte am nächsten Tag nachholen. Unser Spiel dauert neunzig Minuten, und nachzuholen gibt es da nichts.«

Das Drumherum des Fußballs, gab Breitner vor, öde zu finden. »Immer nur Flughafen, Hotel, Flughafen«, sagte er dem *ZEIT*-Reporter und späteren Chefredakteur des *Stern* Michael Jürgs. »Trainingslager, am Abend vor dem Spiel einen Western (mit dem FC Bayern) oder eine Boulevardkomödie (mit der Nationalmannschaft). Das alles ist furchtbar, gehört aber zu diesem modernen Zirkus.«

Selbstverständlich war »der Heros der deutschen Gegenkultur« (*New York Times*) auch stolz darauf, beim Abspielen der Nationalhymne absolut nichts zu spüren. »Ich habe mich«, sagte er, »ziemlich mies gefühlt.«

Aber so sehr er die sentimentalen Riten seines Berufs ablehnte, so sehr genoss er dessen materielle Früchte; er sah keinen Grund, den Dreiklang des bundesdeutschen Bausparer-Wohlstands nicht mitzuspielen. Mein Haus, mein Auto, meine Familie. Dazu hing ein Mao-Poster an der Wand – als weiteres Status-Accessoire, welches der Zeitgeist in sein Leben geklebt hatte.

Seinen BMW 3.0 verteidigte er ebenso wie sein Zweifamilienhaus. »Meine Frau und ich sind Autonarren. Für uns ist der Wagen kein Wohlstandssymbol, sondern ein Hobby.« Und er fragte rhetorisch: »Soll ich meine Gesinnung ändern, nur weil ich zu einem gewissen Wohlstand gekommen bin?«

Man hätte das prätentiöse Gehabe des Bayern-Verteidigers als das verwirrte Verhalten eines heranwachsenden Querulanten mit zu viel Geld abbuchen können.

Allein die alteingesessene Garde des FC Bayern, Schwan, Neudecker und Beckenbauer, tat es nicht. Ihnen ging das Aufbegehren des Anfang-Zwanzigers auf die Nerven. Vor allem Neudecker fürchtete, wenn das so weitergehe, »bald Verhältnisse zu haben, wie sie an den Hochschulen herrschen«. Wie zur Bestätigung der Albträume des greisen Patriarchen hatte die Anarcho-Rock-Band *Ton Steine Scherben* dem Revoluzzer Paul eine Depesche zukommen lassen: »Mach Bayern München rot.«

Als Breitner androhte, zu einem Mannschaftsempfang bei Alfons Goppel, dem bayerischen Landesvater und Ministerpräsidenten, in Jeans und nicht im dunklen Anzug einzulaufen, hatte der Bayern-Boss die Nase voll. »Der Breitner redet sozialistisch daher«, polterte Neudecker, »und handelt kapitalistisch. Der verdient doch mehr wie zehn Arbeiter zusammen.«

Im Sommer 1973 begann der Konflikt zu eskalieren, weil der Querulant nicht mehr damit zufrieden war, die, wie er fand, überkommenen Strukturen des Vereins anzugreifen. Er legte jetzt auch zunehmend seine Kleider ab und zeigte sich dem

Publikum entblößt. Zusammen mit Uli Hoeneß modelte er vor einem dunklen Mercedes-Oldtimer für die neuen weißen Badehosen des Münchner Schickeria-Schneiders Harry Lindmeyer. Zum offenen Krach kam es nach einer Nackt-Party mit Fotografen, welche Breitner nach dem Gewinn der Meisterschaft 1973 in den Katakomben des Olympiastadions initiiert hatte. Der Titelgewinn hatte bereits vier Spieltage vor Saisonende festgestanden. Die Clubführung, die Siege inzwischen ungefähr so leidenschaftlich abheftete wie Kantinenmarken, zeigte nach dem letzten Spiel der Saison, einem 1:1 gegen den 1.FC Köln, beim Überreichen der Meisterschuhe keine besondere Gemütsregung, was Breitner sofort losschäumen ließ. »In diesem Scheißverein kann niemand richtig feiern«, rief er und sprang mit einer Flasche Deinhard-Sekt ins Entmüdungsbecken. Als seine Kollegen ohne Trainingsanzug am nächsten Tag selig betrunken aus den Fotos der Boulevardzeitungen lächelten, war Neudecker die gute Laune endgültig vergangen. »Pornographie«, schimpfte Bundestrainer Helmut Schön. Und Neudecker beschloss, Breitner loszuwerden, zu verkaufen, »lieber heute als morgen«, notfalls zum halben Preis, für 750 000 DM. Er wollte das afrohaarige Ärgernis nicht mehr sehen. Aber die Kollegen stellten sich hinter ihren Paul, allen voran Gerd Müller, der den Beton-Boss beschwor: »So einen Verteidiger kriegen wir nie wieder.« Damit rettete er Breitner einen Arbeitsplatz, welcher dem Verteidiger in diesem »Scheißverein« allein im Jahr 1973 glatte 224 814 DM eingebracht hatte.

Putschversuche

Breitner durfte bleiben, aber natürlich blieb er ein Hardliner und Querulant. Und auch die Erfolge, die nächste Meisterschaft ’74, der Triumph von Brüssel im Europapokal, entspannten den Wüterich nicht wirklich. Anlässlich der Weltmeisterschaft in

Deutschland im selben Jahr lief der Meisternörgler noch einmal zur Höchstform auf.

Wie so oft bei Breitner, ging es ums Geld. Er fühlte sich ungerecht behandelt, fand, dass er und seine Kollegen zu wenig bekamen im Vergleich zu den anderen Teams der WM – den Italienern, denen 140 000 DM winkten für den Fall des Titelgewinns, oder den Holländern, die sich auf 120 000 DM freuen durften. Die deutschen Spieler kamen sich mit einer Siegprämie von 30 000 DM unterbezahlt vor. Die Sportschule von Malente in Schleswig-Holstein war wenig geeignet, ihre Stimmung zu verbessern. Vier Wochen waren sie dort eingesperrt. Ohne Frauen, mit drei Funktionären, einem Busfahrer, drei Sportlehrern, einem Medizinprofessor, einem Socken und Hemden sortierenden Polizisten a.D., dem Schuhfabrikanten Adi Dassler und einem Koch. Die 22 besten Fußballspieler der Nation, und draußen am Zaun Polizisten mit Maschinenpistolen.

Außer Fußball stand nicht viel auf der Tagesordnung. Nur ein Flipperautomat, zwei Tischtennisplatten und ein Lochbillard. Und Langeweile. Um hier nachts schlafen zu können, so berichtete Breitner später, habe er abends »vier oder fünf Pullen« Bier gebraucht. Das Einerlei sei so anödend gewesen, dass er manchmal morgens aufwachte und nicht wusste, ob es Dienstag, Mittwoch, Donnerstag oder Samstag gewesen sei.

Die Mannschaft, angetrieben von Hoeneß, Breitner, Beckenbauer und vielen anderen, wollte mehr Geld. Die Spieler drohten mit Abreise. Bundestrainer Helmut Schön hatte aufgegeben und lag mit Magenkrämpfen auf seinem Zimmer im Bett, wohin er sich gläserweise warme Milch bringen ließ. Franz Beckenbauer führte die Verhandlungen mit dem Deutschen Fußballbund. Beckenbauer hatte über die Tage die Prämie für einen Titelgewinn von 30 000 auf 70 000 hochgetrieben. Die Uhr zeigte zehn Minuten vor zwölf.

Wenn sich die Mannschaft nicht bis Mitternacht würde geeinigt haben, könnte der deutsche Fußballbund kein Team melden. Es kam zur Abstimmung unter den Spielern. Das Ergebnis war unentschieden 11:11. Beckenbauer war für Abreisen. Noch einmal abstimmen, noch mal zählen. Diesmal stimmten 12:10 für die 70 000 DM und Dableiben. Beckenbauer hatte eingelenkt, Deutschland wurde Fußballweltmeister, und Paul Breitner nannte seinen Kapitän einen »Feigling«. Nach dem Endspiel erklärte Breitner seinen Rücktritt. »Nie mehr für Deutschland.« Im Mund hatte er eine dicke Zigarre.

Die WM hatte auch den Graben zwischen Uli Hoeneß und Beckenbauer tiefer werden lassen. Hoeneß wurde von der Prophezeiung Dettmar Cramers angetrieben, dass er einer der wichtigsten Stars des Turniers werden könnte. Dazu kam sein persönlicher Ehrgeiz plus ein Buchvertrag, welcher ihm pro unterschriebenem Exemplar eine Mark versprach. Vor der WM sagte Hoeneß: »Wenn wir Weltmeister werden, haben wir für unser Leben ausgesorgt.« Kaum waren die ersten Spiele absolviert, zeigte er, dass er mit »wir« bloß »ich« gemeint hatte. »Jedenfalls hat er so gespielt«, berichtete Franz Beckenbauer später. »Für sich in erster Linie, nicht für die Mannschaft.«

Nach der Niederlage gegen die DDR fand sich Hoeneß als Sündenbock auf der Ersatzbank wieder, und wenn er seine Losung mit dem Aussorgen vor der WM ernst gemeint hatte, dann musste er, als das Spiel gegen Jugoslawien angepfiffen wurde, seine Zukunft schwinden gesehen haben. Der Himmelstürmer sah jedenfalls ein wenig angespannt aus.

Er kämpfte sich zurück ins Aufgebot, aber vor dem Endspiel gegen die Holländer bekam er Fieber – 39 Grad. »Die schrecklichste Nacht meines Lebens«, gestand er später. »Ich hatte Schüttelfrost und Schweißausbrüche. Zweimal habe ich in dieser Nacht die Matratze umgedreht, dreimal den Schlafanzug gewechselt. Ich wollte im Endspiel dabei sein. Und deshalb habe ich das alles verschwiegen. Ich habe mich fast in das Finale hineingemogelt.« Nach zwei Minuten nahm der niederländische Superstar, Regisseur und Kapitän Johann Cruyff den Ball an der Mittellinie an, trieb ihn über das halbe Feld und brach in den Strafraum der Deutschen ein. Dort wurde er umgetreten. Von Hoeneß.

Elfmeter.

1:0 für Holland.

Nach der WM, berichtet Beckenbauer, wurde beim FC Bayern alles anders. »Bei Hoeneß hatte sich die Idee festgesetzt, ich würde ihm seine Karriere nicht gönnen, ihn nicht groß werden lassen wollen beim FC Bayern und in der Nationalelf. Er fand einen Verbündeten in Udo Lattek… Hoeneß, Breitner und Lattek bildeten eine verschwörerische Allianz. Eine spöttische Bemerkung beim Essen, eine kleine Bösartigkeit beim Training, die Luft hatte plötzlich einen giftigen Geruch.«

Der Countdown lief.

Und er lief noch schneller, seit Frau Lattek ein »Damenkränzchen« veranstaltet hatte, wo sie gemeinsam mit Frau Hoeneß und Frau Breitner herzog über die ewig Mächtigen, Müller und Beckenbauer und den üblen Strippenzieher Robert Schwan, der nichts im Sinn hatte außer seinem persönlichen Schützling Beckenbauer die Millionen rüberzuschieben und dabei selbst seine 20 Prozent einzusacken. Der Argwohn wucherte, und er übertrug sich aufs Spielfeld. Ein schlechter Pass war auf einmal nicht mehr nur ein schlechter Pass. Er war ein Anschlag auf die Mannschaftsmoral, ganz sicher, und wenn auch noch ein Gegenspieler in der Nähe stand, eine absichtsvolle, hundsgemeine Attacke auf die Gesundheit dazu.

Die Paranoia wuchs.

Das erste Spiel der neuen Bundesliga-Saison verloren die Meister, Europacup-Sieger und Weltmeister. Mit 6:0. Gegen die Offenbacher Kickers.

Als Beckenbauer über nicht enden wollende Schmerzen in der Leistengegend klagte, tönte Lattek bloß: »Das ist nur Muskelkater. Das vergeht schon wieder.«

»Ich hörte den Spott heraus«, berichtet Franz Beckenbauer. »Ich sah die Blicke, die er mit Uli Hoeneß und Paul Breitner wechselte. Ich wusste: Jetzt gibt's Ärger. Ich fühlte mich wie in einem Rudel von Wölfen. Ich stellte mir vor, dass es dort so sein müsste. Die Jungen sind es leid, die Führung des Leittiers zu akzeptieren, auch wenn es für alle nur ein Vorteil war, die Erfahrung, die Stärke des Alten, die den Erfolg bei der Jagd garantierten.«

Schon vor dem Saison-Auftakt, bei einem Trainingslager in Rottach-Egern am Tegernsee, hatten Lattek und Hoeneß den Manager Schwan zum Gespräch aufgefordert. Sie wollten mehr Macht.

»Wer will was?«, fragte Schwan.

»Wir.«

»Wer ist wir?«

»Der Uli, der Paul und ich«, sagte Lattek.

»Dann soll der Paul auch kommen.«

Breitner, der offiziell in München geblieben war, um eine Verletzung auszukurieren, brauchte zehn Minuten, um zu erscheinen. Schwan brachte Neudecker mit.

Der hatte für Hoeneß und Breitner je einen, für Lattek ganze zwei Sätze übrig.

An Hoeneß: »Von dir erwarte ich, dass du ordentlich Fußball spielst.«

An Breitner: »Du siehst zu, dass du möglichst schnell wieder gesund wirst.«

An Lattek: »Sie trainieren die Mannschaft so, dass sie wieder Erfolg hat. Wenn es Ihnen jedoch beim FC Bayern nicht mehr gefällt, können Sie jederzeit gehen.«

Nichts wurde besser, die Spiele so wenig wie die Stimmung, und es breitete sich Erleichterung aus, als Paul Breitner wenig später ins faschistische Franco-Spanien zu Real Madrid wechselte.

Ausgerechnet der selbst ernannte Klassenkämpfer hatte 1974

bei Bayern und in der Nationalmannschaft fast eine halbe Million DM verdient: 300 000 DM Jahresgehalt, 100 000 DM für den Europacup-Sieg, 70 000 DM für die Weltmeisterschaft. Dazu kamen noch einmal rund 200 000 DM für das zusammen mit Uli Hoeneß handsignierte WM-Buch. Aber der Reichtum ließ Breitner noch gieriger werden. 1,5 Millionen DM zahlte ihm Real Madrid als Handgeld.

»Reisende soll man nicht aufhalten«, sagte Präsident Neudecker erleichtert.

»Das ist für beide ein Abschied ohne Wehmut«, höhnte Paul Breitner. »Ich jedenfalls weine den Bayern keine Träne nach.«

Zurück in München ließ Breitner außer verbrannter Erde und Missmut nur seinen 8-Zylinder Maserati. Die Spanier verlangten das Eineinhalbfache des Neupreises als Zoll. Also 120 000 DM. Da gab sogar ein Irrwisch wie er klein bei.

Der Putsch war misslungen, die Machtergreifung der Akademiker gegen die alte Garde Maier, Müller, Beckenbauer, Schwan und Neudecker fehlgeschlagen.

Es war die Weihnachtsfeier 74, nach der erfolgreichsten Saison, die der Club je hatte feiern dürfen, und die Stimmung war nicht besonders, obwohl man den Löwenbräukeller gemietet hatte. Der Präsident trug einen teuren Trachtenanzug.

Es gab Weißwürste, Bier vom Fass, eine Festansprache und eine blonde Frau, die jodelte.

Am ersten Tisch unter der Bühne saß die Königsklasse des Clubs. Herr und Frau Beckenbauer, die Maiers, die Müllers, die Roths und neben den Latteks, als Aufpasser, Robert Schwan.

Bald bildete sich eine lange Schlange vor dem Platz von Franz Beckenbauer – die Mädchen von der Basketballabteilung und den anderen vermeintlichen Subsportarten bettelten den Kaiser um ein Autogramm an. Der Kaiser schrieb, auf Bierfilze, auf Eintrittskarten, auf Zeitungen.

Die Schlange blieb.

Sie wurde lange Zeit nicht kleiner.

Uli Hoeneß erlebte einen ruhigen Abend. Vor seinem Platz gab es keine unnötigen Wartezeiten. Wenn jemand den blonden Helden um eine Unterschrift fragte, fasste dieser in seine Sakkotasche und zog ein Foto samt Autogramm heraus. Er hatte vorgearbeitet, zu Hause.

Er war ein Profi.

Der Abstieg hatte begonnen. Die vielleicht beste Vereinsmannschaft, die je in Deutschland Fußball gespielt hatte, war auf dem besten Weg, sich selbst zu zerstören.

Es dauerte keine zwei Wochen, da war auch Udo Lattek als Trainer bei Bayern Geschichte. Ein Stück Vergangenheit, ein paar bunte Seiten in der Vereinschronik.

Franz Beckenbauer trägt Gerd Müller huckepack.

3. Der Niedergang

Die Einsamkeit des Torjägers

Am 25. Februar 1979 herrschte auf der Münchner Sportartikelmesse ISPO ein wildes Durcheinander. Kameras und Scheinwerfer ließen die trockene Luft der Ausstellungshalle heiß werden. Die bayerische Prominenz drängte sich auf wenigen Quadratmetern zwischen den schlammgrünen Stellwänden. Henkell Trocken wurde auf silberglänzenden Tabletts gereicht, aber trotz des Sekts, trotz der Anwesenheit von Franz Josef Strauß, von Alt-Bundestrainer Helmut Schön und dem eigens aus New York eingeflogenen Franz Beckenbauer konnte von Partystimmung keine Rede sein.

Es war Krieg oder wenigstens so etwas Ähnliches.

Auf der einen Seite stand ein kleiner, rundlicher Mann, der einen schwarzen Pullover trug und dazu einen steifen Ausdruck im Gesicht.

Auf der anderen Seite stand der Verein FC Bayern München, ein Club, für den der kleine runde Mann in 427 Bundesligaspielen 365 Tore erzielt hatte, 15 Jahre lang, umstandslos, zuverlässig, regelmäßig – so wie andere Leute samstags ihr Auto waschen. Mit dieser unauffälligen Effizienz hatte er den Club zum erfolgreichsten deutschen Verein geschossen.

Sieben Mal war er erfolgreichster Torschütze Deutschlands geworden, zwei Mal erfolgreichster Torschütze Europas. Aber jetzt war er 33 Jahre alt, der Verschleiß und Verletzungen hatten ihn langsam und ein wenig behäbig werden lassen. Auf einmal hatten all die strahlenden Rekorde und Superlative nur noch einen symbolischen Wert – wie Aktien während eines Börsencrashs. Die glorreiche Vergangenheit wurde zur Belastung für die Gegenwart. Sie legte sich schwer auf die Tage, wie ein schlechtes Gewissen. Der kleine runde Mann, der keine Tore mehr schoss, musste weg – und zwar schnell.

Deshalb verschwand der Präsident des FC Bayern, Wilhelm Neudecker, an diesem Tag für ein paar Minuten mit dem »Bomber der Nation« a.D. hinter den schlammgrünen Stellwänden. Als die beiden wieder hervortraten, hatten sie jeweils ein Sektglas in der Hand – und Neudecker hatte eine Neuigkeit.

»Habt's gesehen, wie schnell das geht, wenn Männer untereinander reden ohne Juristen«, prahlte der Vereinspräsident und zeigte dazu sein großes Bauunternehmer-Gebiss. Aber der machohaften Pose fehlte jede Größe, der vermeintliche Triumph geriet zur Panne. Beim Wort Juristen versprach sich der Präsident, sein siegesgewisses Grinsen wirkte wie der roboterhafte Gesichtsausdruck eines Mannes, der noch versucht zu lächeln, während seine Hand längst in einer Stahltür klemmt.

Müller dagegen starrte stur geradeaus – einer ungewissen Zukunft entgegen. Sein Erfolg an diesem Tag war, dass ihm sein Präsident die Freiheit schenkte. Der Torjäger durfte den Verein verlassen, sofort und ohne Ablösesumme. Trotzdem wirkte er nicht erleichtert, eher wie ein alter Knecht, der vom Hof getrieben wird. Die Zurückgebliebenen rätselten lediglich, ob es sich bei der scheinbaren Großzügigkeit Neudeckers um einen miesen Rausschmiss handelte oder um eine tolle Beerdigung.

Wann hatte der Ärger mit dem Bomber begonnen?

War es 1974 gewesen, als Müller mit Zigarre im Mund in der Nacht nach dem Weltmeisterschaftsfinale erklärt hatte, nie mehr für Deutschland Fußball spielen zu wollen? Damit hatte er dem DFB gewissermaßen das schwarz-weiße Trikot dreckverschmiert vor die Füße geworfen, als Abrechnung für ein

Turnier, bei dem der Verband seine Spieler behandelt hatte wie dumme, kleine Angestellte, die vor Freude in die Luft springen müssen, wenn die Chefs der Firma ihnen zu Weihnachten einen billigen Taschenkalender spendieren, wo sie ihre Termine eintragen können, damit sie im nächsten Jahr noch pünktlicher, noch ordentlicher und noch braver sind. Müller wollte davon nichts wissen. Er, der Fan von John Wayne und Bonanza, zog den Colt und schoss die Büchsen vom imaginären Weidenzaun.

Peng: Dafür, dass Ihr uns wie Sträflinge des Fußballs eingesperrt habt im Trainingslager von Malente, vier Wochen lang.

Peng: Dafür, dass uns nicht einmal unsere Frauen besuchen durften und dass wir uns die Abende mit einem Kartenspiel und den Rotweinflaschen jener glücklichen Spieler vertreiben mussten, die gute Beziehungen zum Mannschaftskoch unterhielten.

Peng: Dafür, dass Ihr uns weniger Geld zahlen wolltet, als alle anderen Favoriten im Falle eines Titelgewinns erhalten hätten. Erst als wir alle, die ganze Mannschaft, mit Abreise drohten, wurde die Prämie von dreißig- auf siebzigtausend Mark erhöht.

Peng: Dafür, dass am Abend nach dem Sieg gegen Holland unsere Frauen nicht am Bankett teilnehmen durften. Und als einige Spieler dennoch nach einer Möglichkeit suchten, jene mitzubringen, wurden sie von den Funktionären mit den Worten zurechtgestutzt: »Hier herrschen noch Zucht und Ordnung. Maßen Sie sich nicht Rechte an, die Ihnen nicht zustehen.«

Alle waren sie damals sauer gewesen, hatten den DFB verflucht und beschimpft wie Franz Beckenbauer: »Ihr seid durch und durch Feierabendfunktionäre. Bei uns, beim FC Bayern, hätten euch die Leute längst zum Teufel gejagt.«

Aber alle waren sie wiedergekommen. Manche früher wie Uli Hoeneß, dessen Frau Susi in Tränen ausgebrochen war wegen der Grobheiten der DFB-Kader und der mit den Worten: »Jetzt halten Sie mal die Luft an« aus dem Festsaal gestürmt war. Manche später wie Paul Breitner, der, nachdem er 1975 noch zwei Länderspiele absolviert hatte, sechs Jahre schmollte und erst 1981 wieder für Deutschland auflief. Nur einer war seinem Schwur von damals standhaft treu geblieben: der Bomber, jener Mann, der mit dem Siegtreffer gegen die Holländer Deutschland zum Weltmeister gemacht hatte; jener Mann, der den einmaligen Rekord im Nationaltrikot aufgestellt hatte, mehr Tore geschossen als Spiele gespielt zu haben – 62 Mal war er aufgelaufen, 68 Mal hatte er getroffen.

Und dann: Schluss, aus, nie mehr.

Es war kein Zorn im Gesicht des Bombers, als er diesen Entschluss wiederholte. Bloß eine Art Umstandslosigkeit, die an Unbeholfenheit grenzte. Seine Augen wirkten dann wie ein Haus in der Nacht, dessen Bewohner verreist und dessen Fensterläden fest verschlossen sind.

»Wenn I wen ned mog«, sagte der Bomber, »der kann wega mir alles sagen. Wenn I ned mog, dann will I ned.«

Aber das war der DFB. Beim FC Bayern hatte der Bomber bisher noch immer gemocht. Da hatte er die Zähne zusammengebissen, selbst wenn es nicht mehr ging.

So wie 1975, als er mit Schmerzen im rechten Oberschenkel von einem Europacupspiel gegen den Luxemburger Verein Jeunesse Esch nach Hause kam und klagte: »Mir ist so heiß, mir ist so schlecht, ich brauche Luft.«

Seine Frau Uschi fragte erschrocken: »Ja, was haben's denn mit dir gemacht? Irgendwas stimmt doch da nicht.«

»Gar nix haben's gemacht«, sagte der Bomber. »Schmerztabletten soll ich nehmen, mich ins Bett legen und schlafen.«

Um ein Uhr nachts war an Schlaf immer noch nicht zu denken, aber dem Bomber war noch viel heißer.

»Weißt du was«, sagte seine Frau, »jetzt mess ich bei dir Fieber.«

Das Thermometer zeigte 39,8 Grad.

Am nächsten Tag gab der Vereinsarzt dem Bomber ein paar Spritzen wegen einer Prellung. Dazu bekam er einen Glasfieberverband.

In den darauf folgenden Tagen schwoll der Schenkel an, das Fieber stieg auf 40,2, Müller lag zu Hause, eine Woche lang. Dann rief Uschi Müller einen Mann namens Dr. Georg Maurer an. Er war Professor im Klinikum rechts der Isar, und Uschi Müller hatte ihn vor Jahren auf einer Party kennen gelernt.

Maurer fasste einmal den Oberschenkel von Müller an.

Dann rief er: »Sofort fertig machen zur Operation.« Die vermeintliche Prellung war ein Muskelfaserriss, und unter dem Verband hatte sich das ganze Schlamassel entzündet und zu eitern begonnen.

Es war eine Riesensauerei.

»Sie haben ihm einen großen stinkenden Batzen Fleisch aus dem Oberschenkel geschnitten«, sagte Dettmar Cramer, sein Trainer, der ans Krankenbett geeilt war. »Hätte man noch zwei Tage länger gewartet, hätten sie ihm das Bein amputieren müssen.«

Im folgenden Jahr war es das andere Bein, das linke. Müller spürte zuerst ein Ziehen in der Hüfte beim Waldlauf im Forstenrieder Park. Er biss die Zähne zusammen, wieder einmal, aber das Ziehen wurde nicht besser, es wurde schlimmer. Es schmerzte bis in die Zehen. Die Ärzte sprachen von einem sich verschlimmernden Bandscheibenschaden. Müller sprach nicht darüber, er klagte nicht einmal. Er war der Bomber. Die Gegner sollten kein falsches Mitleid mit ihm haben. Sie sollten ihn fürchten. Und die Gegner, das ahnte Müller, wurden mehr – auch in der eigenen Mannschaft.

Wenn die Bayern mit dem Bus ins Stadion fuhren, saß der

Bomber nicht mehr auf seinem Stammplatz ganz vorn, den Nebensitz frei. Er stand jetzt, weil er die Schmerzen nicht mehr aushielt. Zu Hause, nach den Spielen, war alles noch viel schlimmer. Da hielt er es nicht einmal mehr auf einem sehr weichen Sessel aus. Er hing mit dem Bauch nach unten über einen Polsterhocker, um wenigstens fernsehen zu können. Es gab keine Hilfe, nur eine Art Eigentherapie, wenn Müller mit der Faust auf das schmerzende Bein schlug. »Dann«, so sagte er, »war mir wohler.«

Auf Dauer half es nicht. Und als ihm sein Arzt schließlich sagte, falls er so weitermache, drohe ihm eine Querschnittslähmung, willigte der Bomber schließlich in eine Operation ein. Aber vorher, am 22. Januar 1977, lief er noch ein im Olympiastadion gegen den MSV Duisburg. Das Spiel endete 2:2. Müller erzielte nach dem 0:2 Rückstand den Anschlusstreffer, rettete seinem Club einen Punkt, während draußen ein Hubschrauber wartete, um den Bomber im Katastrophenfall sofort ins Krankenhaus fliegen zu können.

Zum Dank für seine Vereinstreue und Aufopferung lag Gerd Müller allein im Hospital, ohne Blumen oder Beistand von den Vereinsbossen. Dafür durfte er dann lesen, wie sein Mannschaftskamerad Jupp Kapellmann, der Medizin studiert hatte und daher auch »die laufende Apotheke« genannt wurde, in der *Abendzeitung* lästerte, diese Bandscheibenoperation sei eine überflüssige Aktion und diene höchstens der Publicitysucht des behandelnden Arztes. Wie gesagt, die Gegner in der eigenen Mannschaft, sie wurden mehr, und als Müller bereits zwei Monate nach der Operation wieder mit dem Training begann, hörte er sie tuscheln und flüstern: »Der kommt ja eh nimmer.« Und er hörte sie schon darüber streiten, wer sein Nachfolger werden könnte. Die Operation mochte ein Erfolg gewesen sein. Aber der Bomber musste jetzt das Gefühl haben, die eigenen Kameraden rammten ihm ein Messer in den Rücken. Er hatte sie über die Jahre reich gemacht mit seinen Toren, hatte große

Villen und dicke Autos für sie herausgeschossen, hatte vielen von ihnen eine goldene Rente beschert für den Rest ihres Lebens.

Das Fußball-Märchen von den elf Freunden hatte ohnehin nie jemand recht geglaubt in jener goldenen Mannschaft mit der Achse Maier-Beckenbauer-Müller, jetzt war es damit endgültig vorbei. Es ging um Macht und Einfluss in der Mannschaft, und außerhalb des Spielfeldes ging es um Werbung und Geld. Für die Heldentaten der Vergangenheit war kein Platz mehr, wenn die Prämien in der Gegenwart ausblieben.

Müller war fällig, und er ahnte es.

Unter dem neuen Trainer Gyula Lorant, welcher am 30. November 1977 den zunehmend glücklosen Dettmar Cramer ersetzt hatte, war Müller noch eine Art Denkmalschutz gewährt worden. Aber vor dessen Assistenten Pal Csernai hatte der Bomber Angst. Müller warnte Lorant: »Der Csernai sägt an Ihrem Stuhl.«

Aber Lorant lachte nur und sagte: »Weihnachten flieg ich immer raus.«

Das war wohl sein ungarischer Schmäh und auch Chuzpe angesichts des Unvermeindlichen, aber dass die Stunden von Lorant gezählt waren, stand längst fest. Es ist bis heute nicht sicher, was er sich vorgenommen hatte, als er die Mannschaft im Winter 1977 übernahm, klar aber ist, dass er nicht einmal ein Jahr brauchte, um sich einen Namen zu machen – als der katastrophalste Trainer, den der FC Bayern je gehabt hatte.

Eine Zeit lang war es ganz lustig gewesen mit Lorant – vor allem für die Journalisten. Der Coach war als Vorstopper der ungarischen Wundertruppe gegen Deutschland in Bern 1954 untergegangen, und seitdem hatte man den Eindruck, dass ihn nichts mehr schrecken konnte. Er, ein echter Haudegen des Fußballs, war sechs Mal gefeuert worden als Trainer, ehe er bei den Bayern anheuerte. Aber all diese Rückschläge reichten nicht aus, ihn einen Ton leiser werden zu lassen. Im Gegenteil, er blies dem Schicksal und seinen Kritikern weiterhin den Rauch seiner dicken Davidoff ins Gesicht.

Den Bremer Stürmer Uwe Reinders stempelte er in der Taktiksitzung vor einem Spiel zum »Linksfüßler«. Mit vehementem Einspruch und einer langen Diskussion schaffte der Bayern-Verteidiger Udo Horsmann wenigstens eine Teilkorrektur der absoluten Fehldiagnose. »Ach«, sagte Lorant, »dann ist er halt Zweifüßler.«

Im Trainingslager in Mittenwald, das 1100 Meter über dem Meeresspiegel gelegen war, dozierte er: »Höhenluft ist gut für Kondition«, obwohl medizinisch gesehen feststand, dass diese Höhe für die Fitness nichts bringt.

Und weil er sich mit dem Biomechanismus seiner Spieler so gut auskannte, verordnete er ihnen gleich noch einen Speiseplan voll fetter Mahlzeiten samt Leberknödelsuppe, Schweinebraten und Kuchen. Nach einem gewonnenen Privatspiel erklärte er: »Habe ich gewusst, meine Ernährung ist richtig. Ihr seid viel stärker als die andern.«

Einwände des neuen Vereinsarztes Dr. Müller-Wohlfahrt pflegte der Ungar mit den Worten abzubürsten: »Spieler viel zu empfindlich. Habe ich vor fünfundzwanzig Jahren alles ausgehalten.« Aber weder die Sprüche des Trainers, noch seine Fähigkeit, 36 Weinbergschnecken hintereinander zu verzehren, konnten am Ende überdecken, dass er vor der Mannschaft des zurückgekehrten Paul Breitner auf verlorenem Posten stand.

4:5 verlor das Team zu Hause in der zweiten Runde des DFB-Pokals gegen den VfL Osnabrück, dem Tabellenachten der Zweiten Liga Nord.

Am 11. Dezember 1978 folgte schließlich das Debakel von Düsseldorf. Mit einer 1:7-Niederlage gab sich der FC Bayern dem Gelächter von ganz Deutschland preis. »Da haben sich Leute an der Abscitsfalle versucht, die gar nicht wissen, wie das geht«, schimpfte Lorant. Es sollte sein letzter Wutausbruch als Bayern-Trainer sein. Am Morgen danach wurde der Coach krankgeschrieben. Angeblich war er beim Schlittschuhlaufen mit seiner Tochter aufs Knie gefallen. Lorants Assistent Pal Csernai leitete fortan das Training. Ausgerechnet er, Müllers Albtraum.

Verkehrte Welt

Der Bomber hatte 1974 einen mit 400 000 DM im Jahr dotierten Vierjahresvertrag bekommen, welcher jetzt auslief. Den Vertrag mit Sepp Maier, der eine ähnliche Laufzeit umfasste, hatte Neudecker jovial per Handschlag verlängert, aber Müller ließ er schmoren. Aus der Zeitung musste der zunehmend isolierte Torjäger erfahren, dass für ihn in der Zukunft allenfalls noch ein Arrangement denkbar war, was seine Leistung pfenniggenau abrechnete.

Der Bomber begann zu resignieren. Er saß jetzt meistens zu Hause in Straßlach in seinem Fünfzimmerbungalow und schmollte. Diplomatie war noch nie seine Sache gewesen, und jetzt hatte er keine Lust mehr, endgültig. War er nicht seinem Verein immer treu gewesen?

Hatte er nicht Anfang der siebziger Jahre eine Millionen-Offerte aus Barcelona mit den Worten ausgeschlagen: »Mog I ned. I kann doch ned mehr als ein Schnitzel essen«. Er, der den sich zunehmend schneller drehenden Fußballkapitalismus unterlaufen hatte wie seine gegnerischen Abwehrspieler, drohte jetzt dessen Opfer zu werden.

Sogar seine ehrgeizige Frau Uschi nannte den Bomber zu Hause auf den weißen Sofagarnitur jetzt einen »Trottel«.

»Klar, ich bin ein Trottel«, erklärte er, der sich wohlig und beleidigt in die Opferrolle hineinhalluzinierte: »Ich bin ein Trottel, wenn ich meine Gesundheit aufs Spiel setze, immer wieder – aber weißt, ich kann eben nicht anders.«

»So begründet er seinen Wahnsinn seit Jahren«, meinte Uschi.

Der Bomber voll Selbstmitleid: »Ich weiß ja selber, dass ich blöd bin.«

Uschi: »Genau.«

Der Bomber: »Aber schließlich habe ich Jahre lang ein Spitzengeld verdient.«

Uschi: »Was nichts daran ändert, dass du zu anständig und zu gutmütig für diesen Beruf bist.«

Vor allem war er zu stolz, für einen neuen Vertrag betteln zu gehen. Er wollte nicht mehr. In einem Interview mit der *Süddeutschen Zeitung* machte er Tabula rasa. Nach seinen Vertragsvorstellungen gefragt, antwortete Gerd Müller: »So wie es ausschaut, werde ich überhaupt keinen Vertrag mehr unterschreiben.«

Die Nachfrage, warum er denn so verärgert sei, konterte er: »Mir ist nachgesagt worden, ich würde versuchen, den FC Bayern zu erpressen. Da hör I lieber gleich auf. Man ist schnell populär, aber auch schnell wieder vergessen. Ehrlich gesagt, ich bin froh, wenn alles vorüber, wenn endlich Schluss ist.«

Trainer Pal Csernai nahm dieses per Zeitung abgeschickte Kündigungsschreiben nur allzu gerne an.

Er ist das vierte Spiel der Rückrunde, der 3. Februar 1979 in Frankfurt. Müller ist viel herumgestanden, ins Leere gelaufen, und wer dieses Spiel aufmerksam beobachtet, gewinnt den Eindruck, dass ihn der Rest der Mannschaft nicht bloß ignoriert, sondern abstraft für die Tatsache, dass er immer noch da ist. Es wird dunkel in Frankfurt, und Nebelschwaden ziehen über das Spielfeld, als Csernai in der 79. Minute etwas tut, was unfassbar ist. Er wechselt den Bomber beim Stand von 0:2 aus, und er zittert nicht einmal, als er das Nationalheiligtum in die Kabine schickt.

Auch nach der Partie zeigt der Ungar keine Spur von Reue.

Mit kühlem Blick, das seidene Halstuch wohldrapiert, bilanziert er mit der Nüchternheit eines Taschenrechners: »Müllers Leistungen reichen für die Bundesliga nicht mehr aus. Der Verein kann es sich deshalb nicht mehr leisten, ihm noch eine Chance zu geben.«

Wer geglaubt hatte, die Geschäftsführung des Vereins schreite ein gegen diese an Vandalismus grenzende Form der Denkmalschändung, sah sich getäuscht. Es war, als ob die Offiziellen eine Trainingseinheit im Achselzucken absolvierten. »Müller muss einsehen, dass er schon längst nicht mehr der Größte ist«, sagte Walter Fembeck, ausgerechnet der Mann, der den Bomber Anfang der sechziger Jahre zu Hause in Nördlingen abgepasst und ihn vor dem Lokalrivalen, den Löwen, weggeschnappt hatte. Präsident Neudecker tat ebenfalls so, als würde er in die Luft schauen. Während er sonst niemals einen Zweifel daran aufkommen ließ, dass nur er persönlich das Monopol auf die Macht im Verein habe, sagte er jetzt in der Sache Müller: »Das ist Angelegenheit des Trainers.«

So sehr sich die Bayern auch bemühten, die Affäre als Alltäglichkeit abzutun, draußen hatten die Leute das Gefühl, hier würden die alten Ideale des Sports mit schweren Stiefeln zertreten. Was waren Loyalität, Kameradschaft und eine karrierelange Hingabe an einen Club noch wert, wenn einer wie Müller nun beiseite geschoben wurde wie ein Kasten leerer Pfandflaschen?

So groß war die Empörung über diesen Sittenverfall, dass sich selbst Menschen, die Müller früher auf dem Spielfeld bekämpft hatten, an den Schreibtisch setzten, um seine Ehre zu retten. Unter der Überschrift: »Der bittere Abschied des berühmtesten Torschützen aller Zeiten« schrieb der Hamburger Vorstopper Willi Schulz in der *Welt am Sonntag*:

Sehr geehrter Herr Neudecker, in diesen Tagen wird einer der größten und erfolgreichsten Fußballspieler, die Deutschland und Ihr Verein, der FC Bayern München, je hatten, in der Öffentlichkeit geradezu zerrissen. Mich wundert und verbittert es, dass Sie als Präsident dabei tatenlos zusehen. Vergessen Sie also, dass gerade Gerd Müller mit seinen unnachahmlichen Toren jahrelang ein Garant für die großen Erfolge des FC Bayern war? Er war somit auch ein wichtiger Eckpfeiler für Ihre persönlichen Erfolge als Vereinspräsident, Herr Neudecker. Jetzt, wo von allen Seiten Kritik und Schadenfreude, Hohn und Spott auf Gerd Müller niederprasseln, vermisse ich ein öffentliches Machtwort, ein engagiertes Eintreten des Bayern-Präsidenten. Statt dessen liefen Sie Ski in Bad Reichenhall. Die Kampagne gegen Gerd Müller, die durch Ihren Trainer Paul Csernai inszeniert wurde, kann an keinem Spieler spurlos vorüber gehen. Auch nicht an Gerd Müller. Das hätten Sie wissen müssen.

Ich habe neun Jahre lang mit dem Hamburger SV gegen Gerd Müller gespielt und fünf Jahre mit ihm in der Deutschen Nationalmannschaft. Ich weiß, dass Müller immer zuerst nach der Kameradschaft und den Erfolg der Mannschaft gefragt hat und erst dann nach den Siegprämien.

Ich hoffe, Herr Neudecker, Sie lernen aus dem Fall Müller, dass man als Präsident seinen Spielern gegenüber auch menschliche Pflichten hat. Denn die gleichen Probleme wie jetzt stehen Ihnen in der nächsten Zeit mit den Weltmeistern Sepp Maier und Georg Schwarzenbeck erneut ins Haus.

Ein öffentliches Spießrutenlaufen, wie Sie es Gerd Müller zugemutet haben, darf sich nicht wiederholen. Mit freundlichen Grüßen. Willi Schulz.

»Wenn das so weitergeht, bin ich bald reif für die Klapsmühle«, weinte Uschi Müller. Aber ihr Mann, der Gerd, verrichtete in den Tagen nach der Auswechslung erst einmal Dienst nach Vorschrift, parkte weiterhin seinen Mercedes auf dem Hof in der Säbener Straße, spielte mit bei der Trainingsrunde sechs gegen zwei, ging duschen, setzte sich wieder in den Mercedes. Fuhr nach Hause zur weinenden Frau nach Straßlach in den Bungalow. Müller gab weiterhin den stoischen Torjäger, aber in ihm drinnen bebte die Wut. Am Dienstag, dem 13. Februar, war Schluss mit der Schauspielerei. Gegen 16 Uhr 30 trabte Müller zum Spielfeldrand des Trainingsgeländes, verschränkte die Hände auf dem Rücken und schaute nur noch zu. Zur gleichen Zeit fuhr einer seiner besten Freunde, ein Mann namens Rudi Mayer, wegen seiner jahrelangen Kurierdienste für den Bomber in der Münchner Fußballszene nur »Taxi-Mayer« genannt, Richtung Bad Reichenball, wo Präsident Neudecker Urlaub machte. Vor dem Hotel Axelmannstein stoppte Taxi-Mayer, stieg aus und übergab einen Brief. Danach waren die Ferien für Neudecker beendet.

»Es war höchste Zeit, dass sich der Gerd zu diesem Entschluss durchgerungen hat. Er war nervlich am Ende und hätte das nicht mehr lange durchgehalten«, rechtfertigte Taxi-Mayer die Aktion.

Der Inhalt der Müllersche Depesche: eine Art fristloser Kündigung von seiner Seite, die Auflösung des Vertrags mit sofortiger Wirkung. Für den Fall, dass man ihn gleich ziehen ließe, wolle er sogar auf ein Abschiedsspiel verzichten.

Das Vereinsporzellan derart öffentlich zu Klump zu schlagen, hatte in der Geschichte des Vereins noch kein Spieler gewagt. Und jetzt Müller, der Bomber, den viele nicht nur für gutmütig, sondern auch für ein wenig beschränkt hielten. Neudecker war derart verschreckt, dass er seinen Urlaub sofort abbrach und eine Präsidiumssitzung im Keller des Münchner Rathauses einberief. Er wollte nicht mehr allein entscheiden.

Auch der gemütliche Ratskeller konnte nicht darüber hinwegtäuschen, dass Gefühle bloß noch Nebensache waren. In Wahrheit ging es in dieser Minioper um den lahmenden Stürmer nur noch um eines: Geld.

Der Mann, der den Bayern nichts mehr wert war, sollte dem Club noch einmal die Kasse füllen.

»Insbesondere ist es ungerechtfertigt, wenn der Verein für Gerd Müller auch dann eine Ablösesumme fordern will, wenn Gerd Müller zu einem amerikanischen Fußballverein wechseln sollte«, protestierten Müllers Anwälte Dr. Wunderlich und Partner. »Schließlich hatte nämlich der Präsident des FC Bayern Gerd Müller in der Besprechung vom 29. 1. 1979 fest zugesagt, dass der Verein in diesem Fall auf jede Ablöse verzichten würde. Das war damals nicht nur eine sportliche Geste, sondern auch eine rechtsverbindliche Zusage.«

Schließlich gab der Präsident hinter den schlammgrünen Stellwänden der Sportartikel-Messe klein bei. »Wäre der Streit weitergegangen, wäre alles auf meinem Rücken ausgetragen worden«, klagte er, »den Beirat hätte man sicher nicht angegriffen.«

Auch die Mannschaftskameraden wollten Müller so schnell wie möglich vergessen. Allen voran Paul Breitner, über den der Bomber, als sich seine Krisen häuften, geklagt hatte: »Ich krieg schon Angst, wenn ich ihn bloß seh.«

Breitner stellte sich rechthaberisch wie ein Religionsstifter auf den Trainingsplatz an der Säbener Straße und verkündete im Trainingsanzug: »Ich meine, unser Trainer hat einen großen Spruch getan in den letzten Wochen: ›In unserem Job ist für Nostalgie kein Platz.‹«

Einzig Sepp Maier fand sich noch bereit, dem erniedrigten Torjäger ein paar warme Worte hinterherzurufen: »Wir verdanken dem Gerd eine Menge«, sagte der Torhüter, »vor allem viel Geld. Vielleicht hat er jedem von uns pro Jahr zweihunderttausend Mark Mehrverdienst eingebracht.«

Beim Geld hört die Freundschaft auf, heißt ein altes Sprichwort. Im modernen Profifußball, das wurde in diesen Tagen klar, fängt bei Geld die Freundschaft erst an.

Es gehörte zur absurden Schlussszene dieses bayerischen

Sittenbildes, dass am Ende ausgerechnet Müller als der geldgierige Abtrünnige dastand; als einer, dem es nicht reichte, vergoldete Fußballschuhe als Trophäen überreicht zu bekommen; als einer, der die Kickstiefel wie im Märchen zu einer Geldbörse umfunktionieren möchte, die Dukaten ausspuckt, unaufhörlich.

Für 800 000 Dollar in zweieinhalb Jahren unterschrieb der bodenständigste Bayern-Mittelstürmer aller Zeiten bei den Fort Lauderdale Strikers, einem Fußballclub in Florida. Auf seinem Trikot stand jetzt nicht mehr die Nummer 9, sondern die Nummer 15, darüber sein Name, amerikanisch geschrieben: MUELLER. Den ersten PR-Termin verbrachte er auf dem Golfplatz. Er trug weiße Jeans, ein weißes Polohemd und blinzelte in die große amerikanische Sonne. Er war froh, wenn er nicht angesprochen wurde, denn er konnte kein Englisch. Als ihn einer fragte, was »Strikers« denn bedeute, antwortete er: »Heißt ungefähr, Tore machen.«

Der Abschied des Bombers fand auf leise Art in seinem Bungalow in Straßlach statt. Kein Spieler des FC Bayern war eingeladen, bloß Menschen, welche Müller für seine echten Freunde hielt: Hans, der Bierfahrer; Hanni, die Metzgereibesitzerin; Franz, der Drucker; Rudi, der Versicherungsmann; Peter, der Fachmann für Büromaschinen; Günter, der Flugkapitän, und Herrmann, der ehemalige Fahrlehrer Müllers, den der Torjäger per Handschlag zum Geschäftsführer von einem der zwei »Gerd Müller Sport Shops« befördert hatte.

Es gab Bier aus Tonkrügen und eine Brotzeit, die sich aus den Mitbringseln der Gäste zusammensetzte: Leberkäs, Wurstsalat, Schweinebraten. Die Unterhaltung war von schonungsloser Oberflächlichkeit.

»Amerikaner sind auf heiße Hunde spezialisiert, auf Hot Dogs«, brummelte Günter, der Flugkapitän, in den Schweinebraten.

Das war der beste Witz des Abends.

»Das wird dem Müller vorläufig sein letzter Leberkäs sein. Den nächsten gibts in drei Jahr erst«, sagte Herrmann, der Fahrlehrer, während er sich eine Brezel in den Mund schob.

Das war so etwas wie eine Abschiedsrede.

Andere Gäste kamen nicht mehr zum Bungalow. Nur noch Briefe mit Wünschen für die Zukunft.

Einer lautete so: »Gerd Müller, hau endlich ab. Wir können Dich Geldsack und Angeber nicht mehr sehen. Verschone uns mit Deinem Abschiedsspiel, nicht einen Pfennig bekommst Du von uns. Deine Frechheit, die Dummheit Deiner wirklich primitiven Frau schreit zum Himmel. Wenn sie wenigstens noch ein bisschen hübsch wäre, aber sie ist doch ein richtiger Bauerntrampel. Spätestens nach einem halben Jahr schmeißen Dich die Amerikaner ja doch wieder raus, denn dann haben sie von dem müden, dicken, alten Sack die Nase voll. Außer Geldraffen und großer Schnauze kann er nichts mehr.«

Die hässliche Vertreibung des Bombers markierte das endgültige Ende einer Ära, die lange gedauert hatte. Die Achse Maier-Beckenbauer-Müller war das Fundament gewesen, mit dem ein Team aus unbekannten Nachwuchsspielern in den sechziger Jahren zur goldenen Mannschaft aufstieg, die in den siebziger Jahren den Fußball in Deutschland und in Europa dominierte und dafür sorgte, dass der Name FC Bayern zu einer Weltmarke wurde. Aber nach den Triumphen von Brüssel und München, nach dem Gewinn des Europapokals der Landesmeister und der Fußballweltmeisterschaft, an der sechs Bayernspieler mitgewirkt hatten, begann die Achse zu rosten. Die Tatsache, dass die Erneuerung durch den Putschversuch von Breitner, Hoeneß und Lattek fehlgeschlagen war, verlängerte die Lebensdauer der Achse noch einmal. Nur um welchen Preis?

Rasenschach oder Der Fußballprofessor

Wenn man die Spiele des Teams der alternden Legenden Maier-Beckenbauer-Müller in den Jahren nach Brüssel und München beobachtete, waren Ergebnisse zu bestaunen, die so bizarr waren, dass einem schwindelig werden konnte. Die Achse ließ das Team trudeln, taumeln und triumphieren. Das Unternehmen FC Bayern München schlingerte durch die Wettbewerbe wie ein Raumschiff kurz vor dem Verglühen.

»Ihr seid eine sterbende Mannschaft«, hatte Dettmar Cramer den Spielern gesagt, als er im Januar 1975 die Nachfolge von Udo Lattek antrat. Und in der Tat: Das Team wirkte desolat, kaputt, abgewrackt. Mit müden Gliedern und matten Augen verrichteten die Männer, die ein halbes Jahr zuvor noch als die Helden Europas gefeiert worden waren, jetzt eine Art Dienst nach Vorschrift auf dem Platz. Die Inspiration war verflogen, in der Halbzeit wurde in der Kabine entweder gestritten oder betreten geschwiegen. Die Ursache: Die Mannschaft lag zurück. Wieder mal.

Der FC Bayern war sich selbst ein Rätsel geworden. Gründe für diese Dauerkrise gab es viele.

Da war einmal die körperliche Erschöpfung. »Nach dem Gewinn der Meisterschaft, des Europacups, der WM war die Luft raus«, sagt Cramer. »Bis zur letzten Minute war gespielt worden, es gab nicht genügend Urlaub, es wurde zu früh wieder angefangen.«

Gewiss, mit einer gut besetzten Ersatzbank hätten die Müden aufgefangen werden können. Aber diese Ersatzbank gab es nicht. Neudecker betrachtete solch eine Investition als Geldverschwendung. Wenn er seine Leute schon gut bezahlte, dann sollten sie dafür auch arbeiten – bis zum Umfallen oder – wie später im Fall von Gerd Müller – bis an den Rand einer Querschnittslähmung.

»Über die Jahre hinweg lag eine ungeheure Belastung auf

allen Beteiligten«, sagt Uli Hoeneß. »Weil im Gegensatz zu heute fast immer das gleiche Personal eingesetzt wurde.«

Das andere Problem war mentaler Art: Nachdem die Spieler alle Trophäen erobert hatten, reizte es sie offenbar nicht mehr, in Wuppertal oder Bochum ihr Äußerstes zu geben. An die Leistungsgrenze ging der FC Bayern gerade noch bei den großen Spielen gegen Giganten des Fußballs wie Benefica Lissabon oder Real Madrid. Sogar jenem Blondschopf, der früher seinen Ehrgeiz systematisch mobilisieren konnte, gelang es nicht mehr, sich an diesem Problem vorbeizudribbeln. »Wir konnten uns nur noch bei Europapokalspielen zusammenreißen«, bekannte Uli Hoeneß. »Zwei Spiele, alle vier bis sechs Wochen – dazu reichte die Konzentration aus.«

Das Ergebnis war, dass sich der Spaß nur noch selten zeigte beim FC Bayern. Es gab die Achse – die da oben –, und es gab die anderen. Egal, ob es nun Stars waren wie Hoeneß oder Kapellmann, altbewährte Kämpfer wie Schwarzenbeck oder Roth, sie wirkten gegen die Achse stets wie: die da unten. Über Franz Roth zum Beispiel, der mit seiner Kraft, seiner unendlichen Rennerei und seinen Toren den FC Bayern insgesamt drei Europapokale erobert hatte, hing Mitte der siebziger Jahre stets die Drohung der Abschiebung, nur weil er ein bisschen mehr verdienen wollte. Die Ungerechtigkeit der Bezahlung nagte an den Beziehungen der Spieler, und es war Frust, wenn ein genügsamer, vorsichtiger Mann wie Franz Roth sagte: »Wenn ich ehrlich bin, waren wir froh, uns im Privatleben nicht auch noch begegnen zu müssen. Es war damals fast an der Grenze des Erträglichen.«

Vor allem Robert Schwan, der Manager, hatte ein handfestes Interesse, die Achse zu stützen und den Status quo in der Mannschaft aufrecht zu erhalten, denn Schwan dachte immer an beides, den Club und seinen Privatschützling Franz Beckenbauer. Im Zweifelsfall aber, das ahnten alle, würde es für Schwan immer nur eine Entscheidung geben: für Beckenbauer.

Der Rest der Mannschaft fühlte sich als Opfer dieser Interessendoppelung.

Oder er wurde es wirklich.

Vor dem Europacup-Endspiel im Mai 1975 gegen Leeds United, so erzählt Franz Roth, hätte man ihn loswerden wollen, so schnell wie möglich. »Ich war dreißig Jahre alt«, sagt Roth, »hatte keine Verlängerung meines Vertrags in Aussicht und hatte meine ganze Laufbahn lang die Knochen hingehalten für den FC Bayern: Mit einer Wut im Bauch bin ich aufs Spielfeld gelaufen und habe mein Tor gemacht.«

Der Triumph verschaffte ihm nur kurze Schonung. Er suchte sich einen neuen Verein in der Schweiz: Grashoppers Zürich. Schwan sicherte ihm zu, er könne gehen für eine Ablösesumme von hunderttausend Mark. Roth freute sich auf einen gut dotierten Vertrag in Zürich und sagt heute: »Ich war eigentlich schon weg.« Aber dann wurde er noch einmal zu Schwan zitiert.

»Was willst du mit hunderttausend Mark, du kostest jetzt eine halbe Million«, sagte der Manager barsch.

»Aber ich verdiene dort mehr als bei euch«, verteidigte sich Roth tapfer.

Interessierte Schwan aber nicht. Er brauchte den »Bullen« als Rammbock, vor allem auswärts. Und so billig, wie Roth auf Schwans Gehaltsliste ausgewiesen wurde, würde der Manager solch einen Zehnkämpfer nicht wieder bekommen.

»Ich wollte nicht mehr unterschreiben. Aber da kannst nix machen. Also noch einmal zwei Jahre«, sagt Roth heute.

Es war keine ganz einfache Aufgabe, die Dettmar Cramer übernommen hatte.

Aber Cramer war nicht der Mann für einfache Aufgaben – auch wenn manche, die ihn das erste Mal sahen, für ein Leichtgewicht hielten. »Ein Fußballprofessor«, wie Roth sagt, 1,65 m groß, 55 Kilo schwer. Torwart Sepp Maier taufte ihn »den laufenden Meter«.

Cramer hatte das vielleicht größte Wissen über Fußball, welches je ein deutscher Trainer anzusammeln im Stande gewesen war. Die deutsche Szene kannte er noch aus der Zeit vor dem Zweiten Weltkrieg, außerdem hatte er gearbeitet, gelehrt, gepredigt, Seelen massiert in Japan, Indien und Nigeria – er war der unermüdlich Forschende, der Alexander von Humboldt der Fußballstadien.

Vor allem aber war er zäh. »Angst kenne ich nicht«, pflegte der frühere Fallschirmjäger und Boxer zu sagen. Und selbst wenn er sie hatte. Er war im Herzen Preuße: Seine Furcht zeigte er nicht.

Als er zu Bayern kam, stand die Mannschaft auf Platz 14, gerade mal zwei dünne Tabellennotierungen über den Abstiegsrängen. Cramer musste nicht bloß die ausgebrannte Truppe wieder zum Laufen bewegen, er musste sie auch wieder zusammenschweißen. Und das war besonders schwierig. Denn Cramer war von Beckenbauer, dem Sonnenkönig, und Schwan, seinem Kardinal Mazarin, geholt worden, und der neue Trainer war schon einmal so etwas wie ein weiterer Ersatzvater in Beckenbauers Karriere gewesen. Er hatte den wegen eines unehelichen Kindes verfemten jungen Franz bei der Nationalmannschaft durchgesetzt und war später, als sein Herzenszögling ziemlich geheim in Steinebach am Wörthsee seine Brigitte heiratete, jenem als Trauzeuge zur Seite gestanden. Nach der Vertreibung des Putschisten Lattek musste das Engagement Cramers dem Rest der Mannschaft vorkommen wie die endgültige Wiederherstellung des Ancien Régime. Wer wollte jetzt noch an der ewigen Ordnung kratzen?

Vielleicht das Schicksal – denn Cramers Zeit bei Bayern begann mit einer Serie von Katastrophen.

Es ist der 1. Februar 1975, dicker Winternebel legt sich ins Berliner Olympiastadion, und mit den Temperaturen scheint auch die Konzentration der Münchner zu sinken. Vor allem die Stars irren über den Platz wie falsch programmiertes Spielzeug. 4:1 verliert der FC Bayern, die Torschützen der Berliner heißen unter anderem Franz Beckenbauer und Conny Torstensson durch zwei Selbsttore, und als hätte dies zur Riesenblamage nicht ausgereicht, legt Gerd Müller im eigenen Strafraum dem Berliner Stürmer Erich Beer das Leder so geschickt in den Lauf, dass jener den Ball an Sepp Maier vorbei ins Tor schieben kann, so mühelos wie eine Streifenkarte in einen Nahverkehrsautomaten. Es ist die ultimative Erniedrigung.

Nach dem Spiel, so sagt Cramer, habe er sich gefühlt »so klein, wie der Kreidestrich der Außenlinie hoch ist«. Zu Hause gesteht er seiner Frau: »Annerl, ich habe in die Scheiße gegriffen. Hier biste verraten und verkauft.«

Eine Woche später sinkt er noch tiefer in den Dreck. Seine Mannschaft verliert 2:3. Zu Hause. Gegen Duisburg. Nach einem 0:3-Rückstand. Das bedeutet das Aus im DFB-Pokal. Die Bayern-Abwehr wirkt wie hypnotisiert. »Das sind schon keine Schrecksekunden mehr. Mitunter ist es, als ob in einem Film Stücke fehlten. Wir haben zu viele Pausen«, schimpft Cramer. Und Präsident Neudecker wütet nach dem Spiel: »Fliegen wir jetzt im Europapokal auch noch raus, werden einige hoch dotierte Spieler verkauft.«

Vor einem halben Jahr waren ein paar dieser Spieler noch Meister aller Klassen gewesen, jetzt waren sie auf dem Weg zur Krabbelkiste. Aber Cramer gab nicht auf, und er schaffte es – wenigstens zum Teil. Er schaffte es mit Recherchen über den jeweiligen Gegner – von den Schuhgrößen bis zu den Essgewohnheiten. Er schaffte es mit Lehrstunden über Phänomene wie das »periphere Sehen«, den größtmöglichen Weitblick, den er den Spielern einpaukte. Er schaffte es mit Zitaten des

Dichters Friedrich Schiller, den er sozusagen als frühen Kronzeugen für den Stil Franz Beckenbauers deklamierte: »Schönheit… ist nichts anderes als Freiheit in der Erscheinung.« Er schaffte es mit Blumen und Pralinen für die Frauen der Spieler. Er schaffte es mit nächtlichen Besuchen in den Krankenhäusern und an den Operationstischen, wo seine Spieler nun immer öfter lagen.

Vor allem schaffte er es, weil er ihnen gut zuredete und die Ruhe bewahrte, selbst wenn draußen im Stadion die Stimmung der Fans vor Wut brannte. »Lasst euch nicht beirren«, sagte Cramer dann, »so wie ihr spielt, kann euch nichts passieren. Ihr müsst nur mehr über links.« Er verteidigt diesen positiven, väterlichen Geist bis heute. »Hätte ich denn sagen sollen: ›Hört mal, Jungs, wahrscheinlich steigen wir ab.‹«

Am Ende der Saison steht die Mannschaft in Deutschland auf Platz zehn, aber sie kämpft im Pariser Prinzenparkstadion gegen die wild um sich tretende Mannschaft von Leeds United um den Europapokal der Landesmeister.

Dieser Mann mochte so kleinwüchsig sei, dass er kaum Schatten warf, aber man konnte sich an ihn lehnen.

Der Zauber des Vorjahres ist dahin, doch immerhin spielen die Bayern mit Disziplin und Geschick.

Als die Engländer die Drohung ihres Kapitäns Bremner (»Wir werden Bayern niederwalzen«) in die Tat umsetzen, Andersson das Innenband und Hoeneß den Meniskus kaputttreten, wächst in den Bayern etwas, was ihnen vorher keiner zugetraut hatte: Tapferkeit.

In der ersten Halbzeit sind sie gegen den Sturmlauf der Engländer kaum über die Mittellinie gekommen. Aber in der Pause, als sie schweigend auf ihren Bänken sitzen, sagt Gerd Müller: »Leeds hat so viele Chancen vergeben. Das Spiel können wir gar nicht verlieren.«

Sie würden sich nicht niederwalzen lassen. Aus Prinzip nicht und schon gar nicht von dieser Schlägertruppe, die Franz Beckenbauer später als die »schmutzigste Mannschaft, gegen die ich je gespielt habe«, bezeichnet.

Sich nicht niederwalzen lassen.

Achtzehn Minuten vor Spielschluss dringt Franz Roth nach einem Zuspiel von Torstensson in den Strafraum ein und wuchtet aus halblinker Position den Ball ins lange Eck der Engländer. Roth schüttelt die auf ihn zustürmenden Gratulanten ab, als seien sie Ameisen, rennt durch das halbe Stadion, bis er vor der Bayern-Bank stoppt, wo er einen unscheinbaren Mann in einem beigen Trenchcoat in die Pariser Abendluft hievt und drückt, als wäre dieser eine große Tube Senf.

Es sieht aus wie eine jener Szenen, die sich 30 Jahre früher an deutschen Bahnhöfen abgespielt haben, als geschundene Soldaten aus den Gefangenenlagern zurückgekehrt sind. Aber dies hier ist Fußball, und der Mann im Mantel ist Dettmar Cramer, der Vater. Er hat es geschafft, einen Haufen erfolgsverwöhnter, plattgelaufener Profis, einen Haufen verlorener Söhne in Fußballer mit Kämpferherz zu verwandeln.

Wenigstens für eine Nacht.

Als wolle er die Willenskraft der Bayern in den Rasen meißeln, donnert Gerd Müller den Ball in der 83. Minute zum 2:0 ins Tor.

Als Beckenbauer wenig später den Europapokal zum zweiten Mal innerhalb von nur zwölf Monaten überreicht bekommt, schüttelt er den Kopf.

Er kann es nicht glauben. »Das darf doch ned wahr sei«, murmelt er.

Er war der Kaiser, immer noch.

Auch in schlechten Zeiten.

»Zwar wird das Spiel nicht in die Geschichte der großen Spiele des Weltfußballs eingehen«, sagt Bundestrainer Helmut Schön, »aber man kann sich solcher taktischen Mittel, wie sie die Bayern anwandten, bedienen, solange sie legal sind.«

Unter Dettmar Cramer fand der FC Bayern zu jenem ökonomischen Stil, der die Mannschaft auch an durchwachsenen Tagen mit ein wenig Glück als Sieger vom Platz gehen ließ. Das bekam in der Saison darauf im Viertelfinale des Europacups der Meister auch Benifica Lissabon zu spüren: Nach einem torlosen Remis in Lissabon endete auch die erste Halbzeit in München torlos. Dann aber trafen Dürnberger und Gerd Müller je zweimal und Rummenigge einmal: ein klarer 5:1 Erfolg! Im Halbfinale erkämpften die Bayern trotz sehr frühen Rückstandes dank eines spektakulären Müller-Tores von 100 000 Zuschauern im Bernabu-Stadion ein 1:1 gegen die Mannschaft von Real Madrid, bei der im Mittelfeld Günter Netzer die Fäden zog (während Breitner fehlte). Nach dem Schlusspfiff stürmte ein aufgebrachter Madrilene aufs Feld und schlug auf Gerd Müller ein. Aber der Bomber ließ sich davon nicht beeindrucken. Mit seinen Europacuptoren Nr. 49 und Nr. 50 brachte er im Rückspiel in München die Bayern ins Finale.

Und tatsächlich schaffte es die Mannschaft am 12. Mai 1976 in Glasgow gegen den französischen Meister St. Etienne noch einmal, die Krone des europäischen Vereinsfußballs zu erobern. Aber dieses Mal konnten sie nicht einmal mehr die Sekundärtugenden Fleiß und Disziplin als mitreißende Spielelemente verkaufen. Es gab nur noch exakt drei Pluspunkte, welche das Team retteten: Dusel, Sepp Maier und Franz Roth, der in der 56. Minute einen Freistoß aus 18 Metern durch die Abwehrmauer ins linke Toreck knallte.

»St. Etienne war besser«, gibt der Matchwinner von damals, Roth, heute unumwunden zu.

Die Urteile der internationalen Presse klangen auch nicht viel freundlicher.

Die Pariser Zeitung *L'Équipe* schrieb: »Die Klarheit und die Weiträumigkeit der Offensive von St. Etienne haben eine modernere und bezauberndere Sprache gesprochen als die der

Bayern. Der unbarmherzige Realismus der Deutschen hat gesiegt über den Edelmut, den Schwung, das Vorwärtsstürmen.«

Gewiss, das klang ein wenig romantisch und patriotisch zugleich, aber es war noch milde, verglichen mit den harten Urteilen neutraler Beobachter wie dem holländischen *Allgemeen Dagblaad*: »Die Bayern bleiben der Meister des Mittelmaßes, die Großmeister des Fußballschachs.«

Alles war zur Routine geworden: das Überreichen des Cups, die Ehrenrunde, das Einstreichen der Sonderprämie von 30 000 DM pro Spieler. Selbst beim Bankett kam keine besondere Stimmung mehr auf, erinnert sich Sepp Maier. Lustlos stachen die Stars im Essen herum, als Präsident Neudecker zufrieden in seiner Festansprache Trainer Cramer dafür dankte, dass »er uns aus diesem Tief geführt hat«. Dann sprach er von der Befürchtung, der FC Bayern könnte sich zu Tode siegen. Er schloss mit den Worten: »Bleiben wir so zusammen, wie wir sind.«

Es klang nicht nach Aufbruch.

Es klang wie ein Marschbefehl in ein noch tieferes Tief.

Der FC Bayern stand noch einmal ganz oben in Europa. Vorne waren längst andere, auch in Deutschland.

Vor allem das Team von Borussia Mönchengladbach ließ die Bayern alt aussehen. Der mitreißende Offensivfußball der Mannschaft erinnerte an den Cajkovski-Stil, welchen die Münchner selbst in den sechziger Jahren zelebriert hatten, und vielleicht noch bitterer war, dass das junge Team um Rainer Bonhof, Ulrich Stielike, Allan Simonsen und Jupp Heynckes auch noch von Udo Lattek trainiert wurde; von jenem Mann also, der die Bayern Anfang der siebziger Jahre auf den Gipfel vom Fußball-Deutschland und Europa geführt hatte und den man, als es nicht mehr so gut lief, aus der Stadt gejagt hatte wie einen Verräter. Udo Latteks Rache hätte fürchterlicher nicht sein können. Nachdem er mit den Bayern 1972, ’73, ’74 drei

Mal Deutscher Fußballmeister geworden war, ging er nach Gladbach zum Erzrivalen und setzte seine Serie fort. Die Bundesliga sah in diesen Jahren aus wie Latteks Riesenspielzeug. Er wechselte den Verein, streifte einen neuen Trainingsanzug mit einem neuen Wappen über und machte einfach dort weiter, wo er gerade aufgehört hatte: ganz oben.

In den Jahren 1975, '76, '77 hieß der Meister Borussia Mönchengladbach.

Lattek war der König der Bundesliga: Deutscher Meister in Serie, und nichts symbolisierte den modernen Schwung hinter seiner Ambition besser als die Jeansjacke, mit der er Samstag um halb vier zur Arbeit erschien. Dettmar Cramer, der alte Mann in seinem Trenchcoat, konnte einem Leid tun.

Dass die Gladbacher mehr als nur ungeduldige Herausforderer waren, hatte Franz Beckenbauer schon im Herbst 1975 erkannt. Nach einer 4:1-Niederlage saß er in der Kabine in Mönchengladbach mit geschwollener Zornesader auf der Stirn.

»Gedanklich«, sagte Beckenbauer, »sind uns die Gladbacher doch um drei Jahre voraus.«

»Wir haben noch an den Alten gehangen, sie hatten die jungen Leute«, sagt Dettmar Cramer heute.

Damals kämpfte er für Verstärkung. Er hatte durch Kontakte von früher Verbindung zu dem englischen Superstar Kevin Keegan aufgenommen, und Keegan war sogar bereit, seinen Club, den FC Liverpool, zu verlassen. Was fehlte, war das Geld. 1,6 Millionen DM Ablöse wollten die Nordengländer für den Stürmer haben, aber sowohl Neudecker als auch Schwan winkten ab. Der FC Bayern hatte im Jahr 1976 16 Millionen DM Zuschauereinnahmen und einen teuren Spielerkader. Neudecker weigerte sich strikt, für Keegan seine Bilanzen zu belasten. Also rief Dettmar Cramer den HSV-Präsidenten Dr. Krohn an, der gerade in Spanien Urlaub machte. Das Ergebnis: Im Mai 1977 unterschrieb Keegan bei den Hamburgern einen Zwei-

Jahres-Vertrag. »Der HSV konnte das«, sagt Cramer heute. »Der FC Bayern nicht. Das gab's damals noch.«

»Wir brauchen keinen Ausnahme-Toremacher«, hieß die Devise bei den Münchnern. »Den Nachwuchs ziehen wir selbst auf – aus der eigenen Jugend, aus Provinzclubs hinterm Wald.« So bekamen sie Klaus Augentaler aus Vilshofen und Udo Horsmann vom westfälischen Amateurverein SpVgg Beckum. Joe Jordan, den brillanten Kopfballspieler und Stürmer von Leeds United, den Cramer als neuen Idealpartner für Gerd Müller ausgekundschaftet hatte (»Einer oben, einer unten«), bekamen sie nicht. Er blieb in Leeds.

Es war ein Teufelskreis – allerdings einer auf höchstem Niveau. Die Maiers, Beckenbauers und Müllers kosteten Geld, viel Geld. Aber auch wenn sie älter wurden, warfen ihr Ruhm und Können noch immer einen so langen Schatten, dass es für Neulinge wie Klaus Wunder oder Karl-Heinz Rummenigge schwer war, daraus hervorzutreten.

»Die Alten hatten hohe Verträge, verdientermaßen«, sagt Dettmar Cramer heute. »Was sie kosteten, spielten sie ... zehnfach wieder ein. Fußball ist wie Boxen. Unentschieden ist nicht genug. Man muss den Weltmeister schlagen, um Weltmeister zu werden.«

Aber nicht bloß ausländischen Stars blieb der Weg nach München versperrt, sondern auch deutschen Spitzenspielern wie Erich Beer von Herta BSC oder Rainer Bonhof von Borussia Mönchengladbach. Die Lage war so desolat, dass Robert Schwan in der ihm eigenen Derbheit zugab, »einen Scheißdreck gebaut zu haben«.

Weil sich die Zukunft immer weiter aus München entfernte, träumte man von der Vergangenheit.

War es vielleicht doch verkehrt gewesen, Paul Breitner ziehen zu lassen Richtung Real Madrid, wo er glänzend spielte? Die Lücke, welche er beim FC Bayern hinterlassen hatte, war nie gefüllt worden. So sah es zumindest Cramer: »Wir brauchen einen Mann, der Partner für Franz Beckenbauer im Mittelfeld ist und als Vorbereiter für Hoeneß und Müller fungiert, jemanden wie ihn zum Beispiel Udo Lattek mit Breitner hatte.«

Aber Beckenbauer wollte von seinem Intimfeind Breitner nichts wissen, und Neudecker wäre Mitte der siebziger Jahre eher nackt in die Isar gesprungen, als sich den vorlauten, vermeintlich kommunistischen Krawallbruder ein zweites Mal an Bord zu holen. Er war froh, dass er weg war. Weit weg.

»Da war eine Wand«, sagt Dettmar Cramer heute. »Vorurteile sind stärker als Mauern.«

Ein Salonlöwe?

Es war ein Abend im April 1977, kurz nach sechs. Franz Beckenbauer saß im Zimmer 185 des Nobelhotels Vier Jahreszeiten, München, und er war nicht allein.

Es ging um Geld, und weil es ziemlich viel Geld war, wurde wenig geredet.

Stattdessen starrten sich die Männer an. Die Männer, das waren Clive Toye, Präsident des New Yorker Fußballclubs Cosmos, samt Rechtsanwalt und Justitiar, Robert Schwan und Franz Beckenbauer. Sie bildeten eine Mannschaft.

Ihnen gegenüber saß Wilhelm Neudecker, Präsident des FC Bayern München. Er war allein, aber er war im Vorteil. Ihm gehörte der Mann, den sie Kaiser nannten. Wenn ihn die anderen kaufen wollten, dann mussten sie bezahlen.

»Zwei Millionen«, sagte Neudecker.

»Eine Million«, erwiderte Toye.

Der Graben zwischen einer Million und zwei Millionen ist ziemlich tief, genau eine Million tief. Und weil Franz Beckenbauer keine Lust hatte, darin zu versinken, wurde er nervös. »Eine Million.« Obwohl Neudecker kein Englisch sprach, brauchte der dolmetschende Anwalt das nicht zu übersetzen.

Neudecker hatte die Vertretertour raus. Wie gut Beckenbauer sei und viel zu schade für Amerika. Er sprach über seinen größten Star, als wolle er ein Fertighaus verkaufen.

Schwan und sein Schützling beriefen sich auf die Verdienste Beckenbauers, 19 Jahre beim Verein, niemals einen Pfennig Ablöse gekostet, der Kaiser – die Weltmarke.

Neudecker kam mit dem Wirtschaftsbeirat und der betriebsökonomischen Überlegung, wenn das größte Kapital des Clubs sich schon verflüchtigen wolle, müsse man möglichst viel davon behalten, in bar. 2,5 Millionen hätte der Beirat gefordert. Er, Neudecker, sei nicht so. Die halbe Million weniger nehme er auf seine Kappe.

Die Cosmos-Leute telefonierten mit New York.

»1,4 Millionen.«

»Zwei Millionen, sonst läuft nichts«, sagte Neudecker. Er stand auf und verließ den Raum.

24 Stunden später rief Schwan noch einmal bei Neudecker an. Er wollte neu verhandeln, in derselben Runde, morgen Vormittag, am Samstag.

»Wir können uns das Gespräch sparen. Zwei Millionen sind mein letztes Wort«, beharrte der Präsident des FC Bayern.

Am Samstag, wieder Telefon, wieder Schwan, wieder Neudecker grantig. Die beiden kannten sich seit bald 20 Jahren, und seit ungefähr 15 hatten sie fast jeden Tag miteinander telefoniert. Das erste Mal immer morgens früh um sieben, Schwan ließ klingeln, zwei Kopfkissen im Kreuz, das Frühstückstablett auf dem Schoß.

Mit dieser Hassliebe war es nun vorbei.

Schwan war drauf und dran, den wichtigsten Sohn, den der Club je hervorgebracht hatte, zu entführen.

Aber Neudecker war Kaufmann. Er ging noch mal 250 000 DM runter. Er forderte jetzt 1,75 Millionen.

Nur die Amerikaner bewegten sich keinen Pfennig. Sie blieben bei 1,4 Millionen.

Beckenbauer war verzweifelt.

Später sagte er: »Mir blieb eigentlich nur noch die Wahl, mit dem Fußball aufzuhören oder die bleibende Differenz zwischen den 1,4 Millionen und den 1,75 Millionen von Präsident Neudecker selbst zu zahlen. Ich entschied mich, den Bayern die 350 000 zu geben.«

Am 21. Mai, bei Beckenbauers Abschiedsspiel gegen Mönchengladbach, zeigt sich der Bayern-Präsident von seiner großzügigen Seite. Er überreicht seinem scheidenden Star eine goldene Vereinsehrennadel, besetzt mit Brillanten. 77 735 Zuschauer klatschen matt, fast protokollarisch, als würde eine Autobahn eingeweiht. Eine echte Liebe ist es nie gewesen, aber jetzt ist auch die Bewunderung erkaltet, Hohn und Neid gewichen. Beckenbauer macht seinen Job, ein letztes Mal, und in der 89. Minute macht er noch ein wenig mehr. Er schlenzt den Ball bei einem Rückstand von 1:2 gegen den bereits feststehenden Meister Gladbach noch einmal in den Strafraum des Gegners – abgefälscht, Tor, 2:2.

Aber Versöhnung sieht anders aus. Nach dem Schlusspfiff winkt er nicht ins Publikum, läuft keine Ehrenrunde. Er marschiert in die Kabine, den Kopf halb gesenkt. Er wird noch mal herausgerufen, muss den Gladbachern zur Meisterschaft gratulieren. Er übersteht auch diese Demütigung, ohne zu schlucken.

Er will nur noch weg. Ohne Blasmusik, goldene Ehrennadeln und Hipphipphurra. Das Bankett zu seinen Ehren hat er gestrichen: »Wenn man schon 350 000 DM zahlen muss, um vom Verein freizukommen, dann kann man auch noch sein Abendessen selbst finanzieren.« Sein Trainer Dettmar Cramer trägt einen schwarzen Pullover mit einem weißen Hemd darunter. Zusammen mit dem ihm eigenen strengen Mienenspiel wirkt er wie ein Pastor auf einer Beerdigung.

Heute sagt Cramer: »Dass Franz ging, war die Logik einer Entwicklung.«

Zweifel und ein gewisser Ennui hatten sich spätestens seit dem Gewinn der Weltmeisterschaft 1974 breit gemacht. Beckenbauer war sich nicht mehr sicher. Er sagte: »Ich bin mit München nicht so verwurzelt, dass ich täglich die Frauentürme sehen oder die Grünwalder Straße hin- und herfahren muss.« Er war nicht mehr der kleine Junge, für den der Ball die Welt ist, und ein Trainingsanzug eine Uniform, welche er niemals ausziehen will.

Die Grenzen von München, von Bayern, von Deutschland wurden ihm zu eng.

»Fußballspieler bekamen Anfang der siebziger Jahre in Deutschland allmählich den Status, den sonst nur Hollywoodstars hatten. Aber mit den meisten konnte man noch reden, sie ansprechen auf einer Party. Mit Beckenbauer ging das nicht mehr. Er schwebte über dem Geschehen wie ein Unantastbarer«, sagt der Kolumnist und spätere Beckenbauer-Ghostwriter Franz Josef Wagner heute.

Der Junge aus Giesing lebte jetzt in einer Zehnzimmervilla mit Swimmingpool in München-Grünwald, jenem Stadtteil, wo Prominente und Neureiche ihr Leben ausstellten wie in einem Schaufenster, auch wenn sie beteuerten, dass sie hier draußen im Münchner Süden am Hochufer der Isar eigentlich Abgeschiedenheit suchten, Stille. Gelegentlich wurde ein Berichterstatter vorgelassen, der ein Vergrößerungsglas über das Privatleben des Stars halten durfte. Man erfuhr, dass der Libero in einem Bett schlief, welches lila war und rund. Dass ihn seine Frau Brigitte »Hasi« rief oder »Gigo«. Dass in seinem Arbeitszimmer ein Foto von Robert Schwan mit Rahmen und Widmung stand. Dass er einen Mercedes 450 SEL, 6,9 Liter, fuhr. Dass er sich die Haare »machen« ließ in einem Grünwalder Coiffeur-Salon namens »Die Locke«. Dass er sich einen Frack in blauer Farbe habe schneidern lassen, bei dem Wiener Schickeria-Schneider Josef Teuschler, von Freunden »Peppino« gerufen.

Auch Franz durfte jetzt »Peppino« sagen.

Nicht dass ihm dieses alles besonders viel bedeutet hätte. Wahrscheinlich wollte er nach den Spielen, Reisen, Flugzeugen, Hotelzimmern, Bussen, Pressekonferenzen, wenn er ein paar Stunden frei hatte, Ruhe, Siesta. Aber spielten die Männer, die er wirklich bewunderte, Vaterfiguren wie Robert Schwan, wie Manfred Köhnlechner, der Heilpraktiker, wie Rudolf Houdek, der Großmetzger; wie Franz Josef Strauß, der CSU-Vorsitzende, nicht auch mit im neubarocken Münchener Gesellschaftsreigen? Und war nicht seine Frau Brigitte, die einst in einer Sportschule an der Rezeption gearbeitet hatte und der er als erstes Mitbringsel eine Tafel Schokolade verehrt hatte, besessen davon, sich an seiner Seite als »Kaiserin« zu etablieren? Es gibt ein Foto, welches am 4. Januar 1977 gedruckt wurde in der Münchner *Abendzeitung*. Es zeigt vier Menschen in Kairo. Die Beckenbauers und ein Brautpaar. Das Mädchen mit dem weißen Schleier heißt Dschikan Sadat, sie ist die Tochter des ägyptischen Staatspräsidenten. Sie ist 16 Jahre alt und sieht aus wie ein Kind, das von seinen Freundinnen verkleidet wurde. Ein Witz, eine Laune der Geschichte, eigentlich. Aber Brigitte Beckenbauer starrt diese 16-Jährige voll Bewunderung und Inbrunst an.

Irgendwie logisch, dass die *Abendzeitung* diese Melodie der provinziellen Anbetung weiterspielen musste in ihrer Bildunterschrift. »Der Kaiser«, heißt es, »wie Beckenbauer auch in der ägyptischen Presse genannt wird, war ohne Reisepass in Kairo eingetroffen, durfte dennoch einreisen.«

Über die Grenzen hinweggleiten, sich nicht mehr stoppen lassen von den Hindernissen des Alltags – natürlich war Brigitte begierig darauf, dass ihr Mann auch die anderen Hindernisse auf dem Weg nach oben aufs gebohnerte Parkett überwand, wo sie die große, weite Welt vermutete.

Beckenbauer musste lernen wie ein Debütant: Klavierstunden nehmen, Englisch pauken an der Berlitz-School; Tanzkurse verinnerlichen für den Walzer; nach Bayreuth fahren, um sich den *Tristan* anzusehen.

Es war nicht ohne Komik, wie der Aufsteiger bei diesen Anlässen auftrat. Die *Tristan*-Aufführung lobte er mit der Begründung, er habe »kein einziges Mal auf die Uhr geblickt. Die Zeit verging wie im Flug. Nur im dritten Akt spürte ich vom langen Sitzen meinen Rücken.«

Das Festspielhaus von Bayreuth verglich er mit dem Dortmunder Stadion Rote Erde: »Außen nicht besonders schön, aber drinnen hervorragend für die Spieler.« Und, wenn man schon einmal dabei war, glich Oper nicht ohnehin dem Fußball, irgendwie? Ein Sänger, stellte Beckenbauer fest, verliert pro Auftritt fünf Kilo. »Genauso geht's uns manchmal bei schweren Spielen.«

Mit großer Selbstverständlichkeit wanderten seine Fotos von der Sportseite in die Klatschspalten. »Kaiser Franz ist ein Salonlöwe«, schrieb der Tratsch-Papst Michael Graeter. Köstlich amüsiert habe man sich zum Beispiel beim Hausball im Bayerischen Hof, beim »Pucci-Fest« und natürlich nicht zu vergessen bei »Hunters Treibjagd«.

»Er ist zuckersüß, wenn er a bissl was getrunken hat«, verriet Brigitte.

Das war alles ganz lustig – eine Zeit lang. Bald fing der Star-Kicker an, sich zu beschweren: »Von Beckenbauer ist es auch wichtig zu wissen, ob er auf dem Bauch oder auf dem Rücken schläft«.

Er war sich nicht sicher, ob sich der ganze Zirkus lohnte. Sein Freund, Vorbild, Ersatzvater und Manager Robert Schwan, dem gelang alles. War dessen Leben nicht das Beispiel für eine gelungene Gewinn- und Verlustrechnung; eine super Bilanz, bei der immer was übrig blieb auf dem Weg nach oben? Hatte der sein Leben und seine Kasse nicht im Griff? Konnte der nicht stets orakeln, was richtig war und was falsch?

Franz Beckenbauer wusste es nicht mehr. Das Glück eines guten Spiels, eines schönen Tors – vorbei nach ein paar Stunden. Eine Autogrammstunde für 5000 DM – zu wenig, ein

Witz. Der FC-Bayern hatte schon bessere Zeiten gesehen, musste sich anstrengen, wenigstens einen Mittelplatz in der Bundesliga zu ergattern.

»Wir waren auf dem Weg nach unten. Wir konnten unsere Leistungen nicht mehr bringen«, sagte Franz Beckenbauer.

Im Frühjahr 1977 hörte auch die Zauberformel Europapokal auf zu funktionieren, mit der es der Mannschaft in den letzten Jahren immer noch gelungen war, sich aus dem Mittelmaß zu hieven. Die Mannschaft scheiterte im Viertelfinale gegen Dynamo Kiew. Zwei Gegentore in den letzten sieben Minuten des Rückspiels besiegelten das Ausscheiden. Sie waren jetzt nur noch ein Team wie viele andere auch: wie der MSV Duisburg oder Eintracht Braunschweig. Man verlor zu Hause gegen Schalke 0:7, fertigte Rot-Weiß-Essen 4:1 ab und spielte zu Hause gegen Bochum 1:1. Es lief mal besser, mal schlechter, aber im Grunde lief es überhaupt nicht mehr.

Was also war Beckenbauers Plan? Im Training, nach zehn Jahren Rackern für den Club, beim 100-Meter-Sprint hinfallen wie Franz Roth und abtransportiert werden mit gerissener Achillessehne, in dem Wissen, dass es keine Rückkehr mehr gibt? Bei Adidas als besserer Schuhverkäufer für ein paar Tausend Mark im Monat arbeiten? In der Institution der Fußballbeamten und Teamfunktionäre, dem DFB, aufgebaut werden zum Vize-Nationaltrainer für ein Gehalt von 120 000 DM im Jahr? Oder weiter das rote Trikot überstreifen, als gebe es kein Morgen, kein Alter, keine Schmerzen, keine Verletzungen, keine Angst; weiter sechs Monate im Jahr im Doppelbett neben Gerd Müller schlafen, er rechts, der Bomber links, darauf warten, dass der anfängt zu schnarchen und um halb sieben in aller Herrgottsfrühe aufsteht?

Vielleicht wäre es gar nicht mal das Schlechteste gewesen. Immerhin konnte der Gerd Schafkopfen wie kein anderer. Wahrscheinlich wäre es gegangen: ein bisschen rotes Trikot, ein bisschen Schuhverkäufer, ein bisschen Wiener Opernball, ein bisschen Kreuzschmerzen, ein bisschen Kaiser, ein bisschen Golf, ein bisschen bei Köhnlechner herumstehen am Gartenzaun und seufzen, dass man selbst eigentlich auch gern Arzt geworden wäre.

Aber dann kam erst das Finanzamt, dann eine fremde Frau und dann die Boulevardpresse.

Im Januar 1977 schlugen die Steuerfahnder vom Finanzamt München 1 Alarm, obwohl Beckenbauers Anwalt Dr. Josef Haindl rief: »Eine Million Steuerschulden? Das ist doch aus der Luft gegriffen. Der Franz hat alles versteuert: sein Gehalt, seine Werbeeinahmen, alles bis aufs letzte Fünferl.« Dennoch musste der Kaiser seine Grünwalder Villa verkaufen. Die Illustrierte *Quick* rechnete brav nach, wie es so weit kommen konnte. »Eine Million DM Steuerschulden – so viel Geld hat kaum jemand flüssig. Es ist also anzunehmen, dass Beckenbauer deshalb seine Zehnzimmervilla im Münchner Nobelstadtteil Grünwald für 1,6 Millionen DM verkaufte, auf die zunächst 600 000 DM ausgezahlt wurden. Dieses Geld floss fast in ganzer Höhe ans Finanzamt«.

Es war, als hätte jemand Säure auf den Thron des Kaisers geschüttet.

Aber es kam noch ärger. Am 6. April berichtete die *Welt* in einem kleinen Artikel unter der Überschrift »Sorgen um Franz Beckenbauer« über die Krise des FC Bayern, die Abwerbungsversuche von Cosmos New York und Beckenbauers Absicht, 1978 in Argentinien an der Weltmeisterschaft teilzunehmen. Schließlich folgten die pseudofürsorglichen Sätze: »Unglücklicherweise ist gerade zu diesem Zeitpunkt Beckenbauers Privatleben belastet. Der Münchner hat sich in eine Münchner Fotografin verliebt.«

Das war, als würde jemand einen Lastwagen voll tanken und dann führerlos den Berg hinunterrollen lassen – geradeaus auf Beckenbauers Thron. Am nächsten Tag folgte die *Abendzei-*

tung mit der Schlagzeile: »Lässt Beckenbauer sich scheiden? Verliebt in eine Münchner Fotografin.« Der Kaiser gab später zu Protokoll, »Dreckskübel« seien über ihm ausgeleert worden und er habe »die unerfreulichste Woche seines Lebens« erlebt. Es musste etwas geschehen, und zwar schnell.

Noch am gleichen Tag, als ihm die *Abendzeitung* die Scheidung nahe legte, fuhr Beckenbauer zu Schwan. Dort liefen die Europacup-Hinspiele jener Mannschaften im Fernsehen, die den Bayern in Deutschland den Rang abgelaufen hatten: Mönchengladbach gegen Kiew und HSV gegen Madrid. Beckenbauer schaute auf den Fernseher, aber was er sah, war ihm egal. Er wollte nicht einmal den Spielstand wissen. Er sagte zu Schwan: »Wir müssen nach New York, und zwar sofort, am besten über Ostern.«

Schwan griff zum Telefon. Er trieb den Präsidenten von Cosmos, Clive Toye, in Las Vegas auf. »*No problem*«, sagte Toye. Er versprach, Las Vegas zu vergessen und nach New York zu kommen. Cosmos legte das große Gedeck auf. Sie flogen den Kaiser mit dem Helikopter über den Hudson River nach New Jersey. »Dann«, schrieb Beckenbauer später, »lag unter uns das Cosmos-Stadion: grüner Kunstrasen, rote Tribunen. Vielleicht war das der Moment, in dem ich sicher war: Du wagst es! Du wirst auf diesem fremden Boden Fußball spielen.«

Do it!

Als Franz Beckenbauer am 24. Mai 1977 kurz nach elf Uhr vormittags am Flughafen München-Riem eintraf, um die Lufthansa DC 10 Richtung seines neuen Arbeitsplatzes New York zu nehmen, trug er eine dunkle Pilotenbrille und seine Trainingsjacke, die nicht von Adidas war, dafür aber so bunt, als wolle der Kaiser bei den *Jackson Five* anfangen. Er sah angespannt aus und drehte den Daumen nach oben, als sei er mit einer Rakete gelandet. Es ging aber erst los. Seine Mutter Antonie stand in der Halle neben seinem Vater. Es war das erste Mal, dass Beckenbauer seinen Vater, den er als pessimistischen Grantler kannte, weinen sah. Die Mutter sagte: »Mach's gut, Franzl.« Der Sohn hatte einen Kloß im Hals. Er war bewegt. Zum Glück hatte er eine Rayban-Sonnenbrille auf.

Kurz bevor Beckenbauer durch das Gate Richtung Flugzeug verschwand, hörte er eine helle, bayerische Stimme rufen: »Servus, Francesco.« Er drehte sich noch einmal um. Es waren ein paar hundert Menschen in der Halle, ein Dutzend Fotografen, aber diese Stimme gehörte dem Kasperlkopf, der gut 15 Jahre hinter seinem Rücken das Tor bewacht hatte: dem Maier Sepp. »Franz, du blinder Hund, geh hoit hi.«

»Franz, du Depp.«

»O mei, Franzi«, so hatte er diese Stimme im Ohr.

Und jetzt rief diese Stimme: »Servus, Francesco.«

Neben dem Langen stand noch einer: Dettmar Cramer, diesmal in einem hellen Pullover.

Wieder Kloß im Hals.

Es waren die Einzigen aus der Mannschaft.

Der Libero war gerührt. Er suchte nach Worten. Ihm fiel nichts ein.

Dann stotterte er einen gequälten Sportlerwitz: »Also Sepp, lass in der nächsten Saison nicht wieder so viele Tore rein.«

Der Schädel vom Sepp sah wie aus Holz geschnitzt aus. Er sagte: »Bestimmt nicht, denn da läufst du ja nicht mehr vor mir rum.« Endlich konnte der Franz wieder lächeln.

In New York bezog Beckenbauer im noblen St. Regis Hotel die Suite 1105/1106, mit einem »Anbau«, Nr. 1104, für Manager Schwan. Am nächsten Morgen brachte die *Daily News*, das New Yorker Äquivalent zur Münchner *Abendzeitung*, die Nachricht über die Ankunft des Fußballspielers aus Deutschland auf Seite 92.

Das war der erste Unterschied.

Der zweite war, dass er am Nachmittag vor 200 Presseleuten seinen Vertrag, von dem es hieß, er belaufe sich auf sechs Millionen Dollar in drei Jahren, noch einmal unterschreiben musste. Für diesen Zweck war ein langer Tisch in einen der Konferenzsäle des Hotels gestellt worden. Damit jeder Fotograf ein gutes Bild bekam, lagen drei Vertragskopien bereit. An den Enden des Tisches und in der Mitte. Der Fußballspieler machte einmal die Runde.

Der dritte Unterschied saß ihm noch in den Knochen. Er hatte ihn zwei Stunden zuvor erlebt, und dieser Unterschied hieß Kunstrasen.

Es war das erste Training im Giants-Stadion: schwüle Hitze, leere Ränge. Julio Mazzei, Trainerassistent im Professorenkittel, zeigte dem Mann, der in Bayern noch ein Kaiser gewesen war, Gymnastikübungen. Als Beckenbauer anfing, sie auszuführen, korrigierte der Professor mit dem sonderbaren Namen ihn ständig. Der größte Star, den der deutsche Fußball je hervorgebracht hatte, fühlte sich wie ein Anfänger, »wie damals vor fast zwanzig Jahren, als ich zum ersten Mal mit der Schülermannschaft von Bayern trainierte.«

Man hatte Beckenbauer für den Kunstrasen Spezialschuhe von Adidas gegeben, schwarze Dinger, die mit 144 Noppen pro Fuß die Härte des Plastikgrases dämpfen sollten. Als er den ersten Ball spielte, wusste Beckenbauer, dass seine Mission in Amerika ein wenig schwieriger werden würde, als er angenommen hatte. Er versuchte, mit dem Schuh unter den Ball zu kommen, um seinen Lieblingsschuss, den langen hohen Pass, abzusenden.

Es klappte nicht.

Es war, als würde er auf Sandpapier herumkratzen. Die Plastikfasern stoppten die Bewegung. Er versuchte den Flachpass. Ebenfalls komisch. »Flache Bälle rollten mit fast unverminderter Geschwindigkeit auf dem grünen Teppich weiter. Das bedeutet, dass Pässe in den freien Raum nicht möglich sind. Die Bälle mussten genau auf den Mann kommen.«

Der vierte Unterschied war, dass der Junge aus Giesing am Abend zum ersten Mal Robert zu seinem Ersatzvater sagen durfte. Schwan hatte ihm das »Du« angeboten. Der »weiße Vogel«, wie ihn die Bayern-Spieler früher voller Angst betitelt hatten, erklärte ihm, dass er nun nicht mehr sein Vorgesetzter sei, sondern sein Freund. Kurz vorher hatten sie in der New Yorker Filiale der Bayerischen Vereinsbank gemeinsam ein Konto eingerichtet. Dorthin sollte die Überweisung von Cosmos gehen, alle 14 Tage.

Beim Training hatte Beckenbauer eine Ahnung davon bekommen, dass es nicht unbedingt leicht verdientes Geld sein würde, das ihn hier erwartete. Als der Sohn Giesings das weiße Trikot von Cosmos mit der Rückennummer 6 zum ersten Mal überstreifte, scherzte er, mit dieser Zahl vollende sich eine Art symbolischer Ordnung. »Mit der 4 habe ich meine Karriere begonnen, mit der 5 feierte ich meine großen Triumphe, mit der 6 werde ich nun meine Fußball-Laufbahn beenden.«

Es war Galgenhumor, der da aus ihm sprach, aber wie hoch der Galgen wirklich hing, das sollte er erst in seinem ersten Spiel für Cosmos bei den Tampa Bay Rowdies in Florida erfahren.

Es hat 38 Grad, als er aus dem Flugzeug steigt, dazu eine Luftfeuchtigkeit von 80 Prozent, und als die Mannschaft im Stadion einläuft, brennt die Sonne senkrecht auf den Kunstrasen. Es ist ein Uhr mittags. Soldaten strecken Gewehre in die Luft, Cheerleaderinnen lassen ihre Beine durch die Luft wirbeln – die Atmosphäre: ein Drittel Gladiatorenkampf, ein Drittel Tabledance, ein Drittel Erweckungsgottesdienst. Eine plastikgrelle Riesenoperette jener Dreifaltigkeit, welche Amerika groß gemacht hat: Gewalt, Sex und Religion. Das versteht man hierzulande also unter einem Fußballspiel.

Der Mann, der fast zwanzig Jahre als unnahbarer Dandy durch die Stadien des alten Europa getänzelt war, fremdelt. Der Stadionsprecher ruft: »Kaiser Franz«, aber Beckenbauer hat den Eindruck, man stelle jemanden anders als ihn selbst vor. Dann wird der brasilianische Stürmerstar und Mannschaftskamerad Pelé aufgerufen, und jener breitet die Arme aus und läuft wie Jesus auf die Massen zu.

Das darf doch nicht wahr sein.

Nach dem Anpfiff das grelle Orgelspiel, welches jeden Anpfiff für ein Heimspiel der Tampa Bay Rowdies begleitet. Der Stadionsprecher, der bei jeder Ballberührung des Münchners dessen Namen quäkt und dann, als dieser mit dem Ball auf das Tor der Rowdies zuläuft, erklärt, dass nur der Torhüter die Erlaubnis besitze, den Ball mit der Hand zu berühren.

Die Welt ist verrückt geworden.

Es scheint kein Halten mehr zu geben. Und die großen Anzeigetafeln machen die Verwirrung nur noch größer. Wenn einer der Spieler den Ball leidlich zum nächsten befördert, dann leuchtet eine riesige Sonne auf, und eine Schrift applaudiert: *Sweet Pass*. Begeht ein Spieler ein Foul, so erscheinen dort oben ein wackelnder Zeigefinger und die Worte: *That's a No No*. Und wenn einer zum Freistoß anläuft, fordert die Tafel: *Do it*! Dazu schlägt ein Hammer auf einen Amboss.

Cosmos verliert 2:4. Beckenbauer spielt ohne Orientierung, müde, ausgepumpt, kaputt. Aber kurz vor Schluss schießt er ein Tor. »Einige Male«, gestand er später, »habe ich in dem Glutofen von Tampa gedacht: Jetzt fällst du um, und dann wachst du auf und bist wieder in München-Grünwald.«

Aber er fiel nicht. Er blieb drei Jahre in New York.

Fußball war eben bloß Soccer in Amerika. Es gab so viel anderes in diesem Land zu bestaunen. Es gab Woody Allen und Björn Borg, es gab Andy Warhol und Ahmet Ertegün, den Chef von Atlantic-Records, es gab Liza Minelli und Mick Jagger und noch ein paar andere.

Jedenfalls zog der Türsteher des Studio 54 eine Woche nach dem Desaster bei den Tampa Bay Rowdies die samtene Schnur zur Absperrung beiseite und sagte: »*Franz, come in.*«

Sepp Maier orientalisch: halb Sindbad mit Säbel, halb Aladin mit Ball.

4. Revolution bei den Roten

»Mutti, ich trete zurück«

Es war der 24. März 1979, Wilhelm Neudecker saß im *Aktuellen Sportstudio*, und er trug einen dunklen Anzug. Der ehemalige Bauunternehmer trat immer noch auf wie der Präsident des FC Bayern München, der er aber nicht mehr war. Fünf Tage zuvor hatte Neudecker seinen Rücktritt erklärt.

Es war der Rückzug von einer der bestausgeleuchteten Bühnen, die Deutschland zu vergeben hatte. Wilhelm Neudecker hatte sie mit seinem Willen und seiner Härte mit aufgebaut, aber jetzt wollte er nicht mehr. Es gab keinen Fußball-Club in Deutschland, der mit seiner Gesamtgeschichte auch nur heranreichte an die Erfolge, welche Neudeckers Ära glänzen ließen.

Siebzehn Jahre hatte er an der Spitze des Clubs gestanden – seine Bilanz: vier Mal Deutscher Meister, vier Mal deutscher Pokalsieger, einmal Gewinner im Europapokal der Pokalsieger, drei Mal Gewinner im Europapokal der Landesmeister, einmal Gewinner des Weltpokals.

Aber jetzt war Neudeckers Zeit zu Ende, und er wusste es.

Er hatte Beckenbauer ziehen lassen.

Er hatte Müller abserviert.

Jetzt war er selbst an der Reihe. Ein Mann von gestern, der bessere Zeiten gesehen hatte. Einer, der die Straße zum Erfolg nicht mehr voranschritt, sondern bloß noch im Weg stand. Wilhelm Neudeckers Rücktritt war überfällig gewesen, aber weil seine Eitelkeit, befeuert durch die Erfolge der Bayern in den sechziger und siebziger Jahren, verletzt war, wollte er noch eine Rechnung begleichen.

Der Despot, der sich selbst gestürzt hatte, suchte einen Schuldigen für seinen Fall.

Eine knappe Woche hatte er geschwiegen, aber jetzt am Samstagabend, im *Aktuellen Sportstudio* mit Harry Valérien, war die Stunde der Vergeltung gekommen. Es galt eine Verschwörung aufzudecken: Die Revolution einer Mannschaft gegen ihren obersten Herrscher – den Präsidenten.

Der leise malmende Zorn des weißhaarigen Patriarchen an diesem Abend ließ keinen Zweifel daran, dass Neudecker der Meinung war, dieser Aufstand sei eigentlich ein Fall für die Polizei. Aber weil sich die Welt nicht mehr im 17. Jahrhundert befand, sondern im letzten Drittel des 20. Jahrhunderts, war es bloß ein Fall für Harry Valérien. Neudecker saß bequem im Fernsehstuhl, aber er wirkte hilflos, als stünde er auf der Straße und jemand habe ihm den Mercedes geklaut.

»Ich habe meiner Frau gesagt: ›Mutti, ich trete zurück und werde nicht mehr kandidieren.‹ Ich bleibe selbstverständlich Mitglied und meine Familie auch. Meinem Enkel habe ich schon an dem Tag seiner Geburt aufnehmen lassen und den Beitrag auf sechzig Jahre im Voraus bezahlt«, erklärte Neudecker grimmig.

Der Schuldige an der Revolte gegen ihn, daran ließ Neudecker keinen Zweifel, hieß Breitner – jener Profikicker und Hobbyrevolutionär, den er 1974 an Real Madrid verkauft hatte in der Hoffnung, ihn höchstens als unterlegenen Gegner bei Europacupspielen wiedersehen zu müssen. Jenen Breitner hatte er im Sommer 1978 zurückgeholt – gegen seine innerste Überzeugung. Gegen seine Werte. Gegen seinen Instinkt. Aber für den FC Bayern, der nach dem Weggang von Beckenbauer und dem Verglimmen von Müller einen neuen Häuptling brauchte auf dem Feld. Es war ein spätes Einlenken ins Unvermeidliche. Trainer Dettmar Cramer hatte den krausbärtigen Wüterich schon viel früher von Real Madrid nach München zurückholen wollen. Aber Neudecker hatte sich lange erfolgreich gewehrt.

Doch die Vorurteile Neudeckers schmolzen angesichts jener majestätischen Aura, welche Breitner umgab, seit er 1977 in die Bundesrepublik zurückgekehrt war als eine Art privates Luxusspielzeug des Jägermeister-Millionärs und Präsidenten von Eintracht Braunschweig, Günter Mast. Breitner war eine Saison lang gerannt wie ein Wahnsinniger; er hatte auch wie ein Wahnsinniger geschimpft; er hatte zehn Tore geschossen; und darüber hinaus so getan, als habe er das vertraglich festgeschriebene Recht, jeden Freistoß, jede Ecke, jeden Einwurf selbst auszuführen. Dennoch hatte er seine Mitspieler nicht mitgerissen, sondern war ihnen bloß auf die Nerven gefallen. Eintracht Braunschweig belegte am Ende der Saison Platz 13 – Bayern München auch nur Platz 12 –, und Breitner sagte seinen Kollegen zum Schluss in der Kabine: »Ich tue euch jetzt den Gefallen und gehe.«

Er verabschiedete sich für die Summe von 1,96 Millionen Mark. Der Mann, mit dem er jetzt wieder wie in den frühen siebziger Jahren bei Trainingslagern und Auswärtsspielen das Zimmer teilte, Uli Hoeneß, hatte den Ulmer Lastwagenhersteller Magirus Deutz überredet, als sportfremde Firma auf den Trikots der Münchner zu werben. Die Summe von 600 000 Mark, welche dafür gezahlt wurde, investierten die Bayern in den Transfer von Breitner, sozusagen als erste Auszahlung. »Der Kontakt kam über Uli Hoeneß zustande, der einen Sponsorenvertrag mit Magirus Deutz besorgt hatte, allerdings unter der Voraussetzung, diese Summe ausschließlich für meinen Transfer zu verwenden«, erklärte Breitner später stolz.

Das war nur die erste Bedingung der beiden Freunde gewesen, weitere sollten folgen.

Sie wollten zurück an die Spitze.

Es war ein Sommertag 1978, als sich die zwei wieder gemeinsam auf dem Trainingsgelände an der Säbener Straße den Fans, den Sponsoren und der Presse zeigten. Auf den dunkelblauen Trainingsanzügen stand noch Adidas geschrieben, aber auf den roten Trikots prangte bereits der Name von Magirus Deutz. Auf die erste Bedingung war der erste Triumph gefolgt.

Wie zwei Kronprinzen wanderten Hoeneß und Breitner über den Platz, um für das Mannschaftsfoto Aufstellung zu nehmen, Breitner wie stets düster und verbissen, als müsse er nach einer Verlängerung zum Elfmeterschießen antreten. Hoeneß, innerlich angespannt, aber äußerlich gelassen, mit einem ironischen Zucken in den Mundwinkeln.

Nach dem Ziel für diese Saison gefragt, antwortete Breitner: »Es gibt für uns nur ein Ziel: die Deutsche Meisterschaft zu gewinnen. Alles andere können wir uns schlecht erlauben.« Die Sonne schien, es war warm. Aber Paul Breitner keuchte wie ein Tiefseetaucher unter einer dicken Eisschicht.

Aber auch sein Kompagnon ließ keinen Zweifel daran, dass beim FC Bayern nur derjenige einen Platz in der Mannschaft beanspruchen durfte, der vorhabe, Deutscher Meister bis in alle Ewigkeit zu werden. »Bei den Fototerminen im nächsten Jahr werden zwei Dinge gleich bleiben«, sagte Hoeneß grinsend. »Die Aufschrift wird gleich bleiben, die Spieler werden wahrscheinlich auch größtenteils dieselben bleiben, aber eines muss sich ändern – da müssen wieder Pokale stehen.« Dabei nickte er mit dem Kopf leicht in die Mitte des Trainingsplatzes – dorthin, wo in der letzten Saison der Rasen leer geblieben war.

Auf ihrem Weg an die Tabellenspitze, das ahnten die beiden, mussten sie früher oder später auch die obersten Plätze in der Hierarchie des Clubs erobern. Sie brauchten Macht nicht nur in der Mannschaft, sondern auch auf der Trainerbank und im Präsidium. Natürlich ging ihre Anmaßung nicht so weit, dass sie öffentlich den Anspruch erhoben, gleichzeitig Regisseure auf dem Spielfeld und Leiter des Vereins zu sein. Aber an ihrem Führungsanspruch ließen sie keinen Zweifel. Vor allem Breitner verbreitete den Eindruck, dass er nicht zurückgekehrt sei, um sich wie ein Schulbub widersprechen zu lassen. Jedenfalls nicht auf Dauer. Schon gar nicht von einem Mann wie Wilhelm Neudecker.

Gleich im Trainingslager zu Saisonbeginn ging er über zum Generalangriff gegen den Trainer Gyula Lorant. Nichts passte ihm, dem Kosmopoliten des Fußballs. Nicht die Übungen auf dem Platz. Nicht der Speiseplan. Nicht die Wahl der Unterkunft – das biedere Hotel Latscheneck in Mittenwald mit seinen roten Markisen, wollenen Eierwärmern und dem Dreschflegel über dem Bett.

Er sei gleich mit Lorant aneinander geraten, bekannte Breitner freimütig in die bereitgehaltenen Mikrophone. »Lorant fehlen die fachlichen Voraussetzungen. Das Trainingslager steht unter einem sehr schlechten Stern. Für den Trainer und mich ist diese Saison eigentlich schon gelaufen.«

Auch von seinen Kollegen hegte Breitner keine sonderlich hohe Meinung. »Ich kam in eine völlig desolate Mannschaft«, sagte er später. »Eine Mannschaft, die bestenfalls Mittelmaß war, weil zu viele mittelmäßige Spieler auf der Gehaltsliste standen. Ich habe so lange Stunk gemacht, bis der Trainer gehen musste. Ich habe nachdrücklich gesagt, dass unter der Leitung von Lorant keine Chance besteht, sich zu entfalten.«

Wie es richtig gehen sollte, das, behauptete Breitner, wisse eigentlich nur einer. Er selbst. »Es ging einzig und allein darum, das Team konsequent an die Leistungsgrenze zu führen. Eine Forderung wie nach einer Trainerentlassung kann man nicht ohne weiteres lauthals hinausposaunen. Das geht nur, indem man das, was man fordert, mit Leistung untermauert. Man muss Leistung bringen, um überhaupt das Recht zu haben, etwas ultimativ zu verlangen.«

Breitner hatte leicht reden und laut dazu. Er brachte seine Leistung, platzierte sich sofort genau in den Mittelpunkt des Münchner Spiels. Sein Freund Uli Hoeneß dagegen wurde immer stiller. Meist saß der Jungstar von einst auf der Bank. Die rote Trainingsjacke geöffnet, bereit, sofort aufs Spielfeld zu starten, wartete er oft vergeblich auf ein Signal des Trainers. Lorant hatte ihn ausgemustert. Nach vier Operationen am Knie hatte Hoeneß an Spritzigkeit und Torgefährlichkeit verloren.

Eine kleine Odyssee begann. Nie hegte er den leisesten Zweifel daran, dass das große Glück auf Erden ausschließlich auf dem Fußballplatz zu finden sei, und so suchte Hoeneß sein Heil kurzfristig in anderen Clubs. Es wechselte zum Hamburger Sportverein und kehrte schnell wieder zurück, als man ihm dort, um den Verdacht auszuräumen, für eine Viertel Million Mark einen Sportinvaliden eingekauft zu haben, ein zehn Zentimeter langes Athroskop ins Knie schieben wollte. »Wenn solche Zustände einreißen sollten«, empörte sich Hoeneß, »dann möcht ich kein Profi sein. Dann hör ich auf mit Fußballspielen.«

Er saß wieder auf der Bank, die Jacke geöffnet, umsonst. Schließlich wechselte er zum 1. FC Nürnberg. Im grimmigen fränkischen Winter wartete kein Athroskop auf ihn. Nur die Bitte, den Verein vor dem Abstieg zu retten.

Zu Hause bewachte seine Frau Susi die Doppelhaushälfte in München-Ottobrunn. Sie sorgte sich um ihren Mann, den ehemals willensstarken Ehrgeizling, welcher in seine erste große Lebenskrise gestürzt war. »Nach außen scheint der Uli sehr robust«, sagte Susi Hoeneß. »Aber im Grunde ist er wahnsinnig sensibel. Es ging so weit, dass er schon an seinem Können gezweifelt hat. Dass er nicht sicher war, ob er noch spielen kann oder nicht.«

Beim FC Bayern hangelte man sich derweil 1978 von einem Tiefpunkt zum nächsten. Nach der 4:5-Niederlage im DFP-Pokal-Heimspiel gegen Osnabrück ging die Mannschaft in Düsseldorf am 9. Dezember mit 7:1 Toren unter. »Ein Fiasko«, tobte Neudecker. Es ging das Gerücht um, dass einige Spieler zur Strafe verkauft werden sollten. Die Mannschaft habe gegen den Trainer gespielt, hieß es; Maier und Breitner hätten keine Lust gehabt, weil Neudecker ihnen vor dem Spiel einen mit je 5000 Mark dotierten Auftritt beim Münchner Sportpressefest am Samstagabend untersagt habe mit der Begründung, die Mannschaft habe tags darauf ein Privatspiel in Hamm – 45 Minuten vor dem Anpfiff waren die beiden Stars noch auf Socken durch die Kabinengänge des Rheinstadions gelaufen. Verzweifelt suchten sie ein Telefon. Sie fanden es in der Schiedsrichterkabine, telefonierten nach München, wollten ihre 5000 Mark retten.

Der Sportflieger, der sie abends nach München bringen sollte, war bestellt, aber sie mussten bei der Mannschaft bleiben, weil sie sich weigerten, ein Papier zu unterschreiben, welches sie verpflichtet hätte, 5000 Mark Strafe pro versäumtem Spiel zu zahlen, sollten sie sich beim Sportpressefest verletzen.

»Statt mich aufs Spiel zu konzentrieren, statt mich warm zu laufen, hing ich am Telefon«, bekannte Sepp Maier später. »München, die Charterfluggesellschaft, lange Erklärungen. Ich kam gerade noch zum Anpfiff auf den Platz.«

»Das Spiel habt ihr manipuliert«, schimpfte Neudecker.

Aber die Position von Breitner war schon derart gefestigt, dass er diesen Vorwurf abbürstete wie Dreck von seinem Trikot. Er und Maier kamen ohne Strafe davon. Stattdessen musste Lorant gehen. Er wurde am 19. Februar 1979 durch seinen Assistenten Pal Csernai ersetzt. Als die Winterpause begann, hatte Breitner bei seinem Vorhaben, die Burg FC Bayern zu stürmen, ein paar Meter gewonnen. Bergauf, bei Gegenwind und miesem Wetter.

Die Sache war dabei, sich in sein Spiel zu verwandeln.

Dabei kam ihm nicht ungelegen, dass inzwischen auch Sepp

Maier sauer war. Ausgerechnet der lustige, leutselige Torhüter, dessen Aufbegehren gegen den Präsidenten sich lange Zeit darin erschöpft hatte, ihm bei Festbanketten unterm Tisch die Schnürsenkel aufzubinden. Und dieser Maier giftete jetzt lakonisch: »Der Neudecker hat immer ein schönes Weihnachtsgeschenk für uns. Jedes Jahr einen neuen Trainer.«

Das Versprechen des Präsidenten

Nach der Winterpause änderte sich nicht viel, außer dass die Mannschaft noch schlechter wurde. Sie verlor in Duisburg 3:1, in Frankfurt 2:1 und war auf dem besten Weg, ein Verein zu werden, der mal aufstieg, mal abstieg und sich dazwischen in der Grauzone der Bundesliga festklammerte, mit wenig Hoffnung, dass es noch einmal wirklich besser werde, aber mit großer Angst, dass es noch dicker komme. Das Einzige, was noch Spitzenklasse war bei Bayern, waren die Gehälter. Wie lange, das war die Frage, würde sich der Präsident dieses Team noch leisten können? Sie waren in keinem internationalen Wettbewerb dabei, sie waren im DFB-Pokal gegen einen Zweitligisten ausgeschieden, und jetzt waren sie drauf und dran, auch in diesem Jahr wieder einen Tabellenplatz in der Bundesliga zu verpassen, der zur Teilnahme am UEFA-Cup berechtigt hätte.

»Alles andere als die Deutsche Meisterschaft können wir uns schlecht erlauben«, hatte Breitner zu Beginn der Saison getönt. »Eines muss sich ändern, da müssen wieder Pokale stehen«, hatte sein Freund Hoeneß geprahlt. Die Leistungen, jetzt in der Mitte der Spielzeit, klangen wie ein Hohn auf diese Prophezeiungen. Der FC Bayern schien nur noch eine Bande von Angebern zu sein, denen die großen Worte in den Mund zurückgeschoben wurden – von Spieltag zu Spieltag.

Dann kam der 10. März 1979. Die Mannschaft verlor 0:4 gegen den Aufsteiger Arminia Bielefeld. Zu Hause. Im Olympiastadion. Und als sei es mit dieser Schande noch nicht getan, hieß der Trainer der Bielefelder auch noch Otto Rehhagel. »Das waren Fußballgrüße aus Bielefeld«, spottete er heiter. »Ich komme gern nach München. Hier habe ich schon öfter gewonnen. Diese Bayern waren äußerst schwach.«

In der Kabine der Münchner war es nach dieser Demütigung still wie in einem Schweizer Bankschließfach. Die Spieler zupften verlegen an ihren Schuhen und an ihren anderen Kleidungsstücken herum, als Präsident Neudecker die Tür aufriss.

»Eine Schande ist das«, brüllte der Patriarch, dem die Worte ebenso wie die Mittel zur Bestrafung allmählich auszugehen drohten. »Null zu vier daheim gegen einen Aufsteiger wie Bielefeld zu verlieren. Ich schäme mich vor den Leuten für euch.«

Keine Reaktion. Nur Stille. Und später die dürftige Erklärung, einige Spieler hätten in der Nacht zuvor im Seehotel Leoni am Starnberger See unruhig geschlafen, weil die Zimmer alle auf den See hinausgingen, über den ein schwerer Sturm gezogen sei. Außerdem habe man auf Paul Breitner, den Antreiber, verzichten müssen, welcher mit einer Darmgrippe daheimgeblieben sei.

0:4, Sturm im Luxushotel, Darmgrippe. Nach der Wut breitete sich jetzt jenes Gefühl in Neudecker aus, welches stets kommt, wenn alle Sanktionen und alle Drohungen versagt haben: das der Schande.

Diese Mannschaft brauchte keinen neuen Trainer, sie brauchte einen Dompteur, der Angst und Schrecken verbreitet. Einen Typen wie Max Merkel, in der gesamten Bundesliga nur »der Zuchtmeister« genannt. Merkel, der zynische Wiener, der die Spieler erst im Training zusammenstauchte, dann im Spiel runterputzte und sie jeweils am Sonntag und Montag danach in den Zeitungen an den Pranger stellte.

Neudecker hatte Merkel im Kopf, aber er verriet dessen Namen noch nicht.

Stattdessen Kommentare und Ankündigungen, welche das Schlimmste befürchten ließen.

Erst die öffentliche Demontage von Csernai. »Ich war ziemlich enttäuscht von Csernai«, sagte Neudecker, »dass er kaum den Mund aufmachte. Bei einem solchen Spielstand haben früher Trainer wie Tschik Cajkovski, Branco Zebec, Udo Lattek, sogar der Dettmar Cramer die Leute zusammengestaucht, dass es nur so rauchte.«

Mit anderen Worten: Pal Csernai war der schwächste Trainer, den er beim FC Bayern je auf der Bank gesehen hatte.

Aber er gab dem 1955 aus Ungarn geflüchteten Musikliebhaber noch eine letzte Chance. Vielleicht zogen sich auch nur die Verhandlungen mit Merkel hin. Vielleicht wollte Neudecker Csernai auch nur noch ein wenig quälen. Jedenfalls stellte er ihm ein Ultimatum: In den nächsten zwei Auswärtsspielen, in Braunschweig und in Mönchengladbach, müsse die Mannschaft mindestens zwei Punkte holen. Andernfalls werde er, Neudecker, einen neuen Trainer engagieren.

Der Showdown lief. Einen Tag vor dem Spiel in Braunschweig feuerte Merkel die erste Salve.

»Ich stehe Peitsche bei Fuß«, sagte er und fügte lässig hinzu, dass der Vollzug des Trainerwechsels für ihn nichts weiter sei als ein Zwischenstopp auf seinem Weg in den Münchner Süden. »Ich komme ohnehin jeden Morgen am Trainingsgelände der Bayern vorbei und bräuchte nur an der Säbener Straße auszusteigen.«

Am nächsten Morgen, dem Tag des Spiels, wirkte Csernai wie einer, der das Urteil hinter sich hat. Bei der Mannschaftssitzung im Braunschweiger Hotel Atrium beschwor er ein böses Ende: »Ich kann meinen Kopf nicht mehr retten, dass weiß ich. Aber ihr müsst gewinnen. Ihr spielt für euer Image.«

Aber die Mannschaft ließ ihn nicht fallen. Sie waren nicht unbedingt Fans des eitlen und stillen Ungarn, aber ihre Abscheu vor Merkel ließ ihn plötzlich als das geringere Übel erscheinen. Vor allem aber ging es um das Prinzip. Die Spieler wollten sich nicht länger von einem Patriarchen wie Neudecker herumschubsen lassen. Noch weniger wollten sie einen neuen Autokraten jeden Morgen beim Training begrüßen.

Stürme in Luxushotels, Darmgrippe und andere Ausreden waren nun nicht mehr gefragt. Es ging um alles, und deshalb lief die Mannschaft in Braunschweig um 15 Uhr 30 in Bestbesetzung auf, trotz der 38,7 Grad Fieber, die Sepp Maier plagten, trotz der Darmgrippe samt der zehn Pfund Gewichtsverlust, welche Paul Breitner schwächten, trotz der Bänderdehnung, die Karl-Heinz Rummenigge am Samstag zuvor gezwungen hatte, das Feld zu verlassen.

Sie kämpften um jeden Ball, und nach dem Schlusspfiff bejubelten sie das 0:0 wie einen Sieg.

Da war er, der erste Punkt, den sie brauchten, um Merkel zu verhindern.

»Normalerweise hätten wir pausiert«, sagte Sepp Maier über sich und die zwei anderen Patienten. »Aber wir haben nur für Csernai gespielt. Ich hatte morgens noch über neununddreißig Grad Fieber, aber das war mir wurscht. Auch mit zweiundvierzig Grad wär ich im Tor gestanden. Der Paul wär lieber tot umgefallen, als den Platz zu verlassen.«

Dann, bei der Zwischenlandung in Frankfurt, erfuhr die Mannschaft aus dem Fernsehen, dass Neudecker dennoch Merkel als neuen Cheftrainer verpflichtet hatte.

Branko Oblak, der sensible Mittelfeldspieler, welcher Merkel bereits bei Schalke ein halbes Jahr hatte erdulden müssen, seufzte: »Um Gottes willen, nun sind sie bei Bayern ganz verrückt geworden. Da geh ich ja gleich nach Jugoslawien zurück.«

Kapitän Maier lief über den Flughafen und sammelte die Mannschaft ein. Es fehlten bloß Schwarzenbeck, der spazieren ging, und das Kleeblatt Klaus Augenthaler, Peter Gruber und

Willi Reisinger, die es vorzogen, sich vor einem Münzfernseher die Ausscheidung für den Schlager-Grand-Prix in Jerusalem anzusehen.

Die Übrigen stimmten für Csernai, gegen Neudecker und Merkel.

Maier ging hinüber zum Tisch des mitgereisten Geschäftsführers Walter Fembeck und sagte: »Herr Fembeck, des geht ned. Sagns am Präse an scheena Gruaß, wenn der Merkel am Montag do is, dann kommt die Mannschaft nicht ins Training, weil wir haben noch das Spiel in Gladbach. Weil wir haben ausgemacht, dass wir aus den zwei Spielen zwei Punkte holen, und einen haben wir schon. Und des war ausgemacht, dass da koa neuer Trainer kommt.«

Fembeck ging zum Telefon, rief Neudecker an. Der sagte, die Mannschaft solle jetzt einsteigen und Maier solle sich später bei ihm melden, nachts, sobald er daheim sei.

Auf dem Lufthansaflug 969, an Bord der »Osnabrück«, zwischen Frankfurt und München bestellte sich Maier ein Bier, dann nahm er eine Prise Schnupftabak und sagte: »Wenn unser Präsident Neudecker moant, wir san Schulbuam, hat er si täuscht. Des loassn wir uns ned gfalln. Der Max Merkel kann am Montag scho zu uns kämma – aber höchstens zum Sauna macha, ned als Trainer.«

Maier redete sich in Rage: »Wir waren alle froh, als er das Arschloch Gyula Lorant rausghaut hat, und jetzt holt er no a größeres.«

Aber als er gegen 23 Uhr von seinem Haus in Anzing Neudeckers Nummer in Bad Wiessee wählte, war Maier wieder kühl und höflich. »Herr Neudecker, die Mannschaft ist entschlossen, Merkel nicht zu akzeptieren. Sie haben die ganze Woche dem Paul Breitner und mir in verschiedenen Gesprächen erklärt, dass Trainer Pal Csernai auf jeden Fall bis zur Mitgliedsversammlung am 2. April Zeit hat. Wir alle schätzen seine Arbeit sehr und können einfach nicht verstehen, warum plötzlich der Merkel her soll, der den FC Bayern und alle Spieler seit Jahren schlecht gemacht hat.«

Neudecker war geschockt. So hatte noch nie ein Spieler mit ihm gesprochen. »Herr Maier«, rief er ins Telefon, »wenn Sie so reden, sind Sie für mich wie ein Gewerkschaftsboss, ja sogar ein Anarchist.«

Maier blieb gelassen. »Herr Neudecker, ich bin Kapitän der Mannschaft, und die haben mir gsagt, ich soll Ihnen das so mitteilen. Kommen'S am Montag, dann können wir des besprechen. Wenn der Max Merkel da is, müssen'S mir das jetzt gleich sagen, weil dann kommt nämlich keiner. Oiso dann bis Montag.«

Am Montag versammelte sich die Mannschaft vollzählig um neun Uhr früh im Vereinsheim an der Säbener Straße. Die Spieler wollten keine Standpauke hören, waren aber bereit zu einer Aussprache.

Stattdessen ging alles ganz schnell. Um 9 Uhr fünf betrat Wilhelm Neudecker das Zimmer. Er trug einen beigen Pepita-Anzug, ein grimmiges Gesicht und sagte drei Sätze.

»Mit einem solchen Kapitän und dieser Mannschaft kann ich nicht weiter zusammenarbeiten. Ich wünsche Ihnen und Ihren Familien alles Gute. Auf Wiedersehen.«

Um 11 Uhr 37 verteilte Geschäftsführer Walter Fembeck eine Erklärung, gedruckt auf dem Briefpapier des FC Bayern München.

»Veranlasst wurde dieser Schritt durch die bekannten Querelen um die Verpflichtung des Fußballlehrers Max Merkel als sporttechnischem Berater. Die Mannschaft hat sich, angeführt durch den Mannschaftskapitän Sepp Maier, gegen Max Merkel und damit gegen meine Person ausgesprochen. Der Vereinsführung auf diese Weise das Handeln einzuschränken, das kann von mir nicht geduldet werden.«

Damit war der Rücktritt offiziell.

Am Samstag darauf siegten die Bayern in Mönchengladbach mit 7:1 Toren. Sie spielten derart entschlossen und brillant, dass die *Abendzeitung* allen Spielern die Note 1 verlieh, erstmals in der Geschichte ihres Fußball-Zeugnisses.

Hinterher feierte der Club bis spät nachts in einem Hinterzimmer des Gasthofes Käfer. Man speiste à la carte, der Wirt schenkte Champagner aus, die »Paraguayos« fiedelten. Sepp Maier hielt eine Tischrede. »Ich danke für die Solidarität, die ihr mir entgegengebracht habt. Das ist in unserer Mannschaft einmalig. Ich wurde fast schon als Buhmann abgestempelt. Das habt ihr verhindert.«

Das war der erste Tritt.

Schatzmeister Willi O. Hoffmann freute sich, wenn er als Neudeckers Nachfolger oder Kronprinz angesprochen wurde. Er hatte nur eine Bedingung: »Ich will nur nie als *Präse* angeredet werden.«

Das war der zweite Tritt.

Trainer Pal Csernai strahlte über sein sonst ernstes Buster-Keaton-Gesicht. »Ich habe heute bewiesen, dass man im Profi-Fußball mit meinem Führungsstil Erfolg hat. Bei uns herrscht Demokratie und Kooperation mit den Spielern.«

Das war der dritte Tritt.

Es war der Beginn einer neuen Ära. Die Bayern zogen am Ende mit einem vierten Platz in den UEFA-Cup ein, verabschiedeten Sepp Maier nach dessen schweren Autounfall im Juli 1979 gegen seinen Willen in den Fußball-Ruhestand und wurden in der Saison 79/80 Deutscher Meister.

Die Mannschaft hatte gewonnen, aber Paul Breitner hatte triumphiert. Er war jetzt der mächtigste Spieler im deutschen Fußball.

Außerdem war sein Freund Uli Hoeneß am 1. Juli 1979 Manager des Vereins geworden – mit 27 Jahren war er der jüngste Manager der Bundesligageschichte. Fünf Jahre nach dem kläglich gescheiterten ersten Versuch war die Revolution doch noch gelungen.

War dies das Ende des »paramilitärischen Milieus Fußball«, von dem Jupp Kapellmann gesprochen hatte?

Natürlich nicht.

Die Rebellion war am Ende das Ersetzen eines alten, in die Jahre gekommenen Regimes durch ein neues. Hoeneß und Breitner, das waren nicht mehr ungeschliffene Wirtschaftsbarone, die aus den Trümmern des Krieges ein Vermögen gezaubert hatten, sich wie Neudecker Senatorentitel für 150 000 Mark kauften, in Kosakenmütze und schwerem Pelzmantel aufmarschierten und, wenn es schlecht lief, in der Halbzeit in die Kabine einfielen und die Prämie erhöhten.

Hoeneß und Breitner hatten Abitur, sie sahen Fußball als eine Etappe auf dem Weg nach oben, und sie vereinten die Kampfkraft auf dem Spielfeld mit dem antiautoritären Geist von 1968.

Sie ließen sich nicht mehr alles gefallen, und sie hatten keine Angst. Nicht einmal vor den Schulden, die ihnen Neudecker hinterlassen hatte. Sie waren modern.

Sie waren offen für Neues.

Zum ersten Mal in der Geschichte des deutschen Fußballs hatten ein paar Spieler einen ganzen Club übernommen.

Von Demokratie oder anderen Idealen der sechziger Jahre waren sie natürlich meilenweit entfernt. Selbst der Trainer war am Ende nur noch ein Befehlsempfänger.

»Mein Verhältnis zu Csernai war gut«, sagte Paul Breitner und wirkte kalt wie ein Grab. »Er legte Wert auf Diskussionen. Natürlich nur mit einigen Spielern, denn man wird es nie erleben, dass in irgendeiner Mannschaft jeder fähig ist zu diskutieren.

Wenn's hochkommt, sind das drei Leute.«

Wenn's hochkommt.

Oder zwei.

Paul Breitner (links) und Karl-Heinz Rummenigge 1982.

5. So wie einst Real Madrid

Das Ende einer Freundschaft

Musste das wirklich sein? Musste er sich hier noch mal plagen, nach dieser langen, harten und unerfreulichen Saison? Gegen namenlose Kicker auf einer Insel im südchinesischen Meer, bei 35 Grad im Schatten und in einer Luft, so schwer, dass es einem schon beim Ausstieg aus dem Flieger so vorkam, als laufe man gegen einen Bus.

Nur seinem Freund Uli zuliebe war er noch mal mitgeflogen, achtzehn lange Stunden, von München ans gottverdammte Ende der Welt.

Ja, es musste sein. Denn in der Kasse des FC Bayern, den er als Kapitän und Uli Hoeneß als Manager in den letzten vier Jahren wieder konkurrenzfähig gemacht hatten, klaffte ein Loch, so groß, dass es auch nach drei Weißbier noch Sorgen erregte. Und die Promoter in Singapur und Hongkong hatten gutes Geld geboten für die Auftritte der Fußballer aus Deutschland, auch wenn nur zwei von ihnen ein Begriff waren – die allerdings um so mehr: Die Namen Breitner und Rummenigge sprach man Anfang der achtziger Jahre auch auf den Bazaren von Bangkok und im vietnamesischen Dschungel beinahe akzentfrei aus. Besonders der Anführer des FC Bayern München, Paul Breitner, der den giftigen Charme eines lateinamerikanischen Revolutionärs versprühte, war im südostasiatischen Raum ein Idol. Und der umtriebige Hoeneß wusste genau, was er tat, als er seinen Geschäftspartnern vertraglich zusicherte, Breitner werde ebenso auflaufen wie dessen ungleicher Partner Karl-Heinz

Rummenigge, ein Bursche, der so rein und unverdorben wirkte wie eine Osterkerze. Falls einer der beiden nicht spielen sollte, drohte eine Konventionalstrafe von 10 000 Dollar.

»Mach doch noch 'ne schöne Abschiedsreise«, hatte Hoeneß seinen Freund gedrängt. Auch seine Frau Hildegard dürfe er, Paul, mitnehmen. Ein bisschen Kicken im Warmen, ansonsten solle er das Ganze als Vergnügungstrip betrachten, alles werde bezahlt.

Abschiedsreise? Die hatte Paul Breitner längst gehabt. Nach Mönchengladbach, Kaiserslautern, Bremen, und das war bereits jenseits des Zumutbaren gewesen. Nirgendwo gab's was zu holen, und überall konnte ihm der bayernhassende Mob noch einmal hinterherbuhen. Sicher, die brauchten jemanden, an dem sie sich abreagierten, »und diese Figur war halt ich«, da machte er sich gar nichts vor. Doch auch einer wie er konnte und wollte es irgendwann nicht mehr ertragen, dass ihn schon Zehnjährige mit »Breitner, du Arschloch!« titulierten. Seit Januar stand für Paul Breitner fest, dass am Ende der Saison Schluss sei mit diesem Theater, welches Fußball hieß.

Und hatte man ihm dann nicht doch noch den Abgang beschert, der ihm zustand? »Servus Paule« hatte die Münchner *Abendzeitung* getitelt an jenem Dienstag, dem 31. Mai 1983, bevor er, umjubelt von 70 000 Fans, ein letztes Mal im Trikot mit der Nummer 8 den Rasen des Münchner Olympiastadions betrat. Jener Arena, in der er mit zwanzig sein erstes Bundesligator schoss und in der er, noch ehe er 23 war, drei Deutsche Meisterschaften gewann und die Weltmeistertrophäe hochstemmen durfte. Eine Auswahl der weltbesten Fußballer war nach München gereist, um in einem Schaukampf gegen den FC Bayern einen der ihren mit dem gebührenden Respekt zu verabschieden. Zu den Ehrengästen gehörten Bundestrainer Jupp Derwall, und auch andere alte Gegner wie Helmut Schön und Wilhelm Neudecker waren gekommen. Hier trat eine Ikone der Fußballkultur ab, das mussten inzwischen auch die anerkennen, die ihn stets und aus gutem Grunde fürchteten, einer, der mit Vorliebe tat, was keiner erwartete, und sagte, was sich keiner traute. Ein Typ, wie es ihn im deutschen Fußball zuvor nicht gegeben hatte.

Selbstredend blieb es Breitner vorbehalten, den Ausgang seines Abschiedsspiels zu entscheiden: Fast genau neun Jahre, nachdem er den bis dahin wichtigsten Elfmeter in der deutschen Fußballgeschichte verwandelt hatte, 1974 im Weltmeisterschafts-Endspiel gegen Holland, nahm er in der 88. Minute an gleicher Stelle noch einmal Anlauf und markierte das 3:2 für das in der zweiten Hälfte von Breitner verstärkte internationale Star-Ensemble.

Nun also sollte Paul Breitner im fernen Singapur den Zeremonienmeister geben. Er, der schon als Zwanzigjähriger verkündete: »Eines Tages möchte ich frei genug sein, zu sagen – jetzt ist Schluss!« Er, der sich und sein Tun am treffendsten mit dem Adjektiv »nicht greifbar« umschrieben sah. Am Ende seiner Karriere vorgeführt zu werden wie ein Schausteller auf dem Oktoberfest! Das war ganz klar unter seiner Würde. Das musste er sich nicht antun, so sehr er die Geschäftstüchtigkeit und das Verhandlungsgeschick von Uli Hoeneß schätzte.

Und was waren eigentlich die läppischen Gagen der Asiaten gegen das, was der Freund ihm geboten hatte für nur eine weitere Spielzeit beim FC Bayern? Mehr, als Franz Beckenbauer zu seiner besten Zeit verdiente, mehr, als je ein Spieler verdient hatte bei diesem Verein, vermutlich mehr, als je ein Profi verdient hatte in der Geschichte der Fußball-Bundesliga. Und Breitner hatte abgelehnt. Er war 31 Jahre alt.

Drei Jahre jünger, als Uwe Seeler war, als das DFB-Team bei der Weltmeisterschaft 1970 in Mexiko unter dessen Führung Momente für die Fußball-Ewigkeit schuf; fast vier Jahre jünger, als Fritz Walter gewesen war, als der die deutsche Nationalelf bei der Weltmeisterschaft in der Schweiz 1954 zum Titel dirigierte. Aber Breitner wollte nicht mehr. Und hier, gefühlte 2000 Lichtjahre weit weg von der zivilisierten Fußballwelt, schon erst recht nicht.

Schwere, dunkle Wolken hängen über dem Stadion von Singapur, einem Monstrum ohne Dach, das an den Enden begrenzt wird von vier aus grauem Beton gegossenen Flutlichtpfeilern, die so wirken wie die Beobachtertürme eines Hochsicherheitsgefängnisses. Die Hitze ist beklemmend. Ein Gewitter naht, und die Trikots kleben den deutschen Gästen schon nass an den Leibern, als der Schiedsrichter das Spiel anpfeift. Wie groß ein Fußballfeld werden kann, wenn man einen 18-Stunden-Flug hinter sich hat und die Schwüle den Bewegungsapparat lähmt! Und wie lang eine Halbzeit, wenn der Gegner von all dem nichts fühlt und über den Platz hetzt, als gäbe es kein Thermometer und kein Morgen. Die Fußballer um Paul Breitner haben viel erlebt, aber dies hier ist jenseits jeder Schmerzensgrenze. Dies ist Asien. Dies war für sie das Herz der Finsternis.

»Der Jetlag, die Klimaumstellung und dann war da noch so ein Tundragras, in dem du knöcheltief eingesunken bist«, erinnert sich Mittelstürmer Dieter Hoeneß. »Und überall wimmelten so riesige Falter rum, die einen Durchmesser von vielleicht zwanzig Zentimetern hatten.« Es war eine fast surreale Situation. Und natürlich genau das, was Paul Breitner vorhergesagt hat: »ein entsetzlicher Kick!«

Nach 45 Minuten liegen die Gastgeber sensationell in Führung. Und als sich die Spieler des FC Bayern in die Kabine schleppen, macht keiner von ihnen den Eindruck, als sei er willens und in der Lage, das Spiel noch einmal umzudrehen. Sie sind erschöpft, sie sind deprimiert, und wenn man sie so daherlaufen sieht, wirken sie kläglich wie ein Haufen zertretener Tischtennisbälle.

Auch Uli Hoeneß ist sichtlich erhitzt. Im Laufe des Spiels hat sich sein Gesicht dem Farbton der Bayern-Trikots angenähert, und nun, da er vor der Mannschaft steht, gleicht es glühender Grillkohle.

»Das ist Mist«, brüllt er. »Ich will, dass ihr euch gefälligst zusammenreißt. Wir haben einen Ruf zu verlieren.«

Die Spieler erwidern nichts, einige schütteln den Kopf. Auch Paul Breitner hört sich alles teilnahmslos an. Doch als der Manager nach Luft schnappt, um von Neuem loszulegen, beschließt der Kapitän, dass es nun genug sei: »Halt die Klappe, mach du deinen Job, wir machen unseren.« Dann zieht er seine Schuhe aus, wirft dem verdutzten Hoeneß das Trikot vor die Füße und lässt die Runde wissen, dass das Spiel für ihn hiermit beendet sei. Dann geht er. Den Rest der Partie verfolgt er verbissen grinsend vom Spielfeldrand.

Die Bayern verloren 1: 2.

So endete im Juni 1983 eine Männerfreundschaft.

»Innerhalb von dreißig Sekunden waren sechzehn Jahre erledigt«, klagte Breitner später.

Hoeneß und Breitner, die siamesischen Zwillinge, die als junge Wilde den Profi-Fußball durchgeschüttelt, die den FC Bayern vor dem Sturz ins Mittelmaß bewahrt und ihn gemeinsam in eine neue Ära geführt hatten, Hoeneß und Breitner waren von diesem Augenblick an geschiedene Leute.

Die mageren Jahre sind vorbei

Dabei schien sich für beide vier Jahre zuvor ein Traum erfüllt zu haben, den sie seit ihren Anfangstagen beim FC Bayern geträumt und nie aufgegeben hatten. Auch in den Jahren der räumlichen Trennung nicht. In Breitners Dienstvilla in einem Vorort von Madrid ließen es sich die beiden regelmäßig gut gehen – und bei Tapas und Wein ihre Gedanken fliegen: »Irgendwann«, sagte Breitner dann gern, »wird der Franz einmal aufhören. Und dann wird unsere Generation das Sagen haben.« In jenen Märztagen 1979, als nach dem Franz und seinem Patron Robert Schwan zu guter Letzt auch der greise Patriarch Wilhelm Neudecker abgedankt hatte, war aus dem Irgendwann endlich das Hier und Jetzt geworden.

Das Büro des Präsidenten, im zweiten Stock des Hauptgebäudes in der Säbener Straße, war noch erfüllt vom Zigarettenrauch und rustikalen Mief seines Vorgängers, als Willi O. Hoffmann zwei seiner wichtigsten Angestellten zu sich rief. Hoffmann wollte Uli Hoeneß gegen viele Widerstände in Vorstand und Mannschaft als Manager halten und den nicht weniger umstrittenen Mittelfeldregisseur Paul Breitner mit einer Macht ausstatten, die noch kein Spieler je in diesem Club innegehabt hatte. Nicht mal Franz Beckenbauer. Willi O. Hoffmann verstand wenig vom Fußball, als ehemaliger Schatzmeister wusste er jedoch, wie schlecht es um den Verein bestellt war; vor allem aber wusste der zwei Zentner schwere Vollbartträger, der sich mit einer Mischung aus bajuwarischem Holzfällerinstinkt und Skrupellosigkeit im Immobiliengeschäft durchgesetzt hatte, dass es keinen Sinn hatte, die einmal begonnene kleine Revolution zu ersticken. Hoeneß und Breitner mochten jung sein und manchmal unverschämt, aber sie waren den verschnarchten Vereinsmeiern, die sonst so herumsaßen, um einige Evolutionsstufen voraus. So empfing er die beiden und kam ohne große Vorrede zur Sache:

»Ihr zwei macht das jetzt.«

»Was meinen'S jetzt, Herr Hoffmann?«, fragte Breitner.

»Sie, Paul, das Fußballerische, und Sie, Uli, das Finanzielle. Und ich, ich repräsentiere.«

»Wunderbar, Herr Hoffmann«, sagte Breitner, »Sie brauchen sich um nichts zu kümmern. Schaun'S bloß, dass Ihr Kopf so oft wie möglich in der Zeitung ist.«

Der Kapitän ließ sich nicht zweimal bitten. Dies war der Moment, auf den er fast zehn Jahre gewartet hatte. Damals, in den Siebzigern, so hatte er selbst es beschrieben, »thronte der Franz praktisch in den Wolken, neben sich den Präsidenten und den Schwan«. Nun aber hatte er, Breitner, freie Hand. Bereits erledigt hatte er den Bomber – Gerd Müller. Sepp Maier sollte bald folgen. Und dann war da auch noch Jupp Kapellmann, der technisch wie rhetorisch gleichermaßen beschlagene Spielantreiber, von den Fans mit dem Reim »Jupp Kapellmann – ist der schnell, Mann« geadelt, von Breitner aber stets eher abschätzig wie ein Eindringling behandelt. Der Rheinländer nahm es an Bildung und Intelligenz mindestens mit ihm auf, und er konnte genauso austeilen, wenn ihm einer dumm kam. Mit dem aufmüpfigen Bankdrücker Klaus Wunder geriet Kapellmann während einer Brasilienreise mal derart heftig aneinander, dass er ihm einen Schwinger verpasste – dabei aber nur den Kehlkopf traf, so dass der Unglückliche zehn Tage lang zum Schweigen verdammt war und auch danach beim FC Bayern nichts mehr zu melden hatte.

Mit dem Mann war nicht zu spaßen. Bereits Kapellmanns Wechsel vom 1. FC Köln zum FC Bayern München für die 1973 beispiellose Ablösesumme von 800 000 Mark hatte Breitner mit den Worten kommentiert: »Den brauchen wir nicht.« Später, als es darum ging, den ungeliebten Trainer Gyula Lorant zu demontieren, schickte er den eifrigen Medizinstudenten nur zu gern vor. Als Kapellmann daraufhin den Finger hob, um beim Neuaufbau der Mannschaft die ihm gebührende Rolle einzufordern, kanzelte ihn Breitner mit einem schroffen »Schleich dich!« ab und gab ihn beim gerade inthronisierten Übungsleiter Pal Csernai zum Abschuss frei. Am Saisonende wurde Kapellmann in den Tabellenkeller zu München 1860 weitergereicht. Von Csernai verabschiedete sich der Geschasste mit den Worten: »Sie Judas!« Mit Breitner redete er nie mehr ein Wort.

Doch Sentimentalitäten konnte und wollte der sich nicht erlauben: »Wenn ich irgendetwas gesehen habe, das dem Erfolg im Weg stand, gab's Zoff«, meint Breitner noch heute. Spätestens zu Beginn der Saison 1979/1980 tat jeder im Club, einschließlich Uli Hoeneß, nur noch, was Breitner für gut und richtig befand. Breitner war jetzt der Große Vorsitzende. »Ich war verantwortlich für die Mannschaft, und er musste verkaufen, was die Mannschaft produzierte«, beschreibt Breitner heute die Aufgabenverteilung. Doch es war ein riskantes Spiel. Denn der Mann aus Freilassing, der einst »Ehrgeiz« als sein Hobby bezeichnet hatte, war nun zum Siegen verurteilt. Jede Niederlage würde Breitners Niederlage sein, jeder Sieg aber sein persönlicher Triumph. Und das Ziel, welches sich Breitner und Hoeneß gesetzt hatten, war hoch – denn der FC Bayern München sollte nicht weniger werden als »ein neues Real Madrid«.

Diese Idee beherrschte Breitners Kopf, seitdem er zum ersten Mal die Umkleidekabine im Estadio Santiago Bernabéu betreten hatte: »Beinahe ehrfürchtig betrachtete ich meine neue Spielergarnitur: Strümpfe, Hose, Trikot – ganz in Weiß.«

Als er dann in der Arena einlief, war es vollends um ihn geschehen: »130 000 Zuschauer, südländischer Fußballenthusiasmus und eine Atmosphäre, die in Deutschland schlichtweg undenkbar ist.« Wie klein und provinziell erschien hingegen der FC Bayern. Als er ein Junge gewesen war, hatten Spieler wie Alfredo di Stefano und Ferenc Puskás in diesen Trikots und in diesem Stadion die Welt regiert, ach was: das Universum! Mit fast schwereloser Grandezza hatten sie damals, in den späten Fünfzigern und frühen Sechzigern, sechs Mal den Europapokal der Landesmeister geholt, davon fünf Mal in Folge. Wie armselig erschienen da die drei Siege des FC Bayern, wie deutsch das Getue um dessen zum Kaiser stilisierten Spielführer. Besonders dem würde er es nun zeigen. Das war ihm das Wichtigste.

»Real Madrid, das war die Überschrift über allem«, sagt Breitner. Die Hauptrolle in diesem Drehbuch hatte er mit sich selbst besetzt. Während Uli Hoeneß vor allem »die Uneinholbarkeit des Vereins« beeindruckte, trieb Breitner ein ganz anderer Ehrgeiz: Er wollte größer werden als der Kaiser. Wie Beckenbauer würde er den FC Bayern zur Meisterschaft führen und zum Europapokal – und obendrein, als krönender Abschluss, als erster Deutscher zum zweiten Mal die Weltmeistertrophäe in Empfang nehmen. Dann erst würde er zufrieden sein.

Nach drei Jahren in Madrid fühlte sich Breitner tatsächlich vom Geiste Alfredo die Stefanos beseelt. Und wild entschlossen, den Mythos der *merengues*, wie das weiß gekleidete Wunderteam von seinen Fans genannt wurde, auf bayerischem Boden neu erstehen zu lassen. Immerhin war Breitner, bei Real unter Trainer Miljan Miljanic vom Linksverteidiger zum Spielmacher promoviert, damals einer der Besten seiner Zunft, auch wenn er weder den Spielwitz des Brasilianers Zico hatte, noch den Feinsinn des Franzosen Platini und schon gar nicht das Arsenal an Tricks und Finten, mit dem der junge Argentinier Diego Maradona gegnerische Abwehrspieler wie Stümper aussehen ließ. Paul Breitner blieb einer, der den Gegner wegbiss, der mit Einsatzwillen, Kraft und bajuwarischer Verschlagenheit zu Werke ging: jede Sehne wie unter Strom, keinen Ball und keinen Meter Raum ohne ein Maximum an Kampf preisgebend, ohne Nachsicht für Gegner, Mitspieler und vor allem sich selber.

Wenn er »gekämpft hatte wie ein Berserker«, war es ein gutes Spiel. Wenn er »in der Kabine vor Müdigkeit fast zusammengebrochen« war, ein sehr gutes. Seine neuen Münchner Teamkameraden, eine Ansammlung junger, grundsolider Fußballsoldaten, folgten ihm nur zu gern. Zumal der Kampf auch jenseits des Spielfeldes nie zu Ende war. Nach Niederlagen sah man Breitner im Umkleideraum das eigene Spiegelbild beschimpfen, nach Siegen hieß es: »Lasst euch volllaufen, Freunde!«

Die Freunde hießen Norbert Janzon, Udo Horsmann, Hans Weiner oder Kurt Niedermayer und bildeten eine Waffenbruderschaft, die bald auf allen Plätzen gefürchtet war, einschließlich dem eigenen Trainingsplatz.

Der Slowene Branko Oblak, ein Mittelfeldregent der alten Schule, der sich darüber beschwerte, dass mancher Mitspieler »zehn Minuten braucht, um den Ball zu stoppen«, wurde auf die Ersatzbank strafversetzt, bis er entnervt den Rückzug in die Heimat ankündigte. Nicht einmal ein Kurzeinsatz im letzten Saisonspiel war dem Fußball-Feingeist mehr vergönnt: Es ging zu Hause gegen den Tabellenletzten Eintracht Braunschweig, und den Bayern reichte ein Unentschieden zur Deutschen Meisterschaft.

Es war der 31. Mai 1980, der Himmel erstrahlte in den weißblauen Landesfarben, und schon vor der Partie verbreiteten Blaskapellen, Schuhplattler und andere alpine Folkloretruppen Wiesnstimmung im Münchner Olympiastadion. Die Zuschauer waren von Präsident Willi O. Hoffmann angehalten worden, in Tracht zu kommen. Die erste Meisterschaft nach sechs Jahren sollte »auf boarische Art« gefeiert werden. Am wenigsten trugen die Spieler des FC Bayern zur Stimmung bei. Eine zünftige Abreibung hatte man den Gästen versprochen – zum Schluss konnte man froh sein über einen dürftigen 2:1-Erfolg. Und weil das Spiel gar so öde vor sich hinsickerte, übernahmen schließlich die Fans die Initiative und stimmten lauthals den alten Bierzeltschlager »Rucki Zucki« an – mit leicht verändertem Text: »Branko Oblak, Branko Oblak, Branko Oblak, du bist der beste Mann«. Der Besungene lächelte verschämt, sein Chef zeigte keine Regung. »Csernai ist nur der Gymnastiklehrer, der wahre Trainer ist Paul Breitner. Der bestimmt, was und wie gespielt wird, wann und wer ausgewechselt wird«, waren die letzten Worte, die man von Oblak in München hörte.

1 Der FC Bayern im August 1967 (von links): Werner Olk, Sepp Maier, Franz Beckenbauer, Dieter Koulmann, Georg Schwarzenbeck, Gerd Müller, Rainer Ohlhauser, Rudolf Nafziger, Dieter Brenninger, nicht sichtbar: Peter Kupferschmidt, Hans Nowak.

2 Endspiel Europapokal der Pokalsieger Bayern München – Glasgow Rangers am 31. Mai 1967. Franz Roth erzielt in der Verlängerung das 1:0.

3 Branko Zebec lehrt den Bayern-Spielern Disziplin, November 1969.

4 Gerd Müller, bejubelt von dem Linksaußen Dieter (»Mucki«) Brenninger (rechts), erzielte beide Tore beim 2:1 Sieg gegen Schalke 04 im DFB-Pokalendspiel am 14. Juni 1969.

5 Gerd Müller lässt sich von seiner Frau Uschi die Suppe servieren, 1968.

6 Meisterfeier auf dem Marienplatz am 9. Juni 1973 von links: Wilhelm Hoffmann, Gerd Müller, Udo Lattek, Wilhelm Neudecker und Mittelfeldspieler Bernd Dürnberger, der 15 Jahre für Bayern spielte.

7 Schwarzenbeck erzielt den 1:1 Ausgleich gegen Atletico Madrid im Europapokalendspiel in Brüssel am 15. Mai 1974.

8 Gerd Müller (rechts) mit seinem Geschäftspartner Hans Huber vor ihrem deutsch-amerikanischen Restaurant in Florida.

9 Franz Beckenbauer (links) und Manager Robert Schwan im Winter 1976.

10 Schwarzenbeck vor seinem eigenen Zeitschriftenladen in München.

11 Paul Breitner mit der Peking-Rundschau vor einem Mao-Poster, 1973.

12 Immer für einen Spaß zu haben: Sepp Maier im April 1977.

13 Pelé und Franz Beckenbauer nach einem Spiel für Cosmos New York unter der Dusche.

14 Beckenbauer beim Training in New York.

15 Sepp Maier fängt einen Luftballon, 1979.

16 Wiedersehen macht Freude: Paul Breitner (links, für Eintracht Braunschweig) und Uli Hoeneß im September 1977.

17 Uli Hoeneß im Krankenhaus nach seinem Flugzeugabsturz im Februar 1982.

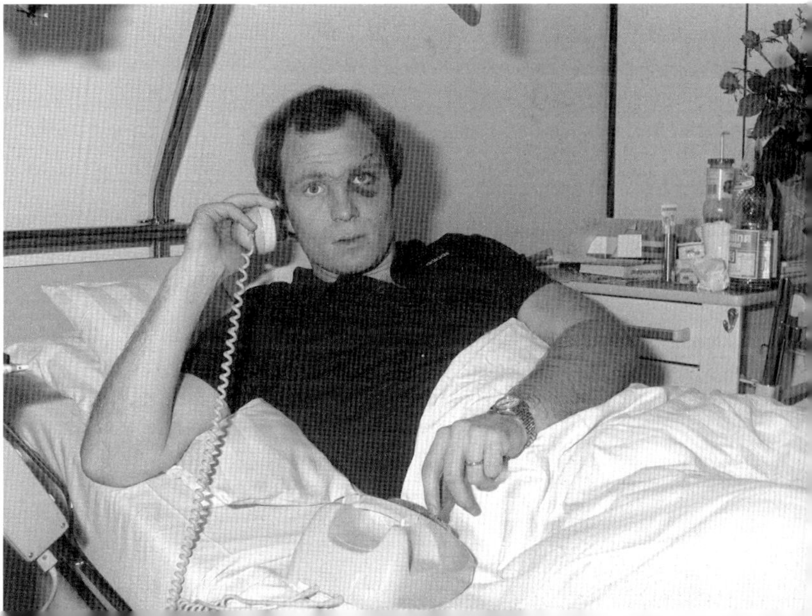

18 Karl-Heinz Rummenigge privat, 1982.

19 Am Boden zerstört (von links): Karl-Heinz Rummenigge, Dieter Hoeneß und Paul Breitner nach dem Europapokalfinale gegen Aston Villa in Rotterdam am 26. Mai 1982.

20 Torhüter Jean-Marie Pfaff reißt die Arme hoch, nachdem Michael Kutzop den Elfmeter an den Pfosten geschossen hat. Bremen, 22. April 1986.

21 12. Mai 1990 (von links): Klaus Augenthaler, der bayrische Ministerpräsident Max Streibl (CSU), Ligausschuß-Vorsitzender Gerhard Mayer-Vorfelder und Bayern-Präsident Prof. Dr. Fritz Scherer.

22 Stefan Effenberg auf dem Weg zum Training, 2002.
23 Ein letzter Tanz: Lothar Matthäus und Maren Müller-Wohlfahrt.

24 Ole Gunnar Solskjaer erzielt das 2:1. Champions-League-Finale Manchester United gegen Bayern München am 26. Mai 1999 in Barcelona.

25 Torschütze Patrik Andersson wird für sein Tor am 19. Mai 2001 fast erdrückt: von links:) Antonio di Salvo, Salihamidzic, Jancker, Andersson, Sforza, Hargreaves. Obendrauf: Stefan Effenberg.

26 Trainer Ottmar Hitzfeld (rechts) und Mehmet Scholl feiern am 20. Mai 2000 den Gewinn der Deutschen Meisterschaft.

27 Mehmet Scholl.

28 Mehmet Scholl verwandelt am 15. Februar 2003 im Derby gegen den TSV 1860 einen Freistoß zum Führungstreffer. Am Ende gewann Bayern mit 5:0.

29 Oliver Kahn hält den entscheidenden Elfmeter von Mauricio Pellegrino (Valencia) im Champions-League-Finale am 23. Mai 2001.

30 Ein PR-Foto des Torhüters.

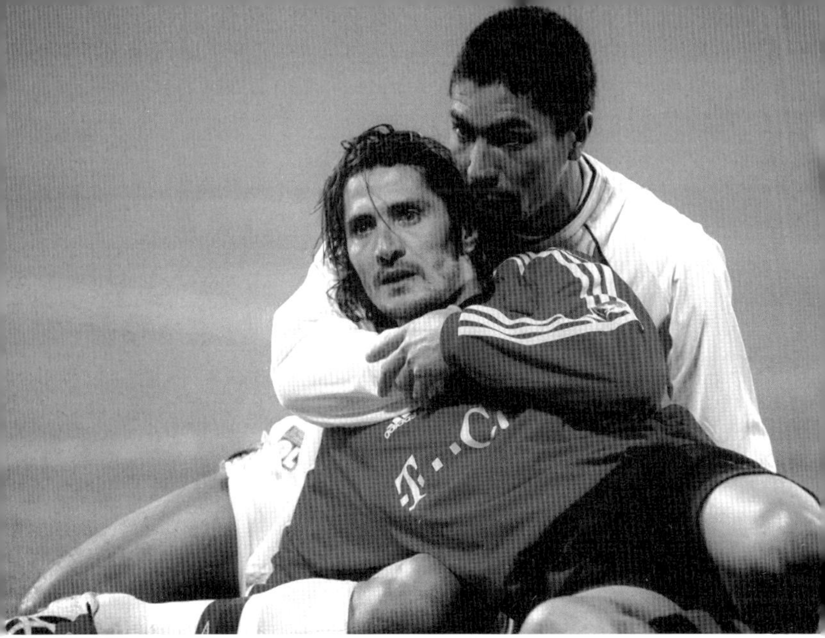

31 Lizarazu und sein Ex-Mitspieler Elber (Olympique Lyon) im freundschaftlichen Clinch. Lyon gewann das Champions League-Spiel am 5. November 2003 mit 2:1 in München – durch Tore von Juninho und Elber.

32 Sebastian Deisler: Das zerbrechliche Wunderkind.

33 Uli Hoeneß ist immer für seine Spieler da: Hier tröstet er Jancker nach der tragischen Endspielniederlage gegen ManU.

34 Torjubel im November 2005: (von links) Valérien Ismaël, Bastian Schweinsteiger, Michael Ballack, Martin Demichelis und Sebastian Deisler.

35 Bayernlegenden werden am 22. November 2003 für ihre Erfolge im Europacup geehrt (von links): Dettmar Cramer, Ottmar Hitzfeld, Franz Beckenbauer, Udo Lattek, Gerd Müller. Daneben Mayer-Vorfelder.

36 (Sports-)Freunde: Lukas Podolski (links) und Bastian Schweinsteiger.

37 Roy Makaay hat wieder getroffen.

Vorher durfte er noch von weitem zusehen, wie Breitner und sein Heer zur Siegerparade schritten. Vor der Ehrentribüne stand ein Podest, das mit Eisensperren umriegelt war. Dort warteten DFB-Präsident Neuberger und Bundestrainer Jupp Derwall mit der Meisterschale sowie ausgewählten Fotografen auf das offizielle Siegerbild. »Derf ma da jetzt nei oder net«, fragte der alte Haudegen Georg Schwarzenbeck, der sich nach einer Achillessehnenverletzung mühsam wieder an die erste Mannschaft herangearbeitet hatte, das Spiel aber ebenfalls nur auf der Reservebank erlebte.

Allein Uli Hoeneß hatte noch Augen für den traurigen Veteranen. Aber es war zu spät. Der »Katsche« blieb außerhalb der Eisensperren. Ausgesperrt. Er hat danach nie wieder für den FC Bayern gespielt.

Den allgemeinen Jubel um das Ende der mageren Jahre konnte dies nicht stören. Die Fans nahmen ihren gamsbartschwingenden Präsidenten beim Wort und zeigten dem Rest der Republik, was man sich unter »boarischer Art« künftig vorzustellen hatte: Einige demontierten kurzerhand das Tor vor der Südkurve, um es über den Fanblock hinaus aus dem Stadion zu tragen, als sei's der Maibaum des Nachbardorfes. Andere sprangen nackt in den Fischbrunnen vor dem Rathaus. Oben auf dem Balkon stand Breitner und verkündete: »Ihr seid's riesig«. Bei früheren Meisterschaften hatte hier der Kaiser die Huldigungen des Volkes entgegen genommen, aber jetzt war Paul Breitner der Held. Er hatte sein erstes Ziel erreicht: den FC Bayern als Kapitän zur Deutschen Meisterschaft zu führen.

Und wie dieser »Scheißverein« auf einmal feiern konnte! Uli Hoeneß flog gleich nach Spielende in voller Montur ins Entmüdungsbecken, und Vize-Präsident Karl Pfab musste anschließend die nassen Geldscheine bügeln. Dieter Hoeneß jagte Fotografen mit einer Magnum-Flasche durch die Stadionkatakomben, ehe Willi O. Hoffman dem Treiben Einhalt gebot: »Männer, zurück an die Bar.« Und was war eigentlich mit Pal Csernai los? Kann es sein, dass man den vornehmen Ungarn zum ersten Mal im Leben ohne sein seidenes Halstuch sah? Die Losung des Tages hieß: »Wer heute unter zwei Promille bleibt, der ist kein richtiger Bayer.«

Schon in der Halbzeitpause hatte Breitner trotz des mageren Zwischenstandes von 1:0 den Stärkungstee stehen lassen und zum Sektglas gegriffen – was ihn freilich nicht davon abhielt, das Spiel in typischer Manier zu entscheiden.

Etwa zehn Minuten nach Wiederanpfiff fängt der netzartig um den eigenen Strafraum gesponnene Abwehrverbund der Bayern einen Braunschweiger Angriff ab. Schon spurtet Breitner in eine freie Lücke im Mittelfeld, umgehend Ballbesitz fordernd. Was sich danach abspielte, verbreitete so oder so ähnlich jahrelang Angst und Schrecken unter Europas Verteidigern: Mit viel Effet zirkelt Breitner einen Pass in die Spitze, während der Adressat einen Sprint anzieht – und ihm der Ball sogleich verlässlich in den rechten Fuß fällt, ohne dass der Mann an Tempo einbüßt oder sich auch nur einmal umdrehen muss. Er überläuft den ersten Abwehrspieler, entwischt auch dem verzweifelten Klammergriff eines zweiten, umkurvt mit einem plötzlichen Haken den gegnerischen Torwart und schiebt schließlich den Ball zum 2:0 ins leere Tor.

Es war sein 26. Treffer in dieser Spielzeit, öfter traf kein deutscher Stürmer ins Tor. Wenn er im Zickzack wie ein Kaninchen im Frühling über den Platz sauste, mit Ball schneller als alle anderen ohne, schlugen sich auch gestandene Bundestrainer vergnügt auf die Schenkel, und Frankreichs Staatspräsident François Mitterrand entfuhr zu Recht ein erschrockenes »Mon dieu, Rümmenisch«, als der Mann 1982 im Weltmeisterschafts-Halbfinale gegen Frankreich eingewechselt wurde.

Tatsächlich hatte Paul Breitner mit ihm ein echtes Ass im Ärmel. Der Mann hieß Karl-Heinz Rummenigge und war sein Ferenc Puskás. Der Stürmer mit dem blonden Schopf und den roten Apfelbäckchen im jungenhaften Gesicht war einer der besten Fußballer der Welt.

»Diese Rummelfliege!«

Karl-Heinz Rummenigge war damals 24 Jahre alt und in vieler Hinsicht das glatte Gegenteil von Paul Breitner. Sein Vater, ein Werkzeugmacher aus der westfälischen Kleinstadt Lippstadt, hatte ihm früh eingebläut, dass man im Leben nur dann etwas erreicht, wenn man gehorsam seine Pflicht erledigt und ansonsten den Mund hält. Er selbst hatte es so im Adenauer-Deutschland zu einer bescheidenen, aber gesicherten Existenz gebracht. In den frühen sechziger Jahren konnte er sogar die Altbauwohnung in der Innenstadt gegen eine moderne Neubausiedlung weiter draußen tauschen – was für einen wie ihn nicht weniger war als das Matterhorn des sozialen Aufstiegs. Und er gestattete seinen Söhnen, den Brüdern Wolfgang, Karl-Heinz und Michael, keinen Zweifel darüber, wie man dort hinkommt – mit Redlichkeit, Fleiß und der Devise: Keine Experimente, bitte.

Nach exakt diesen Maßgaben gestaltete Karl-Heinz Rummenigge seine Fußballkarriere. Mit achtzehn war er zum FC Bayern gestoßen. Im Bus setzte er sich weit weg von den anderen, »um nichts falsch zu machen und keinem etwas wegzunehmen«. Nach Niederlagen, die es seinerzeit oft gab in dem ausgelaugten und in Cliquen zerfallenen Team, verkroch sich der Neuling auf dem Klo.

Nur nicht in die Schusslinie geraten.

Und wenn ihn Robert Schwan doch irgendwo erspähte und einen »Dummkopf« hieß, griff er sogleich zum schwersten Koffer.

Sogar der gutmütige Gerd Müller wunderte sich: »Was hams'n uns da für einen gschickt?« Müller hatte damals Beziehungen zu BMW, und Rummenigge brauchte einen neuen Wagen.

»Herr Müller, darf ich Sie mal sprechen?«, fragte Rummenigge.

»Warum sagst du Sie zu mir?«, entgegnete Müller.

»Herr Müller, wüssten Sie vielleicht ein gebrauchtes Auto für mich?«

»Du kannst schon einen BMW bekommen, aber nur, wenn du du zu mir sagst.«

»Klar, Herr Müller.«

Besonders Udo Lattek, erinnert sich Sepp Maier, »demütigte den Neueinkauf, wo er nur konnte«. Obwohl sich der junge Rummenigge in der Bundesliga bereits in die Stammelf gespielt hatte, ließ ihn der Trainer bei der ersten Europapokalreise auf der Bank schmoren. Es war im November 1974, es ging nach Magdeburg, und die Bayern siegten durch zwei Tore von Gerd Müller mit 2:1. Nach dem Spiel setzte sich der Reservist weit weg von der Feierrunde an die Hotelbar, um seine Enttäuschung mit einem Glas Whiskey herunterzuschlucken. Als ihn Lattek erspähte, war's mit der Besinnlichkeit schnell vorbei. Der Trainer stürmte mit hochrotem Kopf an den Tresen und brüllte: »Was machst du denn hier? Ab mit dir ins Bett!«

Karl-Heinz Rummenigge stand auf und führte den Befehl aus.

Er ging ins Bett.

Den Höhepunkt erreichte Latteks Psychoterror im Anschluss an eine Niederlage in Hamburg. Rummenigges Gegenspieler, der HSV-Verteidiger Peter Hidien, hatte mit einem Volleyschuss den Siegtreffer zum 1:0 erzielt – und der nette Nachwuchsstürmer ihm dafür sogar noch einen anerkennenden Blick zugeworfen. Soviel Anstand war schwer zu ertragen.

»Da steht er mit offenem Mund umeinander und schaut zu, wie der andere das Tor macht. Diese Rummelfliege!«, tobte der Trainer im Dezember 1974 vor versammelter Presse.

Den Trainer war der junge Mann wenige Wochen nach diesem Spiel los, den Spitznamen so schnell nicht. »Immerhin – ein Spitzname ist besser als keiner. Die Leute beschäftigen sich mit dir«, dachte Rummenigge.

Rummenigge verstand seinen Beruf auf dem Rasenrechteck so, wie sein Vater seinen Beruf an der Drehbank verstand – freundlich zu den Kollegen sein, dem Vorgesetzten keine Fragen stellen und niemals auffallen, es sei denn durch Leistung. Das änderte sich auch nicht, als er ein Star wurde. »Muss ein Star nicht ein wenig Glimmer haben?«, fragte sogar die *ZEIT* fast flehentlich.

Doch der westfälische Milchbart wollte nicht mal mit ein wenig Meinung dienen.

Während Breitner auch weiterhin zu allem und jedem Stellung nahm, meist nach der Devise: »Hey, was steht an, ich bin dagegen«, hatte Rummenigge der Welt nicht das Geringste mitzuteilen. Und die Welt war gehörig in Aufruhr in jener Zeit: Polen stand unter Kriegsrecht, in El Salvador tobte ein Bürgerkrieg, Ronald Reagan drohte mit Neutronenbomben und einem begrenzten Atomschlag in Europa, und in Bonn versammelten sich 300 000 Menschen zur größten Friedensdemonstration, die je auf deutschem Boden stattgefunden hat.

»Da gibt es Pro und Kontra«, hörte man ihn dazu sagen. Oder: »Ich bin Sportler und kein Politiker.« Oder: »Davon verstehe ich zu wenig, also rede ich nicht darüber. Das wäre genauso, als würde Helmut Kohl sich in unsere Mannschaftsaufstellung einmischen.«

Natürlich sagte er auch der CSU ab, als ihn ein paar PR-Strategen der Partei für den Bundestagswahlkampf 1983 einspannen wollten. Er wolle den politischen Gegner nicht verärgern, gab er als Grund an.

Er wollte niemanden verärgern.

Nicht einmal seinen Gegenspieler, hatte man manchmal den Eindruck.

Wenn er nach seinem Erfolgsgeheimnis gefragt wurde, sagte Karl-Heinz Rummenigge: »Ich habe mich hochgedient in München«, als sei der FC Bayern München die Bundeswehr oder die Volksbank in Lippstadt.

Natürlich ahnte er früh, dass er besser war als die anderen Stürmer, dass Uli Hoeneß zunehmend labil und Gerd Müller immer langsamer wurde und der für viel Geld aus Duisburg geholte Klaus Wunder nur ein Blender war.

Ansprüche stellte er keine.

Widerworte hat nie ein Trainer von ihm gehört.

Auch die Spielerrevolte von 1979 fand weitgehend ohne ihn statt.

Während Paul Breitner und Jupp Kapellmann nach Herzenslust öffentlich über Gyula Lorant schimpften, sah man Karl-Heinz Rummenigge Autogrammkarten schreiben, »weil ich denke, dass das die Leute gerne haben«.

Wenn er heute auf jene bewegten Wochen angesprochen wird, ringt er sich immerhin dazu durch, von einer »kleinen Revolution« zu sprechen – meint damit aber vor allem die von Lorants Nachfolger Pal Csernai perfektionierte Raumdeckung: ein im deutschen Fußball bis dahin unbekanntes System, daher auch »Pal-System« genannt, das besonders einem Spieler zugute kam: Karl-Heinz Rummenigge.

Die Idee, nicht einen bestimmten Gegenspieler, sondern eine bestimmte Zone des Spielfeldes abzudecken, entband Rummenigge aller Defensivaufgaben und ließ Paul Breitner im zentralen Mittelfeld alle Freiheiten. »Der Paul sagte zu mir: ›Geh nie über die Mittellinie zurück!‹ Den eigenen Strafraum sah ich danach nie mehr«, sagte Rummenigge später. Meist kümmerte sich der Kapitän selbst um den angreifenden Gegenspieler, und wenn ihm das nicht gelang, was selten genug vorkam, taten es die hinter ihm postierten Kurt Niedermayer oder Klaus Augenthaler, und Breitner war anspielbereit.

Ein kurzer Blick, ein langer Ball, und dann begann Rummenigges Show.

Wenn er flach angespielt wurde, pflegte der Stürmer den Ball zwischen den eigenen Füßen hin- und herzudribbeln, in so radarfallenverdächtiger Geschwindigkeit, dass der Abwehrspieler das Gefühl haben musste, er habe es mit einem kickenden Hütchenspieler zu tun. Wenn er hoch angespielt wurde, sah es ungefähr so aus, wie bei einem Tor, das er mal gegen den MSV Duisburg schoss: Da drehte er sich in vollem Tempo mit einer Schraubbewegung in den Ball, spitzelte ihn dabei mit dem linken Fuß über den Gegner – um ihn kurz vor der Landung mit dem rechten Fuß in hohem Bogen über den Torwart zu heben.

Wo bei anderen das Hüftgelenk sitzt, schien der Mann ein Gewinde zu haben. Bei völlig ruhigem Oberkörper schaffte er es, sich von der Hüfte abwärts um neunzig Grad zu drehen und umgekehrt. Selbst gefestigte Verteidiger-Charaktere wie der Italiener Facchetti oder der Holländer Krol, Landser ihres Fachs, wirkten, als ob sie nach solchen Erlebnissen eine Berufsberatung brauchten oder eine Sitzung beim Psychiater.

Eigentlich hatte Kalle das alles nicht gewollt. Eigentlich hatte er ein Meister an der Tischtennisplatte werden wollen.

Aber er hatte ein echtes Problem.

Er war der Kleinste im Block, und er sah aus wie ein Mädchen – die einzige Möglichkeit, dem Spott der Nachbarjungs zu entgehen, war: sich im Männersport Fußball zu beweisen. Mitspielen durfte er allerdings nur, wenn er zuvor den Hundedreck vom Hof gefegt hatte. Als ihn dies nicht abhielt, musste er jedes Mal noch zwanzig Pfennig zahlen. Aber Kalle war immer da. Und Kalle wurde immer besser. Mit 13 sah Kalle zwar immer noch aus wie ein Mädchen, aber während die anderen immer noch im Hof kickten, war er die Sensation von Borussia Lippstadt, und eine Einladung vom FC Schalke 04 lag im Briefkasten.

Der Vater sagte ab, ohne dass der Junge auch nur um seine Meinung gefragt wurde. Fußball war doch etwas für Taugenichtse und Verlierer in der auf Regelmäßigkeit und Sicherheit ausgerichteten Kleinstadtwelt der Rummenigges. Kalle machte die Mittlere Reife und begann anschließend eine Lehre bei der Bank. Abitur oder gar der Besuch einer Hochschule standen nie zur Debatte. Man war froh, dass der Junge von langhaarigen Rockern, protestierenden Studenten und anderen bedrohlichen Zeiterscheinungen bis dahin unbehelligt geblieben war.

Nur einmal wurde es in Rummenigges Jugend gefährlich.

Er war 16, er war verliebt, und die Kleine mit dem Namen Martina fragte ihn tatsächlich, ob er sie auf das Schulfest im Kolpinghaus begleiten wolle. Damals, im Lippstadt der frühen Siebziger, waren Feste dieser Art eine seltene Möglichkeit, etwas Rock 'n' Roll und Leichtsinn zu spüren – und sei's nur durch eine Zigarette, ein Nippen am Bierglas oder den Schweiß des Leadgitarristen in der lokalen Beatband.

Kalle machte sich aus alldem nichts.

Während der Saal kochte, dachte der junge Rummenigge eine geschlagene Stunde lang: »Diese Band soll endlich mit dem Üben aufhören.« Martina wurde später seine Frau.

Ein Akt der Auflehnung sollte aber doch noch kommen – und sein Leben danach nicht mehr dasselbe sein. Es war im Sommer 1974, der noch nicht volljährige Rechtsaußen hatte soeben seine erste Saison in der A-Mannschaft von Borussia Lippstadt mit 32 Toren beendet, als ein Mann mit österreichischem Akzent bei den Rummenigges anrief und nach Karl-Heinz verlangte. Er stellte sich mit dem Namen Merkel vor, behauptete, er könne dem Jungen einen Vertrag bei einem großen und erfolgreichen Fußballclub vermitteln, und kam sogleich auf den Punkt: »Kemma'S nach München.«

»So weit weg von zu Hause, Junge«, klagte die Mutter.

»Da schaffen es nur die Besten«, warnte der Vater.

Und vielleicht machte der Mann ja Witze.

Der Club, von dem Merkel sprach, hatte gerade zum dritten Mal in Folge die Deutsche Meisterschaft und im Anschluss die höchste europäische Vereinstrophäe gewonnen, und sechs seiner Spieler hatten in der famosen Elf gestanden, die erst vor ein paar Tagen den Favoriten Holland im Endspiel um die Fußballweltmeisterschaft niederrang.

Was sollte der Kalle da unten? Max Merkel, der ursprünglich nach Talenten für den TSV 1860 gespäht hatte, wusste die Antwort genau: »Für jeden anderen Verein ist er zu gut.«

Wenig später setzte sich Karl-Heinz Rummenigge in seinen VW-Käfer und machte sich auf den Weg nach Süden. Zielort: München, Säbener Straße 51. Vielleicht bot das Leben ja doch mehr, als seine Eltern ihm versprochen hatten. Sechs Jahre später reckte Rummenigge erstmals im Olympiastadion die Meisterschale hoch.

»Unmännlich, übertrieben, gefühlsbetont«

1981 wurden die Bayern erneut Deutscher Meister, mit vier Punkten vor dem Hamburger SV, dem reichsten Bundesliga-Club jener Tage, bei dem immerhin Stars wie Felix Magath und Horst Hrubesch aufliefen sowie: der aus Amerika heimgekehrte Kaiser. Günter Netzer, der inzwischen als Manager des HSV sein Geld verdiente, hatte den alternden Star überredet, seine Karriere an der Alster zu beenden. Für Beckenbauer war das Ganze eine Art lockerer *Home run* – seine Erfolge waren einzigartig, seine Legende riesig, wer wollte noch an ihm zweifeln?

Allein der Ticketverkauf stieg so sprunghaft, dass sich der Deal schnell rechnete. Und für einen aus dem Fußgelenk ins Kreuzeck geschaufelten Freistoß war der Mann auch mit 35 Jahren allemal noch gut.

Das entscheidende Spiel zwischen den Kontrahenten findet am 21. März 1981 im Hamburger Volksparkstadion statt. Der FC Bayern liegt in der Tabelle mit drei Punkten zurück, nach einer Stunde führt die Heimmannschaft mit 2:0. Der HSV scheint uneinholbar enteilt. Zu allem Ungemach hat Paul Breitner mit einem verunglückten Rückpass den zweiten Treffer der Hamburger selbst aufgelegt.

Was für eine Schmach.

Gegen den HSV.

Gegen Beckenbauer.

Das durfte nicht sein!

Die folgende halbe Stunde werteten die Saison-Chronisten später als das »Spiel des Jahres«; Breitner selbst meinte in seiner typisch blasierten Art: »Ein Paul Breitner musste Kräfte mobilisieren, die eigentlich schon nicht mehr da zu sein schienen.«

Jedenfalls sieht man Breitner fortan mit heiligem Ernst über den Platz jagen, hinter Ball und Gegner her wie der Teufel hinter einem Haufen Verdammter. In der 67. Minute ortet er Rummenigge weit in des Gegners Hälfte, begleitet allein von: Franz Beckenbauer. Wann hat ihm ein Pass jemals so viel Spaß gemacht? Wie immer segelt der Ball dem Kameraden in den Lauf, ein Haken, ein Schuss.

Der Kaiser muss den Ball aus dem Tor holen.

Den Ausgleich besorgt Breitner dann persönlich. Zwei Minuten vor Abpfiff schlägt Norbert Janzon eine Flanke in den Strafraum, die in einem Gewirr im Fünfmeterraum hängen bleibt. Dieter Hoeneß, der Hamburger Verteidiger Ditmar Jakobs und Franz Beckenbauer ringen um den Ball – da kommt aus dem Nirgendwo Paul Breitner, stürzt sich ins Getümmel und drischt ihn ins Tor.

Der Schock des HSV, in vorletzter Minute den Sieg aus den Händen gegeben zu haben, währte bis ans Ende der Saison.

Der FC Bayern München war auch damals eine kickende Ausgabe des Zeitgeistes. Paul Breitner gab darin den Part des genialischen Strategen, der selbst weit vorne in die Schlacht ritt, einer, den man auch gerne mal in eine Talk-Show einlud und über die Weltlage referieren ließ.

Karl-Heinz Rummenigge war der semmelblonde Wunderknabe, der aus der *Bravo* lächelte. Gemeinsam waren sie eine Show, wie man sie in Deutschland lange nicht gesehen hatte – und so wohl noch nie: Die beiden Fußballer verkörperten nahezu perfekt den deutschen Gemütszustand der späten Siebziger und frühen Achtziger: Breitner war der Mann der Linken, Friedensbewegten und sozial Engagierten, Rummenigge nahm bereits die neue Biederkeit von Helmut Kohl vorweg. Dass sie so wunderbar zusammenpassten, machte das merkwürdige Image des FC Bayern jener Jahre aus.

So viele Nachrichten produzierte das ungleiche Paar, dass die Boulevard-Presse irgendwann ein ernsthaftes Problem bekam: »Allein der Name Rummenigge füllte fast die ganze Schlagzeile, wohin dann mit Breitner? Und eine Information musste ja auch noch rein«, erinnert sich Bodo Müller von der *Bild am Sonntag*. Der Setzer des Blattes löste irgendwann das Rätsel, und fasste die beiden zu »Breitnigge« zusammenfasste – die Simon & Garfunkel des deutschen Fußballs hatten ihren Namen. Und den deutschen Fußball fest im Griff.

Gnädig sah zum Beispiel der DFB darüber hinweg, als Paul Breitner im September 1981 beim Turnier um den Bernabéu-Cup in Madrid vor 100 000 Zuschauern eigenmächtig ein Spiel abbrach. Er war sowieso schon ungern aufgelaufen, denn die Bayern hatten das Finale gegen den Gastgeber Real verpasst und mussten im Vorspiel um den dritten Platz gegen Dynamo Tiflis antreten. Nach zwanzig Minuten ging der Kapitän vom Platz. »Der Schiedsrichter hat was gegen mich«, grummelte er. Kurz vor der Halbzeit sah Karl-Heinz Rummenigge die gelbe Karte. Breitner stürmte zum Spielfeldrand und winkte den Kameraden zu sich.

»Kalle, der stellt dich vom Platz, sobald du schielst.«

»Der Kerl sagte schon, er würde uns alle vom Platz stellen.«

Da eilte Schiedsrichter José Donato Pes Pérez herbei und zeigte beiden Rot. »Kommt alle runter, wir hören hier auf«, sprach daraufhin Majestät Breitner, die Seinen gehorchten, und die Partie war beendet. Nie zuvor hatte eine deutsche Fußballmannschaft im Ausland vorzeitig den Platz verlassen.

Auch die FIFA musste vor dem Duo kapitulieren, das besonders schöne Tore mit einem bizarren Ritual zu feiern pflegte: Breitner nahm Rummenigges Kopf in beide Hände, rieb erst schnuppernd seinen Bart an dessen rosige Backen und setzte ihm schließlich einen Kuss mitten ins Gesicht. Zwar rügte der Weltverband das Schauspiel als »unmännlich, übertrieben, gefühlsbetont und deshalb unangebracht«. Die beiden Stars scherte das wenig. Wer inzwischen sogar in Pophits besungen wurde, musste als weithin unantastbar gelten.

Im Oktober 1982, bei einem Länderspiel in England, war Karl-Heinz Rummenigge mal wieder der Mann des Abends; die knorrigen Verteidiger Thompson und Burcher sahen den deutschen Stürmer nur von hinten, den Ball selten, und soeben hatte der Mann sein zweites Tor geschossen – da konnte auch der englische Reporter seine Verzückung nicht mehr zurückhalten und schrie lauthals aus: »Rummenigge – what a man!« Ein paar Kilometer weiter verfolgten nicht weniger gebannt der Musiker Alan Whittle und seine Frau Denise

Russel das Spektakel am Fernsehschirm, dichteten spontan »Rummenigge – I'm a fan« dazu und in der Folge einen ganzen Song. Heraus kam eine schrille, kleine Country-Nummer, die sich prompt zu einem europaweiten Hit entwickelte.

Over in West Germany
There's a football player with sexy knees.
Karl-Heinz Rummenigge, what a man
Rummenigge, Rummenigge, I'm a fan
Karl-Heinz Rummenigge, he's so strong
Rummenigge, Rummenigge all night long
He's so tall, he's so blond
Two long legs, but all beyond
First he traps the ball and then?
Karl-Heinz Rummenigge puts it in
What a player, what a sport
He's the cutest man in shorts
What's the secret, what's the trick?
He's got such a lovely kick
Oh what a lovely, lovely kick.

Der Besungene reagierte argwöhnisch wie immer: »Wollen die mich verarschen?« Erst in einem Telefonat mit den Sängern versicherte er sich, dass nichts Schlüpfriges an dem Lied sei. Sondern das Ganze tatsächlich als Liebeserklärung gemeint sei, eine britische eben.

Der Absturz

Es war der 16. Mai 1982. Mit gerade 30 Jahren stand Uli Hoeneß kurz vor der Vollendung seines beruflichen Tuns. Der FC Bayern München beherrschte die Fußball-Bundesliga nach Belieben, auch der DFB-Pokal funkelte nach elf Jahren mal wieder in der Trophäen-Vitrine in der Säbener Straße. Jetzt blies die Mannschaft zum Angriff auf Europa: In Rotterdam wartete das Team des englischen Meisters Aston Villa im Endspiel um den Europapokal. Und der junge Manager ahnte, dass eigentlich nichts schief gehen konnte. Der Mann, der noch immer so aussah wie ein altdeutscher Sagenheld, fühlte sich einmal mehr vom Glück geküsst.

Sein größtes Glück war, dass er überhaupt noch am Leben war. Das grenzte an ein Wunder. Im Februar war er mit drei Freunden zu einem Länderspiel nach Hannover geflogen und als Einziger nicht im Sarg zurückgekommen.

In einer trockenen und kalten Nacht im Februar war der Förster Karl-Heinz Deppe zu einer Kontrollfahrt aufgebrochen. Der 42-Jährige überwachte ein kleines Revier im Heitlinger Moor nahe Osterwald, etwa 15 Kilometer nordwestlich des Flughafens Hannover-Langenhagen, und er hatte keinen Grund zu der Annahme, dass irgendetwas anders sein würde als sonst. Um kurz vor neun riss er sich vom Fernseher los, was ihm leicht fiel, denn die Übertragung des Fußballländerspiels zwischen Deutschland und Portugal war nur mäßig spannend, und er stieg in seinen Jeep. Eine Viertelstunde später sah er von weitem etwas durchs Gestrüpp kriechen, womöglich ein verendendes Wildschwein oder einen tollwütigen Fuchs. Als Karl-Heinz Deppe näher kam, stellte er jedoch zu seinem Entsetzen fest, dass es ein Mensch war: blutüberströmt, mit zerfetzten Kleidern und offensichtlich unter Schock.

»Er sah fürchterlich aus, redete völlig unzusammenhängende Worte und stöhnte nur: ›Ich friere‹«, erinnert sich der Förster. Trotz der Dunkelheit und der derangierten Verfassung des Mannes erkannte ihn Karl-Heinz Deppe sofort: Es war Uli Hoeneß, der Manager des FC Bayern München. Der Förster zerrte den Verletzten in seinen Wagen, um sich auf dem schnellsten Wege ins Krankenhaus zu machen, blieb jedoch im Morast stecken. So lief er zu Fuß zum nächstgelegenen Dorf und wählte von einer Telefonzelle aus den Rettungsdienst.

In der Notrufzentrale von Hannover war man bereits vorbereitet.

Eine aus München kommende Propellermaschine, gesteuert vom früheren Skirennläufer Wolfgang Junginger, hatte beim Anflug auf Hannover gegen Viertel vor acht Schwierigkeiten gemeldet. Der Lotse hatte dem Piloten die Anweisung gegeben, nach Norden zu kurven und zu steigen. Danach war der Kontakt abgebrochen, und das Flugzeug war vom Radarschirm verschwunden; wenig später blinkten bei Polizei, Feuerwehr und Technischem Hilfswerk die Signallampen für Großalarm. Gegen zehn Uhr wurde aus der Befürchtung Gewissheit: Die Piper-Seneca war abgestürzt.

Die Trümmer lagen in einem Umkreis von hundert Meter verteilt; ein Propeller hing noch in einem zerrissenen Weidezaun, ein paar Schritte dahinter hatte sich das Cockpit etwa zur Hälfte in den feuchten Grund gebohrt; drei Leichen klemmten in den Sitzen: Junginger, sein Co-Pilot – ein 24-jähriger Student – und der Chef eines Münchner Verlages.

Bis ein Uhr morgens musste auch bei Uli Hoeneß mit dem Schlimmsten gerechnet werden. Paul Breitner und Karl-Heinz Rummenigge waren unmittelbar nach Abpfiff des Länderspiels im Niedersachsenstadion informiert worden und noch im Trainingsanzug ins zehn Kilometer entfernte Krankenhaus Hannover-Nordstadt geeilt. Drei Stunden vergingen. Breitner hockte in sich versunken im Wartezimmer, die Zigarette in seiner Hand glimmte vor sich hin, ohne dass er daran zog.

Rummenigge weinte.

Aber der Freund überlebte. Er hatte sich gleich nach dem Start um Viertel nach sechs in den hinteren Teil des Flugzeugs zurückgezogen und war kurz darauf eingeschlafen. Das rettete ihm das Leben. Er erlitt nur leichte Frakturen an Oberarm und Knöchel und eine Gehirnerschütterung.

Trotz der beruhigenden Kunde vom Arzt wachte Paul Breitner die ganze Nacht über am Krankenbett. Als Uli Hoeneß am nächsten Tag erwachte, fragte er: »Wie ist das Länderspiel ausgegangen?«

Am Sonntag darauf wurde Uli Hoeneß ins Klinikum Großhadern in München verlegt, und er erholte sich bald. In der Zwischenzeit besetzte Paul Breitner auch das Managerbüro beim FC Bayern. Wer ungebeten eintrat oder sich gar breit machen wollte, bekam es mit ihm zu tun. »Er hat sie alle weggebissen«, stellte Hoeneß fest, als er an einen aufgeräumten Schreibtisch zurückkehrte. »Diese Erlebnisse haben uns zusammengeschweißt.« Aus der Zweck- und Schicksalsgemeinschaft war eine Freundschaft fürs Leben geworden. Ein neues Real Madrid? An jenen Tagen war die Welt nicht groß genug für ihren Ehrgeiz.

Drei Monate später, am 26. Mai, richtet man sich im Münchner Rathaus auf eine große Feier ein. Im Amtszimmer 103 soll am nächsten Tag der neue Europapokalsieger der Landesmeister empfangen werden. 12 Flaschen Moët & Chandon stehen bereit, exakt auf sechs Grad gekühlt, ein Florist hatte Nelkensträuße geliefert, sorgsam gebunden in den rot-weißen Vereinsfarben. Niemand zweifelt daran, dass der FC Bayern München am Abend im Finale in Rotterdam als Sieger vom Platz gehen würde. Bis zur 66. Minute des Spiels.

Bis dahin haben die Münchner hoch überlegen gespielt. Von einer »wahren Kanonade« aufs Tor des Gegners aus Birmingham berichtet hinterher die *Süddeutsche Zeitung*. Karl-Heinz Rummenigge setzt einen Fallrückzieher nur Zentimeter neben das Ziel, Udo Horsmann wuchtet einen Kopfball unerreichbar für den Torwart ins lange Eck, doch der englische Verteidiger Swain kann klären. Selbst Bernd Dürnberger, den alle nur den »Wipf« nannten, wohl weil er für gewöhnlich neunzig Minuten lang um den gegnerischen Spielmacher herumspukte wie ein böser Waldgeist, sogar der Wipf lässt sich zu einem Kunstschuss inspirieren, scheitert jedoch am Schlussmann der Briten.

Mit jeder vergebenen Chance verfinstert sich die Miene von Trainer Csernai ein bisschen mehr, einige der Ersatzspieler halten die Hände vors Gesicht.

Das Unausweichliche folgt prompt: Wolfgang Dremmler rutscht auf Höhe der Mittellinie an einem Pass vorbei. Der Brite Shaw schnappt sich den Ball, spurtet damit über links und zieht den Ball kurz vor der Torauslinie scharf in Richtung Elfmeterpunkt, in den Rücken von Weiner und Augenthaler – und dort wartet Peter Withe.

Withes Tor war das Ende einer Ära.

Breitner wurde nicht Beckenbauer.

Und der FC Bayern nicht Real Madrid.

Schon kurz nach dem Abpfiff ergossen sich der Trainer und die Spieler in gegenseitigen Schuldzuweisungen. Rummenigge und vor allem Breitner hätten weit unter ihrer Form gespielt, diktierte Pal Csernai der Presse und beglückwünschte Aston Villa zu einem verdienten Sieg.

»Soll ich mich erschießen?«, kläffte Breitner zurück, ehe er sich betrinken ging.

Anderntags wagte es Csernai sogar, die mitgereiste Hildegard Breitner nicht zurückzugrüßen.

»Paul, das darfst du dir nicht gefallen lassen«, bedrängte sie ihn auf dem Heimflug.

Die Revolution war drauf und dran, ihre Kinder zu fressen, und die Frauen diktierten die Speisekarte.

Auf dem Empfang bei Oberbürgermeister Erich Kiesl, den man nun nicht mehr abblasen konnte, erschien der Ungar Csernai gar nicht erst. Und Breitner wütete: »Es fehlt einer. Der zeigt damit, dass er nicht hinter der Mannschaft steht.« Die versammelten Honoratioren verzehrten trotzdem die ausgelöste Entenbrust an frischen Pfifferlingen und Karottenrösti, aber die Tage des Seidentuchträgers, zweitwichtigster Verbündeter der fabulösen Breitnigge, waren gezählt.

Der Groll über die verpasste Chance nervte Paul Breitner noch auf der anschließenden Fußballweltmeisterschaft in Spanien. Bundestrainer Jupp Derwall hatte den Spielmacher zurückgeholt, damit dieser dem phantasielosen Team »die Glocken läute«. Stattdessen schleppte sich Breitner müde und missmutig über den Platz: ein lahmender Leithammel, an dem vorbei eine ungeschlachte, orientierungslose Truppe herumstolperte. Abendliche Rotweingelage im Mannschaftshotel Principe de Astrurias in Gijón oder einer der nahen Strandbars hoben weder die Laune noch das fußballerische Niveau. Hans Eiberle, der das deutsche Team seinerzeit für die *Süddeutsche Zeitung* begleitete, erinnert sich: »Breitner war nicht fit und mit sich nicht im Reinen. Und er hat mit seiner miesen Stimmung alle runtergezogen.«

Auch jenseits des Spielfeldes.

Deutschland wurde trotz allem Vizeweltmeister. Doch eine Blamage gegen Algerien, der legendäre Nichtangriffspakt gegen Österreich und das Halbfinale gegen Frankreich mit dem brutalsten Foul des gesamten Wettbewerbs ist alles, was der Welt von der deutschen Nationalmannschaft jenes Turniers in Erinnerung geblieben ist.

Vielleicht noch ein Endspiel, in dem die deutsche Mannschaft dem italienischen Team auf eine Weise unterlegen war wie nie zuvor eine Mannschaft einer anderen in einem Weltmeisterschaftsfinale.

Immerhin gewährten die Italiener Paul Breitner kurz vor Schluss beim Stande von 0:3 sein einziges Tor.

Sein Traum war ein anderer gewesen.

DFB-Pokalfinale in Frankfurt, 1. Mai 1982: Dieter Hoeneß macht das Spiel seines Lebens.

6. Stark wie die Stier' (1982–1987)

Elfmeter

Es ist ein weißer Klecks von etwa zwanzig Zentimetern Durchmesser, und er sieht aus, als habe jemand eine Tüte Puderzucker vom Himmel fallen lassen und mitten in den Strafraum getroffen. Fußballer geben ihm seit je das Attribut »ominös«, als umwehe ihn tatsächlich ein süßer Geruch oder ein Hauch des Anstößigen. Im offiziellen Sprachgebrauch heißt er Elfmeterpunkt, und er gemahnt seit 1902 auf allen Fußballplätzen der Welt an eine dem Mannschafts- und Kampfsport Fußball völlig zuwider laufende Situation: Herausgelöst aus der Gruppe und isoliert vom normalen Spielgeschehen, tritt ein Spieler von dieser Markierung, die nach den internationalen Regeln exakt zwölf Yards oder 10,9728 Meter vom Tor entfernt ist, gegen den Torhüter an.

In der Bundesliga werden drei von vier Strafstößen verwandelt.

Ein mit durchschnittlicher Schärfe getretener Ball saust mit rund einhundert Stundenkilometern aufs Ziel, was dem Torwart nicht mehr als eine halbe Sekunde Zeit lässt, die Flugbahn des Balles so zu bemessen, dass er ihn abwehren kann. Trotzdem scharren und trampeln viele Schützen zuvor auf dem Kreidefleck herum wie auf einem gefährlichen Insekt. Andere kauern davor nieder und murmeln leise eine Beschwörungsformel. Tore vom Elfmeterpunkt gelten im Grunde als unwürdig. Ruhm ist damit kaum zu erzielen, weil vom Schützen das Tor erwartet wird. Um so nachhaltiger ist die Schmach, wenn er verschießt. Elfmeterschießen ist die undankbarste aller Aufgaben im Fußball – zur Hölle wird die Übung, wenn der Schuss über Sieg oder Niederlage entscheidet.

Wer wüsste das besser als Uli Hoeneß.

Im Europameisterschaftsendspiel 1976 jagte Hoeneß einen Strafstoß in den Nachthimmel von Belgrad und musste deshalb Minuten später zusehen, wie die Außenseiter aus der Tschechoslowakei die Trophäe liebkosten.

Die Titelverteidiger aus Deutschland hatten zuvor einen Rückstand von 0:2 wettgemacht, und ursprünglich hatte Franz Beckenbauer in seinem 100. Länderspiel den Triumph vollenden sollen. Beckenbauer hätte damals wahrscheinlich aus dreißig Metern eine Mücke von der Torlatte schießen können, und er traf noch im gesetzten Alter von einem vollen Weißbierglas in die Torwand des ZDF-Sportstudios. Doch die Vorstellung, mit dem Stigma eines solchen Fehlschusses leben zu müssen, ließ selbst den Kapitän und Kaiser erschaudern, das 7,97 Meter breite und 2,44 Meter hohe Tor auf Zwergengröße schrumpfen und den Ball das Gewicht einer Waschmaschine annehmen.

Und so reichte er ihn weiter an Uli Hoeneß.

Der sträubte sich zunächst ebenfalls. Dann aber schaute er sich um, sah den fordernden Blick von Assistenztrainer Jupp Derwall und daneben allein den völlig entkräfteten Kölner Stürmer Dieter Müller – und fügte sich: »Einsam spazierte ich auf den weißen Punkt zu, rings um mich die Sahara. Uli, reiß dich zusammen, du musst, du musst. Ich lief an, ich schoss, ohne auf den Torwart zu blicken. Ich schaute dem Ball nach, sah ihn immer höher steigen. Wie eine Weltraumrakete von Cape Kennedy sauste er in Richtung Wolken. Da kam kein Torwart mehr ran, niemand konnte ihn halten, so hoch flog der. Nur im Tor war er nicht gelandet, der Ball. Es wurde leer um mich herum. Ich stolperte zurück. Es war wie im Film um mich herum. Ich ließ mich treiben – willenlos.«

Eine epische Saison

Als ziemlich genau zehn Jahre später im Bremer Weserstadion ein Pfiff ertönt, schlägt Uli Hoeneß nur kurz die Hände vors Gesicht. Während um ihn ein Chaos losbricht, bleibt er erstaunlich gefasst – er hält Trainer Udo Lattek zurück, der mit hochrotem Kopf aufspringt und droht: »Den Schiri erwürg ich!« Er ruft Lothar Matthäus zur Ordnung, der laut pöbelnd an der Außenlinie entlangrast: »Das Arschloch will uns abschießen« – und wirft sich resolut ins Getümmel aus Spielern, Reservisten und Betreuern, die am Spielfeldrand mit dem Ordnungsdienst ringen.

Es ist ein kühler Dienstagabend im April 1986, der SV Werder spielt gegen den FC Bayern München, und in der 88. Minute gibt Schiedsrichter Volker Roth aus Salzgitter einen Elfmeter für das Heimteam. Es steht 0:0, der Unparteiische meint, ein Handspiel des Bayern-Spielmachers Sören Lerby im eigenen Strafraum gesehen zu haben. Und jedem der rund 32 000 Menschen im Stadion ist klar, dass das Spiel damit entschieden ist. Denn in der Elf von Werder Bremen steht der zielsicherste Elfmeterschütze im deutschen Profifußball, ein Verteidiger mit der Statur eines Zehnkämpfers und dem Namen Michael Kutzop. Für seinen alten Club Kickers Offenbach hatte er 22 von 22 Strafstößen verwandelt, für Bremen ist er allein in dieser Saison acht Mal angetreten und genauso oft als Torschütze wieder abgedreht.

»Als der Pfiff kam, hatte ich das Spiel abgehakt«, erinnert sich Udo Lattek.

Uli Hoeneß hingegen hatte für den Abend im Mannschaftshotel eine kleine Feier organisiert, und er sah keinen Grund, die Sache jäh abzublasen. Es war der vorletzte Spieltag der Saison – und eine Niederlage des FC Bayern hätte Werder Bremen vorzeitig die Deutsche Meisterschaft beschert.

Ein umstrittener Strafstoß in der Schlussphase eines entscheidenden Spiels – gegen den FC Bayern München. Ein kleiner, spitznasiger Mann mit Nickelbrille, sauber getrimmtem Schnurrbart und von der Schädelmitte sich ausbreitender Glatze wähnte sich am Ziel seiner Träume: Der unheimliche, übermächtige Gigant aus dem Süden schien endlich vom Glück verlassen und seinem gerechten Schicksal entgegenzutreiben – auf diesen Moment hatte er jahrelang gewartet.

Hingearbeitet.

Hingelebt.

Und er glaubte sich dabei im Einklang mit »der Mehrheit der Deutschen«.

Der Mann hieß Willi Lemke, war in jungen Jahren bereits Landesgeschäftsführer der SPD in Bremen gewesen und inzwischen Manager des SV Werder. In seinem Büro hing ein Plakat aus den zwanziger Jahren, das zum »Kampf dem bürgerlichen Fußball« aufrief. Und dieser Kampf schien ihm in den achtziger Jahren gebotener denn je, da ein einziger Club die Liga auf eine Weise dominierte, dass nur die finsteren Mächte des Großkapitals dahinter stecken konnten.

»Der FC Bayern München – das sind die Reichen, die Starken, die Großen. Das sind die, die hier alles wegkaufen, die mit breiten Ärmeln und Ellenbogen kämpfen«, so predigte er. Seinen Club sah er selbstverständlich als das exakte Gegenmodell: »Werder, wir wollen etwas anderes sein. Bodenständig, volksnah, die Jungs von nebenan. Sie sollen neunzig Minuten lang verdeutlichen, dass sie rennen und schuften und arbeiten, damit die Leute sehen, dass sie eine Gegenleistung für ihr Geld bekommen. Das ist das A und das O.«

Lemke war 1981 zu Werder Bremen gestoßen, einem Verein, der lange Jahre im Niemandsland des unteren Bundesliga-Mittelfelds dahin vegetiert und 1980 in die Zweite Liga abgestiegen war. Mit Lemke als Manager und einem neuen, zuvor bei einem halben Dutzend Clubs gescheiterten Trainer namens Otto Rehhagel änderte sich die Erfolgskurve von Werder Bremen dramatisch: Dem sofortigen Wiederaufstieg folgte bereits 1982 ein fünfter Platz, 1983 wurde Werder Vizemeister, und 1985 stand nur ein Team dem Titel im Weg – der FC Bayern München.

Vor allem Rehhagel, ein Bergmannssohn aus Essen und ehedem Vorstopper bei Hertha BSC und dem 1. FC Kaiserslautern, verkörperte dabei das Bild des ehrlichen Arbeiters, der den vermeintlichen Schnöseln und kaltherzigen Zynikern aus München wacker die Stirn bietet. Er bezeichnete sich gern als »Kind der Bundesliga«, ließ selten eine Möglichkeit aus, um seinen Weg »aus den Trümmern, dem Hunger, der Not« in die gesellschaftliche Bedeutung zu verklären, und wies in zwanghafter Regelmäßigkeit darauf hin, »dass man im Leben nichts geschenkt bekommt«. Den Zusatz, »es sei denn, man ist beim FC Bayern München«, konnte er sich zwar verkneifen, stattdessen sagte er ungefragt Dinge wie: »Wenn man so viel Erfolg hat wie die, dann darf man nicht so tun, als ob die anderen nichts wären. Das kann ich nicht haben. Ich komme aus dem Ruhrgebiet, wir sind einfache Leute.«

Die Masche zog. Erst recht, als die irritierten Bayern den Ball zurücktraten.

Udo Lattek nannte den Kollegen Rehhagel einen »total verklemmten Jungen«.

Uli Hoeneß ließ seinem Bremer Kollegen Lemke ausrichten, er sei ein »Volksverhetzer«. Spätestens in der Saison 1985/86, als sich ein erneuter Zweikampf zwischen dem FC Bayern und Werder Bremen abzeichnete, war die Rivalität der beiden Clubs zur Glaubensfrage geworden: Arm gegen Reich, Arbeit gegen Kapital, Gut gegen Böse – selbst die Redakteure der Münchner Zeitschrift *Trans Atlantik* erlagen der Mär von den Millionarios gegen die aufrechten Underdogs, die »den Fußball zurück ins Volk« brächten; die alternative *taz* strich den

FC Bayern München zeitweise montags aus der Bundesligatabelle.

Den vorläufigen Höhepunkt erreichte die Auseinandersetzung an einem nieseligen Samstag im Spätherbst 1985, am vorletzten Spieltag der Hinrunde. Bremen reiste mit drei Punkten Vorsprung ins Münchner Olympiastadion, und die Bayern gewannen 3:1.

Das Spiel war ziemlich früh entschieden, womöglich mehr als dieses Spiel.

Nach nur zwanzig Minuten jedenfalls hatten die Hausherren den Herausforderern aus dem Norden vorexerziert, was den FC Bayern damals zum Ausnahmeteam machte: lässiges, fast schon arrogantes Selbstbewusstsein und unnachgiebige Professionalität beim Umsetzen desselben.

Zunächst erreicht ein Pass von Sören Lerby den aufgerückten Norbert Nachtweih, einen in der DDR ausgebildeten, meist defensiv eingesetzten Alleskönner, dessen formidable Vorne-kurz-hinten-lang-Frisur stets ein wenig darüber hinwegtäuschte, dass er die womöglich größte Künstlernatur im Bayernkader jener Tage war. Nachtweih also hebt den Ball mit einem Rückzieher über seinen Bewacher Thomas Schaaf, lässt, noch während er sich um die eigene Achse dreht, auch Torwart Burdenski aussteigen, wartet einen Augenblick, bis der verzweifelte Schaaf ins verwaiste Tor geeilt ist – um die Kugel lässig über dessen Kopf ins Tor zu schlenzen.

Praktisch im Gegenzug startet Rudi Völler von der Mittellinie aus zu einem Sololauf. Er enteilt Lerby, schüttelt auch Hartmann ab; in der Geschwindigkeit und Anmutung eines fliehenden Wildpferdes prescht er über das Gras, das dauergewellte Nackenhaar in die Waagrechte geblasen.

Schließlich hat er nur noch Klaus Augenthaler vor sich, einen Betonpfeiler von einem Mann. Und der Kapitän und Abwehrchef der Bayern hat etwa eine Sekunde Zeit, zu überlegen, was er tun soll. Bis heute wird diese Szene gerne im Fernsehen wiederholt. Vom einsamen Verteidiger im Angesicht dieser herannahenden Stampede, der keine Chance hat gegen diese entfesselten Kräfte, dem auch kein Gebet mehr hilft und der das weiß. Der Mann, den sie Auge nennen, der wortkarge Weißbierfreund und Hobbyfischer, lässt sein rechtes Bein wie einen Angelhaken in die vorbeirauschende Staubwolke schnellen – und erwischt Völler knapp oberhalb des Sprunggelenks. Erst fünf bis sechs Meter weiter kommt der Stürmer zur Landung, überschlägt sich dabei noch ein paar Mal und bleibt, sich vor Schmerz windend, liegen.

»Ich wollte den Ball spielen«, wird Klaus Augenthaler später sagen. »Gegen Völler den Ball zu spielen, das ist unmöglich, der ist zu schnell«, rechtfertigte Udo Lattek das Foul. Völler jedenfalls, der Star des Werdersturms und der Nationalelf, der über alle Grenzen geliebte Rudi, wurde mit einem Adduktorenabriss vom Platz getragen und blieb fünf Monate lang außer Gefecht. Und der FC Bayern München, dank Lemkes und Rehhagels Propagandafeldzug sowieso im Verdacht, sich den Erfolg mit schmutzigen Mitteln zu erschleichen, galt jetzt endgültig als Mafiabande.

Für den Rest der Saison schlug den Bayern und insbesondere deren Kapitän echter Hass entgegen, wo immer sie auftraten. Schon nach der nächsten Partie in Mönchengladbach durfte Klaus Augenthaler feststellen: »Heute bin ich Freiwild gewesen. Die haben versucht, mich umzuhauen.« Der Kapitän, sonst ein Mensch mit dem Gemüt eines Kutschers, geriet völlig außer Tritt, verlor seinen Platz in der Nationalmannschaft und dachte zeitweise schon ans Aufhören – zumal die Aggression Formen annahm, die den Niederbayern um sein Leben fürchten ließen.

Schon Wochen vor dem Rückspiel in Bremen waren Morddrohungen beim FC Bayern eingegangen, darunter einige, die Präsident Fritz Scherer als so ernsthaft einstufte, dass er Personenschutz anordnete: »Wir wollen nichts riskieren und haben zwei Münchner Polizeibeamte gebeten, in ihrer Freizeit zur Verfügung zu stehen«, verkündete er mit ernster Miene. Fortan waren zwei grimmig dreinschauende Männer mit Sonnenbrillen Augenthalers ständige Begleiter, ein kleiner, stiernackiger und ein großer, massiger, nicht ganz so breit wie ein Kieslaster. Augentaler spricht heute von den »schwersten Tagen meines Lebens.« Am Tag vor der Ankunft des Bayern-Trosses ging am Bremer Flughafen eine Bombendrohung ein.

Das Spiel fand an einem Dienstagabend statt, weil zu Beginn der Rückrunde ein kompletter Spieltag wegen des besonders miesen Winters ausgefallen war und die nahende Fußballweltmeisterschaft in Mexiko einen straffen Terminplan forderte. Das Fernsehen übertrug die Partie live. Schon am Nachmittag hatte eine Gesandtschaft des ZDF das Vereinslokal von Werder in Beschlag genommen, um eine Sonderausgabe des »Aktuellen Sportstudios« vorzubereiten, in welcher Dieter Kürten vom neuen Champion künden und vor versammelter Nation mit Otto Rehhagel das erste Glas des Meistersekts erheben würde. Auch Meisterwimpel waren bereits gedruckt sowie an die hundert Seiten einer Jubelbroschüre, mit Gratulationen örtlicher Kaffeeröster und Elektrofirmen.

Trotz des Ausfalls von Rudi Völler hatte Bremen die Tabellenführung nicht mehr abgegeben, die Bayern lagen zwei Punkte dahinter, mit einem geringfügig besseren Torkonto, und es war der vorletzte Spieltag der Saison.

Ein Sieg, und über allen Stadien ist Ruh.

»Rache für Rudi!«, forderten Bremer Fans vor dem Spiel und heizten damit die Atmosphäre auf.

Ein Scheitern war nicht vorgesehen, denn Werder hatte seit dem Wiederaufstieg 1981 jedes Heimspiel gegen die Bayern gewonnen. Außerdem war Rudi Völler wieder im Aufgebot.

Werder Bremen würde an diesem Abend des 22. April 1986 Fußballgeschichte schreiben, das war beschlossene Sache.

Und offenbar hatten die meisten Bayern längst aufgegeben.

Als Udo Lattek die Spieler am Abend zuvor zur Besprechung versammelte, blickte er in trübsinnige Gesichter.

Dieter Hoeneß hatte das Kinn auf die breite Brust sinken lassen, Lothar Matthäus blätterte lustlos in einer Zeitschrift, und keiner sprach ein Wort. Lattek, den auch leise Anzeichen von Schlaffheit normalerweise zu mittleren Tobsuchtsanfällen nötigten, sprach mit gedämpfter Stimme in die Runde: »Als wir vier Punkte hinten waren und ich gesagt habe, wir packen es noch, da haben alle gesagt, der Lattek spinnt. Jetzt sind wir nur noch zwei Punkte hinten, und ich sage noch immer, wir packen es noch.«

Natürlich wusste er, dass er selbst am Abgrund stand.

Bayern hatte eine schlechte Saison gespielt. Im Europapokal bereits im Viertelfinale ausgeschieden gegen den RSC Anderlecht. Die Meisterschaft war eine Art Minimalziel.

Aber auch da gab es weniger echte Hoffnung als nur diesen dummen Spruch, an dem Lattek sich festhielt wie an einem Fallschirm. »Ich hab schon Pferde kotzen sehen.«

Der Trainer verkündete noch, dass er den jungen Stürmer Reinhold Mathy für den Defensivabräumer Holger Willmer ins Team nehmen werde, »damit die Bremer merken, dass wir selbstbewusst sind«. Dann beschied er: »Geht früh ins Bett, morgen braucht ihr alle Kräfte«. Damit war die Sitzung beendet.

Torwart Jean-Marie Pfaff blieb als Einziger sitzen. Der Belgier gab sich zwar in der Öffentlichkeit als ewig gut gelaunter Sunnyboy, in Stresssituationen aber wurde er oft melancholisch und bedurfte besonderer Zuwendung des Trainers.

»Was ist, Jean-Marie?«, fragte Lattek.

»Trainer, ich habe ein ungutes Gefühl.«

»Jean-Marie, die Sache ist ganz leicht«, sagte Lattek. »Du hältst einfach jeden Ball.«

»Und wenn's Elfmeter gibt?«

»Dann ist die Sache auch ganz leicht. Der Kutzop hat immer

denselben Trick. Er läuft an, verzögert kurz, um zu schauen, welche Reaktion der Torwart zeigt, und dann schießt er in die andere Ecke. Also bleib stehen. Bleib einfach ganz ruhig stehen.«

Als die Spieler des FC Bayern im Weserstadion einliefen, mussten sie sich vorkommen wie die Todgeweihten in einem römischen Zirkus. Das Publikum grölte und pfiff, als ihre Namen aufgerufen wurden. Das Publikum grölte und pfiff, als der Bayern-Kapitän vor dem Anpfiff zur Werder-Bank lief und Rudi Völler als, zugegeben, späte Entschuldigung einen Blumenstrauß überreichte. Und als es dann endlich losgegangen war, grölte und pfiff das Publikum, wann immer ein Spieler in Rot auch nur in die Nähe des Balles kam.

Und die Bremer machten Ernst. Immer wieder brechen die schnellen Außen Norbert Meier und Johnny Otten durch. Immer wieder schwirren flatternde Flankenbälle vors Münchner Tor, wo der zwei Meter große Bremer Mittelstürmer Frank Neubarth aus dem Getümmel ragt. Wie in einem Handballspiel schnüren die Bremer den Strafraum der Bayern ein, mit dem ausgefuchsten Altstar Manfred Burgsmüller als Art Kreisläufer, und oft kommt minutenlang kein Münchner an den Ball. Allein der vom Publikum lauthals als »Hackethaler« geschmähte Klaus Augenthaler verschafft dem Meister hin und wieder Luft.

Ansonsten retten Pfaff und der Pfosten das 0:0 in die Pause.

Die meisten Beobachter sind sich einig: Die Bremer Führung ist nur noch eine Frage der Zeit. Und danach würde es für die Bayern unmöglich sein, das Spiel noch mal zu wenden. Die Abwehr um den hünenhaften Kutzop und vor allem den österreichischen Routinier Bruno Pezzey würde den Strafraum dicht halten. Nur Udo Lattek verbreitet weiter Zuversicht: »Jungs, ihr müsst denen den Schneid abkaufen«, sagt er in der Kabine. »Irgendwann verlieren sie die Nerven.«

Als Mitte der zweiten Halbzeit noch immer kein Schuss der

Heimmannschaft sein Ziel gefunden hat, kippt die Stimmung tatsächlich. Die Bremer werden nervös, holprige Fernschüsse und weite Schläge in den gegnerischen Sechzehnmeterraum atmen den Geist von beginnender Panik. Die Bayern wittern ihre Chance. Und sie erinnern sich daran, dass Werder-Kapitän Benno Möhlmann vor dem Spiel sagte: »Wir können aus eigener Kraft Meister werden.« Er sagte »können«. Er sagte nicht »werden«. Und auch nicht »müssen«. Hatten die Burschen am Ende doch Zweifel?

Die Männer um Klaus Augenthaler sehen die Kräfte von Werder schwinden und starten zur Gegenoffensive.

Der Tonfall der Massen ist längst vom fauchenden Lärmen in ein sorgenschweres Stöhnen umgeschlagen. Einen Freistoß von Lothar Matthäus wischt Torwart Burdenski gerade noch mit den Fingerkuppen aus dem Kreuzeck. Ein Schuss von Roland Wohlfarth landet scheppernd am Pfosten. Minuten vor dem Ende zieht Otto Rehhagel seinen letzten Trumpf: Er wechselt Rudi Völler ein. Getragen von einem mächtigen Jubelsturm betritt der Stürmer den Rasen, es ist sein erster Einsatz seit dem Foul von Klaus Augenthaler im Hinspiel; in der Zeit der Genesung hat sein Haar einen Anflug von Grau bekommen.

Er ist kaum auf dem Platz, da landet ein weiter Ball von Michael Kutzop in der Hälfte der Bayern, der Ball springt knapp vor der Sechzehnmeterlinie auf, wo Sören Lerby bereits zum Kopfball ansetzt. Ein unvermuteter Drall lässt das Leder jedoch leicht nach links abdriften – genau dorthin, wo Völler lauert. Was danach passierte, ist bis heute nicht zweifelsfrei zu ermitteln. Fest steht nur, dass Völler in den Strafraum eindringt und dass Lerby hinterherstrauchelt, sich in den Schuss des Stürmers wirft – und ihn der Ball trifft.

An der Hand, meint Schiedsrichter Roth.

Roth pfeift.

Bayerns Assitenztrainer Egon Coordes knallt vor Wut einen Ball auf die Tribrüne.

An der Strafraumgrenze rempeln sich die Spieler an. Minuten vergehen, ehe Roth das Geschehen wieder unter Kontrolle hat.

Im Bremer Weserstadion ist es still wie am Südpol, als Michael Kutzop anläuft. Sechs Schritte zur Ewigkeit. Unmittelbar bevor er den Ball erreicht, unterbricht er für eine Zehntelsekunde seinen Lauf, blickt auf und … Was, zum Teufel, macht der Pfaff da? Wieso bewegt sich der Bursche nicht? Wie soll er den Ball kriegen, wenn er bis jetzt in der Mitte des Tores hockt? Pfaff sieht Kutzops Gesicht, Kreide aufwirbeln und den Ball halbhoch und verdächtig langsam nach links segeln.

»Das Geräusch, das dann folgte, höre ich noch heute«, schwärmt der Belgier. »Das Klatschen von Leder auf Aluminium. Herrlich.«

Als die Jubelstimmung schneller aus dem Stadion weicht als Luft aus einer geplatzten Papiertüte, als grünweiß gekleidete Spieler im Gras liegen und ihre Gesichter verdecken, als schließlich Otto Rehhagel vor die Kamera tritt und seinen alten Gassenhauer anstimmt, von wegen, dass man im Leben nichts geschenkt bekommt: Da wissen Udo Lattek und Uli Hoeneß, dass die Bremer Herausforderer am Ende sind. »Die sind viel zu feige, um Meister zu werden«, sagt Lattek einem Reporter. Hoeneß schweigt und genießt. Im Mannschaftshotel wird er mit seinen Jungs feiern bis in die Puppen, und er wird Sorge tragen, dass das hinterher auch jeder erfährt. Er ist zurück bei einer Erkenntnis, die ihm eine Zeit lang aus dem Sinn gekommen war: »Das Glück verfolgt mich.«

Vier Tage später verlor Werder in Stuttgart 1:2, während die Münchner ihre alten Rivalen aus Mönchengladbach im heimischen Olympiastadion mit 6:0 überrollten. 33 Spieltage war Werder Bremen an der Tabellenspitze. Nach dem 34. Spieltag hieß der deutsche Meister Bayern München.

Eine epische Saison war zu Ende.

Eine Saison, die viele Menschen Bayern München bis heute nicht verziehen haben.

Michael Kutzops Pfostenschuss war der Urknall, aus dem der Fußball in Deutschland so erstand, wie er heute ist: Es würde immer zwei Clubs geben, die um die Macht kämpfen.

Aber einer davon würde nicht genug Energie und Nerven haben, um auf Dauer Paroli zu bieten.

Der andere würde der FC Bayern München sein und am Ende oben stehen.

Abteilung Attacke

Drei schwere, schwarze BMW-Limousinen steuerten über die Ismaninger Straße in Richtung Norden, als die Meisterfeier auf dem Marienplatz ihren Höhepunkt erreichte. Dem dicken Mann auf dem Rücksitz des mittleren Wagens hätte gewiss gefallen, was die Burschen aus Freising, Penzberg, Memmingen und Herzogenaurach gerade vom Rathausbalkon über die Köpfe von mehreren tausend Landesgenossen schmetterten: »Mia san mia, stärker ois die Stier!«

Doch er war unterwegs zu einer Party, und er wollte der Erste sein.

Am Herkomerplatz bogen die Autos in eine Allee, die zu dieser Jahreszeit wie ein grüner Tunnel wirkte; ab und zu blitzte das Licht der Abendsonne durchs Geäst. Vor dem alterwürdigen Gasthaus Sankt Emmeramsmühle hielt die Kolonne an. Der Dicke stieg als Letzter aus. Er hatte die Statur eines breiten Rettichs und nach hinten gefettetes, glänzend schwarzes Haar. Über mächtigen Tränensäcken funkelten kleine Augen, und er schwitzte. Und noch ehe der Chef des Hauses zu einer Begrüßungsrede ansetzen konnte, bestellte der Mann eine Halbe.

»Sehr wohl, Herr Ministerpräsident«, erwiderte der Wirt.

Franz Josef Strauß saß bereits am gedeckten Tisch, als eine Stunde später die Verantwortlichen und Spieler des FC Bayern beim Festbankett eintrudelten. »Ich freue mich wie ein Kind über die Meisterschaft«, sprach der Überraschungsgast und bestellte sich noch eine Halbe. Bis weit in die Nacht sah man Strauß zechen. Mehrmals torkelte Udo Lattek ziemlich nah an ihm vorbei. Hinterher beteuerte der Trainer: »Ich war so besoffen, dass ich überhaupt nicht mitbekommen habe, dass der Ministerpräsident da war.« Strauß hielt seine Leibgarde zurück, als ihm ein Reporter der *Abendzeitung* zu Leibe rückte und lallte: »Herr Ministerpräsident, Sie waren doch damals Landrat in Schongau. Da haben'S meinen Vater einsperren lassen wegen Schwarzschlachtung.« Ein zweiter Annäherungsversuch erwies sich dann allerdings als einer zu viel: »Herr Ministerpräsident, Sie sind doch ein mächtiger Mann. Können'S nicht dafür sorgen, dass überall Frieden herrscht in der Welt?« Schwarzschlachtung ging noch, nicht aber Weltfriedensrichter. Der Mann wurde aus dem Saal gezerrt. Franz Josef Strauß schnaufte, als müsste er eine Luftmatratze aufblasen. Er wandte sich wieder seinem Bier zu.

Uli Hoeneß registrierte das Treiben mit Vergnügen. »Dass der Herr Strauß da ist, das ist für mich die größte Freude«, sagte er. Nicht dass die Gesellschaft des CSU-Chefs für Hoeneß etwas Ungewöhnliches gewesen wäre. Der Mann erschien sogar bei seiner Hochzeit. Aber in dieser Stunde war die Anwesenheit des Politikers für Hoeneß ein besonderer Triumph. Wie Jahre zuvor der Kanzlerkandidat Strauß hatte auch er sich einer landesweiten Hass-Kampagne erwehren müssen. Wie Strauß und seine Partei hatte man auch den FC Bayern eine Bande gefährlicher Gangster geziehen, die mit allen Mitteln zu Werke gehen, nur nicht mit den erlaubten. Und gab es damals wie heute nicht ein und denselben einfachen Grund? Als alles losging, hatte Hoeneß noch gerätselt: »Wenn ich wüsste, was die gegen uns haben?« Jetzt wusste er, es ist nichts als Missgunst und Neid gegen: die Bayern!

Strauß wurde gestoppt.

Uli Hoeneß aber hatte die Nummer durchgezogen, und er würde sie weiter durchziehen. Künftig würde er jeden, der sich dem Gedeihen des FC Bayern entgegenstellt, bekämpfen, bedingungslos und frontal, ein falsches Wort genügt. Der Abend des 26. April 1986 war die Geburtsstunde dessen, was er selbst später als »Abteilung Attacke« bezeichnete.

Draußen dämmerte schon der Morgen, als der Manager des FC Bayern München noch einen Gruß zu Willi Lemke an die Weser schickte: »Der muss lernen, dass er nicht mehr bei der SPD ist, die nur an zweiter Stelle steht und hoffentlich noch lange dort stehen wird.«

Als die Berichte über die denkwürdige Meisterfeier in der Sankt Emmeramsmühle die Runde machten, sahen die Bayern-Hasser sich selbstverständlich in ihrem Urteil bestätigt: Hier raubt der schnöde Mammon dem kleinen Mann den Fußball! Hier übt ein mafiöses Kartell Verrat am Sport. Es war eine andere, eine neue Form der Antipathie als die, die Hoeneß zu seiner aktiven Zeit erlebt hatte.

Die Legende vom Geld

Damals, in den wilden Siebzigern, flog bei einem Gastspiel im Essener Stadion an der Hafenstraße schon mal ein Messer aus dem Fanblock und blieb wenige Meter vor Sepp Maier im Gras stecken. In Mönchengladbach wurde regelmäßig gegen den Mannschaftsbus der Bayern getreten; auch sagten Maier und Bulle Roth zu einer handfesten Keilerei mit dem pöbelnden Mob nicht immer Nein. Dennoch fieberte das ganze Land vor dem Fernsehschirm, wenn sich die Männer um Franz Beckenbauer mit Europas Spitzenteams maßen.

Insbesondere Beckenbauer polarisierte die Nation natürlich durch seinen Stil. »Franz, du Drecksau« war in den Stadien von Duisburg, Bochum und Gelsenkirchen ein beliebter Schlachtruf, den der Kaiser schon mal mit dem blanken Gesäß erwiderte.

Eine ideologische oder gar politische Dimension hatte die Sache aber nie.

Auch wenn sich Beckenbauer ungeniert als glühender Fan der christlich-sozialen Staatspartei in Bayern outete und den sozialdemokratischen Kanzler Willy Brandt ein nationales Unglück nannte, so waren es doch eher die tänzerische Leichtigkeit und schweißlose Eleganz seines Spiels, was die Leute in den Bundesligastadien aufbrachte. Dort hatte man gefälligst zu malochen für sein Geld. Soll er mit seinen Mätzchen in Gottes Namen die Weltmeisterschaft holen! Der in den siebziger Jahren entstandene Evergreen »Zieht den Bayern die Lederhosen aus!« (auf die Melodie des Beatles-Songs »Yellow Submarine«) zeugt vielleicht am besten vom tendenziell sinnfreien und im Grunde rein folkloristischen Charakter der damaligen Auseinandersetzungen. Was sich aber ab Mitte der Achtziger in den deutschen Fußballarenen zusammenbraute, hatte das Ausmaß einer Hysterie. »Das hatte Züge, die einfach nicht mehr lustig waren«, erinnert sich Dieter Hoeneß.

Und letztlich nur einen Hintergrund: In den Jahren zwischen 1985 und 1990 holte der FC Bayern München fünf nationale Meisterschaften. Nie zuvor war die Bundesliga so sehr von einem einzelnen Verein dominiert worden – und keiner hatte eine rationale Erklärung dafür. Ein ausgebuffter Sozialdemokrat wie Willi Lemke hatte leichtes Spiel, die simpelste aller Wahrheiten heranzuziehen und dem kleinen Mann in der Fankurve als des Rätsels Lösung aufzutischen: Geld ist die Wurzel allen Übels.

Die galt wohl auch weiterhin. Nur nicht unbedingt für die Bayern. Das Wedeln mit dem Scheckbuch, wann immer ein Talent über die Graßnarbe lugte, war vor allem den anderen vorbehalten. Der erste deutsche Club, der bei einem Spielertransfer die Barriere von einer Million Mark durchbrach, war der 1. FC Köln mit der Verpflichtung des Belgiers Roger van Gool im Jahre 1976. »Einen van Gogh hätte man dafür kaufen können«, frotzelte seinerzeit Jean Löring, der Präsident des maroden Lokalrivalen Fortuna. Mit dem dribbelstarken Rechtsaußen aus Belgien holte Köln prompt eine Spielzeit später das Double.

Der erste deutsche Club, der mehr als zwei Millionen Mark für einen Spieler ausgab, war ein Jahr später der Hamburger SV, der dem FC Liverpool Kevin Keegan abkaufte. Der dauergewellte Kapitän der englischen Nationalmannschaft beflügelte die Hamburger zu einem Höhenflug, der bis in die frühen Achtziger anhielt – da war das Team drei Mal Deutscher Meister, und im Ehrenschrein am Rothenbaum glitzerten der Europapokal der Pokalsieger und der Landesmeistercup.

Auch die Rekordmarke der Achtziger setzte nicht Bayern München, sondern die Konkurrenz. Eintracht Frankfurt sicherte sich 1987 die Dienste des Ungarn Lajos Détári für eine Ablösesumme von mehr als drei Millionen Mark. Mit einem Freistoßtor sicherte er Frankfurt 1988 den Gewinn des Pokals, bevor er nach Griechenland wechselte.

Die größte Investition des FC Bayern München in jener Zeit war der Däne Sören Lerby, ein Rackergaul im vorderen Mittelfeld, dem Gegner attestierten, er würde stets mit Schaum vorm Mund spielen und auch sonst keine Etikette kennen. Nachdem Uli Hoeneß ihn drei Jahre umworben hatte, kam er 1983 für vergleichsweise bescheidene 1,8 Millionen Mark von Ajax Amsterdam an die Isar. »Und da musste der FC Bayern Kredite aufnehmen, um sich das leisten zu können«, erinnert sich Udo Lattek. »Das war eine ganz heikle Sache. Wenn das in die Hose gegangen wäre mit dem, dann hätten wir alle Gutnacht sagen können.«

Tatsächlich war an teure Einkaufstouren bei den Bayern lange Jahre nicht einmal zu denken. Als Uli Hoeneß im Frühjahr 1979 im Alter von 27 Jahren sein Amt als Manager in der Säbener Straße angetreten hatte, war der einst glorreiche Club nicht nur sportlich in die Bedeutungslosigkeit abgerutscht – der FC Bayern München stand kurz vor dem Bankrott.

Die Geschichte des kleinen Vereins aus Schwabing, die Geschichte vom Franz und vom Sepp, vom Gerd, vom Uli und vom Paul, die sich aufmachten, die Fußballwelt zu erobern, schien zu Ende.

Ein nettes Kapitel im Fußballgeschichtsbuch.

Der 1. FC Nürnberg und Schalke 04 grüßten aus dem Jenseits.

Die Sensenmänner der späten Siebziger in München trugen keine Kapuzen, sie kamen in den ordentlichen Anzügen der Steuerfahndung. Eine der ersten Amtshandlungen des Jungmanagers war es, den Beamten Einsicht in die Bücher des Vereins zu gewähren. Es war ein Blick in einen Abgrund. Hoeneß' Vorgänger hatten jahrelang große Summen als »Spesen für die Spieler« abgeschrieben. Das Finanzamt errechnete Steuernachzahlungen in Höhe von 2,5 Millionen Mark. Mit den Miesen, die der Club ohnedies hatte, saß Uli Hoeneß unversehens auf dreieinhalb Millionen Mark Schulden.

Dass Wilhelm Neudecker und Robert Schwan noch einmal eigens wegen Steuerhinterziehung zu mehreren hunderttausend Mark an Bußgeldern verdonnert wurden, war nur ein schwacher Trost. »Neudecker wollte mich verheizen«, musste der gute Hoeneß feststellen. »Er hat gemerkt, hier geht alles den Bach runter.«

Oder vielleicht doch noch nicht ganz?

Hoeneß musste sparen, um das Überleben des Vereins zu sichern. Und niemand verkörperte diese neue Politik besser als der erste Neueinkauf des Uli Hoeneß: Es war sein Bruder Dieter. Für ihn gab er 175 000 Mark aus.

»Turban-Dieter«

Der Mann war sehr groß, hatte gelocktes, aber nicht mehr allzu dichtes hellblondes Haar und ebenso hellblonde, buschige Augenbrauen, die sich an den Enden leicht nach oben zwirbelten, was ihm eine leicht musische Note verlieh. Im Grunde sah er aus wie die langsam kahlköpfig werdende und etwas robustere Version von Uli Hoeneß. Er hieß Dieter Hoeneß. Er war der neue Mittelstürmer.

Dieter Hoeneß war in seiner Jugend ein erfolgreicher Hochspringer gewesen. Auch deshalb hatte man ihn beim Fußball bis ins fortgeschrittene Teenageralter ins Tor gestellt. Erst mit zweiundzwanzig Jahren war er Fußballprofi beim VfB Stuttgart geworden.

Der Ehrgeiz seines um ein Jahr älteren Bruders ging dem »Dürren«, wie er gerufen wurde, komplett ab. Wenn Uli schweißgebadet vom Morgenlauf zurückkam, schleppte sich Dieter erst aus dem Bett. Wenn Uli sich im Trainingslager quälte und auf Sichtungsturnieren vorspielte, sah man Dieter in seinem Zimmer mit Zeichenkohle und Aquarellfarben hantieren.

»Training? Mental vielleicht«, erwiderte der kunstsinnige Jüngling auf die verständnislosen Blicke des umtriebigen Erstgeborenen.

Außerdem war er Vegetarier, »in einer Metzgerfamilie eine Katastrophe«, knurrte Uli.

Als jener längst Fußballweltmeister war und sonnabends die Fußball-Bundesliga aufmischte, studierte Dieter mit mäßigem Elan Sport in Tübingen und verbrachte die Wochenenden beim Windsurfen oder auf einer Skitour in den Alpen.

»Ich hatte mein eigenes Leben, meine eigenen Schwerpunkte«, erzählt er. Eine Karriere als Berufsfußballer gehörte tendenziell nicht dazu.

Fußball war für Dieter Hoeneß »in erster Linie Spaß«, und als ihn der VfB Stuttgart 1975 vom drittklassigen VfR Aalen, »wo ich im Grunde alles hatte, was mich am Fußball reizte«, in die 2. Bundesliga holte, war das bereits mehr, als er je vom Leben wollte.

Dieser Mann also sollte den verwaisten Platz von Gerd Müller einnehmen.

Wenn er lief, sah es immer so aus, als täten ihm die Füße weh. Wenn ihn ein Ball erreichte, schien er einer glühenden Eisenkugel entgegenzusehen. Ein kollektives Seufzen ging durchs Stadionrund, wann immer er ins Spielgeschehen eingriff. Der Bursche war eine unglaubliche Schau! Nur, was hatte er auf einem Fußballplatz verloren?

»Der Dieter war ein Antikicker und ist es im Grunde heute noch«, stöhnte Paul Breitner über die ersten Auftritte der vermeintlichen Sturmhoffnung. Trainer Pal Csernai empfand den ungelenken Hünen sowieso als einzige Provokation. Es ließ sich also sagen, »dass es einige Leute gab, die mich nicht mochten«, wie Dieter Hoeneß die Situation heute zusammenfasst.

Gegen alle Widerstände setzte Uli Hoeneß den Neuling durch. »Und dann stand ich im Stadion, im Feld spielte der eigene Bruder, und 70 000 Leute brüllten: ›Hoeneß raus! Hoeneß raus!‹ Das schmerzte wahnsinnig.« Aber es sollte sich auszahlen. Dieter Hoeneß, inzwischen vom »Dürren« zum »Langen« mutiert, würde für die Bayern in acht Jahren mehr als 100 Bundesligatore schießen. Er würde zum »Mister Europacup« geadelt werden und Eingang ins Guiness-Buch der Rekorde finden nach fünf Toren in zweiundzwanzig Minuten, 1984 im Ligaspiel gegen Eintracht Braunschweig. Am Ende seiner Karriere würde er sogar in einem echten Weltmeisterschaftsendspiel stehen.

Vor allem aber würde er der Welt einen Moment des Wahnsinns bescheren, wie man ihn stets vom Fußball erhofft und doch nur ganz selten bekommt. Es war 1982 im Finale des

DFB-Pokals in Frankfurt, und es ging gegen den 1. FC Nürnberg, der in der noch laufenden Saison, wie so oft, im Abstiegskampf steckte.

Ein Sieg der Bayern war Pflicht. Auch deshalb, weil man sich früh aus dem Rennen um die Meisterschaft verabschiedet hatte. Außerdem hatte der Pott, mit dem im goldenen Sommer von 1966 alles anfing, elf lange Jahre die Runde gemacht, ohne dass die Bayern auch nur dran schnuppern durften. In Homburg war man ausgeschieden, zu Hause dem VfL Osnabrück unterlegen, in Bayreuth gescheitert. Diese Niederlagen in der Fußballprovinz saßen tief.

Trainer Pal Csernai gab die Losung aus: »Auf Angriff spielen, mit den nötigen Vorsichtsmaßnahmen.«

Doch zunächst haut rein gar nichts davon hin. Als läge ein Fluch auf diesem grob gestanzten, mit funkelnden grünen Edelsteinen behafteten Goldkelch. Mit Scheußlichkeiten dieses Kalibers haben Seefahrer früher versucht, die Eingeborenen auf den Südseeinseln milde zu stimmen, und waren umgehend zurück ins Meer geworfen worden. Jedenfalls flattert nach einer halben Stunde ein Schuss des Österreichers Reinhold Hintermaier gegen alle Regeln der Ballistik aus vierzig Metern in den linken hinteren Winkel des Bayern-Tores. Das Staunen über dieses surreale Meisterwerk währt die komplette erste Halbzeit. Kurz vor der Pause darf dann auch noch der Nürnberger Linksaußen Werner Dreßel durch die teilnahmslose Bayern-Abwehr spazieren und zum 2:0 einschieben.

Es ist still in der Kabine der Bayern, sehr still. Pal Csernai scheint bereits zu resignieren. Mehr zu sich selbst als zu seinen Spielern redet er von der Pokalmisere der Bayern als offenbar ewigem Dauerzustand. Zu allem Ungemach gibt's Verwundete zu beklagen. Bayern-Vorstopper Bertram Beierlorzer ist so unglücklich in ein Rasenloch getreten, dass er mit gerissener Achillessehne vom Feld getragen werden musste. Und was ist eigentlich mit Dieter Hoeneß los? Das Trikot ist dunkelrot gefleckt, unter einer turbanartig um den Kopf geschlungenen Bandage sickert halbgeronnenes Blut. Der Mann muss ausgewechselt werden. Ein Wunder, dass er bis jetzt durchgehalten hat. Schon nach einer Viertelstunde ist er so heftig mit seinem Bewacher Alois Reinhardt zusammengerauscht, dass er sich eine klaffende Platzwunde zugezogen hat. Der Schädel brummt.

Nichts da, sagt Uli.

»Beiß die Zähne zusammen, wir brauchen dich.«

Der Lange schaut auf. Das ist ein Satz, den er noch nicht oft gehört hat beim FC Bayern. »Um einige Ideale« ist er ärmer geworden in den drei Jahren seines Wirkens in diesem Verein.

Jetzt soll er's auf einmal richten.

Jetzt wird er's richten!

Bayern-Doktor Wilhelm Müller-Wohlfahrt näht die Wunde ohne Betäubung mit der blanken Nadel und verpasst Dieter Hoeneß einen frischen, weißen Verband. Jetzt sieht er aus wie ein Samurai. Oder ein korsischer Freiheitskämpfer. In jedem Fall Furcht erregend.

Und er fordert den Ball. Er wirft sich ins Getümmel. Er ist überhaupt nicht mehr zu bremsen. Acht Minuten nach Wiederanpfiff legt er den Anschlusstreffer von Karl-Heinz Rummenigge auf, in der 65. leitet er den Ausgleich durch Wolfgang Kraus ein, beides mit dem Kopf. Als Paul Breitner wenig später einen Elfmeter zum 3:2 einschießt, ist das Spiel gelaufen. Aber Dieter Hoeneß hat noch immer nicht genug. Eine Minute vor dem Ende zirkelt Breitner eine Flanke in den Strafraum, vorbei an zwei umsonst sich reckenden Nürnberger Abwehrspielern, und auch für Dieter Hoeneß scheint der Ball unerreichbar.

Doch nicht an diesem Tag.

Der Lange lässt sich nach hinten fallen und stößt sich dabei mit solcher Vehemenz vom Boden ab, dass er einen Augenblick lang waagrecht in etwa anderthalb Metern Höhe in der Luft hängt – als Ball und Schädel zusammenkrachen.

4:2.

Hoeneß' hochschwangere Frau, die das Geschehen vor dem Fernsehschirm verfolgt, erleidet vor Aufregung fast eine Frühgeburt.

Bayern München ist deutscher Pokalsieger. Und »Turban-Dieter« augenblicklich eine Ikone. »Man sollte ihm das Eiserne Kreuz verleihen«, befand Präsident Willi O. Hoffmann.

Das Bild des blonden Ungetüms mit dem blutdurchtränkten Kopfverband wurde zum Leitmotiv des FC Bayern München in den folgenden Jahren. Uli Hoeneß wird die Verpflichtung seines Bruders auch noch Jahre später als den besten Einkauf seiner Manager-Karriere bezeichnen. Dass ein Mann von eher limitiertem Talent mit Disziplin, Willenskraft und der Bereitschaft, »sich eben bedingungslos für sein Team einzusetzen«, wie »der Lange« heute über seine große Stunde sagt, zum Volkshelden werden konnte, erzählt im Grunde alles über den Club in den Achtzigern. Die längste Zeit des Jahrzehnts dominierten Männer wie Wolfgang Dremmler, Hansi Pflügler, Norbert Eder oder Roland Wohlfarth das Team. Keiner davon hatte auch nur im Ansatz das Flair oder gar die Klasse der Cracks aus der Beckenbauer-Generation. Aber alle waren verlässlich, zielstrebig, entschlossen. »Die haben das Bayern-Trikot übergestreift und waren andere Menschen«, sagt Udo Lattek. »Das bekamen die eingeimpft, dass das die Chance ihres Lebens ist, für den FC Bayern zu spielen, dass sie so eine Chance nur einmal kriegen, und dann haben sie 150 Prozent gegeben.«

Der Mann mit dem Gewinnerserum hieß Uli Hoeneß. Und hatte gar keine andere Wahl. Denn die Männer, die er holte, hatten vor allem eine Eigenschaft: Sie waren billig.

Der Schlüssel hinter der mysteriösen Erfolgssträhne der Bayern lag also weder bei höheren Mächten noch in einem gewaltigen Geldspeicher, sondern, ganz im Gegenteil, wesentlich bei einem jungen Manager, der Schulden übernommen hatte und den Bankrott abwenden musste.

Willi Lemke wusste das natürlich. Otto Rehhagel ahnte es zumindest. Dafür hassten sie Uli Hoeneß umso mehr. »Geld schießt keine Tore«, war eine der holzgeschnitzten Grußformeln, die Otto Rehhagel bei jeder sich bietenden Gelegenheit nach München sandte. Udo Lattek durfte cool kontern: »Einen Nationalspieler auf der Bank sitzen zu lassen, wie Bremen es mit Uwe Reinders macht, können wir uns nicht leisten. Wir haben ja kaum einen.«

Der neue alte Trainer

1983, nach der Demission von Csernai und dem Abgang von Breitner, hatte Hoeneß seinen einstigen Ziehvater zurück an die Isar geholt. Der Schuldenberg des FC Bayern war inzwischen auf sieben Millionen Mark angewachsen, und Udo Lattek schien der richtige Mann zu sein, mit wenig bis gar keinen Mitteln um den allmählich alternden Karl-Heinz Rummenigge herum ein Siegerteam aufzubauen.

Schließlich hatte Lattek den späteren Manager selber einst aus der Provinz geholt, dazu die jungen Paul Breitner und Rainer Zobel. Auch die Verpflichtung von Rummenigge hatte er noch miteingefädelt, so sehr er das milchgesichtige Talent anschließend auch terrorisiert hatte. »Er war mir dankbar, dass ich anfangs streng zu ihm war«, beteuert Lattek heute.

Der neue alte Trainer war nach seinem Rauswurf 1975 zu dem damaligen Erzrivalen aus Mönchengladbach übergelaufen, hatte mit der Borussia zwei Deutsche Meisterschaften und den Uefa-Cup geholt und danach eher mäßig erfolgreiche Gastspiele in Dortmund und Barcelona gegeben. Er sah sich als »gewachsener Mensch und in einer ganz anderen Position« als bei seinem ersten Engagement: »Beckenbauer, Schwan, Neudecker – da konnte man gegen die Wand laufen oder sich erschießen, du hattest überhaupt keine Chance. Zum Uli sag ich: ›Geh du in dein Büro und mach deinen Job. Ich mach hier meinen.‹«

Tatsächlich genoss Udo Lattek den vollen Respekt des Mannes, den er schon als 14-Jährigen betreut und später zum Weltklassestürmer geformt hatte.

»Uli, du kannst mich ruhig duzen, wir sind jetzt Partner«, schlug Lattek an seinem ersten Arbeitstag vor.

»Tut mir Leid, Herr Lattek, das kann ich nicht annehmen, das krieg ich nicht über die Lippen.«

Es dauerte Monate, ehe Hoeneß verzagt auf das Angebot einging. Vor den Spielern und in der Öffentlichkeit blieb der Trainer »der Herr Lattek«.

Bei der täglichen Arbeit setzte Lattek, inzwischen knapp 50, auf »die Erfahrung eines alten Sackes«. Und die lehrte ihn, dass das tägliche Training auf dem Platz ein notwendiges Übel ist, das man im Zweifelsfall auch dem Assistenten oder sonst wem überlassen kann, der mal im großen Buch der Fußballübungen geblättert hat. Technisch allzu anspruchsvolle Manöver ließen sich ohnedies nicht praktizieren, und wenn, »dann waren der Norbert Nachtweih und der Dieter Hoeneß die Einzigen, die das ohne Probleme hingekriegt haben«, so Latteks sarkastischer Kommentar. Viel wichtiger und interessanter schien es ihm, die Spieler emotional zu trimmen, dies dann allerdings bis zum Äußersten. Wichtige Unterhaltungen zwischen Trainer und Angestellten liefen ungefähr folgendermaßen:

»Überleg dir mal, wer du bist und wo du herkommst! Willst du wieder dahin?«

»Nein, Trainer.«

»Also reiß dir morgen den verdammten Arsch auf! Sonst kann ich übermorgen für nichts garantieren.«

»Verdammt klar, Trainer.«

Oder:

»Hast du ein Haus, eine Frau und ein Auto?«

»Klar, Trainer.«

»Die wollen dir das wegnehmen, Junge. Dein Haus, deine Frau und dein Auto. Willst du das zulassen?«

»Verdammt nein, Trainer.«

Wenn eine Partie verloren ging, machte Lattek wutschnaubend Pech, Latte, Pfosten oder den Schiedsrichter dafür verantwortlich, selten die Mannschaft. Wenn sich seine Jungs nach großen Siegen ans Auslaufen machten, hörte man ihn auch mal feixen: »Was heißt hier auslaufen? Los, gehen wir aussaufen.«

So entstand ein Corpsgeist, der jedes Spiel, gleichgültig, wie der Gegner hieß, zu einer finalen Machtprobe machte. Und kein noch so teurer Spieler dieser Welt würde dabei jene Kämpfer ersetzen können, die den unbedingten Willen aufbrachten, allen Gefahren entgegenzutreten.

»Ein Sauhund«

Latteks Hauptakteur und gewissermaßen der Kommandoführer war Klaus Augenthaler, ein Bursche von jenem Typus, den man in seiner niederbayerischen Heimat einen »Kerndlgfuadaten« nennt: zupackend, verschlagen und das Herz am rechten Fleck.

Auge, wie ihn das Volk rief, war von robuster Statur und auf provinzielle Art gut aussehend. Schon in den Siebzigern trug er seine Haare über der Stirn kurz und im Nacken lang, und er gab auch später damit als einziger Fußballer in Deutschland einen würdevollen Anblick ab. Er kam 1975 aus Vilshofen, »aus einem guten Stamm«, und weil Selbstdarstellung dort eher unten stand auf der Liste der Dinge, die einen Mann ausmachten, ging er bei den allürenhaften Bayern-Stars erst mal »durch ein Stahlbad«.

Jupp Kapellmann empfing das Landei mit der Frage: »Kannst du eigentlich schon mit Messer und Gabel essen?« Und selbst die Münchner im Team verstanden kein Wort, wenn der Mann aus dem Bayerischen Wald den Mund aufmachte.

Die ersten Kostproben seines Könnens kamen auch nicht viel besser an. Franz Beckenbauer stöhnte: »Scho wieder so a Blinder.«

Was Augenthaler mitbrachte, war ein Schuss, der 175 Kilometer die Stunde erreichte, ein scheinbar deaktiviertes Schmerzgefühl und ein außerordentlich guter Blick fürs Spiel und für die eigene Situation: Als das Team Ende der Siebziger zerfiel, nutzte der dickfellige Abwehrrecke seine Chance und biss sich in der Stammelf fest. Wer in seinem Terrain zu grasen trachtete, verließ den Trainingsplatz bald mit Prellungen und blauen Flecken. Wer durch mangelnden Einsatz auffiel, durfte mit kaum mehr Gnade rechnen. Übermütigen Neulingen beschied er: »Ich kenne sehr wenige Hochwohlgeborene, aber viele, die sich sehr schnell so fühlen, und so spielen sie dann auch.«

Im August 1989 verewigte sich Augenthaler mit einem Tor in einem Pokalspiel in Frankfurt: Aus fünfzig Metern drosch er den Ball über den zu weit vor dem Tor stehenden Uli Stein ins Netz. Eine Kunstübung, die er auf Anweisung von Beckenbauer 1990 bei der WM in Italien auch gegen den kolumbianischen Torhüter mehrfach versuchte – da allerdings ohne Erfolg.

Selbst dem Superstar Diego Maradona ließ er im April 1989 ausrichten: »Wenn ich so wenig laufen würde wie der, würde ich nicht mehr beim FC Bayern spielen«. Dass der Argentinier zuvor mit zwei Traumpässen die 0:2-Niederlage der Münchner beim SSC Neapel eingeleitet hatte, brachte den Auge kein bisschen aus der Weißbierruhe: Der Mann, der Franz Beckenbauer auf dem Liberoposten beerbte, empfand Extravaganzen mit Hacke, Spitze und sonstigem Tralala schlicht als unter der Manneswürde.

Klaus Augenthaler verkörperte im Grunde all das, was die Willi Lemkes und Otto Rehhagels dem FC Bayern gerade absprachen: Hemdsärmeligkeit, Erdhaftung, Volksnähe. Dass er zeitweise zur meistgeschmähten Figur im deutschen Fußball wurde, drückt den ganzen Widersinn des hanseatisch-bayerischen Kleinkriegs in den achtziger Jahren aus. Zumal sich unter der rauen Schale ein intelligenter und grundguter Mensch verbarg, dem keine Meinungsverschiedenheit groß genug sein konnte, um sie nicht bei ein, zwei Weißbieren beizulegen. Das erkannte auch Udo Lattek bald, der Trinkfestigkeit und Integrationskraft schließlich auch zu seinen eigenen vorrangigen Eigenschaften zählte.

»Ein Sauhund« von einem Kerl.

Sein Mann!

1984 beförderte er ihn zum Teamkapitän.

Festbankett zur Geisterstunde

Der bisherige Amtsinhaber hatte im März desselben Jahres überraschend seinen Abschied angekündigt. Die *Süddeutsche Zeitung* hatte nach mehrtägiger Observationsarbeit ein Treffen des Mannes mit Abgesandten von Inter Mailand beobachten können und trotz aller Dementi des FC Bayern auch vermeldet. Danach bestätigte Uli Hoeneß immerhin Kontakte, der Spieler schwieg aber noch.

Schwermütig saß er auf der Rückfahrt vom Bundesligaspiel in Mannheim im Bus, schon beim mageren 0:0 hatte er völlig neben sich gestanden. Jean-Marie Pfaff – Sohn eines Artistenehepaars, der seine Jugend auf Jahrmärkten verbracht hatte, 1982 nach Bayern gekommen war und dort nicht nur durch Leistung, sondern auch durch seine Volksnähe auffiel – sah seinem Spielführer an, dass ihn etwas bedrückte.

»Kalle, sag mir, was ist passiert?«

»Inter Mailand.«

Am nächsten Tag trafen sich Präsident Willi O. Hoffmann, Uli

Hoeneß und Karl-Heinz Rummenigge zum Männergespräch und taten so, als gäbe es da was in Ruhe zu bereden. Die Entscheidung stand längst fest. Karl-Heinz Rummenigge wechselte zu Inter Mailand. Hoffmann sagte zu Rummenigge: »Es hat keinen Sinn, zu kämpfen. Wir können es gar nicht verantworten, Sie mit aller Gewalt zu halten, wenn Sie so ein Angebot haben.«

Was er nicht sagte: Rummenigge hatte seine besten Tage hinter sich. Und die italienische Seria A hatte sich für die nächsten zwei Jahre einen Einfuhrstopp für ausländische Profis verordnet. Danach würde der Star über 30, weithin verloschen und nicht mehr viel wert sein.

So aber kassierte der FC Bayern die für damalige Verhältnisse märchenhafte Ablösesumme von 11,4 Millionen Mark. Am 13. März 1984 wurde der Transfer auf einer Pressekonferenz bekannt gegeben. Der *Spiegel* errechnete, dass man dafür eine Pershing-2-Rakete hätte kaufen können, ein echtes Picasso-Selbstporträt oder 64 gefälschte Hitler-Tagebücher. »Für das Geld hätte man ihn auch mit der Sänfte rübertragen müssen«, sagte Uli Hoeneß später. Der FC Bayern München war mit einem Schlag seine Schulden los.

Drei Jahre später stand der Verein vor einem neuen Höhepunkt. Der 27. Mai 1987 sollte ein historischer Tag werden für den FC Bayern München, »der Anfang einer neuen Ära«. Uli Hoeneß hatte lange auf diesen Moment gewartet. Vor fünf Jahren, in jener deprimierenden Nacht von Rotterdam, als mit einem Schlag der Traum vom neuen Real Madrid zerbrochen war, da hatte er sich ein neues Lebensziel gesetzt: Er würde diesen verdammten Europapokal irgendwann noch mal nach München holen. Und es würde keinen Glamour und keine Grandezza brauchen, keinen di Stefano und keinen Puskás, dafür würde der Verein ohne Schulden sein und ohne Sorgen.

Ein gütiges Schicksal hatte als Endspielgegner in Wien den portugiesischen Meister FC Porto beschert, ein Team, dem man europäisches Spitzenformat nun wirklich nicht nachsagen konnte.

Die Bayern, gestählt durch einen Halbfinalsieg gegen Real Madrid, von drei in Serie gewonnenen Deutschen Meisterschaften gar nicht zu reden, konnten die Party planen. Im Hotel Marriot am Wiener Parkring war ein Festbankett bestellt worden für 450 Ehrengäste, darunter Bundesinnenminister Zimmermann. Die Speisekarte verhieß Filet Mignon mit Morcheln und wildem Reis, danach Halbgefrorenes mit Erdbeeren. Die Siegesrede steckte sauber getippt und knickfrei zwischen zwei Aktendeckel gepresst in Präsident Scherers Diplomatenkoffer. Der Bayerische Rundfunk präparierte den Festsaal für einen Live-Bericht, in München wartete der fürs Endspiel gesperrte Kapitän Klaus Augenthaler, um seinen Kameraden per Konferenzschaltung zu gratulieren.

Das Spiel lässt dann auch letzte Zweifel verfliegen. Die Bayern drängen mit Elan aufs Tor. Jean-Marie Pfaff kriegt nicht einen Ball zu halten. Nach 25 Minuten fällt zwangsläufig das 1:0. Ludwig Kögl schnellt in einen weiten Einwurf von Pflügler. Ausgerechnet der Wiggerl, der Dribbelzwerg aus Penzberg, der doch nie und nimmer ins Netz trifft. Ein Kopfballtor. Der Kögl als König von Wien. Halbzeit.

Was geht in den Kabinen vor? Udo Lattek erinnert sich nur, dass er gesagt habe, man müsse weiter nach vorne spielen. »Das geht sonst schief.« Dieter Hoeneß hingegen berichtet von einer »ungewöhnlich heftigen Diskussion: Lattek wollte, dass wir weiter Druck machen. Doch die Abwehrstrategen plädierten dafür, die Portugiesen kommen zu lassen und auszukontern. Leider haben sie sich durchgesetzt. Da hat er einmal im Leben auf die falschen Leute gehört.«

Nach der Pause ist das Spiel jedenfalls nicht mehr dasselbe. Die Männer aus Porto schwärmen plötzlich aus, der Algerier Madjer und der schnelle Futre fräsen mit furiosen Dribblings und klugen Pässen breite Schneisen in die Münchner Abwehr. Norbert Nachtweih wird nach dem Spiel klagen: »Da kamen ständig Angriffswellen auf mich zu, ich wusste gar nicht mehr, wo mir der Kopf steht.« Die Bayern verlieren die Orientierung. »Und wir konnten ja nicht mitten im Spiel plötzlich nochmal die Taktik ändern«, erzählt Dieter Hoeneß, der sein letztes Spiel für den FC Bayern machte und wild entschlossen war, mit dem Europacupgewinn abzutreten. »Der Auge hat gefehlt. Er hätte das vielleicht durchsetzen können. Und außerdem hatten die Portugiesen schon zu viel Oberwasser.« Innerhalb von drei Minuten ist die Partie entschieden. Erst lenkt Madjer ein Zuspiel des Brasilianers Juary mit der Hacke ins Tor. Der Schütze bedankt sich sogleich beim Absender – und legt ihm gefühlvoll den siegbringenden Kopfball auf. – Entsetzen.

Trainer Lattek verschwand, ohne seine Mannschaft eines Blickes zu würdigen, in den Stadionkatakomben. »Ich bin einfach nicht mehr in der Lage, dafür Verantwortung zu tragen, was einige Spieler auf dem Feld leisten«, raunzte er. Und dass er die Tage zähle, bis er diese Versager los sei. Vor den 450 Festgästen, die sich zur Geisterstunde bis zum Halbgefrorenen durchbissen, sprach er kein Wort mehr, sondern weinte sich an der Schulter von Juan Gaspart aus, dem Vizepräsidenten des FC Barcelona und Patenonkel seiner Tochter Nadja. Dann ging er auf sein Zimmer, bestellte den teuersten Rotwein des Hauses und ließ sich volllaufen.

Aus der Ferne grüßte Klaus Augenthaler: »Da ist was zerbrochen.«

Latteks Freicorps war Geschichte.

Mit Auge und Turban-Dieter gab's ein Abonnement auf die Deutsche Meisterschaft, in Europa aber nichts zu holen.

Uli Hoeneß würde noch Jahre später von der »schlimmsten Niederlage meines Lebens« sprechen.

Da konnte er wirklich nicht ahnen, dass es noch viel schlimmer kommen würde.

Im Mai 1995 amüsierte sich Trainer Otto Rehhagel noch mit Matthäus und Klinsmann.

7. »Gute Freunde kann niemand trennen«*

Die Rückkehr des Kaisers

Es war kurz nach Weihnachten 1993 in Kitzbühel in Tirol, an einem jener Wintertage, für den die Österreicher das Eigenschaftswort »leiwand« erfunden haben. Die Sonne strahlte am tiefblauen, wolkenlosen Himmel, und der Blick über die dick verschneite Berglandschaft reichte bis zu den Gipfeln des Kaisergebirges, dessen Zinnen aussahen wie von Hermelin ummantelt. Touristen aus aller Welt geben viel Geld aus, um sich solch eine Aussicht zu gönnen. Und nur ganz wenige können es sich leisten, sich dauerhaft anzusiedeln an diesem Ort, an dem nichts die emporstrebenden Eigenschaften der menschlichen Natur zu verstellen scheint.

Keine gedrungenen Reihenhäuserzeilen, keine Mietskasernen engen hier die Perspektive ein. Wer sich in Kitzbühel niederlässt, sehnt sich nach Weitläufigkeit und Ruhe. Franz Beckenbauer wohnte seit mehr als zehn Jahren hier.

Der Mann war inzwischen 48 Jahre alt, auf seiner Nasenwurzel saß eine randlose Brille, und das krause Haar, das sich oberhalb der Schläfen seit je weit zurückzog, leuchtete jetzt ein wenig grau. Er hatte mit seiner Frau Sybille ein entspanntes Weihnachtsfest verbracht und saß in aufgeräumter Stimmung auf seinem Lieblingsplatz auf der Eckbank in der holzgetäfelten Bauernstube. Die Meteorologen verhießen auch für

* Titel des 1966 von Franz Beckenbauer auf Schallplatte gesungenen Schlagers im »Bossa Feeling«.

den nächsten Tag Kaiserwetter, und das Paar plante einen Skiausflug zum nahen Hahnenkamm.

Kurz vor 18 Uhr klingelte das Telefon, Beckenbauer nahm ab.

Dann lachte er laut.

Sybille Beckenbauer wusste, wer dran war und was er wollte.

Vor dreieinhalb Jahren, am Ostersonntag 1990, hatte sie Franz Beckenbauer geheiratet, mit der Aussicht auf eine entspannte zweite Lebenshälfte mit ausgiebigen Golfrunden, Opernbesuchen und Cocktailempfängen. Doch sie musste ziemlich bald erkennen: »Vom Fußball bringt man den Mann eh nicht weg. Ich würd's auch gar nicht versuchen. Das ist sein Leben – wie auch der FC Bayern zu seinem Leben gehört.«

Jetzt war Fritz Scherer am Telefon, der Präsident des Clubs, dem Franz Beckenbauer zwar nicht alles zu verdanken hatte, aber eine Menge.

Scherer teilte mit, dass er soeben Trainer Erich Ribbeck den Laufpass gegeben hätte – und dass er den neuen Übungsleiter am 7. Januar an der Säbener Straße erwarte. »So, so«, sagte Beckenbauer. Und fügte hinzu, dass er um Viertel nach acht da sein werde.

Siebzehn Jahre nach seinem Abschied als Spieler kehrte Franz Beckenbauer als Trainer zum FC Bayern zurück. »Der Kaiser kehrt heim«, titelte die *Abendzeitung* verheißungsvoll und sparte nicht mit Sonderseiten über Leben und Werk des Mannes, dessen Name für die glanzvollste Epoche des Vereines stand. Zum Trainingsauftakt belagerten 3000 Schaulustige das Clubgelände. Draußen auf der Straße fuhr der Abschleppdienst einen Großeinsatz. Rund um den Trainingsplatz wirbelten Horden von Reportern, Radiokommentatoren, Touristen, Müßiggängern und freiberuflichen Wichtigtuern durch- und gegeneinander und stürzten sich auf jeden Bayern, dessen sie habhaft wurden – auch wenn ihn nur der Akzent als solchen auswies.

Endlich, um neunzehn Minuten nach zehn, trat Beckenbauer aus der Tür. Mit einem Blick, der an ein Lächeln erinnerte, schaute er auf den wilden Mob. Dann machte er eine kurze, verächtliche Handbewegung und sagte: »Ich wundere mich nach wie vor, dass man dem Trainer des FC Bayern so viel Bedeutung beimisst.« Und bahnte sich einen Weg durch die Menge. Nur bei einem kleinen, untersetzten Mann mit einer Zipfelmütze auf dem runden Kopf blieb er kurz stehen.

»Franz, musst du Matthäus und Thon ins Mittelfeld stellen, Helmer ist Libero, hat gekostet acht Millionen«, sagte der Zwerg.

Beckenbauer grinste und erwiderte: »Tschik, du hast noch nie eine Ahnung vom Fußball gehabt.«

Dann nahm er den Mann in den Arm. Tschik Cajkovski, sein Lehrmeister aus unbeschwerten Tagen, war hierher gekommen, um Beckenbauer an seinem ersten Tag als Bayern-Trainer zu sehen.

Wenigstens ein normaler Mensch unter all diesen Irren, die schreiend um ihn herumrannten, verrückt vor Aufregung, am Schauplatz *des* Ereignisses zu sein. »Und jetzt betritt der Kaiser den Mittelkreis«, vermeldete der Reporter des Bayerischen Rundfunks, als das Training endlich begann.

Gerd Mueller's Ambry

Es stand nicht gut um den Club in jenen Tagen.

Zwar waren mit Franz Beckenbauer und Karl-Heinz Rummenigge seit den frühen neunziger Jahren zwei Legenden aus den glorreichen Zeiten ins Präsidium zurückgekehrt, aber der Verein schien in einer Art historischem Niemandsland gelandet zu sein. Als habe er keine Vergangenheit mehr und keine Zukunft.

Niemand symbolisierte diesen allmählichen Verfall der

ruhmvollen Bayern-Identität so treffend wie Gerd Müller, der 1991 seinen Alkoholismus und seine kaputte Ehe nicht länger vor den Boulevardzeitungen verstecken konnte. »Bomber Müller verzweifelt zu Freunden«, klotzte *Bild*. »Ich will nicht mehr leben«.

Im Gegensatz zum großen Franz, welcher seinen Ruhm und seine Weltläufigkeit in den USA vermehrt hatte, war der Abstecher nach Amerika für den kleinen Gerd ein Desaster geworden.

Sein Club, die Fort Lauderdale Strikers, blieb stets ein mieser Provinzverein, in dem Müller nicht strahlen konnte. Nach der ersten Saison, sagt er heute, »hat's ein Mofa gegeben und einen Pokal, der steht immer noch drüben, den bringst ja gar nicht ins Flugzeug rein. Das zweite Jahr war auch noch gut, aber das dritte Jahr war beschissen. Mit dem Krautzun, dem schlechtesten Trainer, den ich je hatte.«

Eckhard Krautzun hieß der Mann, und er verbannte Müller von der Ersatzbank in den Ruhestand.

Müller brauchte Geld. Er hatte in München seinen Bungalow in Straßlach ebenso verkaufen müssen wie seine beiden Eigentumswohnungen, und als man ihn in Fort Lauderdale ein Steakhouse anbot, sagte er nicht Nein. Das Lokal hieß erst Ambry, später Gerd Mueller's Ambry, hatte 88 Plätze und eine kleine Bar.

»Ich glaube, wenn wir in Deutschland so ein Lokal aufgemacht hätten, wären wir ausgelacht worden«, sagte Uschi Müller. »Hier hat noch keiner gelacht.«

Statt an der Strafraumgrenze stand der Bomber jetzt von sechs Uhr abends bis Mitternacht an der Steakhousetür und begrüßte Gäste. Er hasste diesen Job, und die kleine Bar wurde sein bester Freund.

Ab und zu flog er nach München, um zu sehen, was die alten Freunde so treiben. »Das war damals ein bisschen traurig«, sagt Müller heute. »Keiner hat Zeit gehabt, wenn ich mal in die

Säbener Straße ging, und das Abschiedsspiel haben's auch nur gemacht, weil sie die Hälfte der Einnahmen kassiert haben. Das war ein gutes Geschäft für die. Denn es hatte ja keiner denkt, dass es so voll wird. Der Fehler war, dass wir den Scheiß gemacht haben mit dem Restaurant. Da hab ich einen Haufen Geld in den Sand gesetzt.«

Nach sechs Jahren Amerika war Müller nach München zurückgekehrt. Er stand jetzt an keiner Tür mehr, er tat überhaupt nichts mehr, außer Tennis zu spielen. »Ich war wieder in Deutschland, und es war nix«, sagt Müller. »Das war dasselbe wie drüben. Wenn du da keine Arbeit hast, was sollst du dann tun? Ich bin in die Krise gekommen.«

Niemand kümmerte sich um ihn, bis die Zeitungen sein Elend in ganz Deutschland verbreiteten.

Dann ging alles ganz schnell. Franz Beckenbauer sagte: »Ohne ihn wären wir vielleicht immer noch in der Holzhütte in der Säbener Straße«, und Uli Hoeneß besorgte dem Bomber einen Platz in einer Entziehungskur. Als er rauskam und schwor, nie wieder einen Tropfen anzurühren, bot der Manager Müller einen Job als Co-Trainer der Amateure und des Nachwuchses an. Der verlorene Sohn war zurückgekehrt, und auf einmal schien der vermeintlich gnadenlose FC Bayern nicht nur ein soziales Gewissen zu haben. Er begann auch seine Vergangenheit zu umarmen.

Halluzination mit Folgen

Als Franz Beckenbauer Weihnachten 1993 den Trainerjob übernahm, war der FC Bayern seit drei Spielzeiten nicht mehr Deutscher Meister geworden und die europäische Spitze in eine Ferne gerückt, welche unerreichbar schien. Zuletzt musste man sich um den Uefa-Cup herumschlagen, diesen Pokal der Verlierer und Enttäuschten –, und von Mannschaften vorführen lassen, die sich früher glücklich hätten schätzen müssen, wenn einer wie Franz Beckenbauer sonntagnachmittags zur Kirchweih für ein Privatspiel und ein paar Autogramme vorbeigeschaut hätte: mit 2:6 bei B 1903 Kopenhagen untergegangen, 1:2 zu Hause gegen Norwich City verloren. Drei Trainer wurden verschlissen in diesem noch jungen Jahrzehnt, in dem die Bayern doch endlich das werden wollten, was bislang nur die von Uli Hoeneß Anfang der Neunziger in Auftrag gegebene Vereinshymne behauptete: »The champions of the world«.

Guten Gewissens konnte dies aber im Grunde nur einer von sich sagen – und genau deshalb war Beckenbauers Wechsel von der Ehrentribüne auf die Trainerbank des FC Bayern so etwas wie die Hoffnung auf eine Erlösung aus dem Fegefeuer jener Mittelmäßigkeit, in welchem der Club zu verglimmen drohte.

Wie bei praktisch allem, was er im Leben anfasste, vertraute Franz Beckenbauer auf einen simplen und wie altbewährten Plan: »Des wern mer scho hinkriang.« Ansonsten verließ er sich auf das, was das Schicksal für ihn seit fast drei Jahrzehnten in nie versiegender Geberlaune bereithielt: Glück.

Am 23. April 1994 kam es in Gestalt eines kleinen, unscheinbaren Mannes mit Bauchansatz und Schnauzbart über ihn und sein Team. Der Mann hieß Jörg Jablonski, war aus Bremen und im Hauptberuf Sanitätsfeldwebel – und an diesem Tag einer der beiden Linienrichter der Partie des FC Bayern gegen den 1. FC Nürnberg im Münchner Olympiastadion. Die Bayern hatten bis dahin auch unter dem Heilsbringer Franz Beckenbauer eine eher mäßige Saison gespielt und bereits sieben Niederlagen kassiert, darunter ein katastrophales 0:4 beim 1. FC Kaiserslautern, der sich zu aller Überraschung an der Tabellenspitze breit gemacht hatte. Gegen Nürnberg musste ein Sieg her, um die Chance auf die Deutsche Meisterschaft zu wahren. Es war der drittletzte Spieltag.

Die Uhr zeigt 15 Uhr 56, als Marcel Witeczek einen Eckball

von rechts in den Nürnberger Strafraum schießt. Da er den Ball mit dem linken Fuß tritt und zudem stark unterschneidet, dreht er sich hoch und mit einem leichten Bogen auf das gegenüberliegende Toreck, und nichts und niemand, kein Abwehrspieler, auch nicht der Nürnberger Torwart Andreas Köpke, scheint verhindern zu können, dass er dort den heranpreschenden Thomas Helmer erreicht – da schnellt aus dem Nichts der Bayern-Stopper Oliver Kreuzer in die Höhe.

Wo, zum Teufel, kommt der denn auf einmal her?

Was hat der überhaupt hier zu suchen?

Kreuzer jedenfalls unterbricht mit seinem Schädel die Flugbahn des Balles, der sich nunmehr mit stark gebremster Geschwindigkeit nach unten senkt. Und Thomas Helmer findet sich unversehens zwischen dem Ball und Andy Köpke, der vor ihm auf der Torlinie zappelt. Was danach geschah, beschäftigte nach dem Spiel tagelang die ganze Republik sowie das Sportgericht des DFB, Schiedsrichter Hans-Joachim Osmers wurde dazu live in den »Tagesthemen« befragt, und Verschwörungstheoretiker vermuten dahinter noch heute einen besonders hinterhältigen Plan.

Der gelernte Abwehrspieler Helmer hat eine knappe Sekunde, um die neue Situation zu umreißen und doch noch zum erhofften Ende zu führen.

Er könnte einfach hochspringen, und der Ball würde ins Tor kullern.

Er könnte sich um die eigene Achse drehen und den Ball ins lange Eck befördern.

Er tut nichts davon.

Stattdessen versucht er, sich den Ball mit einem Ausfallschritt zu angeln, schießt dabei die Hacke seines Standbeines an, und die Kugel trudelt um Zentimeter am Pfosten vorbei ins Aus.

Fassungslos rauft sich Thomas Helmer die Haare. »Der Ball ist weg«, erinnert er sich, »ich sehe, wie der Andy Köpke im

Tor mich so komisch angrinst.« Plötzlich geht ein Tidenhub durchs Stadion, aus den Boxen ertönt »Can-Can«, und ein Rudel jubelnder Mitspieler stürmt auf Helmer zu. Was ist denn nun schon wieder los?

Linienrichter Jablonski hatte den Ball im Netz gesehen und mit der Fahne ein Tor signalisiert. Auch auf Nachfrage des irritierten Spielleiters Osmers beharrt der Mann an der Seitenlinie auf seiner abenteuerlichen Sicht der Dinge: »Du brauchst dir keine Gedanken zu machen, der Ball war eindeutig drin.«

Der FC Bayern bringt das Spiel mit Ach und Krach und 2:1 über die Zeit, fünf Minuten vor dem Ende pfeift der Schiedsrichter sogar noch einen Elfmeter gegen die Heimmannschaft. Ein Punkt hätte den Franken zum Klassenerhalt gereicht, und niemand hätte mehr über Helmers Untor geredet. Doch Raimond Aumann pariert. Später legen die Nürnberger Protest ein. Zum ersten und einzigen Mal in der Geschichte der Fußball-Bundesliga wird eine Partie wegen einer Fehlentscheidung des Schiedsrichters annulliert.

Das Wiederholungsspiel gewannen die Bayern zehn Tage später mit 5:0. Am Ende wurden sie mit einem Punkt und vier Toren Vorsprung zum dreizehnten Mal Deutscher Fußballmeister.

Ohne die Halluzination von Jörg Jablonski hätte der 1. FC Kaiserslautern die Schale empfangen, der 1. FC Nürnberg wäre nicht abgestiegen – und Franz Beckenbauer hätte sich für immer vom FC Bayern zurückgezogen und einen langen Lebensabend in den Kitzbüheler Bergen genossen. So aber durfte er sogar noch die Annalen des deutschen Fernsehens um einen Höhepunkt bereichern.

Das ZDF-»Sportstudio« hatte eine Live-Schaltung zur Meisterfeier der Bayern in den Münchner Salvatorkeller vorbereitet und auch eine Torwand aufgebaut. In Mainz saß der Kaiserslauterer Trainer Friedel Rausch und jammerte. Gegen halb elf stand die Leitung nach München, und im Bild erschien der Kaiser.

»Herzlichen Glückwunsch zur Deutschen Meisterschaft, auch die unterlegenen Kaiserslauterer gratulieren«, begrüßte ihn Moderator Wolf-Dieter Poschmann.

»Jo mei«, erwiderte Beckenbauer, »was bleibt ihnen auch anderes übrig?«

Friedel Rausch machte ein Gesicht, als habe er gerade ein Kakerlak verschluckt, und fauchte: »Was soll das heißen, jetzt gratulieren sie?«

»Der hat ja an Vogel«, befand Beckenbauer, umringt von den lallenden, Gläser schwenkenden Lothar Matthäus und Raimond Aumann.

Um die Situation zu retten, schlug Poschmann vor, die Sache unter Männern an der Torwand auszutragen. Beckenbauer willigte ein, erbat sich aber einen Schuss unter erschwerten Bedingungen: von einem gefüllten Weißbierglas.

Mit Zigarre im Mund, den Schlips auf Halbmast und auch sonst ein wenig derangiert, schritt der Kaiser zur Tat. Der Ball thronte auf dem gefüllten Kelch, ein Blick auf das untere Loch, dann tippte Beckenbauer die Kugel kurz mit der Fußspitze an – und traf. »Ich brauch jetzt kein Denkmal, da pinkeln nur die Hunde dran«, sagte er mit glasigem Blick.

Das Denkmal aber hatte er schon längst.

Wie verzaubert

Es war in der Abenddämmerung des 8. Juli 1990 in Rom: Ein Mann schreitet einsam und in sich versunken über das Spielfeld des Olympiastadions, die Hände in den Taschen seiner beigen Hose, eine golden schimmernde Medaille um den Hals, die Krawatte perfekt geknotet unter dem kobaltblauen Sakko. Franz Beckenbauer war ganz still in einer Welt, die um ihn herum gerade aus den Fugen geriet: Feuerwerksblitze rasten über den Himmel, und darunter vergossen echte Männer echte Tränen: Die deutsche Elf hatte die Fußballweltmeisterschaft gewonnen – und Franz Beckenbauer war ihr Trainer.

Sechs Jahre zuvor hatte er sich bereit erklärt, »die Scherben zusammenzukehren, die die Zauberer hinterlassen hatten, die vor mir am Werk waren«. Die Nationalelf unter dem damaligen Trainer Jupp Derwall, nach dem beschämenden Auftritt beim WM-Turnier in Spanien ungefähr noch so beliebt wie eine Truppe aus Untoten, Versagern und Schwerverbrechern, war bei der Europameisterschaft in Frankreich vorzeitig gescheitert. Selbst beim Deutschen Fußballbund machte sich die Erkenntnis breit, dass der Rheinländer nicht länger tragbar sei. Präsident Hermann Neuberger rannte bereits kurz nach dem finalen Pfiff ans Telefon und versuchte Helmut Benthaus zu erreichen, den Trainer des VfB Stuttgart, der sein Team in der abgelaufenen Saison überraschend zur Deutschen Meisterschaft geführt hatte. Doch der Mann war im Urlaub.

Etwa zur gleichen Zeit traf sich an der Bar des Hotels Henri IV in Saint-Germain-en-Laye eine Männerrunde mit Franz Beckenbauer, Max Merkel und den *Bild*-Redakteuren Alfred Draxler und Jörg Hüls, um sich mit einigen Bieren für die diversen, erfolgreich nach Deutschland gekabelten Kolumnen zu belohnen. Es war spät und nicht mehr allzu viel los. Ein normaler Abend in einem unglamourösen Business-Hotel in einem Vorort von Paris.

Es war der Abend, an dem über das Schicksal des deutschen Fußballs entschieden wurde. Denn irgendwann, etwa beim vierten Bier, meinte Hüls plötzlich: »Mach du es, Franz!«

»Seid's ihr narrisch worn?«, erwiderte Beckenbauer mit mild überraschtem und einigermaßen beunruhigtem Gesicht. Und verwehrte sich auch im Weiteren entschieden gegen diese Bier- und Schnapsidee.

Aber als die vier beim Absacker angekommen waren, an jenem Punkt, da man noch irgendein Schlusswort spricht, um sich höflich ins Bett zu verabschieden, meinte Beckenbauer, wenn wirklich Not am Mann sei, ließe er noch mal mit sich reden, vielleicht könne er als eine Art Manager oder technischer Berater fungieren.

Zwei Tage später, wieder zu Hause in seiner Fünfzimmereigentumswohnung am Lützenberg über Kitzbühel, las er in der *Bild*-Zeitung die Schlagzeile: »Derwall vorbei – Franz: Bin bereit«.

»Ich glaub, mich trifft der Schlag«, entfuhr es Beckenbauer.

Schon klingelte das Telefon. Am Apparat: Hermann Neuberger.

So begann die Trainer-Karriere eines Mannes, der stets von sich behauptete: »Wenn ich eines weiß, dann, dass ich nie ein guter Trainer sein würde.«

Auch andere dachten so.

Udo Lattek zum Beispiel, der öffentlich bekannt gab: »Der Franz hatte einen Namen, der durch nichts kaputtzumachen war. Aber durch diese Geschichte kann er alles kaputtmachen, sogar seine Glaubwürdigkeit als Fußballer verlieren.« Der Trainerveteran war allerdings nicht ganz unbefangen. Er sah Beckenbauer völlig zu Recht als hauptschuldigen Oberintriganten für seinen Rauswurf bei den Bayern in der Saison 1974/75 und war ihm seither in unverhohlener Abneigung zugetan. Außerdem spekulierte er selbst auf den höchsten deutschen Trainerposten. Einmal Bundestrainer zu werden war immer Udo Latteks Traum gewesen. Der einstige Jugendcoach des DFB, der seinerzeit nur deshalb zum FC Bayern wechselte, »weil ich nicht noch zwanzig Jahre Bälle schleppen wollte, bis ich vielleicht mal auf den Chefposten aufrücke«, hatte sich schon 1978 als legitimen Erbfolger von Helmut Schön gesehen. Nun befand er, dass er endlich dran sei.

Der mangels Trainerlizenz offiziell als Teamchef amtierende

Kaiser gab Lattek reichlich Grund, sich weiter Hoffnung zu machen. Die Nationalelf spielte konstant trostlos.

Und Beckenbauer ließ keine Chance aus, sich unbeliebt zu machen.

Er nannte die Bundesliga eine »Schrottliga« und lamentierte über Trainer, »die auf deutschen Fußballplätzen Leichtathleten heranziehen und keine Fußballer«. Schiedsrichter beschimpfte er als »Stinker« und kritische Journalisten als »Spanferkel« und »geistige Nichtschwimmer«; während der Weltmeisterschaft 1986 in Mexiko drohte er vor laufender Kamera damit, einem Reporter den Hals umzudrehen.

Am heftigsten aber hatten die Spieler unter Beckenbauers Launen zu leiden. Denn er ließ sie all die Verachtung spüren, die er schon immer gegen die deutsche Idee von Fußball gehegt hatte: vom Malocher in Sporthosen, dessen Nachweis für ehrliche Arbeit ein verdrecktes Trikot und möglichst auch eine blutige Nase ist. Schon kurz nach seinem Amtsantritt tat der neue Übungsleiter kund: »Die meisten sind blind.« Als sich die deutschen Kicker in Mexiko mit Losglück, Elfmeterschießen und ungefähr sieben gelernten Vorstoppern auf dem Feld ins Endspiel schleppten, während die Brasilianer um den charismatischen Sócrates oder die Engländer jeweils auf tragische Weise ausschieden, merkte er an, es wäre »ein Witz«, wenn man mit dieser Truppe Weltmeister würde. Am Ende wurde Deutschland, wie schon 1982, Zweiter, gescheitert nur an Argentinien – und das auch nur, weil ausgerechnet Hans-Peter Briegel, der einzige echte gelernte Leichtathlet im Team, im entscheidenden Moment zu matt war, um mit einem schnellen Schritt den Siegtorschützen Jorge Burruchaga ins Abseits zu stellen. Noch ein Jahr später brach Beckenbauer in lautes Gelächter aus, als er in einem Interview darauf angesprochen wurde, dass sich Deutschland Vizeweltmeister nennen dürfe: »Mal ehrlich«, fragte er abschätzig, »können Sie glauben, dass wir mit diesen Spielern das Finale einer Weltmeisterschaft erreicht haben?«

Keine Frage: Der Kaiser leistete ganze Arbeit darin, sein Team herunterzuputzen. Im Frühjahr 1988, als die Europameisterschaft im eigenen Land nahte, hatte Franz Beckenbauer endgültig jeden gegen sich aufgebracht, der im deutschen Fußball irgendeine Funktion innehatte. Und Udo Lattek sah seine Zeit gekommen. Nach seiner zweiten Amtszeit und ihrem unrühmlichen Abschluss mit der Europacupniederlage gegen den FC Porto war der langjährige Bayern-Trainer 1987 als technischer Direktor zum 1. FC Köln gewechselt, ehe er im Februar 1988 vom neu gegründeten Wochenblatt *Sport-Bild* als Kolumnist engagiert wurde. »Bundestrainer? Solange Neuberger Präsident ist, mache ich's nicht«, erklärte er dort sogleich, ohne dass ihn jemand gefragt hätte.

Lattek war inzwischen dreiundfünfzig und noch immer ein schlanker, durchtrainierter Mann. Aber er wirkte hart. Seine kühlen, blassblauen Augen hatten tiefe Falten in den Winkeln, sein dünner Mund war meist zu einem Strich gefroren, das schlohweiße Haar hing ihm in einer Welle von der Kopfmitte in den Nacken. Zwanzig Jahre auf der Trainerbank hatten den einst jovialen Studienrat in einen griesgrämigen Zyniker verwandelt. Und es gab Tage, da wünschte er sich, er wäre nie »in diesem Schweinegeschäft« gelandet. »Ich habe Sport unterrichtet in meiner alten Schule und in meiner Freizeit die Jugendlichen am Ort gecoacht, ich war ein glücklicher Mensch«, sagt er. »Aber ich wollte auch mal die Welt sehen«, und deshalb hatte er zugesagt, als er auf Empfehlung seines früheren Dozenten Hennes Weisweiler ein Angebot vom DFB erhielt – »so ging die ganze Scheiße los«.

Als ihn Franz Beckenbauer zum FC Bayern München holte, hat er, wie er selbst sagt, »meine Seele verkauft«. Gebrochene Verträge und verratene Freunde pflasterten forthin seine Karriere. Noch jeden Verein verließ er im Streit. Sogar seinen loyalen Freund Uli Hoeneß beschimpfte er, als der ihm einen fürstlich dotierten Rentenvertrag beim FC Bayern verweigert hatte. »Ich kenne keinen raffgierigeren Menschen«, maulte der Trainer, nachdem er die Kündigung eingereicht hatte. Um den guten Stil zu wahren, erteilten ihm die Bayern mit einer großspurigen Abschiedszeremonie im Olympiastadion im Juni 1987 dennoch die feierliche Rührseligsprechung. Udo Jürgens sang »Merci Cherie«. Und Präsident Fritz Scherer gab dem Scheidenden den Satz mit auf den Weg: »Du kamst als Angestellter und gingst als Freund.«

Lattek hatte Mühe, während des scheinheiligen Szenarios gute Miene vorzutäuschen. »Die werden sich noch wundern, welchen Trümmerhaufen ich hier hinterlassen habe«, tat er später in der Harlachinger Einkehr kund, die Krawatte in Bier getaucht, Nelken in den Ohren.

Wie Recht er hatte, würde der FC Bayern nur allzu bald erfahren.

Seinen neuen Job hinter der Schreibmaschine verstand Udo Lattek vor allem als Freibrief, mit dem er jede alte Rechnung begleichen konnte. Hauptadressat seiner Attacken: Franz Beckenbauer. Die Nationalspieler seien »durch die übermächtige Stellung von Franz Beckenbauer blockiert«, erklärte Lattek der Fußballnation. Sie spürten, dass »der Teamchef nicht voll hinter ihnen steht, dass er sie verachtet, weil er ja unbestritten alles viel besser konnte.« Feuerschutz erhielt er dabei von einem alten Spezi, der ebenfalls schon lange auf Rache sann – und sich dafür ebenfalls vom Hause Springer bezahlen ließ: Paul Breitner.

Ausgerechnet in Beckenbauers Hausorgan *Bild* polterte der einstige Salonlinke los: Die Nationalelf sei ein »Chaos- und Panikorchester«, der Teamchef der »Totengräber des deutschen Fußballs«. Als das DFB-Team kurz vor Ostern 1988 in einem Vierländerturnier in Berlin mit 2:4 gegen Schweden verlor, wandte sich Breitner gleich direkt an die Spieler: »Jungs, ihr habt einen Riesenmist gespielt, aber ihr seid nicht in erster Linie schuld daran. Schuld ist euer Teamchef, der euch so verunsichert, dass anständiger Fußball nicht mehr möglich ist.«

Der einstmals freie Mann mit Drang nach vorne und nach oben war plötzlich in die Defensive gedrängt, und auf seine Ausputzer konnte er sich anscheinend auch nicht mehr verlassen. Einerseits, überlegte er, »hat der Paul früher viel von mir einstecken müssen, womöglich will er sich nur rächen.« Andererseits war zu befürchten, »dass er nur die Minen legt. Früher hat er sich von Uli Hoeneß vorschicken lassen, und der hielt sich im Hintergrund und feixte.«

Es war, als ob sämtliche Leichen, die Beckenbauer im Keller hatte, als böse Geister wieder auferstanden seien und nun um ihn herumspukten. Sie kratzten nicht nur an seinem Ruf, sondern vor allem an seinen Nerven.

Was tun?

Kurzzeitig dachte Beckenbauer ernsthaft daran, die Fußballstiefel hinzuschmeißen, aber er ließ es bleiben: Einen größeren Horror als von Paul Breitner aus dem Amt gemobbt und von Udo Lattek beerbt zu werden, konnte er sich nicht vorstellen. Und er beschloss, die Dinge so anzugehen, wie er es in seiner Zeit in kurzen Hosen mit unangenehmen Gegnern getan hatte: mit Spielwitz und Risiko.

Er ließ die Öffentlichkeit wissen, dass Breitner nicht zurechnungsfähig sei, was dieser denn auch sogleich bestätigte: »Mundtot will er mich machen, der Franz. Da vergisst er wohl, dass er nicht Teamchef anno 1938 ist.« Mit Lattek traf er sich zum Versöhnungsgipfel für *Sport-Bild*. Und hinterher enthüllte Beckenbauer, dass alle drei den gleichen Ghostwriter hätten: »Der, der ›uns schreibt‹, den Breitner, den Lattek und mich, der kann nur mit Millionen bezahlt werden, bei dem geistigen Durchfall, den der aufnehmen und weiterverarbeiten muss.« Die Hochkritiker des deutschen Fußballs waren als Dressuraffen bloßgestellt. Die Boulevardpresse duckte sich beschämt. Und Beckenbauer hatte fortan seine Ruhe. Daran sollte sich prinzipiell nie mehr was ändern.

Ganz nebenbei spielte sein Team eine passable Europameisterschaft, die erst im Halbfinale unglücklich gegen den späteren Turniersieger Holland endete. Zwei Jahre später stand sein Team am Gipfel. Der Mann, der sich als »Lieblingskind des Schicksals« sah, hatte sein verloren geglaubtes Glück wiedergefunden.

Aber er hatte auch gelernt in den Jahren. Dass es mit weniger begnadeten Menschen Geduld braucht zum Beispiel, dass die eigene Vollkommenheit nicht der Maßstab sein kann, sondern es das schlicht Machbare auch zuweilen tut. Ein gewandelter Teamchef stand bei der Weltmeisterschaft in Italien am Spielfeldrand, stets mit Schlips und in scharf gebügelten Hosen, ein Grandseigneur wollte er jetzt auch endlich in seiner Rolle auf der Trainerbank sein. Ganz weit nahm er sich zurück und verkündete: »Für mich persönlich würde der Weltmeistertitel überhaupt nichts bedeuten, aber für die Spieler würde es mich freuen.« Was natürlich eine glatte Lüge war. Er redete die Mannschaft stark, nannte sie wahlweise »eine sehr harmonische Truppe« oder gar »die beste Mannschaft, die ich je gesehen habe, einschließlich der Weltmeister von 1974«. Was er wohl auch nicht im Ernst glaubte. Doch es wirkte. Die deutsche Elf spielte wie verzaubert. »Zum Finale«, erinnert sich Klaus Augenthaler, »sind wir wie eine Thekenmannschaft zu einem Freundschaftsspiel angereist. ›Jetzt‹, sagte Beckenbauer, ›sind wir schon so weit gekommen, wenn wir jetzt das eine Ding verlieren, ist es auch nicht so schlimm.‹«

Das Siegtor zum 1:0 gegen Argentinien schoss Linksverteidiger Andreas Brehme, dem Beckenbauer noch vor Jahren geraten hatte: »Spiel Klavier, spiel Flöte, aber spiel net Fußball.«

Es ist viel darüber gerätselt worden, was dem deutschen Teamchef in den Minuten nach dem Triumph von Rom durch den Kopf ging, und einiges hat er später auch dazu gesagt. Zum Beispiel: »Ich habe mich vom Fußball gelöst. Es war ein Abschied ohne Wiederkehr. Es ist kein Feuer mehr in mir, keine Leidenschaft.«

Es sei denn, es geht gegen seine Ehre.
Es sei denn, der FC Bayern ist im Spiel.

Hauptsache international

Unter Trainer Erich Ribbeck war der Club, den Beckenbauer groß gemacht hatte, 1993 aus dem UEFA-Cup und dem DFB-Pokal geflogen und in der Bundesliga zum Ende der Vorrunde nur Dritter geworden. Solche Rückschläge wären womöglich noch zu verkraften gewesen. Was aber viel schwerer wog: Ribbeck hatte den Libero abgeschafft und sich an einer Viererkette in der Abwehr versucht, was nicht nur gnadenlos schief ging, sondern vor allem das Delikt der Majestätsbeleidigung erfüllte. Da musste der Mann, der diese Position quasi erfunden hatte, der Libero aller Liberi, der Kaiser also – da musste Franz Beckenbauer einfach einschreiten. Außerdem hatte er Ribbeck noch nie besonders leiden können.

Wie hatte der überhaupt Bayern-Trainer werden können?

Im Grunde fing die große Krise 1987 mit der Europapokalniederlage gegen den FC Porto an. Die Presse, die Experten und auch der eigene scheidende Trainer sprachen den Spielern des FC Bayern München das internationale Niveau ab.

Die Vorstellung vom fehlenden *internationalen Niveau* nistete sich ein wie ein böser Aberglaube. Über Jahre hatte der Club ganz wunderbar nach dem Prinzip funktioniert, Spieler preiswert einzukaufen, das Äußerste aus ihnen herauszuholen und sie dann für ein Vielfaches weiterzuverkaufen. Plötzlich wurden die Bayern-Chefs von einem neuen Bedürfnis geschüttelt, wie jemand, der mit seiner ersten Kreditkarte durch einen Duty-Free-Shop irrt: Um den Club auf *internationales Niveau* zu hieven, so schien die Losung, mussten sie einen internationalen Star kaufen.

International.

Zum Teufel mit der Kleinkrämerei.

Zum Teufel mit Schatzmeister Kurt Hegerich, der den Verkauf von Sören Lerby, dem technisch versierten und äußerst kampfstarken Antreiber im Mittelfeld, als »eine Sternstunde des Vereins« pries. »Mit Lerby«, so viel sah auch Uli Hoeneß ein, »hätten wir das Europacupendspiel gewonnen.«

Jedenfalls begann der Manager einen Sturmlauf an Geschäftigkeit. Und schon Ende des Jahres 1987 konnte man den ersten Coup vermelden: Rabah Madjer, der mutmaßlich Hauptverantwortliche für die Schmach von Wien, würde von der nächsten Saison an für den FC Bayern stürmen. »Wir sind«, versprach der Schwabe, »auch nicht durch irgendeine Summe, egal wie hoch, von Madjer abzubringen.« Am Ende einigte man sich mit dem FC Porto auf eine Ablösesumme von sagenhaften drei Millionen Mark, flog den Algerier mit dem Privatjet in München ein und präsentierte ihn in Lederhosen während eines winterlichen Hallenturniers in der Münchner Olympiahalle.

Allein, spielen sah man ihn nie für den FC Bayern. Rabah Madjer entschied sich kurzfristig um und stürmte fortan für den zahlungskräftigeren FC Valencia. Und Uli Hoeneß stand da wie ein übers Ohr gehauener Tourist auf einem orientalischen Wochenmarkt: »Das ist der größte Gangster aller Zeiten«, wetterte er.

Immerhin gelang es ihm, den walisischen Mittelstürmer Mark Hughes vom FC Barcelona loszueisen. Der neue Bayern-Trainer Jupp Heynckes äußerste zwar Bedenken, weil der Brite in Spanien vorwiegend auf der Bank gehockt hatte und man so genau gar nicht wisse, was der Mann könne. Doch jetzt blieb keine Zeit, sich darüber den Kopf zu zerbrechen.

Findet's heraus!

Auf dem Platz!

Im Trikot von Bayern München!

So glücklich war Uli Hoeneß über den gelungenen Transfer, dass er Hughes Anfang November 1987 mit dem Learjet von einem Länderspiel in Prag abholte, um ihn zwei Stunden später in einem Pokalspiel im Münchner Olympiastadion gegen Borussia Mönchengladbach auflaufen zu lassen.

Mark Hughes absolvierte exakt achtzehn Bundesligaspiele und zwei Europacupspiele für den FC Bayern München. Er erzielte sechs Bundesligatore und konnte den Bayern zu keinem Titel verhelfen.

Im nächsten Jahr versuchte man es mit dem Schweden Johnny Ekström. Danach wurden der Serbe Radmilo Mihajlovic und der Schotte Alan McInally als das Wunderduo Mic & Mac auf die Fußballwelt losgelassen, welche sich wenig beeindruckt zeigte. 1991 durfte der Club endlich auch den Erwerb zweier Stars aus dem mythischen Fußballland Brasilien vermelden. Einer hieß Bernardo und kam auf vier Kurzauftritte, der andere nannte sich Mazinho und erweckte zumindest manchmal den Verdacht, wenigstens bundesligatauglich zu sein – *internationales Niveau* versprühte bei der folgenden Weltmeisterschaft in den USA ein anderer Kicker gleichen Namens: als Mittelfeldsouverän des brasilianischen Siegerteams. Böse Zungen behaupten bis heute, der FC Bayern habe sich den falschen Mazinho andrehen lassen.

Damit der Import immer neuer ausländischer Hoffnungsträger finanziert werden konnte, trennte sich der Club langsam, aber sicher von nahezu sämtlichen Integrationsfiguren: 1988 gingen Lothar Matthäus, Andreas Brehme, Norbert Eder und Jean-Marie Pfaff, 1990 ließ man den Publikumsliebling und Dribbelkünstler Wiggerl Kögl ziehen; als ein Jahr später Klaus Augenthaler, Held vieler Schlachten und eine Art holzgeschnitzte Heiligenfigur des »Mia san mia«-Gedankens, vorzeitig und nicht ganz freiwillig seine Karriere beendete, hatte der FC Bayern den letzten großen Integrator auf dem Platz verloren und endgültig seine Wurzeln gekappt.

Zurück blieb ein Haufen ohne Gesichter, ohne Charaktere, in dem die egomanischen Jungstars Stefan Effenberg und Olaf Thon Kleinkriege ausfochten, sich der Teenager Christian Ziege zum Wortführer aufschwang und ansonsten Einzelgänger wie der Däne Brian Laudrup und der aus Italien reimportierte Nationalverteidiger Thomas Berthold herrschten; Männer, die ihrem Beruf nachgingen wie höhere Angestellte, die auf den Anruf des nächsten Headhunters warteten. Bei seinem Abschied klagte der Auge: »Ob zu Beckenbauers Zeiten, in der Ära Breitner und Rummenigge oder als ich Kapitän war, immer gab es eine klare Hierarchie, drei, vier unumstrittene Spieler, die sich einig waren. Da hatten Unruhestifter keine Chance.« Diese Zeiten waren vorbei – und statt hinauf zum internationalen Niveau zu zischen, trudelte der FC Bayern im Herbst 1991 hinab in die größte Krise seit dem Bundesligaaufstieg.

»Herbst, du treibst die Trainer weiter« (Fritz Eckenga)

Nach dem Aus im DFB-Pokal gegen den Zweitligisten FC Homburg und einer Serie von drei Heimniederlagen musste Uli Hoeneß mit Blei in den Armen zum Telefonhörer greifen und Jupp Heynckes in sein Haus in Ottobrunn bestellen. Hoeneß hatte den steif wirkenden, unzugänglichen Mann vom Niederrhein 1987 gegen die Bedenken der Vereinsspitze als Bayern-Trainer durchgesetzt. Schon als Linksaußen in Mönchengladbach war Heynckes ein Einzelgänger gewesen und Uli Hoeneß, in den gloriosen Tagen der Europameisterschaft von 1972 sein kongenialer Sturmpartner in der Nationalelf, einer seiner wenigen Freunde. Heynckes hatte es bei der Borussia vom Spieler auf direktem Weg zum Cheftrainer gebracht, als solcher aber eher bescheidene Erfolge vorzuweisen. Udo Lattek, der Heynckes in seiner Zeit am Bökelberg hassen lernte und ihn noch immer einen »grenzenlosen Egoisten« nennt, vermutete hinter dieser Verpflichtung nichts anderes als einen weiteren Versuch, ihn selbst zu kränken.

Trotz zweier Meisterschaften 1989 und 1990 wurden die Vereinsbosse mit dem spröden Übungsleiter nicht warm.

Heynckes sah ein wenig aus wie ein Waschmittelverkäufer. Sein dunkles Haar wirkte wie festgeschweißt oberhalb seines schnell errötenden Gesichts. Alles, was mit Fußball verbunden wird, Dynamik, Feuer, Abenteuerlust wurde verzehrt von seinem Erscheinungsbild wie ein Kater nach einer langen Partynacht von einem Aspirin. Außerdem trug er mit Vorliebe weiße Socken in schwarzen Slippern.

Dazu war der Mann rhetorisch ein wandelndes Katastrophengebiet, und seine Eigenheit, das »Sch« wie ein »Ch« auszusprechen, trug zur steten Belustigung der Boulevardpresse bei, die ihn allzu gern korrekt zitierte. Etwa mit dem Satz: »Mark Hughes spielt typich britich.« Heynckes reagierte auf derlei Bosheiten, indem er den Journalisten das »Du« entzog.

Komplett überfordert war er, als der Kölner Trainer-Novize Christoph Daum begann, sich auf Kosten des Münchner Konkurrenten zu profilieren: »Jeder Wetterbericht ist aussagekräftiger als ein Vier-Augen-Gespräch mit Jupp Heynckes«, tat der großsprecherische Schnauzbartträger kund. Und: »Heynckes läuft das Unglück nach.« Heynckes geriet wirklich ins Trudeln ob solcher Gehässigkeiten und seine Mannschaft gleich mit, und der 1. FC Köln, der sich unter Daums Kommando zum Hauptrivalen der Bayern in den späten Achtzigern aufgeschwungen hatte, hätte den Münchnern 1989 beinahe noch die sicher geglaubte Meisterschale weggeschnappt. Bei einem Gipfeltreffen mit dem Herausforderer im »Aktuellen Sportstudio« musste Manager Uli Hoeneß seinem Trainer beistehen. Heynckes wirkte wie ein Kind, das auf dem Spielplatz verloren nach seinem Papa ruft.

Seinen größten Fehler machte der Meister Proper vom Niederrhein, als er im Sommer 1990 vom Münchner Rathausbalkon verkündete: »Ich verspreche euch, im nächsten Jahr holen wir den Europapokal.« Zwar flogen die Bayern erst im Halbfinale durch ein selten dämliches Eigentor gegen den späteren Cupgewinner Roter Stern Belgrad aus dem Wettbewerb: Augenthaler hatte in der 90. Minute eine verunglückte, aber harmlose Rückgabe produziert, die Torhüter Aumann nicht über die Latte, sondern ins eigene Netz lenkte. Heynckes aber hatte einen sehr empfindlichen Punkt in der Bayernseele angerührt. Das alles konnte nicht mehr lange gut gehen.

Ein 1:4 zu Hause gegen die Stuttgarter Kickers, es war der 5. Oktober 1991, besiegelte Jupp Heynckes' Schicksal. Der FC Bayern war in die untere Tabellenhälfte abgerutscht, und Präsident Scherer fürchtete bei der nächsten Mitgliederversammlung um seine Wiederwahl.

Heynckes' Uhr lief ab.

Er ahnte es, als er am Montag darauf gegen 16 Uhr im Eigenheim des Managers eintraf. Der Hausherr wirkte angestrengt, sagte irgendwas von einem »Gespräch unter Männern«, das man mal führen müsse, und servierte Apfelsaft. Dann begann er die Situation des FC Bayern im Allgemeinen zu erläutern. Schließlich fragte Heynckes gerade heraus: »Das war's, oder?« Heynckes erkundigte sich nach den Formalitäten, danach sprachen die beiden noch ein wenig darüber, was hätte werden können, ohne die Verräter und Wichtigtuer im Verein. Dann war der Bayern-Trainer Jupp Heynckes Geschichte.

Noch am selben Abend, eine Viertelstunde vor Mitternacht, wählte Uli Hoeneß eine Telefonnummer in Belgien. Es klingelte nur einmal, dann meldete sich ein Mann mit dänischem Akzent. Er hatte auf den Anruf gewartet. Tags zuvor hatte er Uli Hoeneß am Rande des Abschiedsspiels für den Frankfurter

Ligaveteranen Charly Körbel getroffen – und nach einem zunächst eher unverbindlichen Schwatz über die guten alten Zeiten und die derzeit so trübe Situation beim FC Bayern überraschend das Angebot in der Tasche, als neuer Trainer einzusteigen. Der Mann, der noch nie eine Fußballmannschaft trainiert hatte und hauptberuflich im Fleischgroßhandel tätig war, erbat sich Bedenkzeit bis zum nächsten Abend. Dann sagte er Ja. Schon am Dienstag flog er nach München und unterschrieb im Hotel Vier Jahreszeiten den Vertrag.

Sören Lerby, Spielantreiber des FC Bayern in den glorreichen Achtzigern, war neuer Cheftrainer.

Der dänische Quereinsteiger wurde von Uli Hoeneß sogleich als neuer Meistertrainer präsentiert: »Dass er den Job noch nie gemacht hat, ist für mich kein Argument. Franz Beckenbauer war auch Anfänger und wurde Weltmeister.«

Lerby hielt sich exakt fünf Monate. Danach war sein guter Ruf im deutschen Fußball ruiniert. »Er war als Trainer vollkommen überfordert«, erinnert sich Stefan Effenberg. »Er hatte keinen Plan, was er mit der verunsicherten Mannschaft anfangen sollte, und auch null Standing bei den Spielern.«

Seine Sprachnöte besorgten den Rest. Fünf Jahre Abwesenheit hatten genügt, um seine Deutschkenntnisse nahezu auszutilgen; er schwurbelte dahin im Nebel einer aus dänischen, niederländischen und deutschen Wortfetzen zusammengesetzten Kunstsprache. »Die Sören saagt« wurde unter den Spielern zum *running gag*.

Sonst hatten sie allerdings wenig Grund zum Lachen. Unter dem Teamchef Sören Lerby geriet der FC Bayern endgültig in Abstiegsnot. »Es war eine verfahrene Situation«, sagt Stefan Effenberg. »Es sah so aus, als hätte Hoeneß, der im Verein unumstritten des Sagen hatte, ein wenig den Überblick verloren. Purer Aktionismus brach aus. Uli Hoeneß versuchte eine Krise zu bewältigen und schuf damit quasi die nächste.« Der Manager sah sein Lebenswerk zerbrechen.

Zumal Club-Chef Fritz Scherer, der inzwischen ernsthaft um seinen Job fürchten musste, Ende Oktober 1991 eine Entscheidung traf, deren ganze Tragweite er vermutlich erst umriss, als er ihr selbst zum Opfer fiel. Ohne sich zuvor mit Hoeneß zu besprechen, leitete der gelernte Betriebswirtschaftsprofessor die Inthronisation zweier neuer Vizepräsidenten mit weitreichenden Vollmachten ein: Franz Beckenbauer und Karl-Heinz Rummenigge. Was jene von sich gaben, ließ den Manager das Schlimmste erahnen.

Rummenigge forderte sogleich: »Wir müssen finanziell in neue Dimensionen gehen.« Beckenbauer griff seinen ehemaligen Mannschaftsgefährten persönlich an: »Er war allein, es sagte ihm keiner, was er verkehrt machte. Auch ein Hoeneß macht Fehler.« Bei der Mitgliederversammlung am 25. November wurden die beiden Altstars offiziell ins Präsidium aufgenommen – und Fritz Scherer wiedergewählt.

Uli Hoeneß war fassungslos.

Nicht in seinem schlimmsten Albtraum wäre ihm eingefallen, dass Beckenbauer noch einmal den Golfschläger aus der Hand legen würde, um ihm, Hoeneß, in seinem selbst geschaffenen Reich auf den Leib zu rücken. Freunde waren die beiden ja nie gewesen. Zu oft hatte ihn Beckenbauer schon in gemeinsamen Spielerzeiten ausgebremst. Das schien lange her und fast vergessen und Hoeneß beim FC Bayern der unumstrittene Herr im Haus. Nun saß ihm der unerbittliche Kaiser, inzwischen zur »Lichtgestalt des deutschen Fußballs« erhoben, wieder vor der Nase. Und gleich daneben Rummenigge, in dessen Schatten ein weiteres Schreckgespenst aus der Vergangenheit lauerte: Paul Breitner.

»Ich muss erst ausloten, was die wollen. Wenn sie es ehrlich meinen – okay. Wenn nicht, werde ich aufhören«, sprach Hoeneß zerknirscht und ging für den Rest der Spielzeit in die innere Immigration.

Sören Lerby wurde Anfang der Rückrunde gefeuert und etwas überraschend vom früheren DFB-Sportlehrer Erich Ribbeck abgelöst, der seine Trainer-Laufbahn längst für beendet erklärt hatte und inzwischen als Sport-Koordinator beim Bayern-Hauptsponsor Opel auf der Lohnliste stand. Der eloquente, stets tadellos gekleidete Westfale, der immer so aussah, als käme er frisch von einem Charterurlaub auf Teneriffa, war für seinen alten Kontrahenten Beckenbauer plötzlich der Mann der Stunde: Er brauchte einen Mann mit Autorität, Manieren und Respekt bei der Presse. Die sportliche Qualifikation war erst mal Nebensache. Schließlich brachte der Vizepräsident genug davon mit. Ribbeck führte die Bayern auf einen lächerlichen zehnten Platz.

Die Krise der Bayern fiel in eine Zeit, in der der Fußball endlich zu dem Geschäft wurde, von dem Uli Hoeneß immer geträumt hatte. Schon Ende der siebziger Jahre hatte er vor Münchner Wirtschaftsstudenten einen Vortrag über die ökonomische Zukunft der Branche gehalten. Der damals 27-jährige Jungmanager verblüffte das Auditorium mit exotischen Fremdwörtern wie Pay-TV und Pay-per-View und sprach davon, dass die Fernsehrechte an der Bundesliga irgendwann einmal eine Milliarde Mark im Jahr bringen würden.

Man hatte ihn für verrückt gehalten.

Es dauerte keine zehn Jahre, bis seine Visionen rasant Gestalt annahmen. 1988 enterte das neu eingeführte Privatfernsehen die Bundesliga, und die Preise explodierten. 1991 überwies der Medienkonzern Kirch 700 Millionen Mark für fünf Jahre exklusive Berichterstattung, und die Kunden des Bezahlsenders Premiere konnten erstmals Liga-Spiele live und in voller Länge sehen. Fernseheinnahmen in nicht gekannten Höhen versprach auch die so genannte Champions League, die 1992 den altbewährten, nach dem K.o.-System ausgetragenen Landesmeistercup ablöste: eine Art Elite-Liga für die europäischen

Spitzenclubs mit Gruppen- und Play-off-Spielen und also sehr viel sehr begehrter Sendezeit.

In dieser neuen bunten Fernseh-Fußballwunderwelt spielte nun gerade der FC Bayern bloß eine Nebenrolle. Und Clubs wie der VfB Stuttgart, die alten Rivalen aus Bremen und der unter dem neuen Trainer Ottmar Hitzfeld wiedererstarkte Traditionsverein Borussia Dortmund, der in den späten Achtzigern noch knapp am Bankrott vorbeigeschrammt war, drohten in großem Stile einzufahren, wovon Uli Hoeneß immer geträumt hatte. Zu allem Überfluss tummelte sich vor fast jeder Kamera Franz Beckenbauer.

Und der kommentierte mit Vorliebe die Spiele seines eigenen Vereins. Naturgemäß ließ er selten ein gutes Haar an dem, was er sah. Mal registrierte er »Anfängerfehler«, mal attestierte er den Bayern-Profis das Verhalten einer »Seniorenmannschaft«, ein andermal wähnte er sich bei einem besseren Kreisklassenspiel: »Des is wia Obergiesing gegen Untergiesing.« Uli Hoeneß hatte alle Hände voll zu tun, um die empfindlichen Gemüter der Fußballer zu besänftigen. »Man darf nicht alles, was der Franz sagt, auf die Goldwaage legen«, sagte er mit zunehmendem Verdruss in der Stimme.

In Wirklichkeit wusste er natürlich, dass die deutsche Öffentlichkeit genau das tat. Nicht umsonst riss sich inzwischen auch das Werbefernsehen um die Dienste des Kaisers, der ganz offensichtlich ebenso glaubwürdig sauerländisches Bier und japanische Autos anpreisen konnte, wie er über deutschen Fußball redete. An alldem änderte sich auch nichts Wesentliches, als Franz Beckenbauer am 14. November 1994 zum Präsidenten des FC Bayern München ausgerufen wurde.

Der Putsch

Ausgerechnet der blasse Karl-Heinz Rummenigge hatte den Putsch angeführt. Rummenigge hatte einiges aufzuholen. Er hatte als Fernsehkommentator gearbeitet – ohne Erfolg. Später hatte er den FC Bayern um einen herausragenden Job gebeten, und man hatte ihm eine Tätigkeit in der Jugendarbeit angeboten. Es war also kein Wunder, dass er sich nicht zweimal bitten ließ, als ihn Fritz Scherer ins Amt des Vizepräsidenten hievte. Der redliche, aber wenig volkstümliche Präsident sah dahinter freilich kaum mehr als einen symbolischen Akt. In Zeiten der Krise sollte die Geste an die Erfolgslegende des FC Bayern gemahnen, welche Rummenigge ebenso verkörperte wie der herbeizitierte Franz Beckenbauer. Ansonsten hielt Scherer den früheren Stürmerstar für einen harmlosen Schaumschläger: Der Bursche sah auch im fortgeschrittenen Erwachsenenalter noch aus wie die etwas forschere Ausgabe des nettesten Jungen aus der Provinz, den man sich vorstellen konnte. Am Tage seiner offiziellen Inthronisation war Rummenigge nicht einmal klar, dass er gar nicht gewählt zu werden brauchte, und er hielt völlig umsonst eine flammende Bewerbungsrede vor der versammelten Mitgliederschaft.

Es musste kein Jahr ins Land gehen, bis Scherer klar wurde, welchen Geist er da an seine Seite gelassen hatte. In seinen langen Profijahren, von denen er die meisten im Dunstkreis von Paul Breitner verbrachte, war aus der »Rummelfliege« ein Machtmensch geworden, der wenig Skrupel kannte und keine Freunde.

1982, während der Weltmeisterschaft in Spanien, soll er 5 000 Mark ausgelobt haben für denjenigen, der dem Abwehrchef Uli Stielike »eine aufs Maul haut.« Vier Jahre später in Mexiko machte er Front gegen den Kölner Torhüter Toni Schumacher, der berechtigte Zweifel an der Fitness des nicht mehr ganz jungen Stürmers angemeldet hatte. Stefan Effenberg glaubt sogar, dass es »Killer-Kalle« war, der ihn an einem denkwürdigen Tag in Dallas/USA wegen »ungebührlichen Verhaltens gegenüber den Fans« bei DFB-Präsident Egidius Braun und Bundestrainer Vogts angeschwärzt hatte – und so seine Nationalmannschaftskarriere ruinierte. Effenberg war 1991 der einzige Bayern-Spieler gewesen, der sich traute, den Sinn der Heimholung von Beckenbauer und Rummenigge infrage zu stellen.

Im November 1993 spann Karl-Heinz Rummenigge eine Intrige, an deren Ende ein Jahr später Fritz Scherer abdanken musste. Zunächst ließ er Scherer von seinem alten Kumpan Paul Breitner in der *Bild*-Zeitung anpöbeln. Als sich der Professor – Scherer lehrte Betriebswirtschaft an der Fachhochschule Augsburg – daraufhin Hilfe suchend an die Öffentlichkeit wandte, stand er als Schwächling und Paranoiker da. Prompt meldete Rummenigge seine Ambition auf das Präsidentenamt an. Je heftiger Scherer zeterte, desto mehr stand Rummenigge als kühler Macher da. Die Sache lief auf eine Kampfabstimmung zu. Das hatte es in der Geschichte des FC Bayern nie gegeben. Und der Sieger stand so gut wie fest: Karl-Heinz Rummenigge.

Uli Hoeneß grauste es. Zwar hätte gerade er allen Grund zur Schadenfreude gehabt. Doch er fühlte sich Fritz Scherer noch immer verbunden. Der frühere Schatzmeister hatte 1985 Willi O. Hoffmann beerbt, nachdem der als »Champagner-Willi« populäre, selten unter zwei Zentner wiegende Partylöwe mit seiner Immobilienfirma ins Schlingern geraten und wegen dringender Gerichtstermine immer öfter unpässlich war. Erst unter dem Kommando des Hochschullehrers aus Augsburg begann der Aufstieg des FC Bayern zum unumschränkten Branchenführer und der Siegeszug von Uli Hoeneß zum wichtigsten Mann im deutschen Fußball.

Das hatte der Manager nicht vergessen.

Außerdem musste er sich eingestehen, dass das entscheidende taktische Missgeschick ihm selbst unterlaufen war – die Entlassung von Jupp Heynckes. »Diese Sache durchzuziehen«, so würde Uli Hoeneß noch Jahre später hadern, »war mein größter Fehler.« Auch weil in der Schlussphase des Ränkespiels überraschend ein Joker eingewechselt wurde – und die Partie eine ganz neue Wendung nahm.

Anfang Oktober 1994, einen guten Monat vor der Mitgliederversammlung, machte sich Franz Beckenbauer auf den Weg in die Münchner Staatskanzlei, einem Stahl-Glas-Konstrukt von entschiedener Scheußlichkeit, das an der linken Seite mit einem gewaltigen Steinquader abschloss, der den Charme eines Atombunkers versprühte. Selbst in des Kaisers Terminplan stand nicht allzu oft ein Dringlichkeitsgespräch mit einem leibhaftigen Regierungschef. Und deshalb passierte Beckenbauer pünktlich und in seinem besten Anzug die Uniformierten an der Eingangspforte. Beamte mit Bäuchen und schlecht sitzenden Sakkos grüßten freundlich, als er leichten Schrittes den Aufzug ansteuerte. In der vierten Etage stieg er aus.

Das Büro des Ministerpräsidenten war ein großer, in hellem Holz getäfelter Raum mit einer Fensterfront zum Münchner Hofgarten. Ein konvex geformter Schreibtisch war weit zurückgestellt, so dass man erst etwa zehn Meter roten Teppichs hinter sich bringen musste, um zu den drei in einem Halbkreis angeordneten Stühlen zu gelangen, die in Macht verstärkendem Abstand davor gruppiert waren. Beckenbauer setzte sich. Er blickte auf eine Schrankwand, die die gesamte Zimmerquere einnahm und in der nicht viel mehr stand als ein paar Sammelordner mit Gesetzestexten und eine Steinbüste von Franz Josef Strauß. Edmund Stoiber kam schnell zur Sache. Es gelte Schaden vom Verein abzuwenden, sagte er. Eine Schlammschlacht zwischen Rummenigge und Scherer müsse verhindert werden. Und er habe eine Idee, wie dies zu bewerkstelligen sei. Der Kaiser sollte es mal wieder richten.

»Diese Lösung würde den Konsens aller finden«, meinte Stoiber.

»Ich könnte bereitstehen«, sagte Beckenbauer.

Wenige Tage später trommelte Edmund Stoiber den Clubbeirat zusammen, dessen Vorsitz er nebenberuflich innehatte. Den meisten gefiel sein Vorschlag. Sogar Scherer und Rummenigge steckten zurück, als sie davon erfuhren. Seitdem Beckenbauer die Bayern auch als Trainer zur Deutschen Meisterschaft geführt hat, war er selbst für Ehrgeizlinge und Intriganten unantastbar.

Die Mitgliederversammlung am 14. November 1994 wurde wegen des zu erwartenden Ansturms vom Löwenbräukeller in die Olympiahalle verlegt. Das Podium flankierten die Meisterschale, die der FC Bayern dreizehn Mal gewonnen hatte, und die Viktoria, die lange verschollene und erst nach der deutschen Einheit wieder gefundene Meistertrophäe aus dem Jahr 1932. Zwölf Fernsehteams richteten ihre Kameras aufs Rednerpult. Franz Beckenbauers apfelbäckiges Schelmengesicht war in einen Glorienschein getaucht.

»Viele werden enttäuscht sein, wenn ich jetzt keine große Antrittsrede halte und nichts Großartiges verspreche. Ich bin kein Gaukler, ich verspreche nichts. Wir werden nicht viel reden, sondern arbeiten«, sagte er. Dann schluckte er kurz und fügte hinzu: »Ich persönlich bin stolz, dem FC Bayern dienen zu können.« Er hätte an diesem Tag alles sagen können, und die Menge hätte genauso vor Verzückung gebrüllt; einige betupften ihre Augen. Von 2928 Anwesenden stimmten nur 16 gegen den Fußballmessias.

Nur einer maulte: Paul Breitner. Dass er es tat, überraschte niemanden besonders, da sich der ewige Querulant unter einem Präsidenten Rummenigge den Job des Managers erhofft hatte und sich nun einmal mehr von seinem Daueralbtraum Beckenbauer ausgebootet sah: »Durch diese Entscheidung hat man die 30 000 Bayern-Mitglieder entmündigt, indem man ihnen nicht zutraut, bei der Mitgliederversammlung zwischen den Kandidaten Rummenigge und Scherer zu entscheiden.«

Wie schön, dass der gute Paul auf seine alten Tage die Demokratie wieder entdeckte – jetzt, da er glaubte, von ihr profitieren zu können.

Master of the Universe

Volleyschüsse gehören zu den schwierigsten Übungen im Fußball. Einen mit hoher Geschwindigkeit heranschwirrenden Ball überhaupt sauber mit dem Spann zu treffen, ist bereits eine Kunst. Ihn so zu treffen, dass er garantiert das angepeilte Ziel erreicht, ist nahezu unmöglich. Trainieren kann man es nicht. Denn selbst mit brillanter Schusstechnik und einem ausgeprägten Gespür für Tempo und Timing bleibt die Eigendynamik des Balles als stete Unbekannte: Entscheidend sowohl für den Moment des Schusses als auch für die spätere Flugbahn des Balles sind nämlich Grad und Geschwindigkeit der Achsdrehung sowie das Maß der Verformung des Balles, also ein paar unendlich variable und von daher unermessliche Dinge.

»Volles Risiko«, lautet nicht umsonst die Standardformel, wenn ein Spieler versucht, den Ball aus der Luft ins Tor zu schießen. In den seltensten Fällen wird ein solcher Versuch belohnt. Stattdessen landet der Ball an der Eckfahne, in der Fankurve, oder man findet ihn überhaupt nicht mehr. Wenn es doch gelingt, kann der Spieler seinen Platz in der Ewigkeit buchen. Die Zuschauer der »Sportschau« wählten zwischen 1971 und 1997 in 15 von 27 Fällen Volleyschüsse zum »Tor des Jahres«.

Volleytore gehören zu jenen raren, unwahrscheinlichen,

ganz und gar irrealen Dingen, die erst den Reiz des Fußballs ausmachen und allwöchentlich abertausende Menschen in die Fußballstadien locken. Die wohl schönste Aufführung dieses seltenen Schauspiels erlebten die Besucher des Europameisterschaftsendpiels Niederlande gegen die Sowjetunion 1988 in München – als der holländische Stürmer Marco van Basten den Ball fast von der Torauslinie volley in den gegenüberliegenden Winkel drosch.

In der Geschichte der Fußballbundesliga gebührt der ewige Schönheitspreis einem Tor von Lothar Matthäus im November 1992 in Leverkusen.

Die Bayern waren als Tabellenführer angereist, doch es schwelte im Team. Der Italien-Heimkehrer Lothar Matthäus beanspruchte die Chefrolle, obwohl er für jeden sichtbar außer Form war. Der junge Mehmet Scholl sah sich wegen angeblicher taktischer Unbelehrbarkeit dem anhaltenden Zorn von Trainer Ribbeck ausgesetzt. Der Weltmeister Thomas Berthold saß seinen Vertrag auf der Tribüne ab, wenn überhaupt, und Schatzmeister Kurt Hegerich durfte über »den bestbezahlten Hobby-Golfer der Welt« klagen. Das Ergebnis waren Punktverluste gegen die mausgrauen Abordnungen aus Wattenscheid und Saarbrücken.

Eine Niederlage in Leverkusen, und das Theater wäre mal wieder riesengroß.

Es ist kurz vor der Halbzeit, und es steht 1:1, als Mehmet Scholl zu einem Eckball von der linken Seite antritt. 17 Spieler wimmeln im Leverkusener Strafraum umher, rennen hierhin und dorthin, drängeln, drücken und schieben. Doch der Schütze hat einen anderen Plan. Er löffelt den Ball mehr, als er schießt, weit weg vom Tor, quer übers Feld ins scheinbare Nichts. Regungslos staunend blicken Freund und Feind hinterher, allein der Leverkusener Torwart Rüdiger Vollborn macht einen kleinen Luftsprung, um sich bessere Sicht auf die sonderbare Vorstellung zu verschaffen. Was wird hier eigentlich gespielt? Auf Höhe der Strafraumgrenze hat der Ball seine maximale Flughöhe erreicht und beginnt wieder zu sinken. Kurz bevor er aufschlägt, taucht auf einmal Lothar Matthäus auf, etwa 25 Meter vor dem Tor, leicht rechts versetzt, er macht erst ein paar Trippelschritte, dreht sich dann kurz nach rechts, um Schwung zu holen. Als er den Ball mit voller Wucht trifft, berührt sein rechtes Knie fast die linke Brust. Eine Sekunde später schlägt die Kugel im linken oberen Toreck ein.

Berauscht von diesem Kunsterlebnis, gewannen die Bayern am Ende 4:2 und wurden immerhin Herbstmeister. Die Meisterschale holte sich Werder Bremen, und Willi Lemke konnte triumphieren: »Wir haben die Dominanz der Bayern gebrochen.« Heute ist der Glücksschuss von Matthäus alles, was für die Bayern von einer tristen Saison übrig geblieben ist. Natürlich wurde er auch zum »Tor des Jahres« gewählt. Und Matthäus prangte fortan als »Torminator« von den Werbeplakaten seines Schuhlieferanten. Vor allem aber war es sein erstes Tor nach seiner Rückkehr aus Mailand und der eigentliche Startschuss der Bayern in die neunziger Jahre, die Lothar Matthäus prägte wie kaum ein anderer Spieler. Und das eher selten zur Freude seines Vereins.

Im September 1992 hatte der FC Bayern stolz und für die meisten überraschend die Rückholung des Stars aus Italien verkündet. Matthäus war dort schon seit einer Weile nicht mehr glücklich, die von Inter Mailand geforderte Ablösesumme von zehn Millionen Mark konnten jedoch nicht mal die Bayern aufbringen. Nach einem Kreuzbandriss im April 1992 entwarf Matthäus mit Franz Beckenbauer einen Plan. Während er die Verantwortlichen von Inter auf eine lange Rehabilitation mit ungewissem Ende einstellte, trainierte er heimlich mit privaten Spezialisten. Das Ergebnis war wie erhofft: Nach kaum einem halben Jahr war Matthäus fit und sein Marktwert gleichzeitig um mehr als die Hälfte gesunken. Und der FC Bayern griff zu. Eine Sensation. Der Mann war Kapitän der Weltmeisterelf von 1990, er war zweimal Weltfußballer, einmal sogar Weltsportler des Jahres. Ein nationales Idol war er deshalb allerdings noch lange nicht. Er musste bis in seine späten Dreißiger warten, musste alle Stars seiner Generation überdauern, bis er sich wenigstens ein bisschen dem Status des *elder statesman* annähern durfte. Und das auch nur, weil er zu der Einsicht gekommen war: »Ich habe so oft eine auf die Schnauze bekommen. Jetzt halte ich sie eben.«

Lothar Matthäus war nicht besonders groß, hatte breitstehende dunkle Augen und einen Unterkiefer aus Stein. Sein Kopf war mit welligem, dunkelbraunen Haar bedeckt, das er sich von der Mitte weg gewissenhaft aus der Stirn föhnte. Er lispelte leicht und stieß beim »l« mit der Zunge an den Gaumen, was einen wie ihn aber nicht daran hinderte, nahezu ununterbrochen zu reden. Bereits als 19-jähriger Nationalmannschaftsneuling fiel er mit seinem unstoppbaren Wortausstoß allen auf die Nerven, und Erich Ribbeck, damals Assistent von Bundestrainer Derwall, stöhnte: »Selbst wenn wir den Speiseplan diskutieren, muss er dazwischenplappern.«

Man war in Deutschland durchaus gewohnt an Leute mit ausgeprägtem Drang zur Selbstdarstellung; aber einen Fußballer mit einem solch titanischen Ego hatte man noch nicht erlebt. Er pflegte von sich ausschließlich in der dritten Person zu reden, als müsse sogar er selbst ehrfürchtige Distanz halten, als sei »ein Lothar Matthäus« nur von einer höheren Warte aus zu betrachten. Sogar in raren Momenten der Selbstkritik schwang eine Selbstanmaßung mit, die einem den Atem raubte: »Wir haben heute nicht den Lothar Matthäus gesehen, den wir kennen.«

Matthäus kam aus Herzogenaurach in der mittelfränkischen Provinz, wo sein Vater 30 Jahre lang als Hausmeister bei der Sportartikelfirma Puma arbeitete. Seine Mutter nähte in

Heimarbeit Lederteile für Fußballschuhe. Schon in der Schüler- und Jugendmannschaft nervte er seine Betreuer nach jedem Spiel mit der Frage: »Heut war ich doch gut, Trainer, oder?« Puma vermittelte ihm ein Probetraining in Mönchengladbach, wo er mit 18 seinen ersten Profivertrag unterschrieb. Der Abschiedsschmerz in der Heimat hielt sich in Grenzen. »Viele Leute haben gesagt: ›Was will denn das Großmaul?‹«, erinnert sich sein einstiger Mannschaftskollege aus Herzogenaurach, Günther Güttler, der in den frühen achtziger Jahren ein paar Spiele für den FC Bayern machte und danach eine eher unspektakuläre Profikarriere beim 1. FC Nürnberg, dem SV Waldhof Mannheim und Schalke 04.

Die Antwort kam schneller, als vermutlich Matthäus selbst es für möglich gehalten hatte: Ein gutes Jahr später war er eine eher merkwürdige Attraktion der Europameisterschaft 1980 in Italien. Er durfte zwar nur zweimal für ein paar Minuten spielen, jenseits des Platzes war er jedoch im Dauereinsatz. Wo immer er einen Menschen mit Notizblock oder Kamera erspähte, war er zur Stelle und plauderte ungefragt drauflos. Oder er trieb sich mit seiner mitgereisten Frau Silvia im Swimming-Pool herum, als sei er Regisseur und Hauptdarsteller eines Werbeclips: der unschlagbare, allergrößte Lothar aller Zeiten. »So Silvia, und jetzt ein Zungenkuss für die Fotografen.«

Es war peinlich, vor allem weil Lothar Matthäus im defensiven Mittelfeld eine undankbare, wenig publikumswirksame Position spielte. Defensive Mittelfeldspieler haben die Aufgabe, gegnerische Angriffe möglichst im Ansatz zu ersticken und mit einem schnellen, klugen Zuspiel die Gegenattacke einzuleiten. Sie sind selten lange am Ball und fallen weder durch ansehnliche Dribblings noch durch famose Rettungsaktionen auf. Defensive Mittelfeldspieler brauchen Instinkt, Zähigkeit und Zielstrebigkeit. Für den Glanz und das Spektakel sind andere zuständig. Dieses Los nehmen die meisten defensiven Mittelfeldspieler klaglos und mit Würde hin. Mit Matthäus' beinahe erotischem Verhältnis zum Fußball war es jedoch schwer in Einklang zu bringen.

Er sah sich ganz anders.

Er sah sich ganz, ganz anders.

In einer voll besetzten Arena, unter wehenden Fahnen und zu ohrenbetäubendem Getöse über den Platz zu jagen, in voller Beherrschung des eigenen Körpers, des Gegners sowieso, vor allem aber des kugelförmigen, von normalen Menschen nicht zu disziplinierenden Spielgeräts, dessen Wege über Macht, Geld, Schicksale entscheiden und das nun allein deinem Willen unterworfen ist: Für dieses Gefühl fand nicht einmal Lothar Matthäus Worte. Doch es erhob ihn über all die armen Seelen, die tagein tagaus ihr kleines Leben lebten, ohne die geringste Ahnung davon zu haben.

Er wollte ein Meister des Universums sein.

Und er war es auch – wenigstens in seinen Plänen, die stets größer waren als diese nichtige Nebensache namens Wirklichkeit.

Und natürlich zerknirschte es ihn, dass er die Hauptrolle auf dem Platz lange anderen überlassen musste, dem elanvollen Sören Lerby etwa oder dem Volkshelden Klaus Augenthaler – erst recht, dass er sie selten ausfüllte, wenn er sie dann doch mal bekam. In seiner ersten Zeit beim FC Bayern, von 1984 bis 1988, hinterließ Lothar Matthäus den Eindruck eines an Selbstüberschätzung erkrankten, defensiven Mittelfeldspielers, der mit höheren Aufgaben überfordert war. Als ihn Udo Lattek im Europapokalendspiel 1987 mit der Spielführer- und Regisseursrolle betraute, als er Chef sein durfte, und das nicht nur gegen Waldhof oder Homburg, sollte endlich seine große Stunde schlagen.

Er versagte kläglich.

1988 wechselte Matthäus nach Italien, um seine strauchelnde Karriere am Ende wenigstens noch ein wenig zu vergolden. In Deutschland hakte man ihn ab.

Ein hoffnungsloser Fall.

In Mailand, unter der Anleitung von Trainer Giovanni Trapattoni, erlebte der Mann jedoch einen dramatischen Leistungsschub. Bei der Weltmeisterschaft 1990 war er nicht mehr wieder zu erkennen. Plötzlich war Matthäus überall auf dem Feld. Er eroberte hinten die Bälle, verteilte sie im Mittelfeld, war vorn als Torschütze zur Stelle.

Er war der beste Spieler des besten Teams des Turniers. Mit knapp dreißig hatte Lothar Matthäus seinen späten, aber verdienten Moment des Ruhms. Als knapp zwei Jahre später sein Kreuzband riss, schien es wie ein Gottesurteil – als ob das Schicksal selbst ihn ermahnte, sein Wohlwollen nicht überzustrapazieren.

Es war im Herbst 1993, einen Monat bevor Lothar Matthäus sein 104. Länderspiel absolvieren und damit am bisherigen Rekordhalter Franz Beckenbauer vorbeiziehen würde, als es auf dem Oktoberfest in München zu einem kleinen Gerangel kam. Ein holländischer Tourist erspähte im Gedränge Matthäus, der mit seiner Frau und seinem zweijährigen Sohn durch die Schaustellerstraße schlenderte. Was dann geschah, ist nicht mehr im Detail zu ermitteln. Unstrittig aber ist, dass der Holländer seine Videokamera hochriss und den Prominenten ins Visier nahm, woraufhin dieser sich drohend vor ihm aufbaute und ihn anbrüllte, ihm Prügel androhte und ihm riet, sich schleunigst zu verziehen.

»Regen Sie sich nicht auf! Ihr blöden Deutschen«, sagte der überraschte Tourist.

»Ach, auch noch Holländer, das sind sowieso alles Arschlöcher, und du bist wohl vom Adolf vergessen worden«, antwortete Matthäus.

Es gab einen Riesenskandal, Matthäus bestritt, solche Äußerungen gemacht zu haben. Nachdem er das DFB-Team am 17. November 1993 in Köln zu einem 2:1-Sieg gegen Brasilien führte, wurde er in einer feierlichen Zeremonie zum Botschafter des deutschen Fußballs ausgerufen.

Wenig später machte eine andere Reisegruppe mit diesem Superdiplomaten Bekanntschaft. Diesmal war der Tatort der Flughafen Düsseldorf, in der Abflughalle kreuzten sich die Wege der Profis des FC Bayern mit den Basketballerinnen des TuS Lichterfelde. Die Mädchen, kaum eine über zwanzig, warfen den prominenten Kollegen ein paar schüchterne Blicke zu, einige kicherten, als plötzlich Lothar Matthäus aus dem Pulk ausscherte und rief: »Hey, unser Schwarzer hat so 'nen Langen!« Mit dem »Schwarzen« meinte er seinen kolumbianischen Mannschaftskameraden Adolfo Valencia. Und was er mit »so« meinte, signalisierte er mit beiden Händen vor seinen Lenden.

»Wir müssen uns Gedanken machen, wie wir ihn künftig schützen«, kommentierte Bayern-Sprecher Markus Hörwick den Vorfall. Er meinte wahrscheinlich: das Konversationsgenie, jenen Burschen, der glaubte, mit Worten ebenso gut umgehen zu können wie mit dem Ball, endgültig rhetorisch an eine kurze, feste Eisenkette zu legen. Was zwar ein ehrenwertes, aber hoffnungsloses Vorhaben war.

Eigentlich hatte man Lothar Matthäus zurückgeholt, weil man hoffte, er würde das Team mit der Aura und der Reife eines Weltstars beseelen. Nun musste man feststellen, dass man es mit einem Spätpubertierenden zu tun hatte, der nicht einmal davor zurückschreckte, das Fernsehen in sein Schlafzimmer zu bitten, um sein Glück mit der Öffentlichkeit zu teilen. »Der Liebesblitz« hatte eingeschlagen zwischen Matthäus und einer TV-Moderatorin und ehemaligen Miss Schweiz. Sie nannte sich Lolita Morena und hatte den beiden einen Sohn beschert.

»Wann bist du bereit, das Geschwisterchen für Loris mit mir zu machen?«, balzte er vor laufender Kamera.

Als Lolita bald darauf das Weite suchte, gab er in der Boulevardpresse den gebrochenen Ehrenmann: »Ich habe sie doch mit kostbarem Schmuck verwöhnt, kannte ihre Dessous-Größen und habe ihr einen Ferrari in die Garage gestellt.«

Der Wahnsinn erreichte seinen Höhepunkt, als der FC Bayern 1995 Jürgen Klinsmann verpflichtete, den smarten Stürmerstar der deutschen Nationalelf. Klinsmann hatte ebenfalls im Weltmeisterteam von 1990 gestanden, er hatte in Mailand auch eine Zeit lang gemeinsam mit Matthäus gespielt. Mehr verband die beiden allerdings nicht. Klinsmann war ein hagerer Schwabe mit dem gewinnenden Charme des jungen Robert Redford. Wenn er ein Tor bejubelte, was er ziemlich oft tat, standen ihm die Tränen in den Augen. Die Leute liebten ihn.

In England, wo er 1994 für Tottenham Hotspur gespielt hatte, war er mit großer Skepsis empfangen worden – als er wieder ging, hatte er 29 Tore in einer Saison erzielt, war Publikumsliebling geworden und zu Englands Fußballer des Jahres gewählt worden.

In der Saison 1995/96 hatte erstmals jeder Bundesliga-Profi eine feste Rückennummer und seinen Namenszug auf dem Trikot. Klinsmann trug die 18. Die Merchandising-Abteilung des FC Bayern kam mit der Herstellung kaum nach. Klinsmanns Trikot verkaufte sich öfter als die Trikots aller anderen Bayernspieler zusammen. Der Mann war ein echter Publikumsmagnet. Und er machte nicht das kleinste Drama daraus. Er verweigerte sogar der *Bild*-Zeitung seine Telefonnummer. Er glaubte sich das leisten zu können, schließlich räumte die ARD Klinsmanns Wechsel von den Tottenham Hotspurs zum FC Bayern einen zwanzigminütigen »Brennpunkt« ein. Lothar Matthäus verstand die Welt nicht mehr. Und drehte durch. Er schwärzte den Stürmer bei Bundestrainer Vogts an, versorgte die Boulevardpresse mit Details aus Klinsmanns nicht immer glücklichem Arbeitsalltag beim FC Bayern und beschimpfte ihn öffentlich als Abzocker und Schwindler. Als Jürgen Klinsmann leises Befremden äußerte, forderte ihn Matthäus zu einem Fernseh-Duell auf.

Immerhin zog der Bundestrainer Konsequenzen – und warf seinen Kapitän aus dem Kader für die Europameisterschaft 1996. Jürgen Klinsmann übernahm die Binde und führte die DFB-Elf zum Titel. Matthäus war am Boden. Der einstige Weltstar musste sogar ertragen, dass ihn der Mannschaftskollege Thomas Helmer als »menschliche Tragödie« bemitleidete.

In der Führungsriege des FC Bayern nahm man das Theater erstaunlich gelassen. »Wenn einer viel sagt, ist halt auch viel Blödsinn dabei«, bemerkte Franz Beckenbauer. Ansonsten versuchte er die Spur der Zerstörung des Serientäters M zu übersehen. Seit der Weltmeisterschaft 1990, die der Kaiser Lothar Matthäus zu verdanken glaubte, hielt er seine schützende Hand über den in Unwürde alternden Star. Außerdem hatte man beim FC Bayern ganz andere Sorgen.

»FC Hollywood«

Die Trainerfrage etwa war mittlerweile zum Dauerärgernis geworden. Was vor allem daran lag, dass Franz Beckenbauer als neuer Präsident des FC Bayern in ähnliche Verhaltensmuster verfiel wie in seinen ersten Jahren als Teamchef der Nationalmannschaft. Hatte er früher die Spieler an seinen eigenen Eigenschaften gemessen und heruntergeputzt, so waren nun die Trainer dran. Zunächst versuchte er es mit dem Italiener Giovanni Trapattoni, dem Grandseigneur des europäischen Trainerwesens. Der distinguierte, ausschließlich in Maßanzüge gewandete Coach machte auch allen Freude, denn er schickte um den zeitweiligen Kapitän Mehmet Scholl ein Nachwuchsteam mit den kaum über zwanzigjährigen Christian Nerlinger, Alexander Zickler, Markus Babbel und Dietmar Hamann ins Feld. Bei einem Spiel in Frankfurt standen vier Amateure in der Elf, was den Bayern viel Sympathien brachte, aber leider unzulässig war – die Partie wurde mit 2:0 für die Heimmannschaft gewertet. »Wollen wir deutscher Jugendmeister werden?«, grummelte Beckenbauer und schickte den Coach, angeblich wegen dessen Problemen mit der deutschen Sprache, nach nur einer Saison wieder zurück nach Italien.

Nach dieser verunglückten »Bella-Figura«-Lösung sollten es alte deutsche Tugenden richten – im Sommer 1995 lotste der FC Bayern den alten Widersacher Otto Rehhagel nach München. Zu den Vertragsverhandlungen empfingen ihn Beckenbauer und Karl-Heinz Rummenigge heimlich und spätnachts im Ottobrunner Haus von Manager Hoeneß, welcher wenig begeistert war. Zwei Tage später durfte Rehhagel die Details der vermeintlich konspirativen Sitzung in der *Bild*-Zeitung nachlesen.

Das Arbeitsverhältnis hatte eine Schramme, bevor es überhaupt begonnen hatte.

Besser wurde es nicht.

Auch nicht unter dem Schlagwort »FC Hollywood«.

Rehhagel gab den guten, alten, deutschen Fußballfeldwebel, der mit halbgeschlossenen Augen vor sich hindozierte, gefangen in seiner Selbstherrlichkeit. In Rekordzeit verdarb er es sich mit der Münchner Presse, irritierte die Spieler mit antiquierten Trainingsmethoden und verweigerte sich allen Ratschlägen aus dem Präsidium. Das aber verlor schnell die Geduld: »Auch ein Otto Rehhagel muss noch lernen«, ließ sich Beckenbauer vernehmen. Als das nichts half, wurde er deutlicher: »Warum hat mir denn keiner erzählt, wie kompliziert das alles mit dem Otto ist? Dann hätte ich ihn nie verpflichtet. Aber ich kann doch nicht schon wieder einen Trainer rauswerfen.« Schließlich drohte der Präsident: »Den Wahnsinnigen bring ich zur Räson.«

Irgendwann hatte der Trainer jede Autorität verloren, die

Mannschaft verspielte ohne Lust und Plan ihre Chancen auf die Meisterschaft; nach einer Heimniederlage gegen Rostock war Rehhagels Amtszeit beim FC Bayern beendet.

294 Tage hatte sie gedauert.

Er wurde gefeuert vier Tage, bevor seine Mannschaft das erste der beiden Endspiele um den UEFA-Cup gegen Girondins Bordeaux antrat.

Die Bayern gewannen beide Spiele mit zwei Toren Unterschied und holten den Pokal.

Auf der Trainerbank saß Franz Beckenbauer.

Schließlich erhielt Giovanni Trapattoni eine zweite Chance und holte 1997 wieder die Deutsche Meisterschaft. So richtig freuen konnte sich darüber niemand, schon gar nicht Uli Hoeneß. Denn im gleichen Jahr gelang Borussia Dortmund, was dem FC Bayern nun schon seit rund zwanzig Jahren nicht glücken wollte – der Gewinn der höchsten Vereinstrophäe im europäischen Fußball.

Außerdem verließ Jürgen Klinsmann den Club. Zermürbt von Lothar Matthäus' Eifersuchtsfeldzügen flüchtete der größte Sympathieträger, den die Bayern seit dem Abgang von Klaus Augenthaler hatten, nach Genua. Und der schwatzhafte Franke warf ihm auch noch ein selten einfältiges Schriftwerk mit dem Titel »Mein Tagebuch« hinterher, in dem Matthäus auf 250 Seiten auch noch jedes Mannschafts-Internum kläglich aufbereitete. Die Wochenzeitung *DIE ZEIT* schrieb über dieses Buch: »Kein anderes Werk hat eine vergleichbare Telefonier- und Funklochdichte.«

Es stand nichts drin im Tagebuch des Bayernkapitäns, was er nicht schon vorher während der Saison seinen Spezln von der Boulevardpresse verraten hätte, beispielsweise wie Mehmet Scholl im Skiort Zürs randalierte, weil seine Ehe auseinanderflog; oder, wie er jenen Elfmeter, welchen Jürgen Klinsmann beim UEFA Cup-Aus gegen Valencia vergab, eigentlich selber schießen wollte. Vor allem aber outete sich Lothar Matthäus in seinem Tagebuch selbst: als der größte Gschaftlhuber und Wichtigtuer, der je ein Trikot des FC Bayern übergestreift hatte. Symptomatisch für dieses unfreiwillige Testament des Autosuggestions-Tausendsassas ist folgende Szene, als er, nachdem er am Handy im Mannschaftsclub erfahren hatte, dass der AC Mailand den Trainer gefeuert hat, seine eigenen Recherchen anstellt. »Ich gehe nach vorne, wo Trapattoni sitzt. Frage ihn auf italienisch, so, dass Uli Hoeneß und Klaus Augenthaler es nicht mitbekommen können: Trainer, werden Sie jetzt Italiens Nationaltrainer? Er sagt: Nein, nein, ich bleibe bei Bayern.«

Immer wieder, auf und nieder. Lothar, Du bist die größte Schau.

Andere sahen die Sache anders.

Giovanni Trapattoni, sonst ein geduldiger und toleranter Mensch, forderte den sofortigen Rausschmiss des unkontrollierbaren Sprechathleten. Beckenbauer glaubte die Sache mit einer Rüge und der Aberkennung der Kapitänswürde aus der Welt schaffen zu können. Trapattoni erfüllte noch seinen Vertrag. Dann hatte er endgültig genug vom FC Bayern.

So neigte sich das Jahrzehnt allmählich dem Ende zu, das mit dem Versprechen begonnen hatte, endlich den Europapokal nach München zu holen.

Stattdessen hatten es sechs Trainer auf zwei Deutsche Meisterschaften gebracht.

Vom Traum, der FC Hollywood zu sein, waren nur die großen Schlagzeilen geblieben und große Skandale, keine großen Pokale, keine große Mannschaft.

Da hatte Uli Hoeneß mal wieder eine Idee: Er ging mit Ottmar Hitzfeld zum Golfspielen.

23. Mai 2001: Samuel Kuffour küsst den Champions-League-Pokal. Daneben von links: Patrik Andersson, Hasan Salihamidzic, Bixente Lizarazu.

8. Forever Number One (1998–2005)

Eine neue Regel

1992 erweiterte das International Football Association Board das Regelwerk des Fußballs um ein kleines Gebot: Um ein zu defensives Spiel zu verhindern, war es dem Torhüter nicht mehr erlaubt, den Rückpass eines Mitspielers mit der Hand aufzunehmen. Verstöße waren vom Schiedsrichter künftig mit einem indirekten Freistoß für die gegnerische Mannschaft zu ahnden. Im Unterschied zu anderen Neuerungen, die den Fußball im Zeitalter des Privatfernsehens kurzweiliger machen sollten, etwa das so genannte *Golden Goal*, das ein Spiel in der Verlängerung abrupt beendet, oder die Entweihung des Spielballes durch das Bereitstellen Dutzender Reservebälle, wurde die neue Rückpassregelung von den Fans überall begrüßt. Der Rückpass zum Torwart war seit je die am meisten verpönte Darbietung in einem Fußballspiel, ein Offenbarungseid verabscheuenswürdigen Duckmäusertums, und er wurde in jedem Stadion der Welt mit Pfiffen bedacht, auch und vor allem von den eigenen Anhängern.

Jetzt war der Verteidiger gezwungen, nicht nur das Spiel des Gegners zu zerstören, sondern auch das eigene anzutreiben und sich aus brenzligen Situationen mit spielerischem Risiko zu befreien oder notfalls den Ball ins Aus zu spielen. Da Ballfertigkeit bis dahin nicht zur Arbeitsplatzbeschreibung eines Torwarts gehörte, musste der Verteidiger bei einem Rückpass forthin das Schlimmste befürchten – im Zweifelsfall ein Eigentor, zumindest aber einen Querschläger mit unkalkulierbaren Folgen.

Wer nicht von echter Verzweiflung getrieben war, verzichtete besser darauf.

So sinnvoll die neue Regel war, so streng wurde sie eingehalten. Von 1992 bis zum Ende des Jahrzehnts wurde in der Fußball-Bundesliga kaum ein halbes Dutzend Mal auf indirekten Freistoß wegen unerlaubtem Rückpass entschieden. Stattdessen wagten sich die Keeper an Übungen wie Flugkopfbälle, Scherenschläge oder Dribblings im eigenen Fünfmeterraum, und auch Weltklasseleute wie Oliver Kahn, der seit 1994 das Tor des FC Bayern hütete, waren dabei nicht vor Peinlichkeiten gefeit. So sah sich Kahn in einem Champions-League-Spiel im Dezember 1997 gegen den IFK Göteborg einem an sich harmlosen Ball seines Verteidigers Markus Babbel gegenüber, den er mit einem federnden Ausfallschritt zu stoppen versuchte – dass er ihn verfehlte, merkte der Torwart erst, als sich die Schweden jubelnd in die Arme fielen. Der FC Bayern verlor das Spiel mit 0:1.

Der Unterhaltungswert des Fußballs jedenfalls stieg durch die neue Regelung enorm. Wenngleich all die Anstrengungen der Torleute und ihrer Vordermänner im Grunde nur dazu dienten, eine vergleichsweise ungefährliche Standardsituation zu umgehen. Ein indirekter Freistoß im Strafraum führt so gut wie nie zum Erfolg, da zumeist sämtliche elf Gegenspieler das Tor verrammeln. Erschwerend kommt hinzu, dass der Ball vor dem Torschuss erst von einem Mitspieler angetippt werden muss und für jedermann frei ist, sobald er sich bewegt, was den gegnerischen Verteidigern ermöglicht, dem Schützen entgegenzustürmen und entweder vor ihm am Ball zu sein oder sich aus kürzester Distanz in die Schussbahn zu werfen. Aus Eckbällen etwa, die man mit einem Rückpass zum Torwart in den meisten Fällen zu umgehen versucht, resultieren prozentual weitaus mehr Tore. Für Tricks und Finten ist beim indirekten Freistoß im Strafraum weder Zeit noch Platz. Trainiert wird ein solch ebenso seltenes wie variantenarmes Manöver nie.

»Ich kann mir bis heute nicht erklären, wie man es schafft, den Ball an einer derartigen Mauer von Spielern vorbei ins Tor zu schießen«, sagt Ottmar Hitzfeld, von 1998 bis 2004 Trainer des FC Bayern München – und als solcher Augenzeuge des berühmtesten Tores, welches je aus einem unerlaubten Rückpass und dem darauf folgenden Freistoß resultierte. Es war am 19. Mai 2001 in der Hamburger AOL-Arena, der FC Bayern spielte gegen den HSV, und es war die letzte Szene des letzten Spieltages der Saison.

»Der Patrik kann ein Pferd totschießen«

Die Uhr zeigt zwanzig Minuten nach fünf, das Spiel ist schon über drei Minuten in der Nachspielzeit, und in allen anderen Stadien ist längst Schluss, als Hamburgs tschechischer Abwehrspieler Thomas Ujfalusi halb links auf Höhe der Sechzehnmeterlinie in einen Pass von Stefan Effenberg grätscht und so gerade noch verhindert, dass der Ball den lauernden Bayern-Stürmer Paulo Sergio erreicht. Der Ball nimmt eine leichte Richtungsänderung zur Strafraummitte hin, wo ihn etwa eine halbe Sekunde später der herauseilende HSV-Torhüter Matthias Schober erreicht. Schober könnte versuchen, ihn wegzuschlagen. Er könnte ihn vielleicht auch einfach passieren lassen in der Hoffnung, dass er im dichten Strafraumgetümmel hängen bleibt und von einem Mitspieler irgendwie aus der Gefahrenzone geschaufelt wird.

Doch beide Optionen erscheinen ihm als zu riskant.

Sein Team führt seit der 90. Minute durch einen Treffer von Barbarez mit 1:0.

Alles sieht nach dem versöhnlichen Ende einer Saison aus, in der der Hamburger SV nicht besonders gespielt hat.

Mit einem Sieg gegen den noch amtierenden Meister aus München könnte man sich doch noch auf anständige Art in den

Sommer verabschieden, zumal mit diesem Ergebnis die Bayern entthront und Schobers ehemaliger Club, der FC Schalke 04, der neue Titelträger wäre.

Also greift der Hamburger Keeper kurzerhand zu.

Schiedsrichter Dr. Markus Merk zögert keine Sekunde. Er pfeift und hebt den linken Arm. Alle, auch die Tschechen, Bosnier, Dänen und Holländer auf dem Feld, kennen für dieses Signal nur eine Deutung: Protest zwecklos.

Die Anhänger des FC Schalke werden für den Rest aller Tage behaupten, dieser Freistoß sei unberechtigt gewesen, da kein absichtliches Rückspiel vorgelegen habe, sondern sich der Ball lediglich von Ujfalusis Fußspitze in Schobers Arme verirrt habe. Sie werden darauf verweisen, dass Referee Merk mehrmals in viel eindeutigeren Situationen keine Absicht erkannt und nicht gepfiffen habe. Und sie werden darauf bestehen, dass die zuvor angezeigte Nachspielzeit von drei Minuten spätestens mit dem Pfiff endgültig vorbei gewesen sei und der Freistoß gar nicht mehr hätte ausgeführt werden dürfen. So aber kam es, dass im Gelsenkirchener Parkstadion die Fans bereits vor Freude weinten, die Spieler des FC Schalke ausgelassen über den Rasen tanzten und ihr Manager Rudi Assauer mit Tränen in den Augen die ersten Interviews als Deutscher Meister gab, während in Hamburg etwas seinen Lauf nahm, was die *Süddeutsche Zeitung* später »ein Jahrhundertereignis« nannte.

Der Ball lag im Strafraum, leicht links versetzt, keine zehn Meter vor dem Tor, davor elf Hamburger, die ihr Tor verbarrikadierten, dahinter elf Münchner, die nach einer Lücke spähten. Der Schiedsrichter mahnte zur Eile und deutete an, dass er das Spiel nach dem Freistoß beenden würde. Es würde also noch exakt einen Schuss geben. Auf diesen einen Schuss verdichtete sich am Ende eine komplette Saison. 306 Spiele, von insgesamt achteinhalb Millionen Stadionbesuchern fiebernd begleitet. 27 540 Minuten voller Erwartungen, Hoffnungen, Träume. Sieben Trainer hatten sie nicht erfüllen können und waren entlassen worden. 896 Tore waren gefallen. 62 davon schossen die Spieler des FC Bayern, die ansonsten neun Niederlagen kassiert und selten schönen Fußball geboten hatten. Doch das alles war nicht mehr wichtig, als Stefan Effenberg den Ball noch einmal leicht umbettete, links und rechts davon ein paar Grashalme abzupfte und seinen Mannschaftskameraden Patrik Andersson herbeiwinkte.

Der schwedische Abwehrchef hatte für die Bayern bis dahin noch nicht ein einziges Tor erzielt, seitdem er vor zwei Jahren aus Mönchengladbach nach München übergesiedelt war. Ausgerechnet der sollte nun den finalen und alles entscheidenden, diesen existentiellen Schuss wagen?

»Was ist *das* denn für eine Idee?«, durchfuhr es Ottmar Hitzfeld, der das Geschehen mit eingefrorener Miene auf der Trainerbank verfolgte.

Auch Manager Uli Hoeneß verfiel in apathische Starre. »Ich habe geschwitzt wie ein Schwein«, erinnert er sich.

Stefan Effenberg aber dachte in dem Moment nur eins: »Der Patrik kann ein Pferd totschießen, wenn er den Ball richtig trifft.« Und also beschied er dem Kameraden: »Komm her, hau das Ding rein, dann fahren wir heim.« Dann tickte er den Ball kurz an, Andersson schoss, und einen Augenaufschlag später lag der Ball im Tor. Der FC Bayern München war Deutscher Fußballmeister 2001.

Ottmar Hitzfeld war damals 52 Jahre, und er war ein Mensch, den man selten lachen sah, wenn die Gefahr bestand, dass ihm andere Leute dabei zusahen.

Er hatte knapp drei Jahre zuvor den Trainerposten des FC Bayern München übernommen und das Team in dieser Zeit zweimal zur Deutschen Meisterschaft und einmal zum Pokalsieg geführt. Normalerweise genoss er Triumphe ebenso still, wie er bei Niederlagen Haltung zeigte. »Er blieb in jeder Lage souverän und behielt die Contenance«, sagt Stefan Effenberg,

Hitzfelds Hauptdarsteller auf dem Platz und sein engster Vertrauter im Team. Obwohl dem Trainer jedes autoritäre Gehabe fremd war und sich Franz Beckenbauer gelegentlich sogar öffentlich wunderte, dass nie ein lautes Wort durch die Kabinentür drang, nannten ihn die Spieler »General«.

Der Mann war von hagerer Gestalt, hatte ausgeprägte Backenknochen, über die sich straff die Haut zog. Sein Haar war schwarz, mit feinen silbrigen Strähnen, und offenbar so fest, dass es sich auf der Kopfmitte zu einem kleinen Springbrunnen aufstellte, wenn er es längere Zeit nicht zurückgebürstet hatte. Schon in seiner Zeit als Trainer beim SC Zug in der Schweiz hatte er sich das Motto gesetzt: »Mich soll man nicht im Trainingsanzug und mit Fußballschuhen am Spielfeldrand sehen, das überlasse ich meinen Spielern.«

Ottmar Hitzfeld verband eine natürliche Autorität mit einem ausnehmend gewinnenden Wesen und der altmodischen, aber wahren Erkenntnis von Sepp Herberger, wonach das nächste Spiel immer das schwerste sei. Hitzfeld war sich stets gewahr: »Du gewinnst am Mittwoch gegen Real Madrid, aber am Samstag kommt Rostock, und wenn du da verlierst, bist du der Depp.« Auch deshalb lagen ihm übertriebene Gefühlsausbrüche fern.

An jenem Samstag im Mai aber, nachdem Patrik Andersson »den Ball durch hundert Mann durchgeschossen« hatte, hielt auch diesen Stoiker nichts mehr zurück. »Es war eine gewaltige Explosion von Gefühlen«, erzählt er, und so stürmte er auf den Platz, warf sich auf seine Mannschaft, die den schwedischen Meisterschützen unter sich begrub, und schrie dabei, bis ihm die Luft ausging.

Was sich gelöst hatte mit diesem Tor, wurde ihm erst später bewusst.

Karl-Heinz Rummenigge brachte es tags darauf kühl auf den Punkt: »Alles stand in Frage«, meinte er.

Und er meinte tatsächlich: alles.

Nicht nur die Deutsche Meisterschaft 2001.

Sondern alles, was der FC Bayern München war und sein wollte.

Die ganze Geschichte eben.

Für Ottmar Hitzfeld hatte diese Geschichte Ende März 1998 begonnen, als er auf Einladung von Uli Hoeneß von Dortmund nach München flog. In der Stadtwohnung des Bayern-Managers lag ein Vertrag bereit, und Hitzfeld hatte vor, ihn zu unterschreiben.

Seit einem Dreivierteljahr war er Sportdirektor bei Borussia Dortmund, und es war kein Geheimnis, dass ihn dieser Job nicht befriedigte. Der Posten war eigens für ihn geschaffen worden; vorgeblich, um den renommierten Erfolgstrainer von solch lästigen Dingen wie der täglichen Ertüchtigung der Profis und dem Stress am Spielfeldrand zu entbinden.

In Wirklichkeit hatte sich Hitzfeld mit dem Club-Präsidenten Dr. Gerd Niebaum zerstritten, der nach dem sensationellen Gewinn der Champions League im Mai 1997 keine Notwendigkeit sah, die Wünsche des Trainers nach einer Erneuerung des Spielerkaders zu erfüllen – und stattdessen zum Beispiel dem bereits aussortierten 35-jährigen Publikumsliebling Michael Zorc gegen Hitzfelds erklärten Willen einen neuen Vertrag gab. Um so kurz nach dem größten Erfolg in der Vereinsgeschichte eine schmutzige Trennung abzuwenden, ersann Manager Michael Meier ein Modell, mit dem der Verein und Ottmar Hitzfeld die Würde bewahren konnten: Hitzfeld solle Konzepte entwerfen, Spieler beobachten und ansonsten dem Club weiterhin einen guten Namen geben.

Anders ausgedrückt: Sportdirektor war nur ein höfliches Wort für Frühstücksdirektor.

Immerhin fielen in die sechs Jahre seines Wirkens zwei Deutsche Meisterschaften, der Gewinn des Landesmeistercups und schließlich der Weltpokal, die höchste Trophäe, die eine Vereinsmannschaft überhaupt erreichen kann. Der studierte Mathematiker aus dem südbadischen Lörrach hatte aus dem jahrzehntelang im Mittelmaß gefangenen Traditionsclub eine internationale Spitzenmannschaft geformt. 1997 hatten ihn Europas Sportjournalisten zum »Welttrainer des Jahres« gewählt.

Das alles hätte bereits genügt, um das Begehren des FC Bayern München zu wecken, der im selben Zeitraum mit dürftigem Ertrag sieben Mal den Übungsleiter ausgetauscht hatte. Was jedoch speziell Uli Hoeneß »mit wachsendem Erstaunen verfolgte«, war die Art und Weise, mit der Hitzfeld zu Werke ging. Der Trainer schaffte es, ein Ensemble aus bekannt schwierigen Charakteren wie dem als »Motzki« verschrienen ehemaligen DDR-Auswahlspieler Matthias Sammer oder dem launischen Mittelfeldtalent Andreas Möller zu einem Team zusammenzuschweißen. Und das mit scheinbar ruhiger Hand und ohne jedes öffentliche Theater, was angesichts der Boulevardpresse im Ruhrgebiet, die der in München an Aggressivität in nichts nachstand, ein echtes Kunststück war.

Schon nach dem Gastspiel von Otto Rehhagel in München war Ottmar Hitzfeld der Favorit von Uli Hoeneß für den Trainerposten des FC Bayern gewesen. Nun, da auch der zweite Versuch mit dem Italiener Giovanni Trapattoni dabei war, die Isar runterzugehen, schien die Zeit reif. Und diesmal konnte der Manager endlich auch das Präsidium für Hitzfeld gewinnen – was im Falle von Franz Beckenbauer nicht ohne Mühen zu bewerkstelligen war. Der Präsident hatte eigentlich den inzwischen für Bayer Leverkusen tätigen Christoph Daum favorisiert. Eine eher zufällige Begegnung von Beckenbauer und Hitzfeld im Januar 1998 verhinderte möglicherweise Schlimmeres.

Es war bei einer Party von *Sport-Bild* in Hamburg und noch relativ früh am Abend. Beckenbauer und Hitzfeld hielten Ausschau nach einem Pils und kamen dabei miteinander ins Gespräch. Die beiden tauschten erst ein paar Höflichkeiten aus, dann erkundigte sich Beckenbauer, wie Hitzfeld mit seiner neuen Aufgabe zurechtkomme – ehe er ihn mit der typischen kaiserlichen Direktheit überfiel: »Ottmar, du bist der nächste Bayern-Trainer.«

Schön zu hören, aber er habe einen Job, entgegnete der Mann aus Dortmund verschämt.

Woraufhin Beckenbauer meinte: »Den Sportdirektor kannst du noch mit Fünfundsechzig machen, das ist ein Job für Rentner.«

Da war natürlich etwas Wahres dran. Hitzfelds asketische Züge nährten zwar oft den Verdacht, als würde der Trainerjob nicht nur an seinen Nerven, sondern auch an seiner Seele zehren. In Wirklichkeit aber war er dem Fußball verfallen. Und schon nach wenigen Wochen auf seinem schicken neuen Posten musste er sich eingestehen: »Hier bin ich fehl am Platz.«

Beckenbauer gegenüber blieb er dennoch unverbindlich. Er sagte Dinge wie, der FC Bayern sei sicher irgendwann ein Thema, im Augenblick stünde es aber nicht ernsthaft zur Debatte, schließlich habe der Verein einen Trainer, zumal einen der erfolgreichsten der Welt.

Die beiden stießen kurz an, nahmen einen Schluck Bier und sagten auf Wiedersehen. Mit der Bemerkung »Ich weiß nicht, wie lange es der Trap noch bei uns aushält«, entschwand der Präsident des FC Bayern wieder unter den Partygästen.

»Ein Trainer ist nix ein Idiot«

Tatsächlich waren die Tage von Giovanni Trapattoni in München gezählt. Zwar hatte der Milanese 1997 die Meisterschale nach München geholt, und auch in der laufenden Saison lag das Team noch gut im Rennen.

Dem Kaiser gefiel dennoch nicht, was er sah.

Trapattoni, der als Verteidiger des AC Mailand einer der Protagonisten der berüchtigten italienischen Betonabwehr der sechziger Jahre war, erwies sich als Fußballwissenschaftler, der der Mannschaft einen nervigen Defensivstil verordnete. Das von Beckenbauer geforderte Entertainment gab es vor allem jenseits des Spielfelds, und der Maestro, der schon mit der deutschen Sprache hinreichend überfordert war, fand kein Mittel, die Eitelkeiten in seiner Star-Auswahl einzudämmen. Spätestens seitdem einige Nationalspieler der Bayern während der Europameisterschaft in England ihren Vereinspräsidenten per Fax aufgefordert hatten, den zurückgelassenen Dauerquerulanten Lothar Matthäus zur Vernunft zu bringen, war das Klima vergiftet und die Boulevardpresse im Großeinsatz.

Mal konnte Christian Ziege nachlesen, wie viel Geld er für die Verlängerung seines Vertrages forderte, mal bekam Mehmet Scholl die Getränkerechnungen aus seiner Stammkneipe aufgelistet. Zu allem gab dann auch noch der unerbittliche Paul Breitner seinen Senf dazu: »So ein Theater gäbe es bei mir nicht.« Franz Beckenbauer jedenfalls war es leid, »ständig zu intervenieren und Brände zu löschen.« Dass er dies bevorzugt öffentlich tat, als Fernsehkommentator, *Bild*-Kolumnist und williger Schlagzeilenlieferant für ungefähr jeden journalistischen Wegelagerer, der ihm nicht gerade auf dem Golfkurs in die Quere kam, machte die Sache nicht besser.

Die ganze Ohnmacht des liebenswürdigen Signor Trapattoni, der in seiner Freizeit Nietzsche liest und klassische Musik hört (seine Platten- und CD-Sammlung ist legendär), drückte sich in jener Pressekonferenz am 10. März 1998 aus, welche zu einer Sternstunde deutscher Fernsehunterhaltung wurde.

Es war ein Dienstag, kurz nach 15 Uhr. Der »Kabuff« genannte Presseraum auf dem Vereinsgelände des FC Bayern München war bis zur Glastür voll. Vor zwei Tagen hatte der Club mit einer Niederlage in Gelsenkirchen die letzte Chance auf die Deutsche Meisterschaft verspielt. Und wie so oft in dieser Saison waren die Spieler hinterher nicht etwa angemessen schamvoll vom Platz geschlichen, sondern zum nächstbesten

Mikrophon gerannt, um sich über die Taktik des Trainers zu beschweren.

Mit einem so genannten Machtwort war schon lange gerechnet worden.

Als der Kommunikationsstab des FC Bayern am Vormittag ankündigte, Trapattoni werde sich »zur Lage« äußern, und der Trainer selbst noch zum Telefon griff, um einen des Italienischen mächtigen Reporter des Sportkanals DSF darauf vorzubereiten, dass es heute was zu erleben gebe, musste man auf so ziemlich alles gefasst sein.

Bis auf das, was kam.

Der Maestro betrat den Raum und steuerte energisch das weiß-rote Pult an, auf dem die Journalisten zuvor sorgsam ihre Mikrophone drapiert hatten. Und noch ehe der ihn begleitende Bayern-Pressechef Markus Hörwick sein eigenes, kleines Aufnahmegerät in Stellung gebracht hatte, begann Trapattoni mit einem dreieinhalbminütigen Monolog, der klang, als würde jemand Worte, die man schon auf den Fußballplätzen nördlich und südlich der Alpen gehört hatte, auf ihre Belastungsfähigkeit im Windkanal testen:

Es gibt Momente in diese Mannschaft, oh, einige Spieler vergessen ihren Profi, was sie sind. Ich lese nicht viele Zeitungen, aber ich habe gehört viele Situationen. Erstens: Wir haben nicht offensiv gespielt. Es gibt keine deutsche Mannschaft spielt offensiv und die Namen offensiv wie Bayern. Letzte Spiel hatten wir in Platz drei Spitzen: Elber, Jancker und dann Zickler. Wir mussen nicht vergessen Zickler. Zickler ist eine Spitzen mehr Mehmet e mehr Basler. Ist klar diese Wörter, ist möglich verstehen, was ich hab gesagt? Danke. Offensiv, offensiv ist wie machen in Platz. Zweitens: Ich habe erklärt mit diese zwei Spieler. Nach Dortmund brauchen vielleicht Halbzeit Pause. Ich habe auch andere Mannschaften gesehen in Europa nach diese Mittwoch. Ich habe gesehen auch zwei Tage die Training. Ein Trainer ist nix ein Idiot! Ein Trainer sehen, was passieren in Platz. In diese Spiel waren zwei, drei oder vier Spieler, die waren schwach wie eine Flasche leer! Haben Sie gesehen Mittwoch, welche Mannschaft hat gespielt Mittwoch? Hat gespielt Mehmet, oder gespielt Basler, oder gespielt Trapattoni? Diese Spieler beklagen mehr als spielen! Wissen Sie, warum die Italien-Mannschaften kaufen nicht diese Spieler? Weil wir haben viele Male gesehen solche Spiel. Haben gesagt, sind nicht Spieler für die italienischen Meisters. Strunz! Strunz ist zwei Jahre hier, hat gespielt zehn Spiele, ist immer verletzt. Was erlauben Strunz? Letzte Jahre Meister geworden mit Hamann, eh … Nerlinger. Diese Spieler waren Spieler und waren Meister geworden. Ist immer verletzt! Hat gespielt 25 Spiele in diese Mannschaft, in diese Verein. Muss respektieren die anderen Kollegen! Haben viele nette Kollegen, stellen sie die Kollegen in Frage. Haben keine Mut an Worten, aber ich weiß, was denken über diese Spieler. Mussen zeigen jetzt, ich will, Samstag, diese Spieler mussen zeigen mich, eh … seine Fans, mussen alleine Spiel gewinnen. Muss allein die Spiel gewinnen! Ich bin müde jetzt Vater diese Spieler, eh … verteidige immer diese Spieler! Ich habe immer die Schulde über diese Spieler. Einer ist Mario, einer, ein anderer ist Mehmet. Strunz dagegen, egal, hat nur gespielt 25 Prozent diese Spiel! (Pause) Ich habe fertig!«

Als der Mann wieder Luft holte, sah es so aus, als wäre die Glastür im Kabuff beschlagen Es war heiß, es war still, und es war unerhört.

Was, um Himmels willen, war *das*?

Manche fühlten sich an Charlie Chaplins Nonsens-Rede in »Der große Diktator« erinnert, andere an die Wortkaskaden des Louis de Funès. Die Journalisten schauten verdutzt auf den Silbensalat in ihren Blöcken. Dann begannen einige, schüchtern zu klatschen. Trapattoni blickte noch einmal hoch.

Sein Gesicht wirkte kühl, gepflegt und gefasst, selbst jetzt noch.

Es gab keine weiteren Fragen.

Zwar konnten die drei Dutzend Sprachexperten auch vereint nicht entschlüsseln, was genau Giovanni Trapattoni der Welt soeben mitgeteilt hatte – die meisten ahnten jedoch, dass in dem inzwischen geflügelten Schlusswort »Ich habe fertig!« echte Wahrheit steckte.

Denn nur etwas mehr als eine Woche später bat der Trainer des FC Bayern München um einen Termin bei Manager Uli Hoeneß, um zu tun, was ein Mann mit seinen tadellosen Manieren schon lange hätte tun müssen: Er reichte seine Kündigung ein.

Am Ostersamstag, im Anschluss immerhin an einen 3:1-Sieg im Lokalderby, erschien der Kaiser auf der Videowand des Olympiastadions und verkündete offiziell den Abschied des Trainers Giovanni Trapattoni zum Saisonende sowie die Verpflichtung von Ottmar Hitzfeld.

Und er erntete ein Pfeifkonzert, als hätte er gerade seinen Übertritt zum TSV München 1860 bekannt gegeben.

Die Getreuen in der Südkurve entrollten zu Ehren des Scheidenden ein großes Transparent, die i-Punkte auf »Giovanni« in Herzform gepinselt; einige weinten dabei. Franz Beckenbauer, der liebe Gott des Clubs, wurde ausgebuht. Mehrere Tausend hielten dabei so lange aus, bis sie von den Ordnern hinausgeworfen wurden. »Als ob wir im Abstiegskampf stünden«, wunderte sich Uli Hoeneß, der das Geschehen aus sicherer Entfernung verfolgte. Dabei wusste er natürlich genau, was sich da entladen hatte, weil es sich irgendwann entladen musste: Die Fans hatten ihre bei Frost und Hitze ins Stadion getragenen Nasen voll vom allmächtigen Präsidenten, der einer offensichtlich untrainierbaren Mannschaft beinahe im Jahrestakt immer noch einen neuen Ehrenmann zum Fraß vorwirft.

Der magische Glanz war verblasst, der Unfehlbarkeitsbonus verbraucht.

Franz Beckenbauer stand wieder dort, wo er Ende der achtziger Jahre als Teamchef der deutschen Nationalmannschaft stand: am Pranger.

Es musste also wieder ein Wunder her.

Da kam der praktizierende Katholik Ottmar Hitzfeld gerade recht.

Die Frage an Loch sieben

Uli Hoeneß und Ottmar Hitzfeld hatten einander ein wenig aus den Augen verloren. 1972 hatten die beiden gemeinsam in der deutschen Olympia-Auswahl gekickt, und es war nicht wirklich gut ausgegangen. Der Star des FC Bayern München und der unscheinbare Vertragsamateur des FC Basel hatten wenig gemeinsam. »Er kam aus der Schweiz, wenn man von dort kam, hatte man es schwer, anerkannt zu werden«, berichtet Hoeneß.

»Er ist mit dem Porsche rumgefahren, während wir im Mannschaftsbus saßen«, erinnert sich Hitzfeld. Das deutsche Team beendete die Münchner Spiele mit einem blamablen sechsten Platz. Hitzfeld immerhin, der spät in den Kader gerutscht war, schoss in den sechs Partien fünf Tore. Hoeneß, der einen Olympiasieg fest in seinem Karriereplan einkalkuliert hatte, strich das Turnier umgehend aus seiner Erinnerung.

Danach trennten sich die Wege der beiden.

Hoeneß wurde Europapokalsieger, Weltmeister und als Manager des FC Bayern der wichtigste Mann im deutschen Fußball. Vom weiteren Werdegang des einstigen Sturmpartners bekam er »nur ganz am Rande etwas mit«. Hitzfeld wurde als Spieler mit dem FC Basel und als Trainer mit den Grasshoppers Zürich Schweizer Meister und verfolgte das Treiben des anderen »mit Respekt, aber ich war nie Fan.« Auch während Hitzfelds Zeit in Dortmund reichte es zu kaum mehr als ein paar Höflichkeiten, wenn die beiden zufällig gemeinsam vor die Fernsehkamera gezerrt wurden.

Uli Hoeneß und Ottmar Hitzfeld hatten einander also viel zu erzählen, als sie sich 26 Jahre später wieder trafen. Und weil sie keine ungebetenen Zuhörer dabeihaben wollten, verabredeten sie sich zu einer Golfpartie in Egmating, zwanzig Autominuten südöstlich von München, nicht weit von Hoeneß' Eigenheim in Ottobrunn.

Es war an einem der letzten Märztage des Jahres 1998, die Sonne strahlte schon warm auf die weitläufige Anlage, die sich um einen kleinen See wand, und die Männer waren sehr guter Laune. Zu den Sportsfreunden Hoeneß und Hitzfeld hatten sich auch Franz Beckenbauer sowie Karl Hopfner gesellt, der Geschäftsführer des FC Bayern. Die vier redeten, flachsten und lachten, beschwingt von einigen bemerkenswert gelungenen Schlägen. Besonders Beckenbauer wurde von Loch zu Loch übermütiger, ehe er schließlich jenen ihm eigenen Gemütszustand erreicht hatte, in dem jede noch so verrückte Idee vollkommen vernünftig klang. An Loch sieben sagte er unvermittelt zu Ottmar Hitzfeld: »Was is, Ottmar, magst an Effenberg?«

Hitzfeld war für einen Augenblick irritiert. Er wusste, dass der eigensinnige Spielmacher von Borussia Mönchengladbach bei seinem ersten Engagement in München nicht viele Freunde gefunden und auch auf seinem weiteren Weg ein riesiges Talent bewiesen hatte, sich unbeliebt zu machen; er wusste, dass speziell Karl-Heinz Rummenigge den »Tiger« nicht ausstehen konnte und Edmund Stoiber allein bei der Nennung des Namens Effenberg reagierte, als hätte man Mundgeruch; außerdem war noch jeder Club, bei dem Stefan Effenberg mit großen Ambitionen angeheuert hatte, binnen kurzer Zeit an den Rand des Abgrunds gedriftet. Das konnte nicht Beckenbauers Ernst sein. Und Ottmar Hitzfeld erwiderte kokett: »Selbstverständlich will ich Effenberg.«

Dann nahm das Gespräch eine für Hitzfeld und wahrscheinlich auch Beckenbauer unerwartete Wendung. Hoeneß und Hopfner schalteten sich ein, und es begann eine leidenschaftliche Diskussion, in der der neue Bayern-Trainer so engagiert und überzeugend für den eigentlich Geächteten Partei nahm, dass der Kaiser irgendwann entschied: »Geh Uli, ruf eam doch grad moi o.«

Dieses Mal war der Manager gern zur Hand. Von Loch sieben des Golfclubs Schloss Egmating aus wählte Uli Hoeneß die Nummer von Stefan Effenberg in Niederkrüchten-Heyen am Niederrhein. Dessen Frau Martina hob ab, und Hoeneß sagte: »Der Trainer will den Stefan. Wir treffen uns, wir machen ein *date* ab und machen das klar.«

Im Leben des Vieltelefonierers Uli Hoeneß war dies einer der eher wichtigen Anrufe.

Dann spielten die vier Männer ihre Golfpartie zu Ende.

Beckenbauer gewann.

Und Ottmar Hitzfeld wundert sich noch immer: »Eine super Episode. Ich kannte Stefan Effenberg ja nur vom Fernsehen.«

München empfing Ottmar Hitzfeld nicht gerade mit offenen Armen. Der bullige Kabarettist Ottfried Fischer, Dauergast in den »Leute«-Kolumnen der drei täglich erscheinenden Boulevard-Zeitungen und bekennender Fan des Lokalrivalen TSV 1860 München, übersandte dem südbadischen Neuankömmling folgende Willkommensadresse: »Mach dir keine Sorgen um den Job – die drei Monate gehen schnell vorbei.« Hitzfeld überstand die ersten drei Monate, er überstand auch das erste Jahr. Er würde länger im Amt bleiben als jeder andere Bayern-Trainer seit dem Aufstieg in die Bundesliga. Mit Hitzfeld würde endlich jene »ganz neue Ära« anbrechen, die Uli Hoeneß seit über zehn Jahren mit jedem Trainer aufs Neue herandämmern sah.

Beim FC Bayern München kehrten Ruhe und Frieden ein, ganz so, als würde Hitzfeld unter seinem Daniel-Hechter-Mantel einen Zauberstab verbergen, während er in hochalemannischer Mundart eine kurze Beschwörungsformel murmelte. Die Neurosen des Torhüters Oliver Kahn, die Allüren des Rechtsaußen Mario Basler, die Launen des brasilianischen Mittelstürmers Giovane Elber – das alles wurde auf eine nicht mehr wahrnehmbare Geräuschlosigkeit gedimmt, und damit hatte es sich. Selbst die Hoffnung, Lothar Matthäus würde irgendwann erwachsen oder zumindest in seinem Geltungsdrang ein wenig gebremst, erfüllte sich zu guter Letzt. Was war geschehen?

Ottmar Hitzfeld verfuhr nach einem schlichten, aber effektiven Prinzip: Er nahm die Spieler erstens ernst und zweitens in die Verantwortung. Er empfand es als völlig sinnlos, bei erwachsenen Männern, die auf die 30 zugingen oder schon darüber hinaus waren, noch erzieherisch eingreifen zu wollen, erst recht bei berufsmäßigen Fußballspielern. Es war ja nur normal, dass jemand, der in jener Zeit, in der andere jährlich Mode, Meinung, Jugendbewegung und Lebensziel wechseln, bloß auf dem Fußballplatz herumgerannt war, eine kleine Meise haben musste.

Irgendwie hatte er die auch verdient nach all den Opfern und Hindernissen, die es zu überwinden galt, wenn man es irgendwann mal dorthin schaffen wollte, wo nur die größten aller Asse landen – zum FC Bayern München. Und, wenn solch ein Spieler nach all dem Verzicht auf einmal mit Geld, Aufmerksamkeit und Beifall überschüttet wurde, dann war klar, dass er stets an jenem Abgrund entlangtaumeln würde, wo Selbsthass und Selbstüberschätzung ihn jederzeit hinabstürzen konnten. Ottmar Hitzfeld wusste, dass man diese Burschen nicht mit Bußgeldern oder Gebrüll motivieren konnte, sondern nur mit einer Methode: Man musste ihnen das Gefühl geben, dass man sie respektierte.

Ottmar Hitzfeld trat seinen Spielern mit dem allergrößten Respekt gegenüber; besonders die Leistungsträger im Team, naturgemäß die Spieler mit den größten Macken, nahm er so, wie sie sind, redete sie stark, schützte sie vor der Presse und den Anfeindungen der Fans, gelegentlich auch der Mitspieler, und schuf so eine Atmosphäre professionellen Vertrauens, wie sie im Fußballgeschäft neu war.

Dabei orientierte er sich im Grunde nur an den bekannten Prinzipien moderner Unternehmensführung: »Du musst deine Abteilungsleiter mit in die Verantwortung nehmen und ihnen das Gefühl geben, dass du dich zu ihnen bekennst und hinter ihnen stehst.«

Respekt wurde fortan zum Leitmotiv beim FC Bayern.

Er beflügelte die Stimmung, förderte die Leistung, leitete die Energie. Eine Energie, welche die Mannschaft so strahlen ließ, dass man das Gefühl hatte, sie würde ohne Flutlichtanlage leuchten in der Nacht. Sogar der Kaiser verneigte sich und schwärmte: »Nach 25 Jahren macht es zum ersten Mal wieder Spaß, zum Fußball ins Olympiastadion zu fahren.«

Alle hatten sich gewandelt, aber einer hatte sich regelrecht geändert: Stefan Effenberg.

Lange Jahre war er als therapieresistenter Provokateur und egoistischer Profitfußballer hervorgetreten; jetzt endlich tat er das, was ihm sein Talent eigentlich schon immer befohlen hatte: Er spielte Fußball.

Er zelebrierte ihn als Taktgeber und genialer Einfädler, als Herz des neuen Bayernteams, das gleich im ersten Jahr unter Ottmar Hitzfeld mit 15 Punkten Vorsprung Deutscher Meister wurde. Für den inzwischen 30-Jährigen war es der erste ernst zu nehmende Titel seiner Karriere. Mit Mönchengladbach hatte er mal den DFB-Pokal gewonnen. Für einen Mann mit seinen Ambitionen war das natürlich ein Witz.

Effenberg war von klein auf einer, dem man mit Bagatellpreisen nicht zu kommen brauchte. Der Sohn eines Maurers aus Hamburg-Niendorf folgte einem einfachen, aber ziemlich konkreten Karrierebauplan: ganz hoch hinaus, und zwar möglichst ohne Umwege. »Ich habe mir die Seele aus dem Leib gerannt, aber alles war umsonst«, greinte er seinen Eltern ins Ohr, während seine Mannschaftskameraden von Victoria Hamburg einen Sieg feierten. Was zählte ein Sieg mit Victoria, wenn ihn dabei der Späher des HSV übersehen hatte? »Hatten die Tomaten auf den Augen?«, schimpfte er, als seine Mitspieler aus der Hamburg-Auswahl den Cup schwenkten. Was zählte der Jugend-Länderpokal, wenn er hinterher nicht vom Fleck weg ins Nachwuchsteam des DFB berufen wurde? Mit 17 fiel er endlich Jupp Heynckes auf, der damals Trainer von Borussia Mönchengladbach war, und er erhielt seinen ersten Profivertrag. Doch das durfte natürlich nur der Anfang sein. Stefan Effenberg wollte dorthin, wo sie die ganz schweren Pokale in das Licht der Fotografen stemmen: Er wollte zu Bayern München, er wollte in die Nationalmannschaft, und wenn er sich's recht überlegte, wollte er auch sehr bald zu einem der Topclubs in Italien.

Die Ansprüche des jungen Mannes hatten durchaus eine gewisse Berechtigung. Wenn er mit großen Schritten und dem Ausdruck von Tollwut im Gesicht das Mittelfeld durchmaß, wenn er Bälle über fünfzig Meter und in rätselhaften Flugkurven zum Torschuss sendete, wenn er im gegnerischen Abwehrbollwerk Lücken erspähte, die eigentlich gar nicht da waren: Das hatte einen Glamour von Entschlossenheit; das schien eine zeitgemäße Annäherung an die Größe Günter Netzers oder des jungen Bernd Schusters.

Zum ersten Mal hatte es Uli Hoeneß im März 1990 versucht, als er ihn anrief und sagte: »Du bist unser Mann.« Spätestens beim FC Bayern lernte »Effe«, was er schon auf den Baustellen des Vaters und den Hartplätzen der Hamburger Vorstädte geahnt hatte: Der Stärkere und der Gewinner haben immer Recht. »Wer sich keinen Respekt verschafft, steigt ab«, hieß seitdem eine seiner Grundüberzeugungen. Und an die hielt er sich auch jenseits des Spielfelds mit verbissener Konsequenz. Mal baute er im Trainingslager den Flipperautomaten ab und im eigenen Zimmer wieder auf. Mal schoss er mit einem Luftgewehr die Hotellampen aus. Bereits in Mönchengladbach hatte er sich, kaum in der Stammelf, den Jeep seines Trainers Heynckes für eine Spritztour geschnappt, in eine Müllkippe gesetzt und anschließend unerlaubt das Weite gesucht.

Effenbergs zweite Grundüberzeugung lautete: »Wer mich einmal tritt, den trete ich zweimal zurück.« Aber darauf wollte er nicht immer warten. Er dopte sich mit der Droge Aggression: »Bereits beim Auflaufen muss ich irgendwie Zank mit dem Linienrichter haben. Nach fünf Minuten muss ich einmal den Schiedsrichter angeschrien und mich mit dem Publikum angelegt haben.«

Besonders Letzteres war nichts Neues bei einem Bayern-Spieler, das kannte man von Franz Beckenbauer, vor allem von Paul Breitner, auch Sören Lerby kannte keine Freunde mehr, sobald er den Platz betreten hatte. In einer Zeit, in der die Bayern mehr Spiele verloren als gewohnt, wurde Effenbergs an Größenwahn grenzender Narzissmus jedoch als unglaubliche Anmaßung empfunden. Der Sozialrabauke entpuppte sich in Rekordzeit als Misfit der Liga und wurde als böse Fratze der Krisensaison 91/92 an den AC Florenz verkauft.

Nicht, dass er ein Problem mit dieser Entwicklung hatte.

Er war nun dort, wo er immer hingewollt hatte, und außerdem eine feste Größe in der Nationalmannschaft. Die Zuneigung des Volkes war nichts, wofür man sich eine Corvette kaufen konnte oder einen anderen jener Rotlicht-Schlitten, die Effenberg so liebte.

Dann kam der Nachmittag des 27. Juni 1994. Es war in Dallas. Es war mörderisch heiß. Deutschland spielte gegen Südkorea. Es ging um den Einzug ins Achtelfinale bei der Fußballweltmeisterschaft in den USA. Die deutsche Elf hatte große Mühe, auch Effenberg, der auf dem ungeliebten Außenposten spielen musste, hatte nicht seinen besten Tag, es stand 3:2, als die mitgereisten Schlachtenbummler begannen, »Effe raus!« zu skandieren. Der Angegriffene reagierte prompt – und zeigte den Fans seinen gestreckten Mittelfinger.

Verglichen mit Gesten, die sich der Kaiser früher erlaubte, war das natürlich eher eine Kleinigkeit.

Aber er war nicht der Kaiser.

Er war Effenberg – ein Emporkömmling aus der Hamburger Vorstadt, der sich am Ende immer zu viel herausnahm und zu wenig brachte. Er hatte den Mittelfinger gezeigt, und dafür neigten nun alle, die im deutschen Fußball etwas zu melden hatten, den Daumen nach unten: der DFB, die Boulevardpresse und der Bundestrainer.

Berti Vogts, auch in dieser Krise ein Muster an Unentschlossenheit und Zauderei, wollte noch eine Nacht über die Sache schlafen, verlangte aber schon einmal eine Entschuldigung.

»Geben Sie mir aber vor dem Training Bescheid. Denn wenn ich nach Hause fahren soll, habe ich keine Lust mehr, das Training noch mitzumachen«, höhnte Effenberg.

Das war so etwas wie der zweite Mittelfinger.

Jetzt hatte selbst Vogts genug: »Solange ich Bundestrainer bin, wird Stefan Effenberg nicht mehr für diese Mannschaft spielen.« Es war ein Showdown nach Fußballerart, mit dem Kopf gegen die Wand. Nicht einmal mehr der Kaiser wollte Effenberg länger in deutschen Stadien dulden und sah nur noch eine Zukunft für den Aussätzigen: in der Diaspora. »Effenberg ist in Deutschland erledigt«, stellte Beckenbauer fest.

Aber selbst im Ausland wollte den Übeltäter niemand mehr ertragen. Seine Mannschaft, der AC Florenz, war in die zweite Liga abgestiegen und hatte ihn als Kapitän abgesetzt. Als der Mönchengladbacher Manager Rolf Rüssmann Effenberg nach der WM zurück in die Bundesliga holte, sah man darin nicht mehr als einen letzten Akt unverdienter Gnade. Effenberg war sechsundzwanzig und noch immer ein großer Fußballer. Doch er hatte die Sache verbockt. Auf dem Bökelberg in der niederrheinischen Provinz, wo seit langer Zeit keine Gewinner mehr zu Hause waren, schien eine gescheiterte Karriere ihrem angemessenen Ende entgegenzudümpeln. Immerhin: 1995 gewann Gladbach mit ihm den Pokal. Mit fünf Millionen DM Jahresgehalt war er dort Spitzenverdiener und erntete zusehends den Neid seiner Mitspieler.

Dann kam der Anruf von Loch sieben.

Im Sommer 1999 war Stefan Effenberg der Mann der Stunde der Mannschaft der Stunde. Ottmar Hitzfeld nannte seinen Star den »besten Mittelfeldspieler der Welt«, und niemand widersprach, jedenfalls in Deutschland nicht. Auch Bundestrainer Berti Vogts war plötzlich wieder an seinen Diensten interessiert. Am Ende der Meistersaison, als sich die Bayern auf dem Münchner Rathausbalkon von den Massen feiern ließen, verbeugte sich sogar der Landesfürst Edmund Stoiber vor dem wundersam gezähmten Widerspenstigen.

»Mensch, Herr Effenberg, herzlichen Glückwunsch. Sie haben sich ja wirklich toll gemacht in München.«

»Sie haben ja schnell Ihre Meinung geändert, Herr Stoiber. Ich dachte, man könnte mich hier gar nicht gebrauchen.«

Im modernen Profifußball sind Spieler, die wegen Verletzungen ausfallen, schnell ersetzt. Der Kader eines Spitzenclubs umfasst gewöhnlich zwischen 22 und 25 gut bezahlter, nahezu gleichrangiger Spieler, die sich bei jeder Partie in drei hierarchisch geordnete Gruppen aufteilen: elf, die spielen; fünf, die auf der Reservebank sitzen und zumindest hoffen dürfen; und der Rest, der das Geschehen auf der Tribüne oder im Fernseher anschauen muss. Wer erst mal zur dritten Gruppe gehört, hat es schwer, sich wieder heranzuarbeiten. Und die Auserwählten, die der Trainer aufstellt, tun alles, um in der Hierarchie nicht abzurutschen. Das ist nicht zuletzt der Sinn der ganzen Sache.

Aus Angst um ihren Platz melden sich viele Spieler selbst mit schlimmen Verletzungen einsatzbereit – besonders bei wichtigen Spielen und großen Turnieren, wenn Dramen geschrieben und Helden geboren werden können. Der Dortmunder Stürmer Norbert Dickel zum Beispiel schoss sein Team 1989 zum Sieg im DFB-Pokal, obwohl er nur dank einer schmerzstillenden Spritze überhaupt zu laufen imstande war. Sein Knie war danach für immer ruiniert. Sein Vereinskollege Matthias Sammer schleppte sich mit einer unausgeheilten Knieverletzung durch das Champions-League-Finale 1997. Wenig später musste er wegen eines Knorpelschadens seine Karriere beenden.

Mickymaus

Und dann war da noch Mehmet Scholl vom FC Bayern München. Er spielte im offensiven Mittelfeld, und er tat dies mit einer Brillanz, welche die Zuschauer begeisterte, wie eine Melodie, in der sich der brasilianische Samba kreuzt mit den Akkorden einer Rockband vom Schlage Oasis. Kurz vor der Weltmeisterschaft 1998 in Frankreich riss er sich das Außenband im Sprunggelenk. Er lief trotzdem bei den nächsten Bundesligaspielen auf. Doch es nutzte ihm nichts. Bundestrainer Berti Vogts verzichtete auf seine Dienste.

Scholl würde noch lange Fußball spielen, aber nie mehr so richtig fit werden. Und das war eine Tragödie. Noch mit Mitte dreißig würde Mehmet Scholl mit sporadischen Auftritten »die Erinnerung daran wach halten, welch außergewöhnlich ästhetisches Erleben der Fußball sein konnte«, wie es der *SZ*-Sportchef Ludger Schulze formulierte – verbunden mit der wehmütigen Feststellung: »Welch zauberhafte Stunden hat man entbehren müssen, weil Scholls Körper nicht Schritt halten konnte mit seinem Können.«

Mehmet Scholl war ein schmächtiger Bursche von kaum siebzig Kilogramm mit melancholischen braun-grünen Augen, großen Vorderzähnen und leicht mediterranen Zügen, die er seinem türkischen Vater zu verdanken hatte. Der Vater ließ die Mutter zusammen mit Mehmet und seinem Bruder zurück in einer 78 Quadratmeter großen Wohnung im sechsten Stock in einem Neubau am Rand von Karlsruhe. Aber mit dem Auftauchen des Stiefvaters Hermann, einem Sportlehrer, besserten sich die Dinge, weil jener mit seiner freundlichen und zuversichtlichen Art für gute Stimmung sorgte. Die Familie musste mit wenig Geld auskommen, aber sie hatte das, was man in England *spirit* nennt. »Wir brauchten keinen Ehevertrag«, sagt Stiefvater Hermann heute. »Meine Frau war geschieden, ich war geschieden. Es war nichts übrig, worum man sich noch hätte streiten können.«

Statt über gesellschaftliche Nachteile zu jammern, trieb die Familie Sport. Fußballplatz und Kegelbahn waren so etwas wie die gute Stube der Scholls, und manchmal ging der Wechsel dazwischen so schnell vonstatten, dass nicht einmal Zeit zum Umziehen blieb.

»Oft«, sagt Mehmet Scholl, »habe ich mit Stutzen und dreckigen Knien auf der Kegelbahn gestanden.«

Zur Belohnung wurde er deutscher Vizemeister im Mannschaftskegeln, aber seine echte Liebe gehörte dem Fußball, von Anfang an. Jede freie Minute, erzählt er, habe er auf dem »Gummi« verbracht, so hieß der Bolzplatz hinter dem Haus. Früh trat er in seinen ersten Verein ein, den SV Nordwest Karlsruhe. Aber weil sein Talent stets größer war als sein Körper, gab es bald Leute, die ihm die physischen Voraussetzungen für den harten Sport absprechen wollten.

Einmal schrieb ein Funktionär Scholls Stiefvater Hermann einen Brief, in dem er anmahnte, der Junge sei zu schmächtig, um Profi zu werden, und forderte, Scholl deshalb mit einer Sperre über ein halbes Jahr aus dem Verkehr zu ziehen. Aber Scholls Leidenschaft und Hermanns Vertrauen in seinen Stiefsohn waren stärker. Es ging bergauf, und Rückschläge hatten nicht die Kraft, den Enthusiasmus der Scholls zu zerstören. Als

Scholl später nach einer Knieoperation aus der Narkose erwachte, hörte er den Arzt sagen: »Mehmet, alles wird gut, aber Fußball spielen solltest du nicht mehr.« Ein paar Wochen später stand der Junge wieder auf dem Platz.

Es ist schwer zu sagen, ob die Scholls noch eine Familie waren oder schon eine Mannschaft. Sogar der Hund hieß Grabowski, getauft nach dem legendären Mittelfeldregisseur von Eintracht Frankfurt.

Es breitete sich in Karlsruhe der Ruf aus, dass da einer dribbeln und schießen konnte wie das argentinische Mittelfeldgenie Maradona, und obwohl er erst siebzehn Jahre alt und nur 1,77 Meter groß war, gab es nun keine Möglichkeit mehr, das riesige Talent zu übersehen. Da Scholl vormittags ins Gymnasium gehen musste, verlegte Trainer Winfried Schäfer das Training der Profis auf den Nachmittag. Ein halbes Jahr saß der Junge auf der Bank. Dann, gegen Borussia Dortmund, durfte er ran. »So, Mickymaus«, sagte Schäfer, »jetzt kannst du zeigen, was du kannst.« In der ersten Minute bereitete Scholl das 1:0 vor, das 2:0 zehn Minuten später besorgte er selbst.

Einen wie Scholl, das bestritt jetzt keiner mehr, sollte man unter Artenschutz stellen im Land der rumpelfüßigen Kämpfer. Und genauso sahen es auch die mächtigsten Männer des deutschen Fußballs, Franz Beckenbauer und Uli Hoeneß. »Für diesen letzten Straßenfußballer Deutschlands«, wie Franz Beckenbauer ihn nannte, waren zwar sechs Millionen Ablöse viel Geld, aber die Bayern-Chefs zahlten es vergleichsweise gern.

1992 lief Scholl an der Säbener Straße ein, er war jetzt ganz oben, aber er war immer noch Mickymaus, und es gab Ärger.

Damals, als er neu war bei Bayern, sagte ihm niemand, dass man besser die Klappe hält, wenn man neu ist bei Bayern. In der Kabine fragte Mickymaus den damaligen Torwart, Raimond Aumann, ob er zu den 15 bestverdienenden Bayern-Spielern gehöre. Worauf Aumann ihn anstarrte und antwortete: »Ich bin nicht der Einzige, der hier glaubt, dass der Club die sechs Millionen, die er für dich ausgegeben hat, besser hätte anlegen können.«

Mickymaus hatte immer noch nicht genug. In einer Fragebogenaktion schrieb der übermütige Jungstar unter der Rubrik »Lieblingswitz«: »Hängt die Grünen, solange es noch Bäume gibt.« Lacher blieben aus, stattdessen musste Scholl sich offiziell entschuldigen und 5000 Mark spenden. Erst daraufhin zog ein Lokalpolitiker seine Klage wegen Aufforderung zum Mord zurück.

Scholl war das, was man einen Instinktfußballer nennt. All die Tricks und Haken, die sich andere erst in langwieriger Trainingsfron aneignen müssen, schienen bei ihm schon Teil des natürlichen Bewegungsablaufes zu sein. All die Positionswechsel und Pässe, die ein Trainer austüftelt und seinen Spielern in endlosen Übungseinheiten zu vermitteln versucht, vollführte er intuitiv. Das Ergebnis war meist spektakulär – in Zeiten mathematisch ausgeklügelter Spielsysteme jedoch zu wenig berechenbar. Scholl beschwor das Riskante, Verrückte und schwebend Leichte, das die Leute so am Fußball lieben und das doch im deutschen Fußball der neunziger Jahre so selten zu finden war wie ein Diamant in einer Dose Bier. Rasenschachfreunden wie Erich Ribbeck und Otto Rehhagel war so einer natürlich zutiefst verdächtig. Erst Giovanni Trapattoni, der trotz seiner Vorliebe für Sicherheitssysteme, die es mit Fort Knox aufnehmen konnten, ein romantisches Verhältnis zum Fußball pflegte, fand Gefallen an jenem jungen Mann, der dem *catenaccio* der Bayern ein menschliches Antlitz gab.

Sogar Franz Beckenbauer, der sein Selbstverständnis oft aus der Überzeugung zu ziehen schien, dass nach ihm beim FC Bayern nie wieder einer echte Freundschaft mit einem Ball hatte schließen können, geriet ins Schwärmen, wenn Scholl durch die gegnerischen Abwehrreihen tanzte, als seien sie bestückt mit nicht satisfaktionsfähigen Türstehern einer Dorfdiskothek. So hingerissen war der Kaiser von diesem Spieler mit der Nummer 7, dass er dessen Aufstellung manchmal persönlich anordnete. Dass sich Otto Rehhagel solcherlei Einmischung verbat, trug zu dessen Entlassung bei. Vor einem Bundesligaspiel gegen Mönchengladbach tobte Beckenbauer: »Wisst's ihr, was der Wahnsinnige wollte? Der wollte den Scholl auf die Tribüne setzen. Das hab ich verhindert.« Vier Wochen später konnte sich der Trainer seine Papiere abholen. In den beiden UEFA-Cup-Finals gegen Girondins Bordeaux im Sommer 1996, die sich Rehhagel aus dem Zwangsurlaub anschauen musste, war Mehmet Scholl jeweils der beste Mann auf dem Platz.

Natürlich weckte dieser Junge den Argwohn von Lothar Matthäus. Erst recht, da Scholl von dessen Ratschlägen nichts wissen wollte. »Ich will ihm helfen, aber er hat sein Mobiltelefon abgeschaltet«, empörte sich Matthäus. Doch das brachte Scholl nicht im Geringsten aus der Ruhe. Er schien den großen Kameraden überhaupt nicht zur Kenntnis zu nehmen. Also musste gegrätscht werden, am besten von hinten, wenn der Kleine keine Schienbeinschützer trug.

Reporter begannen, Scholls Ausgehgewohnheiten auszukundschaften. Dann forderte Matthäus den Rauswurf des Vereinskollegen aus der Nationalelf, weil der es gewagt hatte, sich über die bevorzugte Behandlung der Spieler aus Dormund zu beschweren. »Mir hat man immer vorgeworfen, ich würde für Unruhe sorgen«, maulte der Altstar in der *Bild*-Zeitung.

Erschwerend kam hinzu, dass Mehmet Scholl in der Öffentlichkeit mit Witz und Charme glänzte. Darüber hinaus hatte er als einziger Bayernspieler eine akzeptable Plattensammlung; und er zog ins Stadtzentrum, in die Prinzregentenstraße, weil er es in Grünwald, wo die anderen wohnten, zu protzig fand.

Er spielte nicht nur anders, er war auch anders als seine Kollegen.

Wenn ihn ein Reporter am Spielfeldrand mit der Feststellung nervte, nach dem eben errungenen Sieg werde ja vielleicht mal Ruhe einkehren beim FC Bayern, erwiderte Scholl schlicht: »Nö.« Oder er kommentierte, selbst wenn er drei Tore im Spiel gemacht hatte, die üblichen Fragen nach einen möglichen Nationalmannschaftseinsatz mit der Bemerkung, ob es denn keine drängenderen Probleme gebe angesichts der düsteren Weltlage.

Selbst Fußballverächter fanden den Burschen okay. Und die Teenager verehrten Mehmet Scholl wie einen Filmstar oder den Sänger einer Popgruppe. »Wie bei Take That«, registrierte Uli Hoeneß mit amüsierter Anteilnahme, wenn sich zu einer Trainingssession des FC Bayern mal wieder Hunderte von Schulmädchen drängten, »Scholli« kreischten und mit Pappkartons wedelten, auf die sie mit blumiger Schrift Liebesbekundungen geschrieben hatten, etwa: »Scholli, ich will ein Kind von dir.«

Scholl war der Prototyp des Fußballers als Popstar. In Zeiten, in denen der Fußball gerade im Begriff war, sich vom harschen Männersport zu einem Stück bunten Entertainments zu wandeln, kam so einer natürlich wie gerufen für den FC Bayern. Hoeneß liebte ihn.

Mitte der neunziger Jahre war Mehmet Scholl das, was David Beckham für England wurde. Sein Trikot verkaufte sich tausendfach. Sein Gesicht zierte die *Bravo*, während er im *Spiegel* seine Lieblingswitze erzählen durfte.

Sein Stern strahlte.

Doch dann verließ ihn seine Frau. Scholls Stern brannte jetzt so lichterloh, dass es wehtat. Und als wäre das nicht genug, legte die *Bild*-Zeitung nach: »Frau weg! Scholl dreht durch.« Dann: »Mit 26 plötzlich in der Lebenskrise.« Und: »Verlassener Scholl: Wer hilft ihm aus der Krise?« Die bewährte Mischung aus Schadenfreude und scheinheiliger Anteilnahme. Scholl war angezählt. Während eines Skiausflugs der Bayern-

Profis nach Zürs am Arlberg ließ er seinen Ärger raus und legte sich bei einem abendlichen Discobesuch mit einem Gast an. Auf dem Boulevard tanzten die Journalisten vor Freude.

Scholl wusste, wer ihnen die Geschichte gesteckt hatte. Aber das nutzte ihm jetzt auch nichts mehr. Er war fürs Erste geliefert und fühlte sich verdammt allein – ehe das Telefon in seiner Hosentasche vibrierte. Das Gespräch dauerte weniger als eine Minute. Es redete nur einer: Uli Hoeneß. »Wenn du so weitermachst, verlierst du auch noch den letzten Freund beim FC Bayern. Haben wir uns verstanden? Haben wir uns verstanden?«, brüllte er. Anschließend bot ihm der Manager an, bei ihm zu Hause einzuziehen. Scholl war über das Angebot nicht überrascht.

Das Verhältnis zwischen Uli Hoeneß und Mehmet Scholl war zwar nicht immer harmonisch, jedoch von einer fast rührenden Innigkeit. Scholl sagte über Hoeneß: »Er ist der beste Mensch, den ich kenne.« Nach schlechten Auftritten ging Hoeneß mit Scholl härter ins Gericht als mit jedem anderen, nach guten trug er Sorge dafür, dass der Junge in den Spielberichten die angemessene Würdigung erhielt. Es kam vor, dass der Manager nach einem Treffer der Bayern von der Bank aufsprang und den Stadionsprecher anschrie – damit jener bei der feierlichen Verkündung des Torschützen die »wunderbare Vorarbeit von Mehmet Scholl« hervorhob. Hoeneß, der mit 27 Jahren jäh seine Karriere beenden musste, schien in dem hoch begabten Badener einen Wiedergänger seiner selbst zu sehen. »Das ist so einer, wie wir damals waren, der Paul Breitner und ich«, sagte Hoeneß. »Der will nach oben um jeden Preis.«

Es war ein sehr hoher Preis. Nachdem er die Weltmeisterschaft 1998 enttäuscht und mit einem dicken Herpes auf der Lippe vor dem Fernseher durchleiden musste, ließ Mehmet Scholl endlich sein Sprunggelenk reparieren. Und er brauchte fast ein Jahr, bis es wieder halbwegs funktionierte. Es war genau das Jahr, in dem die Bayern unter Ottmar Hitzfeld endlich den Glamour auf den Platz trugen, für den er bis dahin alleine hatte sorgen müssen. Es reichte immerhin noch für ein paar Kurzeinsätze am Ende der Saison.

Auch als es am 26. Mai 1999 in Barcelona gegen Manchester United geht, wird er erst in der 71. Minute für den erschöpften Alexander Zickler eingewechselt. Acht Minuten später sieht er, wie sich Mario Basler den Ball schnappt, mit einem schnellen Trick David Beckham stehen lässt und in der Hälfte der Engländer davoneilt. Wahrscheinlich wird er es alleine versuchen, der Mann ist ja bekannt für seine wahnwitzigen Sololäufe. Scholl läuft trotzdem mit. Er muss nur ein paar flinke Schritte machen, schon ist er anspielbereit, ziemlich genau in der Spielfeldmitte, zwanzig Meter vor dem Tor.

Basler gibt tatsächlich ab.

Mehmet Scholl schaut kurz auf, sieht Peter Schmeichel, den Keeper von Manchester United, einige Meter vor seinem Tor stehen und tritt unter den Ball.

Im Tennis würde man von einem Lob sprechen, der deutsche Fußballfan nennt einen solchen Kunstschuss »Schlenzer«, der Brasilianer »trockenes Blatt«. Aus dem Lauf heraus ist es die ganz hohe Schule. Der große Didi war ein Meister dieser Übung. Franz Beckenbauer beherrschte sie sogar mit dem Außenspann. Auch Scholl hatte auf diese Art öfter schon die Fußballgötter beschworen.

Der Ball hebt zunächst weit vom Boden ab, segelt über Schmeichel hinweg und senkt sich jäh.

An den Pfosten.

Höchstens fünf Zentimeter fehlten Mehmet Scholl, um alle Wunden an Körper und Seele mit einem Mal heilen zu lassen – und auf dem Fußballolymp neben Gerd Müller, Uli Hoeneß, Bulle Roth und Katsche Schwarzenbeck Platz zu nehmen.

»Es wäre seine Krönung gewesen«, sagt Ottmar Hitzfeld heute. Damals entfuhr ihm ein leises »Verdammt noch mal.«

Dann schaute er auf die Uhr und ahnte Böses. Es war das Finale um die Champions League. Der FC Bayern führte mit 1:0.

Ein weiteres Tor hätte den sicheren Sieg bedeutet.

Fünf Zentimeter trennten die Bayern vom Fußballhimmel. Stattdessen gab es zwei Minuten, die direkt in die Hölle führten.

Die Lehre von Barcelona

Zwölf Jahre nach der Schmach von Wien hatten die Bayern wieder die Chance, den verwunschenen Pott, der vor allem für Uli Hoeneß weit, weit über allen anderen Zielen stand, endlich nach München zu holen. Freunden gegenüber deutete er sogar an, dass er im Falle eines Sieges seinen Abschied verkünden würde. »Wäre das nicht ein geeigneter Anlass?«, fragte er dann – mehr sich selbst, als dass er auf eine Antwort hoffte. Er war ja erst 47 Jahre alt. Aber er war nun auch schon seit zwanzig Jahren Manager des FC Bayern. Er hatte den Club am Rande des sportlichen und finanziellen Ruins übernommen und zur besten Adresse im deutschen Fußball gemacht, er hat sich den Hasskampagnen von Willi Lemke entgegengestemmt, Emporkömmlinge wie Christoph Daum in ihre Schranken gewiesen und sich von den Manövern von Beckenbauer und Rummenigge nicht aus dem Tritt bringen lassen.

Nun war das Gipfelkreuz in Sicht.

Auf der letzten Etappe warteten nicht Aston Villa oder der FC Porto, sondern der reichste und spektakulärste Fußballverein der Welt: Manchester United. Was für eine Chance!

Den »Reds«, wie die Spieler aus Manchester von Fans selbst im fernen China gerufen wurden, galt Hoeneß' Verehrung: Der englische Traditionsclub hatte sich schon 1991 in eine Aktiengesellschaft umgewandelt und seither gleich Pionieren des entfesselten Fußballkapitalismus neue Geldquellen erschlossen.

Tourneen und exklusive TV-Übertragungen bis nach Asien und Amerika sowie ein Netz an Devotionalien-Shops hatte »ManU« zu einer weltweit populären Marke wie McDonald's oder Coca-Cola gemacht.

Natürlich musste man dazu fabelhaft Fußball spielen, aber genau das war nicht ManUs Problem. Der Club konnte sich jeden Spieler leisten und hatte mit Trainer Alex Ferguson einen Diktator alter Schule, der jeden Star einnordete – notfalls mit dem, was sie in der Kabine das *hairdryer treatment* nannten: Ferguson stellte sich ein paar Zentimeter vor dem Spieler auf und brüllte ihn an. Dennoch kamen neue Talente und beteten den strengen Schotten an.

Da war Ryan Giggs, der walisische Dribbelzwerg, der selten einen Pass oder eine Flanke schlug, solange noch ein Gegner in Sicht war, den er mit einer Finte demütigen konnte. Da war David Beckham, ein fotogener Außenstürmer mit einer Vorliebe für schnelle Autos, schnelle Frisuren und schnelle Bälle, die notfalls um Ecken flogen, in Kurven, die Naturwissenschaftler nicht berechnen konnten, geschweige denn Abwehrspieler. Und da waren die dunkelhäutigen Innenstürmer Andy Cole und Dwight Yorke, die sich den Ruf einer »Torfabrik« erarbeitet hatten – selbst in der Champions League hatten sie gemeinsam selten unter drei, gelegentlich aber fünf oder gar sechs Treffer fabriziert.

Dieses Team war unschlagbar.

Doch gibt es das im Fußball überhaupt: unschlagbar?

»Diese Möglichkeit kriegt ihr vielleicht nur einmal im Leben«, gibt Ottmar Hitzfeld seinen Spielern mit auf den Weg, bevor sie am 26. Mai 1999 den Rasen des altehrwürdigen Estadio Camp Nou in Barcelona betreten. 90 000 Schlachtenbummler stehen auf den Rängen. Die Bayern sind gehandicapt – dem brasilianischen Torjäger Giovane Elber war ein paar Wochen zuvor bei einem Bundesligaspiel in Hamburg das Kreuzband gerissen, Bixente Lizarazu, Weltmeister mit Frankreich und Linksverteidiger beim FC Bayern, hatte sich bei einem Länderspiel verletzt. So sehen sich zehn deutsche Jungs und der ghanaische Vorstopper Sammy Kuffour einer mit internationalen Stars besetzten Schautruppe gegenüber, als die spanische Operndiva Montserrat Caballé die Hymne »Barcelona« in die warme Nacht schickt.

»Wir starten durch«, sagt Stefan Effenberg.

Tatsächlich übernehmen die Bayern sofort das Kommando, und kaum haben sich die Zuschauer gesetzt, wird Carsten Jancker an der Strafraumgrenze umgerissen. Jancker stammte aus Mecklenburg-Vorpommern, maß zwei Meter und hatte nicht einen Strohhalm auf dem Kopf. Die Bayern-Fans feierten ihn manchmal als »Fußballgott«, obwohl er stets ein wenig steif wirkte und auch den deutschen Killer in einem James-Bond-Film hätte abgeben können. In Hitzfelds System spielte er eine Art Kreisläufer: Er riss die Lücken für die schnellen Elber und Zickler und bot sich als Anspielstation für heranstürmende Mittelfeldspieler an.

Außerdem konnte er Freistöße provozieren wie kein anderer. Offenbar dachten die Schiedsrichter, so ein Baum kann nur durch Gewalt fallen. So auch an diesem Abend. Die Spieler von Manchester protestieren wütend gegen die Entscheidung des Referees. Aber wann hätte sich Pierluigi Collina, der Italiener, der wegen einer Stoffwechselkrankheit frühzeitig alle Haare verlor und den Spitznamen »Kojak« bekam, wann hätte sich dieser Schiedsrichter mit dem Charme eines Murnau'schen Vampirs jemals dreinreden lassen?

Als Mario Basler in der 6. Spielminute zum Freistoß herantrabt, wird es für einen Moment lang so still im Stadion, dass man die Anweisungen von Torwart Schmeichel bis auf die Tribüne hört. Basler, dem Giovanni Trapattoni einst die Konstitution eines Suppenhuhns bescheinigt hatte, gehörte unter Ottmar Hitzfeld zu den Hauptattraktionen der Bayernelf und hatte sich auch europaweit ein Renommee als Präzisionsschütze erworben. Er kam aus der Pfalz, war ein eher schlichtes Gemüt und einem Feierabendbier nicht abgeneigt, und seine Luft reichte selten für 90 Minuten. Aber er hatte das Ball- und Raumgefühl eines Billardspielers und verwandelte als einziger Bundesligaprofi jener Zeit gelegentlich einen Eckball direkt.

Was hatte er diesmal vor? Schmeichel ordert fünf Männer an, sich vor dem Schützen aufzubauen, dicht an dicht drängen sie sich aneinander, da kommt kein Luftzug mehr durch, geschweige denn ein Ball. Schiedsrichter Collina überprüft mit geschultem Auge noch einmal den Abstand der Mauer zum Ball, exakt neun Meter und fünfzehn Zentimeter darf er betragen, dann gibt er das Geschehen frei, und Basler läuft an. Doch was ist das? Am linken Rand der Menschenkette hat sich auch Markus Babbel eingereiht. Und die englischen Spieler scheinen es entweder gar nicht zu bemerken, oder sie sind so erschrocken, dass sie ein Stück nach rechts rücken. Es ist nur ein winziges Stück – exakt so breit wie der Ball, den Mario Basler kühn über Babbels eingezogenen Kopf hinweg ins Tor zirkelt.

Die Bayern führen 1:0.

Die »Reds« brauchen die komplette erste Halbzeit, um diesen Hieb zu verarbeiten. Beckham irrt wie ein Obdachloser durchs Mittelfeld und stolpert fast jeden Ball in die Füße von Effenberg, Giggs schlägt sich zwar ab und zu bis zum Strafraum durch, doch den versperrt Lothar Matthäus mit der Entschlossenheit eines Bodyguards: Keinen Schritt weiter, junger Freund!

Nach der Pause verstärkt Manchester den Druck. Die Bayern kontrollieren das Spiel und warten kühl auf die Chance, dem Gegner den entscheidenden Stoß zu verpassen. Jetzt bloß nicht übermütig werden, jetzt nur die Geduld bewahren. »Noch ist nichts gewonnen«, weiß Ottmar Hitzfeld, während er seinen Kollegen Ferguson an der Seitenlinie im Gras herumstampfen sieht.

Der Bayern-Trainer weiß auch: Ein zweites Tor, und das Spiel ist gelaufen. Doch noch hat immer irgendwer was dagegen. Mal ist es Jaap Stam, der holländische Vorstopper von ManU, mal ist es Schmeichel, der famose dänische Keeper. Oder der Pfosten.

Die Engländer kennen nur noch eine Taktik: die Bälle nach vorne, weit, hoch. Dort hat Teddy Sheringham Stellung bezogen, ein *Hitman* alter Schule, den Ferguson 24 Minuten vor Spielende einwechselte, sowie der norwegische Edeljoker Ole Gunnar Solskjaer.

Doch die Uhr tickt, und sie tickt gegen Manchester. An der Seitenlinie feiert bereits Mario Basler, der sich in der 89. Minute aus der Partie verabschiedet hat. Auch Lothar Matthäus hat sich zehn Minuten vor Schluss im Gefühl des Sieges auswechseln lassen, seine Position auf dem Platz hat Thorsten Fink eingenommen. Matthäus ist der letzte Veteran der Schmach von Wien, der Endspiel-Niederlage gegen Porto 1987. Und er wird jeden Moment den Pott in Empfang nehmen, den er vor zwölf Jahren auf so fahrlässige Weise verspielt hat. Es kann nicht mehr lang dauern.

Ein, vielleicht zwei Minuten wird Schiedsrichter Collina noch draufgeben.

Und die Bayern sind am Ball.

Auch, wenn Markus Babbel da hinten noch mal bedrängt wird.

Ottmar Hitzfeld wird später sagen: »Er kann den Ball zum Torwart spielen, der haut ihn auf die Tribüne, und der Schiedsrichter pfeift ab.«

Doch Markus Babbel spielt den Ball nicht zum Torwart. Kein Verteidiger, der was auf sich hält, spielt den Ball zurück zum Torwart. Und erst recht wagt Markus Babbel keinen Rückpass zu Oliver Kahn. Er spielt ins Aus. Und es gibt noch mal Eckball für Manchester United.

Es folgen 103 Sekunden. Man kann nicht einmal ein weiches Ei kochen in solch einer kurzen Zeit, aber man kann ein Spiel verlieren.

David Beckham tritt den Ball scharf in den Strafraum, ein holpriger Befreiungsschlag von Thorsten Fink landet knapp außerhalb des Strafraums bei Ryan Giggs, der das Leder wie ein retournierender Tennisspieler mit voller Wucht zurückfeuert, dabei die Fußspitze von Teddy Sheringham trifft, und auf einmal beult sich das Tornetz: Ausgleich.

Collina pfeift das Spiel noch einmal an, aber die Bayern scheinen das nicht mehr mitzukriegen. Sie sind gelähmt, geschockt, jeder Einzelne von ihnen reif für einen langen Urlaub mit Sonne, Adiletten und einer netten Frau.

Die Engländer wirken, als kämen sie genau dort her. Es muss schön gewesen sein in diesem Urlaub, denn in ihren Köpfen rast jetzt das, was Trainer Ferguson den *never can die spirit* nennt – den Willen, niemals unterzugehen.

Sie greifen an.

Wieder Eckball.

Wieder läuft Beckham hinaus, wieder tritt er den Ball scharf in den Strafraum. Viele Stadionbesucher kriegen es überhaupt nicht mit, weil sie sich zum Bierstand aufgemacht haben, um sich auf die Verlängerung einzurichten. Fernsehzuschauer werden beteuern, sie hätten die Szene für eine von der Regie eingespielte Wiederholung des Ausgleichstors gehalten. Wieder landet der Ball nach mehrmaliger jäher Richtungsänderung auf einer Fußspitze, diesmal ist es die von Solskjaer, und wieder beult sich das Tornetz.

2:1 für Manchester United. Das Spiel ist aus.

Nach dem Weltmeisterschaftshalbfinale 1970, das Deutschland in bis dahin nicht erlebter Dramatik mit 3:4 gegen Italien verlor und das als »Jahrhundertspiel« in die Geschichte einging (»Es war ein Kampf wie aus den Heldensagen«, dichtete der Fußball-Poet Ror Wolf), entließ der Fernsehreporter Ernst Huberty die Zuschauer mit dem Satz: »Alle Höhen und Tiefen der Freude und der Enttäuschung, die man überhaupt durchleben kann, haben diese Spieler heute durchlebt.« Weder er noch irgendein Mensch hatte sich vorstellen können, dass ein Fußballspiel noch unglücklicher verloren gehen kann.

Auch Franz Beckenbauer nicht, der damals dabei war, verletzt, einen Arm auf die Schulter geklebt. Als er jetzt, 29 Jahre später, die Kabine der Bayern betrat, sah er zehn Massagebänke, und auf jeder lag ein Spieler mit ausgebreiteten Armen und leeren Augen, wie tot. Die übrigen lagen auf dem Boden, auch sie erstarrt. Stefan Effenberg und Carsten Jancker heulten, Sammy Kuffour brabbelte vor sich hin; ein Wimmern hing in der Luft, leise aber durchdringend, wie ein Möwenschwarm in weiter Ferne.

Und zwischen den Besiegten watete Uli Hoeneß, mit zusammengepressten Lippen und schweißgetränktem Hemd, an dem noch der Zugangs-Pass zum Stadioninneren baumelte, als hätte er befürchtet, die Ordner würden ihn in seinem Zustand nicht als den mächtigen Manager des FC Bayern München erkennen.

Er sagte nichts.

Keiner brachte auch nur irgendein Wort heraus. Was geschehen war, war unsagbar. Ottmar Hitzfeld saß auf einem Hocker und blickte auf die Trümmer seiner Arbeit.

Gerade weil das Ganze so ohne Beispiel war, tat Ottmar Hitzfeld in jener Nacht das Einzige, was einem Menschen bleibt, um sich aus dem Abgrund zu erheben: Er zeigte Größe.

Unmittelbar nach dem Schlusspfiff sah man den Trainer des FC Bayern München seinem Gegenüber Ferguson die Hand reichen, und keiner im Stadion zweifelte an der Aufrichtigkeit dieser Geste. Danach kümmerte er sich um seine Spieler, die auf dem Rasen lagen; jedem Einzelnen dankte und gratulierte er. Dann führte er seine Männer vom Platz. »Jetzt holen wir uns die Silbermedaille und applaudieren dem Sieger«, sagte er. Und die meisten taten, wie ihnen geheißen. Ottmar Hitzfeld jammerte nicht, er schimpfte nicht, er wünschte den Schiedsrichter nicht zum Teufel, weil der zu lange hatte nachspielen lassen, und auch sonst gab es kein Wort über Unzulänglichkeiten, Versäumnisse, individuelle Fehler. Er nahm das Geschehen als das, was es war: unfassbar großes Pech. »Es war unbegreiflich, es war fürchterlich, wir waren 90 Minuten lang die bessere Mannschaft«, erinnert er sich. »Aber es gibt eben Dinge, da kannst du absolut nichts machen – bis auf eines: fair bleiben.«

Die Tragik dieser Niederlage und der Anstand, mit der ihr Ottmar Hitzfeld und seine Spieler entgegentraten, änderten bei vielen das Bild des FC Bayern. Das vermeintlich kaltherzige Profitunternehmen wurde von einer Welle der Sympathie erfasst, die vermutlich nicht größer gewesen wäre, wenn das Spiel gewonnen worden wäre: Nicht einmal eingefleischte Bayern-Hasser fanden ein gerechtes Schicksal in dem Umstand, dass die Bayern nach drei Europapokalendspielen, die sie gewonnen hatten, obwohl sie hätten verlieren müssen, nun zum dritten Mal verloren, obwohl sie jedes Mal hätten gewinnen müssen.

Möglicherweise war der studierte Mathematiker Ottmar Hitzfeld sowieso der Einzige, der diese Rechnung aufstellte.

Als in der Umkleidekabine nach endlosen Minuten des Schweigens dann doch irgendwann die ersten zerknüllten Trikots in die große Blechkiste flogen und Stollenschuhe auf den gefliesten Boden knallten – als bei den Spielern die Fassungslosigkeit allmählich in Wut überging, ergriff Ottmar Hitzfeld das Wort: »Was passiert ist, ist passiert. Von nun an wird uns das Schicksal begünstigen«, sagte er. Dann ließ er die Männer allein. Vor der Tür warteten bereits zwei Stadionbedienstete in einem kleinen Elektromobil, um den Trainer des FC Bayern durch die Katakomben von Camp Nou zur Pressekonferenz zu karren. Sie nahmen ihn in ihre Mitte, als hätten sie Sorge, der aschfahle, hagere Mann könnte vom Wagen kippen.

Was ihn umtrieb, war nicht schwer zu erraten: Die mit so viel pädagogischem Geschick hergestellte Eintracht des Teams stand auf dem Spiel. Die Finalniederlagen von 1982 und 1987 waren bedrohliche Beispiele: Beide Male hatten sich Spieler, Trainer und Clubverantwortliche danach in Schuldscharmützeln aufgerieben und die Harmonie auf Jahre zerstört. Hitzfeld musste sich also sehr schnell etwas einfallen lassen; erste Anzeichen schwelender Missstimmung gab es bereits. Fernsehkameras dokumentierten, wie Thomas Helmer, der Kapitän, der das Spiel von der Reservebank aus verfolgen hatte müssen, sich nach dem Schlusspfiff in Richtung Tribüne gedreht, das Auswechselzeichen gemacht und anschließend beide Mittelfinger rausgestreckt hatte – eine überaus deutliche Kritik am Trainer. Hitzfeld hätte ihn anstelle von Thorsten Fink einwechseln sollen. Auch Mehmet Scholl, der verhinderte Held, der nur den Pfosten getroffen hatte, ließ sich zu einer Unmutsäußerung hinreißen: »Immer wenn's eng wird, verdrückt er sich«, hatte er in irgendein Mikrophon geblafft. Und wen er mit »er« gemeint hatte, war wenig missverständlich: seinen Intimfeind Lothar Matthäus.

Hitzfeld musste handeln, ehe ihm die Situation entglitt. »Der Schock saß tief«, erinnert er sich, »und es war zu befürchten, dass die Mannschaft daran zerbricht.« Er wusste: »Was ich jetzt sage und tue, ist entscheidend. Nach einer solchen menschlichen Enttäuschung musst du die richtigen Zeichen setzen. Wenn ich das jetzt verpasse, wenn ich sage, jetzt lassen wir mal die Saison auslaufen und reden nach dem Urlaub drüber – das wäre zu spät.«

Noch am Abend führte er erste Gespräche mit den Führungskräften des Teams. Vor allem mit Stefan Effenberg, der sich nach dem Spiel zu allem Überfluss der Folter einer gemeinsamen Dopingprobe mit dem euphorisierten Teddy Sheringham hatte unterziehen müssen. Aber auch mit Oliver Kahn, dem Torwart, der schon nach weniger folgenreichen Niederlagen vor dem Durchdrehen bewahrt werden musste. Er sagte ihnen, dass er auf sie zähle; dass er die Mannschaft für stark genug halte, diesen Rückschlag zu meistern; und dass jedes böse Wort nur ein Zeichen von Schwäche sei. Dann bot er Effenberg die Nachfolge des in Unwürde geschiedenen Thomas Helmer als Kapitän an und Kahn das Amt des Stellvertreters. Effenberg versprach, auf die Kollegen einzuwirken, und sagte: »Wenn wir die Mannschaft zusammenhalten, können wir's im nächsten Jahr schaffen.«

Zwei Tage später versammelte Ottmar Hitzfeld das Team zu einer Mannschaftssitzung. Eine halbe Stunde sprach er zu den Spielern, »so lange wie nie zuvor, seitdem ich Trainer bin«. Er sagte: »Es schreibt ja sowieso jeder, dass wir unglücklich verloren haben, daran können wir uns jetzt laben und in Selbstmitleid verfallen. Aber das ist nicht Sport. Sport ist, wenn man wegsteckt und gerade so eine bittere Niederlage als Antriebsfeder nimmt, es das nächste Mal besser zu machen. Wir haben Fehler gemacht, wir sind selbst schuld, wir haben die letzten Minuten nicht konzentriert genug gespielt. Das darf uns nie wieder passieren.« Dann blickte er auf, und er sah in entschlossene Gesichter. »Da wusste ich: Die Mannschaft lebt«, sagt er heute.

Schon am nächsten Tag, also drei Tage nach der Endspielniederlage, gewannen die Bayern das Ligaspiel beim Tabellenzweiten aus Leverkusen mit 2:1, obwohl sie die Meisterschaft längst sicher hatte. Doch Schluss ist erst, wenn der Schiedsrichter pfeift. Diese Lektion hatten die Spieler gelernt.

Und sie würde zum Selbstverständnis der Mannschaft in den kommenden Jahren werden. Sympathie? Mitleid? Der FC Bayern würde alles daran setzen, die Gefühlswelt der deutschen Fußballfans wieder in die gewohnten Bahnen zu lenken.

Es sollte kaum ein Jahr dauern. Es war der 20. Mai 2000, der letzte Spieltag der Saison, und die Meisterschaft schien entschieden. Das Team von Bayer Leverkusen, das, von Christoph Daum gepuscht, mehr und mehr zum Dauerärgernis des FC Bayern geworden war, führte die Tabelle mit drei Punkten Vorsprung an und musste bei der Spielvereinigung Unterhaching antreten. Die Münchner hingegen empfingen die alten Bekannten von Werder Bremen. Nach einer eher merkwürdigen Saison, mit zwei rauschhaften Siegen gegen Real Madrid in der Vorrunde der Champions League, aber auch zwei Niederlagen gegen die Lokalrivalen von 1860 München in der Bundesliga, schienen sich die Bayern mit Rang zwei und dem im Vorbeigehen gewonnen DFB-Pokal abgefunden zu haben. In der Champions League war man im Halbfinale – erneut zwei Spiele gegen Real Madrid – ausgeschieden.

Dessen ungeachtet verordnete Ottmar Hitzfeld in der letzten Woche der Bundesligasaison verschärftes Training; Dienstag bat er noch einmal zu einem ausgiebigen Waldlauf, ansonsten setzte er zusätzlich zum normalen Programm zwei Übungseinheiten am Nachmittag an, während die Angestellten in der Geschäftsstelle bereits die Schreibtische aufräumten und dem nahen Urlaub entgegensahen. Was ziehen die da unten auf dem Platz eigentlich noch für eine Schau ab? Die Saison ist vorbei. Bayer Leverkusen braucht noch einen Punkt. In Unterhaching!

Ottmar Hitzfeld war da ganz anderer Meinung: »Nichts Schlimmeres, als Unterhaching schlägt Leverkusen, und wir gewinnen nicht gegen Bremen. Nichts Schlimmeres!«, gab er seinen Spielern auf den Weg ins Stadion. Als ob das nötig gewesen wäre. Schluss ist erst, wenn der Schiedsrichter pfeift! Unterhaching schlug Leverkusen, der FC Bayern gewann in einer mitreißenden Partie mit 3:1 gegen Bremen. Und die bereits am Spielfeldrand im Sportpark Unterhaching bereitgehaltene Meisterschale musste flugs ein paar Kilometer nach Westen transportiert werden – zum Münchner Marienplatz, wo sie Stefan Effenberg in den Abendhimmel reckte.

Zwölf Monate später war das alte Feindbild endgültig wiederhergestellt. Der FC Bayern hatte eine Saison gespielt, die selten Genuss bereitete. Effenberg hatte seinen Zenit überschritten, Giovane Elber und Jens Jeremies waren die meiste Zeit angeschlagen, und die Abwehr musste neu zusammengebaut werden, nachdem sich Lothar Matthäus nach insgesamt zwölf Jahren in München zu den New Yorker Metro Stars verabschiedet hatte.

Zwei Wochen vor seinem 39. Geburtstag war der Mann mit der Nummer 10 zum letzten Mal im Dress der Bayern aufgelaufen. Es war ein Gruppenspiel in der Champions League, und es ging gegen Real Madrid. Und als Matthäus in der 90. Minute, begleitet von Jubel und einer durchs Stadionrund wogenden mexikanischen Welle, vom Platz ging, hatten die Bayern einen 4:1-Sieg herausgeschossen. Sogar die gedemütigten Spanier applaudierten dem scheidenden Star. Die Trophäe im europäischen Meisterwettbewerb blieb dem Mann, den sie in Anspielung auf seinen Freund und Förderer Franz Beckenbauer »Kaiserle« nannten, jedoch versagt.

Umso mehr mühten sich seine Kameraden.

Der Fluch ist gebrochen

Die Verlierer von Barcelona näherten sich der 30 oder waren schon darüber und sahen jetzt, in der Saison 2000/2001, ihre letzte Chance, die Sache endlich zu einem Happy End zu führen. Mit oft unschönem Fußball, aber mit einem festen Glauben an sich selbst rangen sie Arsenal London nieder, Manchester United und Real Madrid und stießen nur zwei Jahre nach der Tragödie vom Mai 1999 wieder ins Endspiel vor. Dafür nahmen sie in der Bundesliga Niederlagen gegen Frankfurt, Rostock und Cottbus hin.

Drei Spiele vor Saisonende schien es, als könnte Bayern die Meisterschaft getrost vergessen.

Doch Schluss ist erst, wenn der Schiedsrichter pfeift.

Mit Toren in letzter Minute gegen Leverkusen und Kaiserslautern kämpften sie sich zurück und brauchten am letzten Spieltag nur noch einen Punkt, um am Ende doch noch zu triumphieren.

Dann kam das Spiel in Hamburg, und es stand auf einmal 1:0 für den HSV in der 90. Minute.

»Ich dachte, das war's«, bekannte Uli Hoeneß später. »Ich hatte keine Hoffnung mehr«, sagte Karl-Heinz Rummenigge. »Zum ersten Mal habe ich nicht mehr an den Titel geglaubt«, sagte Mehmet Scholl.

Plötzlich lebte das Trauma von Barcelona wieder auf.

Der Schmerz, den sie überwunden glaubten.

Der Geist, den sie vertrieben hatten.

In Hamburg in der 90. Minute die Deutsche Meisterschaft zu verspielen, hätte bedeutet, dass dieser Albtraum immer noch Macht über sie besaß.

Ottmar Hitzfeld wusste: »Wenn wir dieses Spiel verlieren, haben wir auch im Champions-League-Finale keine Chance.«

Dann sah er Oliver Kahn über den halben Platz stürmen. Er hatte sich den Ball unter den Arm geklemmt und pflanzte ihn mit irrem Blick auf den Anstoßpunkt. »Weiter, immer weiter«, trieb der Torwart seine Teamgefährten an. Schluss ist erst, wenn der Schiedsrichter pfeift. Die Lehre von Barcelona. Vier Minuten später lag der Ball im Strafraum. Noch einmal indirekter Freistoß für die Bayern. Stefan Effenberg winkte Patrik Andersson heran.

Die Kokain-Affäre

Am ersten Oktoberwochenende des Jahres 2000 war Uli Hoeneß nicht wirklich schlecht gelaunt. Er freute sich auf einen Oktoberfestbesuch mit der Mannschaft. Für den nächsten Tag hatte er einen Flug nach Marbella gebucht, wo er mit seiner Frau Susi einen viertägigen Golfurlaub verbringen wollte. Hoeneß fuhr gleich nach dem Frühstück los, um seine Golftasche auf der Golfanlage Riedhof abzuholen, etwa zwanzig Kilometer von seinem Haus in Ottobrunn entfernt. Es wurde eine lange Autofahrt, denn eine Straßensperre führte Hoeneß weit vom Weg ab; und um sich die Zeit zu vertreiben, wählte er die Nummer eines Redakteurs der Münchner *Abendzeitung* an, der ihn am Morgen per Fax um Rückruf gebeten hatte. Schon nahm einer der größten Skandale in der Geschichte des deutschen Fußballs seinen Lauf.

Wenige Wochen zuvor war Christoph Daum vom DFB zum neuen Bundestrainer bestimmt worden. Von der kommenden Saison an sollte der Trainer von Bayer Leverkusen das Nationalteam übernehmen, das von Erich Ribbeck in bis dahin nicht gekannte Tiefen geführt worden und von der Europameisterschaft 2000 mit lediglich einem Punkt und einem Tor zurückgekehrt war. Daum, den mit dem neuen DFB-Präsidenten Gerhard Mayer-Vorfelder seit gemeinsamen Tagen in Stuttgart eine Männerfreundschaft verband, schien der richtige Mann. Der in Duisburg aufgewachsene Bergarbeitersohn war zwar selbst ein eher mediokrer Fußballer gewesen, hatte jedoch 1992 den VfB Stuttgart zur Deutschen Meisterschaft geführt und danach das zuvor durchs Niemandsland geisternde Team von Bayer Leverkusen in den oberen Tabellenregionen etabliert.

Vor allem aber beeindruckte er durch unorthodoxe Trainingsmethoden. Er ließ seine Spieler über Glasscherben laufen, um ihnen zu demonstrieren, dass das Undenkbare möglich sei. Er händigte ihnen Löffel aus, um ihnen klar zu machen, dass sie alle vom selben Topf essen würden. Und er hielt ihnen Vorträge über den Beruf des Staubsaugervertreters, um ihnen einzubläuen, dass man sein Ziel erreichen könne, wenn man es nur immer und immer wieder versucht. Die Presse liebte ihn. Was nach dem spröden Vogts und dem arroganten Ribbeck nicht ohne Belang war.

Uli Hoeneß hatte die Entscheidung für Daum mitgetragen, nicht zuletzt weil er dadurch einen Konkurrenten in der Bundesliga geschwächt sah. Er bereute es jedoch inzwischen wieder, nachdem zunächst vereinzelte, dann aber immer mehr

Zeitungsberichte erschienen waren, die den Trainer in ein trübes Licht rückten: Von dubiosen Immobiliengeschäften war da die Rede, von Erpressungsversuchen, Prostituierten, auch von Kokain. Schließlich hatte sich Daum selbst öffentlich darüber echauffiert, dass ihm allerlei Gestalten »aus dem Jenseits, dem Knast und dem Milieu« zusetzten. Dagegen unternommen hatte er nichts. Keine Gegendarstellung war erschienen. Keine Unterlassungsklagen waren angestrengt worden. Im internen Kreis hatte Hoeneß bereits sein Befremden darüber kundgetan, dass nicht schon längst »siebzehn Anwälte« mit der Sache beschäftigt seien. Als ihn nun der Reporter der *Abendzeitung* bat, die Gerüchte zu kommentieren, sagte er: »Wenn das alles Fakt ist, worüber geschrieben wird, auch unwidersprochen über den verschnupften Herrn Daum, dann kann er nicht Bundestrainer werden.«

Am nächsten Tag flog Uli Hoeneß in den Urlaub und bekam zunächst gar nicht mit, welches Beben er mit dem Telefonat ausgelöst hatte. Erst als ihn der völlig verstörte Bayern-Pressesprecher Markus Hörwick anrief und den Text aus der *Abendzeitung* vorlas, läuteten bei Hoeneß die Alarmglocken. Der Reporter hatte an einer Stelle Teile seiner Frage als Hoeneß' Rede gekennzeichnet, und nun hatte es den Anschein, als unterstellte erst Hoeneß dem designierten Bundestrainer all die Unerhörtheiten, die ohnehin seit geraumer Zeit die Runde machten. Er beauftragte Hörwick, umgehend eine Richtigstellung zu verschicken. Da diese aber am redaktionsfreien Montag vor dem 3. Oktober in den Redaktionen eintraf, kümmerte sich kaum einer darum.

Als Hoeneß aus Marbella zurückkam, war er unversehens der Staatsfeind Nummer eins. Der entrüstete Boulevard, aber auch Kollegen, selbst die leibhaftige Bundesjustizministerin Herta Däubler-Gmelin bezichtigten den Mann der Ehrverletzung und der Denunziation. Die Sache geriet völlig aus dem Ruder. Auch in den Fernsehnachrichten und den seriösen Tageszeitungen rückte das politische Geschehen in den Hintergrund. Kommentare und Leitartikel empörten sich über eine Umkehr des Rechtsprinzips, Talkrunden diskutierten über einen mutmaßlichen Rachefeldzug des Bayern-Managers, der Daum schon seit dessen Kleinkrieg mit Jupp Heynckes auf dem Kieker habe. Und sowieso meldete sich jeder zu Wort, der mit Uli Hoeneß noch eine Rechnung offen hatte. »Ich kann mit nicht vorstellen, dass der DFB tatenlos zusieht, wenn dem deutschen Fußball Schaden zugefügt wird«, gab der inzwischen in Bremen zum Bildungssenator aufgestiegene Willi Lemke zu bedenken. »Am Ende wird es für einen von beiden ein Chaos geben«, prophezeite Paul Breitner im Bayerischen Fensehen, »dann wird es einen von beiden nicht mehr geben.« Darüber, wer für ihn der »eine« war, ließ er wenig Zweifel: Hoeneß habe keine Beweise für seine Anschuldigungen geliefert, und falls er die nicht beischaffe, »dann wird es niemanden mehr geben, der mit ihm etwas zu tun haben will, weder in der Liga noch im DFB.« Dass sein früherer Freund und Vertrauter überhaupt keine Anschuldigungen gemacht, sondern lediglich und auf Anfrage einige leidlich bekannte Gerüchte kommentiert hatte, schien mittlerweile völlig unerheblich.

Und weder eine Entschuldigung der *Abendzeitung* noch eine von Uli Hoeneß einberufene Pressekonferenz schienen die Dinge wieder gerade rücken zu können. Der ansonsten dickfellige Manager, der sich in den zwanzig Jahren seines Wirkens manches heftige Scharmützel geliefert hatte, durchlitt die schlimmsten Tage seines Lebens. Er war nun buchstäblich zum Abschuss frei. Angestachelt von Schlagzeilten wie »Wilde Drogengerüchte, Kesseltreiben gegen Daum. Neue Angriffe von Hoeneß« beschimpfen ihn die Leserbriefschreiben der *Bild*-Zeitung als »Sudelschnauze« und »Schande von Deutschland«. Im Internet wird eine Prämie von 10 000 Mark ausgelobt, für denjenigen, der ihn bei einem Spiel in Gelsenkirchen »von der Bank schießt«. Tage später besetzt ein Steuerfahndungskommando die Firma »Howe«, einen auf fränkische Bratwürste spezialisierten Fleischverarbeitungsbetrieb, den sich Hoeneß vor Jahren zum Zwecke der Altersvorsorge zugelegt hatte. Beim Arbeitsamt in Nürnberg war ein anonymer Hinweis eingegangen, das Unternehmen beschäftige illegale Fremdarbeiter. Natürlich stellte er sich als falsch heraus. Hoeneß war mit seinen Nerven am Ende. Er war überzeugt, dass es längst nicht mehr um Christoph Daum ging und die Zukunft der deutschen Fußballnationalmannschaft, sondern nur mehr um eines: »Man hat vor, mich zu vernichten.« Soweit wollte er es nicht kommen lassen. Er stand kurz vor dem Rücktritt. Zumal sich Daum nun auch noch zu einer Haaranalyse bereit erklärt hatte und dies sicherlich nicht aus schlechtem Gewissen.

Der 21. Oktober 2000 war ein milder und sonniger Herbsttag. Der 9. Spieltag der Bundesliga stand auf dem Terminplan, und der FC Bayern würde das Lokalderby gegen die Löwen von 1860 durch zwei Tore des famosen Elber und einen Treffer des Bosniers Hasan Salihamidzic mit 3:1 gewinnen und an die Tabellenspitze zurückkehren. Doch selbst in München war an diesem Tag alles interessant, nur nicht der Spielausgang. Gegen 14 Uhr am Nachmittag hatte Bayer Leverkusen eine außerplanmäßige Pressekonferenz einberaumt, und was der Manager des Vereins, eine ballonförmige Frohnatur mit Namen Reiner Calmund verkündete, schüttelte ganz Deutschland durch: »Christoph Daum ist ab sofort nicht mehr Trainer von Bayer 04 Leverkusen«, sprach der Mann mit stockender Stimme. »Er hat am Freitagabend die Geschäftsführung des Clubs um eine sofortige Entbindung von seinen Aufgaben gebeten. Dieser Bitte ist entsprochen worden. Grund für diesen Schritt sind die Haarproben, die das Institut für Rechtsmedizin der Universität Köln am Freitag, den 20. Oktober, an Christoph Daum übergeben hat.«

Als Susi Hoeneß die Nachricht erfuhr, weinte sie. Ihr Mann zog sich erst mal wortlos zurück. Ein Albtraum war zu Ende. »Hier wurde die Chance gesucht, diesen Hoeneß, der für viele ein Problem ist, endlich am Boden zu haben«, sagte er später.

Der Triumph von Mailand

Damals gab es einen Werbespot, in dem sich ein Mann einsam über die Berge Tibets schleppte. Es ist Nacht, ein Schneesturm. Endlich eine Hütte. Der Mann schlägt die Kapuze zurück, zeigt sein Gesicht. Es ist Boris Becker, das deutsche Tennisidol. Die tibetischen Mönche freuen sich, lachen und rufen: »Oli Kahn«.

Der Torwart des FC Bayern München war um die Jahrtausendwende der berühmteste Fußballer Deutschlands. Die Menge bewunderte ihn mehr, als sie ihn liebte, und brüllte »King Kahn«, wenn er durch den Strafraum flog. Albert Ostermaier, der Dramatiker und Lyriker, feierte diese Paraden 1999 hymnisch in seiner *ode an kahn*: »wenn er beim eckball/ wie eine blonde katze aus dem / tor stürmt auf einer welle/der begeisterung durch die/ blauen lüfte fliegt…« Er hatte den Körper eines Schwerathleten, seine Augen lagen in tiefen Höhlen, und darüber wucherten strohblonde Augenbrauen. Gegnerische Fans machten sich einen Spaß daraus, ihn mit Bananen zu bombardieren. Ab und zu aß er eine.

Kahn war ein Besessener. Schon Stunden vor dem Spiel versank er in einem Tunnel von Konzentration. Während des Spiels, so gab er zu, wusste er gelegentlich gar nicht, wie es stand. Er wusste nur: Wenn ein Ball kommt, muss ich ihn halten. Tore, die er nicht verhindern konnte, empfand er als persönliche Beleidigung, als ein Versagen, für das er sich und seine Familie mit noch mehr Schweigen bestrafte. Selbst nach Niederlagen auf dem Trainingsplatz an der Säbener Straße redete er manchmal tagelang nicht mit seiner Frau.

Das war Kahn.

Und er war immer Kahn. Selbst, wenn er Gutes tun wollte.

In einem Benefizspiel schossen einmal kleine Kinder Elfmeter auf sein Tor, für jeden Treffer sollte es Geld geben. Kahn hielt jeden Ball.

Kahn kam aus Karlsruhe, und er war nicht gerade ein geborener Gewinner. Seine Jugendtrainer bescheinigten ihm nur durchschnittliches Talent, dafür war Kahn umso ehrgeiziger. »Ich musste mehr arbeiten als andere, um der Beste zu sein, und ich habe früh gemerkt, dass das funktioniert«, sagt er heute. Er begann, sich auf den Erfolg zu programmieren, und dazu gehörte, dass er sich nur noch mit denen identifizierte, die immer siegen. Sein erstes großes Idol hieß Dagobert Duck, der Milliardär aus Entenhausen. Als Sechsjähriger besorgte er sich auf dem Flohmarkt einen braunen Spazierstock, die Mutter bat er, die Badewanne mit Geld zu füllen.

Wenn die Bayern nach Karlsruhe kamen, stand er im Wildparkstadion unter den Fans des heimischen KSC und hielt die Fahne des Rekordmeisters aus München in die Höhe. Goliath sollte siegen, es hatte keinen Sinn, wenn David gewann. »Ich war nie für den Underdog«, sagt er. »Ich mag das nicht. Ich will, dass der Favorit gewinnt – immer und immer wieder. Das ist es, was mich fasziniert: die Konstanz des Favoriten.«

Oliver Kahn hat sich früh gegen die Niederlage, gegen eine Existenz als Underdog entschieden, aber seine Angst vor dem Abstieg blieb und wurde größer. Als er in der Pubertät Speck ansetzte, verbannte ihn der Trainer aus der nordbadischen Auswahl. Im Kraftraum trainierte sich der Erniedrigte einen Muskelpanzer an. »Das waren keine schicken Wellness-Oasen, wo man den Mädchen auf den Hintern gucken kann. Es roch eher wie in einer großen Toilette mit ein paar Hanteln drin.« Sein

Vorbild hieß jetzt Rocky. Er stemmte sich zurück in die nordbadische Auswahl, er stemmte sich weiter in die Profi-Mannschaft des Karlsruher SC, und mit 25 war es so weit: Das Imperium Bayern München holte ihn ins Mutterschiff.

Dort aber fingen die Schwierigkeiten erst an. Schmerzen bestimmten sein Leben im vermeintlichen Paradies. Schmerzen in den Bandscheiben vom Hanteltraining. Schmerzen nach einem Kreuzbandriss und sechs Monaten Pause. Schmerzen in der Seele, weil die Fans Transparente hochhielten mit der Aufschrift: »Wir wollen unseren Torwart Raimond Aumann wiederhaben.« Dazu Druck, ewiger Druck.

Nur aufs Gewinnen kam es an. Nach einem Sieg gab es nur eins, was zählte: der nächste Sieg. Damals, in seinem ersten Jahr bei Bayern, sagt Kahn heute, habe er manchmal gedacht, es bliebe ihm nichts übrig, als aufzugeben. Schluss mit Fußball, zurück nach Karlsruhe. Aber sobald das Wort »Aufgeben« in seinem Kopf aufleuchtete, drückte er wie auf einem Rechner die Return-Taste, und tschok, blinkte dort ein zweites Wort, und dieses Wort hieß: niemals.

Wenn es richtig bedrohlich wurde, zog er sich in seinen Körper zurück und baute ihn auf wie eine Festung. Und wenn er eine Spannung erreicht hatte, an der andere zerbrechen würden, dann hatte Kahn seine besten Reflexe. So hielt er auch Bälle, die Sportreporter die »Unhaltbaren« nennen. Und das tat er so oft, dass selbst feindlich gesonnene Journalisten irgendwann nicht mehr von Glück sprachen. Kahn hatte die Fähigkeit, solche Dinge zu erzwingen, »mit dem Willen, mit Konzentration, dazu kommen Intuition, Ausstrahlung, ein Überzeugtsein, die ganzen Erfahrungen eines langen Sportlerlebens also. Und das alles muss man im richtigen Augenblick abrufen können.«

In solchen Augenblicken schien Oliver Kahn vom Hauch des Wahnsinns umweht. Er sah zum Fürchten aus. »Das Monster«, schrieb man über ihn oder »der Vulkahn«. Als er 1996 zur Europameisterschaft nach England fuhr, scherzte Harald Schmidt: »Kahn hat seinen Kasten sauber gehalten. Den, in dem er nach England transportiert wurde.« Kahn genoss das. Er saugte den Spott auf wie eine Droge.

Noch mehr Zorn, noch mehr Adrenalin, noch mehr Siege.

Und natürlich war Oliver Kahn der Mann, den die Niederlage von Barcelona am stärksten getroffen hatte. »Da hat es ›ratsch‹ gemacht«, erinnert er sich. Er würde nicht ruhen, bis die Sache wieder bereinigt sein würde. Oliver Kahn war, fast mehr noch als Stefan Effenberg, Ottmar Hitzfelds Mann. Der Trainer nannte das Verhältnis zu seinem Torwart später sogar »eine Schicksalsgemeinschaft«. Am 23. Mai 2001 kam sie am Ziel ihres Weges an. Der FC Bayern München bestritt im Stadion Giuseppe Meazza zu Mailand gegen den FC Valencia das Finale um die Champions League.

»Wäre der Europapokal ein Tier und der FC Bayern sein Jäger, die Hatz ginge jetzt wohl zu Ende«, schrieb die *Süddeutsche Zeitung* vor dem Spiel. Knapp 25 000 Bayern-Fans hatten sich nach Süden aufgemacht, um die Beute herbeizuschreien. Über die komplette Breite der Tribüne hatten sie ein Transparent gezogen mit der Aufschrift: »Heute ist ein guter Tag, um Geschichte zu schreiben!!!«

Dass der Gegner aus Spanien das Finale im Vorjahr verloren und also ebenfalls etwas gutzumachen hatte, dass das Team mit Weltklasseleuten gespickt war wie dem Regisseur Mendieta, dem Argentinier Kily Gonzales oder dem spanischen Nationaltorhüter Cañizares: Das alles schien nicht zu zählen, irgendwie. »Es würde ein geiler Abend werden, so viel stand fest, und wir würden gewinnen, das wusste ich«, erinnert sich Stefan Effenberg.

Es wird ein Abend, wie ihn kein Drehbuchschreiber besser hingekriegt hätte. Vor 74 500 Zuschauern geraten die Bayern früh durch einen unberechtigten Elfmeter in Rückstand, und

Mehmet Scholl versäumt es nur drei Minuten später, ein ähnlich großzügiges Geschenk des Schiedsrichters anzunehmen und auszugleichen: Cañizares wehrt den schlecht geschossenen Elfer mit dem Fuß ab. In der zweiten Halbzeit gelingt den Münchnern trotz starker Überlegenheit nicht mehr als das 1:1 durch Effenberg. Ebenfalls ein Elfmeter, diesmal durch ein überflüssiges Handspiel von Carboni ausgelöst.

Drei Elfmeter.

Es gibt Verlängerung.

Ein strammer Linksschuss von Elber, ein von Kahn fünf Minuten vor Abpfiff aus dem Torwinkel gefischter Schlenzer von Mendieta.

Sonst nichts.

Also Elfmeterschießen.

Paulo Sergio drischt den Ball übers Tor, Mendieta verwandelt.

Salihamidzic verwandelt, Carew für Valencia ebenso, Zickler trifft, Kahn hält den Schuss von Zahovicz.

Auch Patrik Andersson, der Held von Hamburg, der Mann, der durch Wände hindurch ins Netz traf, vergibt.

War es das? Schluss?

Doch noch ist nicht Schluss. Es gibt noch Oliver Kahn.

Auch wenn er es gar nicht mitbekommt. Kahn ist in Trance. Er nimmt die Zuschauer nicht wahr. Er nimmt die Spielstände nicht wahr. Er hört die Tipps seiner Mitspieler nicht. Er ist ganz woanders. Hinterher wird er sagen, er könne sich an nichts mehr erinnern. Nur an die Minuten unmittelbar vor der Entscheidung. Da liegt er auf dem Rasen, die Augen geschlossen. »Ich habe mir einen wunderschönen Ort vorgestellt, mit strahlend blauem Himmel, wo die Sonne durch die Bäume schien und ich im Gras lag. Das machte mich ruhig. Dann Szenenwechsel. Ich stelle mir vor, ich halte jeden Ball, fliege, fauste. Dann bin ich aufgewacht, total frisch, voll überzeugt von mir – und los ging's.«

Oliver Kahn hält an diesem Abend drei Elfmeter.

Drei.

Um 23.33 Uhr läuft der Spanier Mauricio Pellegrino an. Es steht 5:4 für Bayern im Elfmeterschießen. Er schießt scharf und halbhoch in die rechte Ecke. Nicht länger als eine Viertelsekunde ist der Ball unterwegs zum Tor. Kahn drückt sich von der Linie ab. Sein Körper zieht sich zusammen wie ein Stoßdämpfer, dann die Streckung, maximal. Nur die Arme sind noch ein wenig angewinkelt, und an deren Enden ballen sich Hände in weißen Handschuhen zu Fäusten: KLATSCH. Kahn liegt am Boden, guckt stutzig, in Trance immer noch.

Der Ball ist nicht im Tor. Es dauert Sekunden, bis Oliver Kahn versteht, was geschehen ist. Jetzt sieht er seine Mitspieler auf ihn zustürmen. Jetzt hört er die Jubelschreie auf der Tribüne. Er hat das Spiel gewonnen.

Zwei Jahre nach der Schmach von Barcelona, 25 Jahre nach dem glücklichen 1:0 Sieg gegen den AS. St. Etienne in Glasgow, war der Fluch gebrochen. Um 23.42 Uhr durfte Stefan Effenberg das Objekt der Sehnsucht, siebeneinhalb Kilogramm schwer, 62 Zentimeter hoch, in Empfang nehmen. »15 Minuten vor Mitternacht hatte ein Vierteljahrhundert des Wartens und des Leidens ein Ende«, stand tags darauf sogar im bayernfeindlichen englischen *Independent*. Der FC Bayern München war wieder ganz oben in Europa.

Während Sammy Kuffour betend vor dem Pokal niederkniete; während Giovane Elber alles küsste, was ihm in den Weg kam, einschließlich des unglückseligen spanischen Torwarts Cañizares; während die Spieler Ottmar Hitzfeld auf Händen durchs Giuseppe-Meazza-Stadion trugen: Da stand einer am Rand und beobachtete den Taumel des Sieges. »Jetzt ist endlich der Tag gekommen, an dem ich nicht mehr an morgen denke«, sagte der Mann, »sondern alles laufen lasse.« Es war Uli Hoeneß, der Architekt des Glücks. Er genoss die Erfüllung seines Lebenstraumes und sah still denen zu, die das möglich gemacht hatten.

Gute Stimmung beim Pressetermin im Jahr 2004. Von links: Michael Ballack, Oliver Kahn, Vorstandsvorsitzender Karl-Heinz Rummenigge, Manager Uli Hoeneß.

Epilog

Der 31. Mai 2005 war ein herrlicher Abend. Warm strahlte das Rot der 20 000 Neonröhren aus den rautenförmigen Luftkissen mit dem unaussprechlichen Namen Äthylen–Tetraflouräthylen in den Innenraum des neuen Stadions, welches nach frischem Plastik roch, wie ein VW-Golf, der soeben vom Band gerollt ist. Ein Becher Bier kostete drei Euro und zehn Cent, eine Bratwurst drei Euro, und der Mann, dem die Zuschauer das Stadion und die Wurst zu verdanken hatten, trug einen dunklen Anzug und ein Hemd von Ralph Lauren.

Uli Hoeneß stand auf seiner alten Position, halbrechts.

Ihm gegenüber hatte sich der Showmaster Thomas Gottschalk aufgebaut, und unter beiden glänzte tiefgrün ein Rasen, der in Waldhofen, einem Weiler nahe der Spargelstadt Schrobenhausen, gezogen worden war. Gottschalk machte die lockeren Scherze, für die er bekannt ist. Er habe ja keinen blassen Schimmer vom Fußball. Dann eine Anspielung auf Heidi Klum, die Ehefrau des später auftretenden Soulsängers Seal: »Die Heidi freut sich auch schon. Sie hat rote Socken an.« Daraufhin sangen die Fans: »Wir wollen die Heidi sehen, wir wollen die Heidi sehen, wir wollen die Heidi sehen.«

Sie durften die Heidi nicht sehen.

Aber sonst schien alles bestens.

Gegen den jahrelangen Widerstand von Münchens Oberbürgermeister Ude und den des Ministerpräsidenten Stoiber hatte Hoeneß über Jahrzehnte die Errichtung dieser High-Tech-Arena betrieben und sich am Ende mit Hilfe der nahenden Fußball-Weltmeisterschaft und einem grandiosen Entwurf der Baseler

Architekten Herzog & Meuron durchgesetzt. Neben Logen und 2000 Business-Sitzen gab es sogar eine Kindertagesstätte in diesem Luxusteil. Der Fußball war endgültig auch in den besseren Kreisen angekommen.

Bratwurst, Bier und Gottschalk – die Stimmung war programmiert auf ein schunkelseliges Volksfest zur Eröffnung dieses neuen Stadions, das schon lange vorher mit Superlativen gefeiert worden war. »Fußballtempel«, »Fußballkathedrale«, »Neuschwanstein des Sports« hatten es die Zeitungen getauft. Hoeneß schaute nachdenklich drein. »Der FC Bayern und vor allem seine Fans haben jetzt eine Heimat«, sagte er. Dann zögerte er kurz und blickte auf die Tribüne, wo keiner der silbergrauen Sitze mehr frei war. Dann schloss er den Satz ab mit einem »endlich« ab, und dieses kleine Wort klang zufrieden und erleichtert – als hätte er gerade die letzte Seite von *Krieg und Frieden* gelesen, würde das Buch auf den Nachttisch legen und gleich das Licht ausschalten.

Es war ein langer Weg gewesen.

Hoeneß war jetzt 53 Jahre alt. Als er den Club übernommen hatte, vor 26 Jahren, hatte der FC Bayern sieben Millionen Mark Schulden gehabt und war nicht über einen Jahresumsatz von 12 Millionen Mark hinausgekommen. Fünf lange Jahre hatte der FC Bayern damals die Tabelle am Saisonende nicht mehr von oben betrachten dürfen.

Im Geschäftsjahr 2004, hatte der Club einen Gewinn von 6,5 Millionen Euro bei einem Umsatz von 180 Millionen Euro erzielt, hatte bei seiner Hausbank, der HVB, ein Vermögen liegen von 157 Millionen Euro, und das alles, nachdem der Verein das neue Stadion mit 75 Millionen Euro zwischenfinanziert hatte. Wenn durchschnittlich 60 000 Zuschauer pro Match kämen, würde die Spielstätte in 20 Jahren abbezahlt sein. Ganz nebenbei war der FC Bayern vor vier Wochen zum 19. Mal Deutscher Meister geworden seit Gründung der Bundesliga und zum 14. Mal, seitdem Hoeneß das Amt des Managers angetreten hatte.

Der blonde Schwabe war der erfolgreichste Fußballmanager der Welt.

Hoeneß war der richtige Mann am richtigen Ort gewesen – ein junger Bursche mit Abitur, der alle Siege errang, die es im Fußball zu erringen gab.

Ein Mann, der die Kraft, den Ehrgeiz, die Dynamik und das Herz hatte, die Geschichte des FC Bayern weiterzuschreiben – als die eines bodenständigen Vereins, der mutig genug gewesen war, in den sechziger Jahren die Moderne zu umarmen, in die Offensive zu gehen und auf Sieg zu spielen.

Die Bayern damals, das Team um Beckenbauer, Maier und Müller, waren das Gegenteil des Herbergerschen Ruinenfußballs gewesen, jener Kickerarmee, die der Alte eine »Opfergemeinschaft« getauft hatte, getragen von den deutschen Tugenden Disziplin, Einsatzwille und Ordnung.

Der Schwung und der Mut zur Individualität der jungen Bayern hatten auf viele Zuschauer wie ein Signal gewirkt, sich selbst einmal etwas zu trauen, den eigenen Träumen Kraft zu geben, auszubrechen aus der deutschen Kolonnen-Mentalität – auch wenn der Ball einmal in der eigenen Hälfte verloren worden war, auch wenn man im Leben 0:3 zurücklag und der Schiedsrichter schon auf die Uhr blickte, weil nur noch zwölf Minuten zu spielen waren und Regen einsetzte.

Durch die jungen Bayern war das runde Leder das geworden, was die Boxhandschuhe für Muhammad Ali waren und die Gitarren für die Beatles: ein Symbol für Veränderung, für Chancen und für Zukunft.

Die Spieler wurden Stars, Idole, weil sie auf einmal mehr waren als Kämpfer, die brav auf dem Platz herumrannten. Sie wurden reich, ließen sich nicht mehr mit einem Fernsehapparat oder einem Kühlschrank abspeisen wie die Stars der Weltmeisterelf von 1954.

Und mit diesem Elan und Selbstvertrauen begehrten sie auch auf, als Präsident Wilhelm Neudecker, der Betonpatriarch, die

Machtfrage stellte. Es war Spielführer Sepp Maier gewesen, der Neudecker mitgeteilt hatte, dass die Mannschaft den neuen Trainer Max Merkel, der als brutaler Schleifer bekannt war, nicht akzeptieren werde und den Neudecker daraufhin am Telefon nachts um 23 Uhr angebrüllt hatte: »Herr Maier, wenn Sie so reden, sind Sie für mich wie ein Gewerkschaftsboss, ja sogar ein Anarchist«. Aber der Torhüter parierte diesen Angriff und beharrte auf der Forderung der Mannschaft: Merkel darf nicht Trainer werden! Zwei Tage darauf schmiss Neudecker hin, und der Weg war frei, damit das entstehen konnte, was viele das eigentliche Münchner Fußballwunder nennen – ein Verein, in dem Schritt für Schritt Profis die Macht übernahmen, Männer, die sich ihre Kenntnis vom Fußball auf dem Platz und auf den Siegerpodesten der internationalen Wettbewerbe erworben hatten: Früher hatten sie die Schecks entgegengenommen, jetzt schrieben sie selbst die Schecks aus. Allen voran Uli Hoeneß.

Wie gut er mit Geld umzugehen verstand, hatte er schon als Spieler bewiesen. Bei Freundschaftsbegegnungen, erinnert sich Trainer Dettmar Cramer, habe Hoeneß die Mannschaftskasse verwaltet: »Meine Herren, ich lass Ihnen den Uli hier. Machen Sie die Abrechnung mit ihm.« Bald darauf entdeckte Hoeneß das Sponsoring. Für 600 000 Mark pro Saison vermietete er die Trikots der Bayern an einen Lastwagenhersteller seiner Heimatstadt, die Ulmer Firma Magirus Deutz. Ein paar Jahre später verkündete er stolz: »Wir gründen jetzt die FC Bayern GmbH und werden jetzt all die Dinge, die bisher von einem Werbeverlag gemanagt wurden, selbst vermarkten: das Emblem, den Namen FC Bayern, T-Shirts, Bierdeckel, Bettwäsche, Schlafanzüge, Streichholzschachteln: einfach alles!«

Hoeneß war der Erste in Deutschland, der begriff, welche neuen Vermarktungsmöglichkeiten sich eröffneten, wenn man einen Fußballclub wie ein modernes Unternehmen führt. Dass er richtig lag, beweisen nicht nur die Erfolge der Bayern München AG, sondern auch die Besetzung des Aufsichtsrats. Dort sitzen ausschließlich Top-Unternehmer wie Herbert Hainer von Adidas, Martin Winterkorn von Audi, Roland Berger von der gleichnamigen Wirtschaftsberatungsfirma und Herbert Henzler, Ex-McKinsey Chef, Nachbar und Duzfreund von Franz Beckenbauer in Kitzbühel. Auch die Liste der Firmen, die viel Geld bezahlen, um beim FC Bayern werben zu dürfen, spricht für sich: Lufthansa, Audi, T-Mobile, Erdinger Weißbier usw.

Mit dieser Art, Geschäfte zu machen, ist der FC Bayern der Konkurrenz der Bundesliga enteilt, eine Klasse für sich, was sogar die anderen Vereine anerkennen müssen. So sagt Bernd Hoffmann, Vorstandschef des Erzrivalen Hamburger SV: »Bayern München ist der am besten geführte Club in Europa.« Um die Marktherrschaft des Clubs in Deutschland ernsthaft angreifen zu wollen, »müsse man die Zeit fünfundzwanzig Jahre zurückdrehen«. Egal, welche Konkurrenten sich hierzulande über die Jahrzehnte mühten, den Bayern den Platz ganz oben streitig zu machen – Borussia Mönchengladbach in den siebziger, der Hamburger SV und Werder Bremen in den achtziger, Borussia Dortmund in den neunziger Jahren –, sie kamen und gingen. An der Spitze gehalten hat sich auf Dauer keiner.

In Europa taten sich die Bayern schon schwerer. Nicht zuletzt deshalb, weil der Club in seiner Einkaufspolitik immer auf Nummer sicher ging und sich nie heranwagte an absolute Weltklassespieler wie Zidane, Gullit, van Basten, Figo, Henry oder Ronaldinho. Die 18,75 Millionen Euro, welche der Club im Jahr 2003 für Roy Makaay bezahlte, hat Hoeneß oft als »Grenzbereich« bezeichnet. Noch heute schüttelt Hoeneß den Kopf über die 36 Millionen Euro, die der FC Chelsea vor zwei Jahren für den Stürmer Didier Drogba als Ablösesumme an Olympique Marseille überwies. Allerdings war es eben jener Drogba, der die Bayern im April 2005 für den FC Chelsea aus der Champions League schoss.

Wenn man Hoeneß in seinem Chefzimmer in der Bayernzentrale an der Säbener Straße besucht, stellt man schnell fest, wie falsch die Legende vom kalten, glatten, bayrischen Fußballkonzern ist. Mit den Korbmöbeln sieht es so gemütlich aus wie in einer alpenländischen Frühstückspension. Die stets hilfsbereite Frau Potthof ist die rechte Hand von Uli Hoeneß, seitdem er hier seine Arbeit als Manager begann. An der Wand hängt ein Foto des Triumphs von Mailand, als die Fans mit einem Transparent die Aufschrift »Heute ist ein guter Tag, um Geschichte zu schreiben!!!« auf die Tribüne zauberten. Dieses Hauptquartier ist das Gegenteil von McKinseyscher Strenge und Effizienz und der damit einhergehenden totalen Ökonomisierung des Lebens.

Im Grunde ist der voll globalisierte Turbokapitalismus, der seine Gesetze inzwischen modellhaft am Fußball durchdekliniert, Uli Hoeneß ein Graus.

Ein gutes Beispiel dafür ist Manchester United, ein Club, der Anfang der neunziger Jahre durch seine Pionierarbeit in der weltweiten Vermarktung zum reichsten Verein überhaupt aufstieg. Aber seit er im Frühjahr 2005 von der Familie Glazer, einem amerikanischen Investorenclan, gekauft wurde, siecht dieser Traditionsverein dahin. 1,2 Milliarden Euro bezahlte Clanführer Malcolm und halste dem Verein umgehend 800 Millionen der Übernahmekosten auf. Mit dem Ergebnis, dass auf einmal das Geld knapp wurde. Nach dem Einkauf von Wayne Rooney für ca. 40 Millionen Euro konnte sich Manchester im Sommer 2005 einen dringend benötigten Spieler im defensiven Mittelfeld wie Michael Essien nicht mehr leisten. Die Folge: Die Truppe stürzte in ihre größte Krise seit vielen Jahren. »Glazer ist ein *raider*«, sagt Hoeneß. »Der will seine Anlage möglichst schnell zu Geld machen nach dem Motto: nach mir die Sintflut.«

Ein anderer Verein, der Hoeneß keine besonders angenehmen Träume bereitet, ist FC Chelsea London, wo ein undurchsichtiger Oligarch aus Russland namens Roman Abramowitsch

Spieler sammelt wie Motorjachten und in drei Jahren mehr als 400 Millionen Euro versenkt hat. »Das ist ein Spiel ohne Grenzen geworden«, sagt Hoeneß über jene sibirische Geldpipeline, die so vielen Engländern die Fußballleidenschaft eintrübt, so dass es erstmals seit Jahren rückläufige Zuschauerzahlen gibt. »Wenn du gegen solche Vereine spielst, hast du auf Dauer keine Chance. Da wird nicht mehr verhandelt. Da kommt der große Koffer, und da ist das Geld drin. Das ist eine neue Dimension.«

Die alte Dimension, das sind Clubs wie Real Madrid, der AC Mailand und Juventus Turin. Aber auch sie spielen eigentlich in einer anderen Liga als der FC Bayern, geben sie doch oft mehr Geld aus, als sie eigentlich einnehmen. Am Ende öffnet dann einer der Großpaten vom Schlage Berlusconis das Scheckbuch und begleicht die Rechnung. Wenn auch das nicht mehr reicht, kauft, wie in Madrid 2002 geschehen, vielleicht die Stadt kurzerhand dem Club für ca. 480 Millionen Euro das Trainingsgelände ab, um ihn von den lästigen Schulden zu befreien, die die Beckhams dieser Welt verschrecken könnten. Außerdem können alle drei Vereine auf die massive Hilfe des Fernsehens zählen. So erhalten Milan und Turin vom Pay-TV pro Jahr 95 Millionen Euro, während der FC Bayern in der vergleichsweise sozialdemokratisch organisierten Bundesliga mit 18 Millionen zufrieden sein muss. Ein Abgrund tut sich da auf, und in ihm verschwinden Spieler wie Michael Ballack, von 2002 bis 2006 Herz und Hirn des Teams und einziger Spieler aus der Bundesliga, der es bei der Wahl des Weltfußballers des Jahres 2005, unter die ersten 50 schaffte.

Das Spiel heißt immer noch Fußball, aber so streng und eindeutig die Regeln auf dem Platz sind, so aufgeweicht und kaum noch nachvollziehbar sind sie außerhalb des Spielfeldes. Manche Fußballmanager würden deshalb wohl gern jammern über Heuschrecken und andere Gespenster. Nicht so Hoeneß. Er wirtschaftet schlicht anders.

Der Selfmademan ist stolz, um einen Spitzenplatz in Europa zu kämpfen und trotzdem schwarze Zahlen zu schreiben. Ein chaotischer Börsengang wie jener, mit dem die gelbe Seidenkrawatten tragenden Manager in Dortmund ihren Club ruinierten, war nie sein Traum. Als der FC Bayern im Jahr 2001 in eine Aktiengesellschaft umgewandelt wurde, verkaufte der Club gerade einmal zehn Prozent der Anteile an Adidas für 150 Millionen Mark. Den Rest behielt der FC Bayern. Hoeneß hasst die Kreditabteilungen von Banken. »Wir vom FC Bayern«, sagt er, »schätzen es, wenn wir in die Festgeldabteilung gehen.«

Wenn er so im Polohemd auf seinem Korbsofa sitzt, wirkt er wie einer der letzten Patriarchen alter Schule in der kriselnden Deutschland AG. Es ist kein Kitsch, sondern die Wahrheit, wenn die Leute erzählen, dass seine Tür immer offen steht, falls einer wirklich etwas braucht. »Der Uli hat ein Riesenherz«, sagt Mehmet Scholl und spricht stellvertretend für die Spieler, denen es bei Bayern auch mal dreckig ging; Männern wie Müller mit seinen Alkoholproblemen oder Sebastian Deisler mit seinen Depressionen oder Roque Santa Cruz, von dem es heißt, er sei mit siebzehn mit einer Gitarre und einem Poncho aus Paraguay gekommen und habe sich erst einmal gewunden vor Heimweh. Ende 2005 bot ihm der Manager trotz eines Kreuzbandrisses die Vertragsverlängerung an.

Wie es sich für einen echten Patriarchen gehört, muss man bei Hoeneß kein Star sein, um seine Aufmerksamkeit zu finden. Als sich kürzlich ein Mitglied schriftlich beschwerte, weil eine Kartenbestellung übersehen worden sei, setzte sich der Manager persönlich hin und schrieb einen Entschuldigungsbrief, zwei geschenkte Tickets inklusive. Als das Stadion eingeweiht wurde, zahlte der Chef allen 390 Angestellten des Vereins ein extra Monatsgehalt. Natürlich hat es Hoeneß stets Vergnügen bereitet, im Brennpunkt zu stehen, wichtige Entscheidungen zu treffen, über bedeutende Geldsummen zu gebieten und gelegentlich vor Wut rot anzulaufen, herumzuschreien und mitanzusehen, wie die Angestellten stehen bleiben, weil er der Mächtigere war. Aber er hat seine herausragende Position selten missbraucht, schon gar nicht im Fall Daum, und er hat selten Zeit gefunden, sein beachtliches Vermögen auszugeben. Schon vor Jahrzehnten war er reich genug, um nie mehr einen Tag arbeiten zu müssen. Aber man hat den Eindruck, sein größter Luxus ist es immer noch, auch bei miesem Wetter mit einer roten Trainingsjacke neben dem Trainer auf der Bank zu sitzen und im Bus der Mannschaft seinen Stammplatz am Schafkopf-Tisch einzunehmen, während in seiner Hosentasche der Beeper die neuen Aktienkurse anzeigt.

Im Grunde ist Hoeneß der schlitzohrige Schwabe geblieben, der er stets war, und es gibt wenig, was so viel über ihn sagt, wie jene Anekdote, als er 13 Jahre alt war, kein Geld hatte, wohl aber eine Vision. Damals lag in einem Sportgeschäft in Ulm ein Ball im Fenster. Er war schwarzweiß, kostete 34 Mark, und Uli fuhr vier Wochen lang mit dem Fahrrad hin, um zu schauen, ob er noch da war. Er suchte sich einen Job als Beifahrer, verdiente die 34 Mark und kaufte sich davon den Ball. »Damit war ich der König«, sagt Hoeneß. »Wenn ich mit dem Flutlichtball auf die Wiese kam, konnte ich sagen: Du darfst mitspielen, du darfst mitspielen und du nicht.« Und er fügt genüsslich hinzu: »Damals gab es bei uns auf der Spielwiese noch eine Ersatzbank.«

Schon damals genügte es ihm nicht nur, auf dem Platz dabei zu sein, er wollte das ganz große Spiel spielen. Man darf gespannt sein, wie er es aushält, falls er sich, wie geplant, 2009 aus dem operativen Geschäft zurückziehen und Franz Beckenbauer als Vereinspräsident beerben wird. Sein Nachfolger wird, so steht zu vermuten, nicht besonders viel zu lachen und noch weniger zu entscheiden haben. Schon deshalb sucht Hoeneß nicht einen Erben, sondern zwei – einen fürs Sportliche, einen fürs Finanzielle. »Dann«, sagt er, »ist das Gesamtkunstwerk, das ich immer im Hinterkopf hatte, vollbracht.«

Ein Gesamtkunstwerk.

Hoeneß hat sich im Laufe seines Lebens eine Menge selbst beigebracht – vielleicht lernt er irgendwann sogar noch die dem Fußball bislang vollkommen fremde Disziplin der Selbstironie.

In seiner neuen Arena ist es jetzt warm, und der Lärm der Fans ist so laut, dass man glaubt, jeden Augenblick werde eine 747 auf dem Spielfeld landen. Hoeneß geht hinüber zur Außenlinie. Jetzt betreten jene Spieler das Feld, die über die Jahrzehnte die Geschicke des Clubs entscheidend bestimmt haben und im Internet von 200 000 Fans zur »Besten Bayernelf aller Zeiten« gewählt wurden.

Da ist *Sepp Maier*, der 17 Jahre im Tor stand, aber immer die Zeit fand, sich eine halbe Stunde vor Spielbeginn am Stadion-Kiosk eine Leberkäs-Semmel zu holen. Noch heute läuft er morgens im Trainingsanzug auf, um Flugkunst und Reflexe seiner Nachfolger zu schulen.

Da ist *Klaus Augenthaler*, der Mann, der 15 Jahre die Abwehr, ja, die ganze Mannschaft zusammenhielt, selbst nach Nächten, in denen er zwölf Weißbier getrunken hatte. Ein Monument bayrischer Sturheit, später Trainer in Nürnberg, Leverkusen und Wolfsburg.

Da ist *Katsche Schwarzenbeck*, der elf Jahre für den Kaiser den Ausputzer spielte – und später noch für ein paar Jahre für wechselnde Chefs. 1974 missachtete er grandios die Anweisung »Nie über die Mittellinie und wenn, dann niemals selbst schießen« und verhalf den Bayern damit zum ersten Gewinn des Europapokals der Landesmeister. Heute verkauft er Buntstifte und Zigaretten im eigenen Schreibwarenladen und beliefert den FC mit Bürobedarf.

Da ist *Franz Beckenbauer*, der Mann, dem alles gelang, und dessen Werbekraft so groß ist, dass er für T-Mobile und O2 werben kann, für Erdinger Weißbier und Paulaner: Er holte die WM 2006 nach Deutschland.

Da ist *Paul Breitner*, der grimmige Rebell und unermüdliche Antreiber, dessen Tragödie es war, so einer seiner ehemaligen Trainer, »dass er jedem die Wahrheit gesagt hat, die seine, Paul Breitners, Wahrheit war«. Er arbeitet heute als Meinungsmaske im Journalismus. Eine Zeit lang hat er, ohne einen Pfennig dafür zu kassieren, aus purer Fußballbegeisterung, die Fußballjugend eines Münchener Vororts trainiert, mit großem Erfolg.

Da ist *Stefan Effenberg*, ein Ballstratege mit zweifelhaftem Charakter; nie geliebt von den Fans, aber bewundernd ertragen, frei nach der Losung, welche der amerikanische Schriftsteller Hunter S. Thompson einmal über den Präsidenten Lyndon B. Johnson verbreitet hatte: »Er ist ein Schwein, aber er ist unser Schwein.«

Da ist *Mehmet Scholl*, der seit 15 Jahren für gute Laune im Club sorgt, ein Underdog, dessen Körper immer ein wenig zu schmächtig war für sein riesiges Talent. Erst 2007 würde dieser wunderbare Fußballer seinen allerletzten Haken schlagen, nach 15 Jahren in München, bejubelt und beweint von Fans wie Gegnern und vor allem: von Uli Hoeneß.

Da wäre *Lothar Matthäus,* und weil er Lothar Matthäus ist, der ewige Gschaftlhuber, hat er keine Zeit und lässt sich vertreten von seinem Sohn Loris. ›Nicht mal mehr als Greenkeeper‹ wolle er ihn sehen beim FC Bayern, hatte Uli Hoeneß nach

Matthäus' Abschied verkündet – was den Franken freilich nicht daran hindert, sich bei jeder Gelegenheit als Trainer ins Gespräch zu bringen.

Da ist *Giovanne Elber*, der Brasilianer mit den weißen Fußballschuhen, der mehr Tore schoss als irgendein anderer Ausländer in der Geschichte der Bundesliga und der sich nach einem seiner schönsten Tore in einen Teppich einwickelte und neben den Rasen legte. Nach einem mäßig erfolgreichen Abstecher nach Olympique Lyon endete seine von drei schweren Verletzungen überschattete Karriere in Mönchengladbach.

Da ist *Karl-Heinz Rummenigge*, früher »Rotbäckchen« genannt, heute Killer-Kalle. Ein altinternationaler Milanese sah ihn einmal in weißen Socken in die Kabine kommen, nahm ihn und fuhr ihn in ein erstklassiges Herrengeschäft und sagte: »Junge, ohne dunkle Kniestrümpfe wirst du in Italien nie was.« Rummenigge hielt sich dran. Jetzt vertritt er den FC Bayern als Vorstandsvorsitzender in stets tadelloser Garderobe u. a. bei TV-Verhandlungen und in der G 14, den 14 wichtigsten Clubs in Europa.

Da ist *Ottmar Hitzfeld*, der erfolgreichste Trainer in der Geschichte des Clubs, der sich in der Schweiz erholen durfte mit fortlaufenden Bezügen von vier Millionen Euro pro Jahr plus einer Erfolgsbeteiligung an jedem Punkt, den sein Nachfolger Felix Magath holte. Im Februar 2007 würden dies so wenig sein, dass man Hitzfeld kurzerhand wieder zurückholt.

Und dann war da noch der Mann, der jahrelang mit dem Kaiser auf Dienstreisen in einem Zimmer schlief und von dem jener, als es dem Mann schlecht ging, sagte: »Er hat mit seinen Toren erst dafür gesorgt, dass wir heute dort sind, wo wir immer hinwollten«: *Gerd Müller*.

Alle tragen dunkle Anzüge, außer Elber, der in einem roten Hemd kommt und einer Jeans, und dem »Bomber«, dem bis heute alles Gekünstelte und Aufgetakelte der pure Horror ist. Müller sieht aus, als wolle er nach dem Tennis auf einer drittklassigen Vereinsterrasse eine Apfelschorle trinken. Er kommt in einer hellen Hose und einem Polohemd. Irgendjemand hat ihn anscheinend gerade noch zu einem Jackett überreden können.

Das Team steht herum, hilflos wie Leute, die sich nach Jahren im Ruhestand noch immer nicht daran gewöhnen können, ohne Ball auf einem Rasen herumzustehen. Als sei das nicht genug, müssen sie auch noch auf ein Podest aus Plastik steigen. Es leuchtet rot.

Von oben sieht es jetzt so aus, als ob alle ein wenig reden würden, Smalltalk, was Sportler sich beim Klassentreffen so erzählen. Franz Beckenbauer berichtet bei ähnlichen Gelegenheiten gern, ob er einen Langstreckenflug mit Schlaftablette absolvierte oder ohne.

Nur einer sagt nichts.

Vielleicht fällt ihm nichts ein.

Vielleicht will er nicht.

Vielleicht denkt er gerade gar nichts.

Der Mann, der die meisten Tore schoss und später im Leben am wenigsten daraus gemacht hat.

Ein paar Tage vorher war ein grauer Himmel über dem Trainingsplatz gehangen, und der föhnige Wind aus dem Süden schob die Berge so nah Richtung München, dass man noch den Schnee darauf sehen konnte. Gerd Müller stand am Rand, bei seinen Amateuren, und musste sein Leben beim FC Bayern noch einmal vor sich passieren lassen, weil wir ihn interviewten.

Es waren doch insgesamt an die dreißig Jahre, aber der Torjäger, dessen Art es seit jeher war, kurzen Prozess zu machen, brauchte dafür keine zwei Minuten. Das Braun seiner Augen wirkte ein wenig müde, aber freundlich, ohne Arg.

»Gerdchen«, hatte Dettmar Cramer das vermeintliche Ungetüm immer genannt.

»Na, viel geändert hat sich nicht«, sagte Gerd Müller. »Der Uli und der Kalle ned. Natürlich haben die ihre Arbeit, und ich hab meine Arbeit, aber es ist jetzt nicht so, dass die jetzt die Nase oben haben, das tät denen gar nicht einfallen, auch dem Franz nicht. Weil dann würd ich sagen: ›Was is jetzt los, spinnst jetzt ein bisserl?‹ Was sich verändert hat? Da, da vorne die Holzhütte, das war das, was wir gehabt haben. Und einen Trainingsanzug, auch im Winter. Und den hast abends über den Ofen gehängt und hast gehofft, dass er einigermaßen trocken wird. Jetzt hat jeder acht Trainingsanzüge. Gut, wir sind auch durchgekommen, wir haben auch den Europapokal geholt. Die Zeiten haben sich eben geändert.«

Da war sie wieder, jene unbeholfene Empfindsamkeit, die er nirgends im Leben ausdrücken konnte, außer im Strafraum des Gegners.

Da aber besser als irgendjemand sonst auf dem Planeten.

Gerdchen.

Nachwort zur Taschenbuchausgabe

Es gibt Spiele, die enden tragisch und knapp und bleiben noch lange nach dem Abpfiff voller Rätsel. Und es gibt Spiele, die sind so übersichtlich und nüchtern wie ein Kassenzettel im Supermarkt.

Das 0:2 des FC Bayern gegen den AC Mailand im Frühjahr 2007 war ein Spiel der zweiten Sorte. Die Heimmannschaft scheiterte, weil sie in jeglicher Hinsicht schlechter war: technisch, taktisch, kreativ – ein Klassenunterschied. Jene Mühe und Kampfkraft, die bei den Bayern wie kein anderer über die Jahre Hasan Salihamidzic verkörpert hatte, sie war da, aber in einem Spiel, das sich von Jahr zu Jahr rasant modernisiert, reicht Entschlossenheit allein schon lange nicht mehr.

Abgekämpft, die Augen klein vor Enttäuschung, sagte Owen Hargreaves nach der Dusche: »Wir hatten mehr Ballbesitz, mehr Ecken, mehr gewonnene Zweikämpfe, aber wenn man auf den Tacho schaut, steht es 2:0 für Milan.«

Auch Mark van Bommel, noch einer der besten, bestätigte diese Diagnose: »Milan hat 20 Superspieler, die sind fast alle gleich.« Wenn man die schlagen wolle, bräuchte der FC Bayern einen Supertag. Wenn dann noch zwei bis drei Spieler fehlten, würde es schwierig. Zu schwierig.

Derartige Eingeständnisse des eigenen Unvermögens haben bei der noch vor zwei Jahren unumstrittenen Vormacht des deutschen Fußballs derzeit durchaus keinen Seltenheitswert. Schon in der Saison 2005/2006 hatte Willy Sagnol über die zunehmend flache Spielkultur der eigenen Mannschaft geklagt und sich darüber gewundert, dass man mit solchen Leistungen deutscher Meister werden könnte. Mehr aber auch nicht. »Die Gegner in Europa haben Respekt vor uns, das schon«, sagte Sagnol kleinlaut »aber sie haben keine Angst mehr vorn dem FC Bayern.«

Dieser Satz war eine Art Prophezeiung und gilt mittlerweile auch für die Bundesliga. Vereine wie Bremen oder Schalke sind auf Augenhöhe angekommen, der VfB Stuttgart, dem es immer wieder gelingt, eine Truppe von jungen Wilden zu erfinden, ist auf dem besten Weg dazu. Der FC Bayern, über Jahrzehnte mit einer Art Monopol auf die Meisterschaft ausgestattet, wirkt zaghaft, als sei er sich selbst oft ein Rätsel. Vom »Mia san mia«-Selbstbewusstsein früherer Tage ist nicht mehr viel da.

Der Offenbarungseid kam beim Kampf um Platz drei dieses Jahr. Die von Lähmungserscheinungen begleitete Vorstellung in Stuttgart, die Heimniederlage gegen Hamburg, das vollkommene Fehlen von dem, was die Engländer »Spirit« nennen. »Jeder ist mit sich selbst beschäftigt. Jeder spielt vor sich hin«, sagte Oliver Kahn, jener Torhüter, den Trainer Ottmar Hitzfeld in den Monaten davor aufgefordert hatte, endlich mal wieder eine Kabinentür einzutreten.

Die Kabinentüren blieben heil, dafür aber spielt der FC Bayern zum ersten Mal seit zehn Jahren nicht mehr in der Champions League, unter den 32 besten Mannschaften Europas, mit. Ihm bleibt der UEFA-Cup, jene Trophäe, die Franz Beckenbauer einst als den Cup der Verlierer gebrandmarkt hatte. Die Reiseziele heißen in der Saison 2007/2008 nicht mehr Milano oder Manchester, sondern Craiova oder Hammarby. Solch ein Abstieg frisst Kraft, Nerven und vor allem Geld. Die mit der Champions League garantierte zweistellige Millionensumme muss sich der Club nun mühsam im UEFA-Cup verdienen.

Wie bei vielen Machtführern und Fast-Monopolisten kam die Krise nicht über Nacht, sondern schon in den vermeintlich guten Zeiten, als noch die Sonne des Erfolgs über der Allianz-Arena hing. Das Doppel-Double unter Trainer Felix Magath verdeckte, dass trotz der Vormachtstellung im eigenen Land der Anschluss an den modernen Fußball verpasst wurde. Die Mannschaft spielte zum Teil über 80 Meter auseinandergezogen, hilflos wurden lange Bälle nach vorne gedroschen. Statt innovativer Taktik regierte im Training vor allem der Medizinball. Statt Leidenschaft und Esprit sah man oft das, was Klaus Hoeltzenbein von der *Süddeutschen Zeitung* treffend als »einen Gang hoch, Ecke-Kopfball-Tor, Gang wieder runter, austrudeln, auslaufen, Arme hoch« beschrieben hat.

Das Problem war die Schwäche der anderen, das Problem war, dass es reichte. Das Problem war, dass es dem FC Bayern auch mit schlechten Leistungen immer noch gut ging.

Wenn es einmal soweit ist, dann nimmt man an, dass es noch lange so weiterläuft. Automatisch, ohne Probleme, selbstverständlich. Auch als die roten Alarmlichter eigentlich hätten losheulen müssen, beim Weggang von Michael Ballack, rief jenem noch in bester Bayern-Arroganz Karl-Heinz Rummenigge hinterher: »Effenberg war ein großer Spieler, eine große Führungskraft auf dem Platz. Michael Ballack wird dafür stehen, dass er der kopfballgefährlichste Spieler ist oder war, der je beim FC Bayern gespielt hat.«

Natürlich ist der Stillstand beim deutschen Rekordmeister auch darauf zurückzuführen, dass jene Effizienz, die dem modernen globalisierten Fußball den harten Takt schlägt, nicht gnadenlos übernommen wurde, vor allem von Manager Uli Hoeneß nicht.

Hoeneß' großes Herz verbot es ihm, Spieler wie Santa Cruz auszusortieren, Mehmet Scholl in den Fußball-Ruhestand zu schicken, Sebastian Deisler zu drängen. Stattdessen Geduld, Nachsicht, Anteilnahme. Allein das Verständnis, das Deisler bis zu jenem Morgen entgegengebracht wurde, als das ewige, depressiv gewordene Talent des deutschen Fußballs im Büro des Managers auftauchte, mit einem Blumenstrauß in der Hand und den Worten: »Es geht nicht mehr«, lässt einen den FC Bayern auch in der Krise noch als sympathisch erscheinen. Hätte sich Deisler gefangen, vielleicht hätte es jenes gähnende Loch, das den Verein jetzt im Mittelfeld so chronisch plagt, nie gegeben?

So heftig am Bewährten, manchmal auch Gefährdeten, festgehalten wurde, so wenig kümmerte man sich um Neues. Die Taktik, anderen Bundesligamannschaften die Stars wegzukaufen, wie im Fall von Podolski, reicht heute nicht mehr. Die Scoutabteilung des FCB wirkt ungleich weniger wach als die der Bremer, die als Ersatz für ihren Spielmacher Johan Micoud sofort einen Brasilianer namens Diego an den Start brachten. Eine Bilanz der letzten fünf Jahre belegt, dass solch ein Scoop für das Team um Manager Klaus Allofs kein Einzelfall ist. Der FC Bayern hat bei seinen Transfers in diesem Zeitraum ein Minus von 90 Millionen Euro angehäuft. Die Bremer dagegen nur drei Millionen.

Stattdessen kamen Billigkräfte wie Julio dos Santos aus Paraguay. Selbst Bayerns Aufsichtsrat Herbert Henzler, einst Europa-Chef der Unternehmensberatung McKinsey, stellte fest, dass die internationale Transferpolitik des Clubs nicht besonders ist. »Warum waren von dos Santos alle begeistert, als sie ihn in Paraguay gesehen haben, und bei uns ist er dann zu langsam?«

Statt Einfällen und Kreativität hörte man auf der Chefetage des Clubs lange vor allem Gejammer über die Gegebenheiten des globalisierten Fußballs. Die Fernsehgebühren, die Oligarchen, die explodierenden Spielergehälter. Wenn Karl-Heinz Rummenigge über das viele Geld in Barcelona oder London spricht, hat man manchmal das Gefühl, der Kassenwart von

Rot-Weiß-Oberhausen beklage sich über den vollen Tresor des FC Bayern.

Klar, es ist nicht einfach, es mit den 145 Millionen Euro Fernsehgebühren aufzunehmen, die der FC Barcelona kassiert, oder den 200 Millionen Euro Verlust im Jahr 2004, die Roman Abramowitsch beim FC Chelsea mal einfach so ausgleicht. Trotzdem ist Fußball heute das größte Geschäft der Welt des Sports, und ein wenig mehr Elan und Freude am Risiko würden dem stagnierenden Club guttun. Mit Blick auf das legendäre Festgeldkonto, einen Jahresumsatz von rund 200 Millionen Euro und einer AG, die immer noch auf rund 90 Prozent ihrer Aktien sitzt, sagt Club-Präsident Franz Beckenbauer: »Wir sind doch ein Fußball-Club und keine Bank.«

Es muss sich einiges ändern beim deutschen Rekordmeister, und es wird sich einiges ändern. Das jedenfalls hat jener Mann versprochen, den Fans und Spieler immer noch voller Hochachtung und Respekt den »Uli« nennen. So als sei er der rechtmäßige König unter Kaiser Franz. Uli der Erste muss schnell und entschlossen handeln, denn er muss ein Reich verteidigen, das nichts weniger als sein Lebenswerk ist. Der Anschluss ist im globalen Spiel schnell verpasst. Wenn ein Club erst einmal ein paar Jahre über die holprigen Plätze in Hammerby geackert ist, kommen die Stars aus den Welthauptstädten des Fußballs erst recht nicht mehr.

Aber so weit will es Uli der Erste nicht kommen lassen. Schon deshalb versprach er nach einem trostlosen 1:2 gegen Hamburg, dass er jetzt die Ärmel seines roten Anoraks hochkrempeln werde: »Uns hat die Klasse gefehlt und deshalb werden wir uns jetzt Klasse einkaufen. Im nächsten Jahr werden wir von Anfang an eine Mannschaft haben, die um die Meisterschaft mitspielt.«

Er hat auch angekündigt, er werde sich an seinen Worten messen lassen.

Also dann, wahrscheinlich heißt es schon bald: »Das Imperium schlägt zurück« in einem Stadion in Ihrer Nähe.

Und wer weiß: Vielleicht tritt auch mal wieder einer die Kabinentür ein.

Danksagung

Christian Seidl, ohne dessen Leidenschaft, Kampfgeist und Inspiration dieses Buch so nicht möglich gewesen wäre.

Uli Köhler für Glasgow, Madrid und sein Talent über anständiges Essen genausoviel zu wissen wie über Fußball.

Mehmet Scholl für die selbstgebrannten CDs.

Ottmar Hitzfeld für sein nach Schweizer Präzisionsgesetzen funktionierendes Handy.

Dettmar Cramer für sein unfassbares Gedächtnis und die Bücher aus seiner Hausbibliothek.

Hans Eiberle für große Tüten voller Akten und Archivmaterial.

Franz Josef Wagner für lange Nächte am Lagerfeuer der Erinnerung.

Serge Debrebant für seine Fähigkeit, Schulfreunde der Stars in Freilassing, Ulm, München und Nördlingen nicht nur zu suchen, sondern auch zu finden.

Markus Peichl für den Titel.

Carsten Heintzsch dafür, dass er jeden kennt oder zumindest schon mal für ihn Werbung gemacht hat.

Frau Potthoff für ihre Fähigkeit im Terminkalender des erfolgreichsten Fußballmanagers der Welt eine Lücke zu finden.

Edgar Bracht für seine Präzision und Geduld.

Matthias Landwehr für seine strenge Begeisterung.

Ulf Poschardt und Claudius Seidl für never letting me walk alone. You rock, boys.

Alexander Smolczyk und Sven Röbel für lange Nächte mit der Band, in denen man selbst Bayern München vergessen konnte.

Meiner Mutter dafür, dass sie die Nummer Neun auf das damals noch weinrote Trikot genäht hat.

Meiner Frau, Kristin Rübesamen, dass sie das Theater ertragen hat.

Besonderer Dank auch an:

Stefan Aust, Joachim Preuß, Martin Doerry, Lothar Gorris, Jürgen Leinemann, Wolfgang Höbel, dem Werder Bremen-Fan Cordt Schnibben und Gerhard Spörl.

Ludger Schulze, Christopher Keil, Philipp Selldorf, Bodo Müller, Hans Schiefele, Stefan Fromann, Hans Herrmann Tiedje, Christoph Dallach, Gregor Schmidt, Raphael Honigstein, Andrea Wilson, Moritz Wulf, Dr. Ruppert, Christian Gummig, Louis von der Borch, Thomas Tebbe, Georg Dietz, Christian Falk, Michael Lücke, Thorsten Rumpf, Klaus Hoelzenbein, Roya Norouzi, Katia Hermann sowie Michael Langgärtner und Franz Meidinger vom Archiv der *Süddeutschen Zeitung*.

Udo Lattek, Felix Magath, Sepp Weiß, Sepp Maier, Gerd Müller, Franz Roth, Mucki Brenninger, Peter Kupferschmidt, Werner Olk, Rudolf Grosser, Peter Grosser, Adi Kunstwadl, Hans Georg Schwarzenbeck, Bernd Dürnberger, Uli Hoeneß, Dieter Hoeneß, Udo Horsmann, Manni Schwabl, Manni Bender, Helmut Winklhofer, Roland Grahammer, Oliver Kahn und Sebastian Deisler.

Georg Münzinger, Klaus Peter Kraus, Martin Jeromin, Hubert Winzperger, Hermann Lindner, Peter Berger, Herbert Plank, Werner Maier, Gerhard Wojtzyk, Uli Reichardt.

Bildnachweise

Prolog
Copyright: Fotoagentur Sven Simon

1.Kapitel
Copyright: Imago/WEREK

2. Kapitel
Copyright: dpa

3. Kapitel
Copyright: imago/ Sven Simon

4. Kapitel
Copyright: imago/Sven Simon

5. Kapitel
Copyright: imago/Frinke

6. Kapitel
Copyright: Fotoagentur Sven Simon

7. Kapitel
Copyright: imago

8. Kapitel
Copyright: imago/ Alternate

Epilog
Copyright: imago/Coverspot

Bildteil

1 Copyright: Copyright: imago
2 Copyright: imago/ Sven Simon
3 Copyright: imago/ Sven Simon
4 Copyright: imago/WEREK
5 Copyright: imago/Kicker/ Eissner/Liedel
6 Copyright: imago/WEREK
7 Copyright: imago/WEREK
8 Copyright: imago/WEREK
9 Copyright: imago/ WEREK
10 Copyright: imago/HRSchulz
11 Copyright: ullstein, sven simon
12 Copyright: imago/ Sven Simon
13 Copyright: picturepress/ STERN

14 Copyright: imago/
Sven Simon
15 Copyright: Fotoagentur
Sven Simon
16 Copyright: Fotoagentur
Sven Simon
17 Copyright: Fotoagentur
Sven Simon
18 Copyright: imago/
Kicker, Liedel
19 Copyright: imago/
Sven Simon
18 Copyright: imago/
Sven simon
20 Copyright: imago/
Sven Simon
21 Copyright:
imago/Kicker/Eissner
22 Copyright: action
press/magic
23 Copyright: imago/HJS
24 Copyright: imago
25 Copyright: imago/WEREK
26 Copyright: imago/WERKE
27 Copyright: Gerald von
Foris
28 Copyright: imago/
Sven Simon
29 Copyright: imago/Ulmer
30 Copyright:
picturepress/STERN
31 Copyright: imago/Frinke
32 Copyright: imago/VHS
33 Copyright: ASA,
Stefan Matzke
34 Copyright: imago/Ulmer
35 Copyright: imago/
Sven Simon
36 Copyright: dpa-Report
37 Copyright: imago/ulmer

Personenregister

Musiklegenden bei Heyne

978-3-453-15506-0

Ronnie Wood
Ronnie
Die Autobiografie
978-3-453-15506-0

James Last
Mein Leben
Die Autobiografie
978-3-453-12063-1

Hollow Skai
Das alles und noch viel mehr
Rio Reiser – Die inoffizielle Biografie des Königs von Deutschland
978-3-453-12038-9

Klaus Voormann
»Warum spielst du Imagine nicht auf dem weißen Klavier, John?«
Erinnerungen an die Beatles und viele andere Feunde
978-3-453-64021-4

Miles Davis
Die Autobiografie
978-3-453-17177-0

Steffan Chirazi (Hrsg.)
So What! Die offizielle Metallica-Chronik
The Good, The Mad, And The Ugly
978-3-453-12004-4

HEYNE